THE SOCIOLOGY OF TRANSPORTATION

交通社会学

黎德扬　高鸣放　成元君　等◎著

中国社会科学出版社

图书在版编目（CIP）数据

交通社会学／黎德扬等著．—北京：中国社会科学出版社，2012.12
ISBN 978 - 7 - 5161 - 2043 - 9

Ⅰ.①交…　Ⅱ.①黎…　Ⅲ.①公共交通社会学　Ⅳ.①C913.32

中国版本图书馆 CIP 数据核字（2013）第 002226 号

出 版 人	赵剑英	
选题策划	田　文	
责任编辑	金　泓	
责任校对	孙洪波	
责任印制	李　建	

出　　版	中国社会科学出版社	
社　　址	北京鼓楼西大街甲 158 号（邮编 100720）	
网　　址	http://www.csspw.com.cn	
	中文域名：中国社科网　　010 - 64070619	
发 行 部	010 - 84083685	
门 市 部	010 - 84029450	
经　　销	新华书店及其他书店	

印刷装订	北京一二零一印刷厂	
版　　次	2012 年 12 月第 1 版	
印　　次	2012 年 12 月第 1 次印刷	

开　　本	710 × 1000　1/16	
印　　张	28.5	
插　　页	2	
字　　数	480 千字	
定　　价	75.00 元	

凡购买中国社会科学出版社图书，如有质量问题请与本社联系调换
电话：010 - 64009791

"交通社会学"课题组

组　长　黎德扬

副组长　高鸣放　成元君

成　员　朱汉民　胡仕勇　邓万春
　　　　吴超仲　何卓恩

目　　录

导　论

交通是人类社会有机体的重要组成部分，是人类跨越时空进行相互交往的社会活动，是社会赖以存在的基础和发展的先行。交通社会活动在社会发展史上创造了文明，是社会文明程度的客观标志之一，作为以社会活动为其研究对象的社会学，必须建立交通社会学，才能赢得自身的生存和发展。

本书是关于交通社会学的一种创制，力图以科学的社会历史观为基本理念，运用系统整体论的方法，探究交通与社会系统中诸要素的相互关联、相互作用的机理，从多视角考察交通在社会整体结构中的功能及其谋求自身发展的途径，从而建立一个相对完整的交通社会学学科体系。

第一节　开拓交通社会学领域的必要性

社会学是研究社会的学问，何谓社会是首要的设问：究竟什么是社会？自有人类文化以来就有关于社会的认知和体悟，先人的论述汗牛充栋，仁者见仁智者见智。如我国秦代荀子就认为：人之所以异于禽兽，在于"人能群，彼不能群也"，"群"即"社会"。但作为一门系统的学问而出现是 19 世纪的事情，孔德（Ois Xavier Comte，1798—1857）堪称社会学之父。他是法国著名的哲学家、社会学和实证主义的创始人，在其著作中正式提出"社会学"这一名称并提出了社会学的框架和构想，试图使用一种物理学方法来统一所有的人文社会学科，如经济学、历史学等，建立一门"社会的自然科学"。他用"社会物理学"来称呼这个新的学科，并认为它是科学之首，是"科学的皇后"。虽然他对社会学的奠基不容忽视，但其方法论上的路径是当时科学主义的狂妄的一种表现，凭借当时以牛顿力学为核心的自然科学机械观去图解社会有机体是不可能成其为科学的。事实证明，这种社会学是因工业社会而产生，同样也为工业社会的发展而修正。在当代社会学的历史转变中，新的社会学理论磅礴发展，应用社会学也不断发育、生长。在这一背景下，我们1997年4月年提出创建交通社会学，并于2001年12月《社会交通与社会发展》一书由人民交通出版社出版面世之后，国内学术界初步形成了对交通社会学研究的关注，发表了一批论文和著述，如谷中原2002年12月在民族出版社出版的《交通社会学》一书等。我们以为，这些成果尚属起步，有进一步从社会学理论体系上构建交通社会学的必要。

一　彰显交通社会学意义是时代的需要

从科学社会学产生的历史考察，社会学作为一门学科出现是工业社会的事情。工业社会实质上是工业交通社会，工业和交通几乎是一体的，工业生产本身就是工业交通所维系的。原料、燃料、制造、装配、生产和销售等等，无一能离开交通，只有实现了近代能源交通，才可能实现工业生产的流程。同样交通设施和运载工具也无一能离开工业生产，交通运行以工业生产为其基础，我们通常称工业交通战线就是这个道理。因而社会学是工业社会的产物，同样也可以说是工业交通发展的结果。只有将社会学确立在工业交通的基础上才是全面的、科学的。严格地说，从孔德以来的社会学都是工业交通社会学，因为没有工业和工业交通所带来的生产力高度发展，社会关系不会由朦胧转变为清晰，社会交往不可能达到有效控制的程度，真正科学意义上的社会学也不可能产生。过去社会学研究一般将社会交通的实践活动，包容在工业之中，统称为工业交通战线，对工业交通的社会学意义缺乏独立的专门研究，对交通的社会功能缺乏彰显，是社会学研究中的一个缺省。在当今社会交通高度发达，社会功能凸显的时代，交通社会学研究必须跟进。

二　回答信息时代交通在社会交往中的新问题的需要

20世纪前后世界发达国家和地区相继实现了工业化和工业现代化，20世纪70年代以信息技术为首的新技术革命浪潮席卷全球，凸显了信息交通伟力，世界进入全球化的时代。我国从1978年到2011年，GDP年均增长9.9%，经济总量跃居世界第二位。在我国社会近三十多年来高速发展的历程中，人们从宏观和微观都普遍认同交通是社会全面发展的必要条件。面对我国社会巨变，会发现我国社会最为深刻的变革就是走上了信息高速公路，只用了三十多年的时间在一个落后的农业国实现了工业化，并迈入工业现代化的征程。一个 13 亿人口的国度跨入了以信息化为其重要特征的社会，这是人类历史上空前的，是对传统工业化进程的超越。正如未来经济学家朱利安·西蒙指出的，作为不发达国家经济发展的条件，交通运输有多方的重要作用："如果经济发展的关键因素只有一个，那么它不是文化，也不是制度和心理特征，而是交通运输和通讯系统。"① 社会交通以它巨大实践力量推动社会的急速发展，正在催生交通社会学的研究。这方面的工作最为急迫的莫过于建立交通社会学学科。

三　运用交通特别是信息交通拓展人类交往，充实和推进社会交往理论研究的需要

马克思和哈贝马斯这两位重要的社会学家所提出的社会理论解释模型，都是以人际的交往为出发点，交往使社会成为可能。社会交往理论是用以说明社会活动的基本理念。社会交往是人的本质和内在要求，人的本质就是在社会关系的相互作用、相互交往中实现的。社会是人际交往的过程和产物，不同时代，不同地域社会交往方式和特点的不同，人们具体社会活动内容无限多样，不同层面、不同时段千差万别，因而构成生动复杂的社会历史画面。当代交往方式，特别是信息交通，使传统交往方式发生全面的更新，极大地充实和推进了社会交往理论。寻觅探究当代社会活动过程的新路径、新特征和新规律，是社会学的新使命。交通社会学的建构和深入探索，是完成这一使命不可或缺的一环。

第二节　当代社会学的转变与交通社会学的构建

社会学和其他科学一样是随着社会变迁和发展而不断向前推移发展的。社会学自创立以来近三百多年的旅程中，发生了许多创新和纠错，特别是近一个世纪发生了深刻的转变。当人们运用社会学原理去说明当代社会活动时，不能不对这一转变给予充分的关注。

---

① ［美］朱利安·西蒙：《没有极限的增长》，江南、喜明等译，四川人民出版社 1985 年版，第 186 页。

19 世纪至 20 世纪由于工业化，社会生产力的大发展，使社会关系日益明晰和简单化，赤裸裸的金钱关系代替了一切，社会矛盾日益激化，社会动荡不安。在这种急剧的社会变化中，社会学家层出。例如，赫佰特·斯宾塞、卡尔·马克思、埃米尔·涂尔干、马克斯·韦伯等。他们多数人传承了孔德的实证主义的方法，其中部分人反实证主义的传统。如马克斯·韦伯强调社会学研究的对象是人类行为的主观意义，特别关注人类及文化价值，提出"反实证主义"的解释社会学（Interpretive Sociology）。19 世纪、20 世纪出现的社会学思想的产生和发展，是对工业社会所造就的现代性矛盾的回应。一方面，由于工业交通的发展使社会日益构成有机整体，社会交往日益简便、快速，因而交往频率大幅度提高，使人类社会空间日趋缩小，偌大个地球成了小小寰球。另一方面，社会人群可以通过交通工具以通信方式进行交往，又造成人的世界变得越来越分散和隔离。现代性问题，始终伴随 18 世纪英国工业革命开启的社会工业化进程四百余年，至今仍是社会学为之探索的问题。

传统社会学在人类工业化进程中不断受到现代性问题的挑战中向前推进，取得丰硕成果。我们在建构交通社会学中对以下方面给予了关注，并试图内化为交通社会学的方法论原则。社会学的这些历史进展，表明社会学这两个世纪以来正在发生哲学方法论的转变——从实物中心论向系统中心论、从分析哲学向综合哲学、从世界时事物的集合体到世界时过程的集合体的转变。这是当代社会学建设不可或缺的方法，自然也是交通社会学解读社会应有的理念。

一　关于社会学的研究对象

孔德只是一般地提出社会学是研究社会的科学，涂尔干则确认社会学是研究社会事实的科学，韦伯则进一步认为社会学是研究社会行为的科学，而到马克思和索罗金（Pitirim A. Sorokin，1889—1968）却认为社会学是研究社会关系的科学。这段学科史，内在地存在一个研究对象由事实到关系的转变过程。如果我们进一步追问，为什么会发生这种转变，便会发现是与自然科学方法论和哲学观念的转变相关联的。19 世纪中叶以来能量相互转变和化学反应过程中在不同关系上生成物的不同，乃至生物在不同环境中发生种的变异等等，使人们怀疑直接从对象的单质特征上认识事物的可靠性，而转向从事物之间的关系上把握事物的性质。人们认识事物都是通过特定的关系而确定某事物的性质。没有脱离一定关系而存在的事物的性质和特征。

本书立足于社会学为研究人类由于相互关联而构建的社会关系体系及其更替中所提出的社会问题的科学，社会关系及其更替是社会学的基本问题。马克思的交往理论的两大著名论点："人是社会关系的总和。""社会——不管形式如何——究竟是什么呢？是人们交互作用的产物。"① 我们曾作过引用，并结合交通社会活动进行过比较充分的论证②。马克思社会学的这些基本观点在我国学术界和民众中，经历近一个世纪的宣传，已经成为一种从物质原因上解释社会现象的传统方式，自然也就成为社会学的基本理念和唯物史观。本书我们坚持以社会交往理论作为交通社会学的理论基础。

二　关于新孔德主义的思想路线

孔德主义提出的反实证主义的思想路线是有效的，他们视社会是不同于自然的存在，人类的生存有其独特的本征。如意义、符号、规则、规范、道德情感及价值目标等，具有与动物相区别的人类文化。社会学研究除自然环境外，应更注重的是人类行为的主观意义。本书研究中十分注重交通与人类文化的互动，并专门讨论了交通过程中的心理、道德情感等，在交通活动中贯穿着人文精神和以人为本的理念，力图体现当代社会学的新走向。

三　关于哈贝马斯的社会交往理论

在我们建构交通社会学时，吸取了当代西方马克思主义主要代表德国哲学家、社会学家哈贝马斯的一些新思想，充实了传统社会交往理论。在社会构成上哈贝马斯也给出了与马克思相同的回答：社会交往构成了社会。只是在交往如何成为可能时，选择了不同的路径。哈贝马斯提出言语行为是社会形成的条件。言语行为之所以可能，是因为它能满足有效性要求。他用有效性要求将语言哲学与交往行为理论结合起来，阐释社会生活得以可能的条件。在他看来，社会交往或社会生活过程是以言语行为为媒

---

① 《马克思恩格斯选集》第 4 卷，人民出版社 1972 年版，第 320 页。
② 黎德扬：《社会交通与社会发展》，人民交通出版社 2001 年版，第 1—2 页。

介的生成过程。社会中众多的行为者，只有其在共享的行为协调机制中才能整合并有序发展。他认为协调个人行为的机制，既不是权力系统，也不是货币系统，而是以言语行为为媒介的交往行为。通过言语，参与交往活动者就共同关心的问题达成相互理解与共识，从而统一行动。"一切参与者都毫无顾虑地追求以言行事的目的，以此来达成共识，而这种共识是协调不同行为计划的基础。"① 我们之所以补充哈贝马斯的这一社会观上的进展，有两个理由：一是将言语行为纳入社会形成的条件，将社会交往或社会生活过程解读为以言语行为为媒介的生成过程，反映了当代信息社会的人类交往和交通的新进展：信息交通是社会交往的核心和灵魂，离开语言符号（包括数字符号）就失去了谈论现代交通交往的时代意义。二是哈贝马斯以言语行为为媒介的交往理论，反映了当今社会进入信息社会的重要特征：交通不仅是实物的传输，更为重要的是信息的传输，是物质和精神双面立体的交往。正是包容交通运输和通信系统的大交通观念，才能合理地解释社会交往的意义。这是我们提出将信息纳入大交通概念的重要科学根据。

　　社会学以上三方面的进展，都是理论和方法上的重大突破和成果。我们试图引进这些成果贯串与交通社会学的建构中，以谋求新的生长点。

第三节　确立当代大交通整体观是建构交通社会学的前提

　　交通社会学是一门以交通与社会系统的结合部为其研究对象，运用社会学一般原理和方法研究交通社会活动与社会发展的机理为其内容的应用学科。何谓社会交通是交通社会学首先要明确的问题，确立当代大交通整体观是建构当代交通社会学的前提。

　　交通是过程，交通行为从此时此地发生到彼时彼地终结，交通过程便为之完成，它只是社会交往生成过程的媒介，或者说社会交往是以交通为媒介的生成过程。交通作为人类的一种社会活动，在社会肌体中无时不在、无处不在。人类要生存，社会要发展，必须解决行的问题，即交往、交通问题。交通是社会有机整体中固有的生成物，是社会某一时代某一地

---

① ［德］哈贝马斯：《交往行为理论（第一卷）：行为合理性与社会合理化》，曹卫东译，译林出版社 2001 年版，第 281 页。

区和国家社会具有活力并不断谋求发展的重要标识。

　　人的生存和生活本质上就是与外部世界（包括自然界和人类社会）进行物质、能源和信息的交流、交换。人类劳动都是实施对物质、能源和信息形态进行变换，创造社会财富，以满足人类社会不断增长的物质和精神需要。交通是社会生产和消费的中介。人类劳动"首先是人与自然界之间的过程，是人以自身的活动来引起、调整和控制人与自然之间的物质交换的过程。"① 人类活动对人与自然之间的物质变换，包括质料和空间关系的变换。质料变换是运动形式的转变，物理性质、化学性质和生物学上的变换等。空间变换，一种是生产过程中改变原材料的几何性质，这是生产过程中完成的；一种是改变原材料和产品的位置，以满足消费，实现生产目的，延续生产过程，这是实体交通过程中完成的。人类社会物质生产过程本质上是一种物质变换的过程，它内在地存在空间的变换，即以维系生产过程进行的交通。因此，交通是既使生产得以进行，同时又使消费得以实现的必经过程，是人类物质生产过程中的中介环节，是社会活动的物质基础。信息转换则是以上述物质变换为其载体的符号变换，都是物质和精神变换表征。由此，交通对社会的极端重要性的根源就得到了说明。

　　交通之所以发生，首先就在于人类社会中自然资源的分布，从数量和品质上是不同的，物质、能源和信息在地域上、空间上分布具有不均衡性，存在有无、多寡和好坏的差别。资源分布的不均衡性与人类生存和发展的需求之间的矛盾构成交通产生发展的不竭动力。每个社会、每个人面临的生存条件，都是具体的、历史的，而人的需要是在一定时空中发生，在另一种时空中满足，如果在同一时空，就不可能有新的需要产生，也就没有满足感。其次由于全球各个地域历史发展的程度之间的差异，文化资源的拥有和水平也是大相径庭的。人们之间的文化交流，随时随地不可或缺，这是人类社会发展中的固有的和永恒的内在驱动。文化交往是物质和精神的全面沟通，是器物、制度、理念、心理、习俗等多层面的相互作用，每一个社会成员都要在社会文化的滋养中塑造自我，完善人生，因此，交往是每一个社会成员实现自我的必要条件。每个人、每个社会群落所处的时空不一，所以每个人、每个社会群落的需要都受到具体时空的限制。人无论是个体还是群体都必须突破这种制约、限制，即超越既成的时

---

① 《马克思恩格斯全集》第23卷，人民出版社1960年版，第201—202页。

空，才能求得新的文化滋养，为生存、发展赢得空间和时间。总之，社会物质和文化资源的差异或不均衡，是社会交通产生和发展的内在根据。

交通的产生和发展，社会人群参与交通过程的程度是由社会生产力的水平决定的。交通是一个实施物质时空变换的过程，交通的品质与社会生产力水平直接相关联，运用何种材料制造交通工具及设施，运用何种能源做动力驱动交通工具，运用何种通信方式实施对交通过程的控制，都是由特定生产力水平所决定的。交通从材料、能源和信息综合反映了社会生产力水准，成为社会文明程度的标志之一。人类实现对现实物质世界的变换是通过对物质、能源和信息资源的开发和转换而实现的。采集文明和农业文明时代，主要是凭借自然力（人力、畜力、风力、水力、潮汐力等），运用自然力使人和物的位置移动，实现交通目的。其活动范围是极其有限的。从工业革命萌生以来，社会开启了工业化的时代，人工运用物质和能量的变换，创制各种交通设施和运载工具，实现交通工业化，同时工业文明也就牢固地建立在交通基础设施之上。当代少数实现了工业现代化的国家和地区，已经进入后工业社会，其交通也跨入信息交通时代，即运用计算机对物质、能量和信息进行处理和变换，实施对交通系统进行全面的现代自动控制，是交通史上的一次大飞跃。

交往皆通过载体去实现，交往的工具一般有语言符号、通信手段、运输工具和货币等等，以实现人际物质和精神两大层面的交流沟通，以实现交往者双向的满足，达成社会之协同。从广义而言之，语言、通信手段、运输工具和货币等，都是社会交往活动的中介物——交通工具。原则上一切能传导物质和精神的信息并能为交往双方破译的东西都可能成为交通载体。随着科学技术的进步，生产力水平的提高，交通交往的载体日益扩大，交通交往的方式将更为多样化，社会交往更为频繁，交通的社会功能更为放大，社会就会更加协同。近一个多世纪以来，信息科学及其信息技术的推广，信息交通的建构，所带来的社会财富增长和文明的急速提升，从社会生活的内容和形式上刷新了当今世界整体面貌，使人类生活在一个全球化的网络世界之中，就是最为实际的证明。

交通是历史的、动态的，交通概念的内涵和外延不断扩展和深化。工业文明时代的社会交通的共同特性和蕴涵是：（1）交通是以物质客体在空间上的位移为标志的活动；（2）交通总是以确定的设施为依存条件的；（3）交通总是借助于一定的运载工具实现的；（4）交通从来就是社会有组织的活动，管理是交通的灵魂；（5）交通总是以人的沟通为其终极目的。工业文明时代的交通，是人类为了满足自身需要，依靠近代以来的科学技术进步，在精心策划、组织和严格管理下，运用开辟的道路和制造的运载工具，而实现对时空跨越的社会行为。它作为一种社会行为，具有跨越时空的目的性、对工业生产的依存性、高度的社会组织性等系统特征。它的内在结构是：交通主体—交通传输—交通客体。交通传输是交通主体和交通客体之间的中介。交通主体和交通客体都是人，生产者和消费者。交通运输的目的性贯穿于交通的全过程，既为了生产而运输，又为了消费而运输。交通是生产和消费的中介，无论是物质的生产和消费，还是精神的生产和消费，都是如此。其中信息交通是当代最为新颖的交通方式，并从根本上创新了交通方式并改变了世界面貌。本书中特别突出了这一时代特征和方向。因此我们对信息交通或称智能交通补充如下论述。

　　1948 年前后，控制论和信息论等系统科学相继创立，接着耗散结构理论、协同学、自组织理论等又相继取得重大进展，人类开辟了一个自觉开发和利用信息资源的新纪元——人类由开发利用物质和能源拓展到对信息的开发和利用。计算机技术使人的脑力劳动找到了转嫁对象，人类的智能得以延伸，因而人类所受时空的限制、制约得到一次历史性的全新的重大突破。信息交通习称"通信"，指运用一定传递手段在不同地域的人们之间进行的信息传递，完全符合交通内涵的界定。与公路交通、铁路交通、河海船运交通和航空交通等实体交通相比，所不同的：一是信息交通传递的内容形态不同，甚至完全无形；重量不同，甚至完全无重量，如数据，文字图片，声音等。二是传递手段特殊。信息交通的传递手段主要是通信设施，包括通信线路和通信枢纽，发送和接收装置，相当于实体交通设施中的通路和站点。至于与实体交通中运动性的交通工具相对应的通信工具往往不太明显，它的功能实际上融合于通信设施和通信线路终端设备之中。但信息交通在内容和手段上的特性并不妨碍其作为交通系统一部分的性质，相反正是交通形式多样性的体现。何况信息交通与实体交通在本质和特征上是完全一致的，在经济性、文化性上也是没有差别的。

　　信息高速公路是信息时代信息交通的主要标志。信息高速公路即互联网络（Internet），即将贮藏着大量信息的无数计算机互相连接而形成的网络。现代计算机，尤其是多媒体计算机能够将文、图、声、像、视等多媒体信息融为一体，进行统一处理，将不同的电脑联网，人们既可"足不出户而知天下事"，又可随时与全球各地的联网用户交谈、沟通。信息技术在交通领域的应用和拓展，智能交通（ITS）和物流技术，方兴未艾。智能运输系统是具有分布式神经网络的交通运输系统，它与传统的交通运输系统相比，智能运输系统具有如下显著特征：（1）通过信息技术对由个体分散进行的交通活动进行引导整合，帮助个体充分了解相关的宏观状态，从而促使其交通行为合理化，达到一定程度上的系统整体协调。（2）通过信息技术增强管理水平，信息的及时采集、传送和分析，使得管理者能够根据实际情况作出科学的决策，利用管理水平的提高达到提高系统运行效率的目的。（3）通过信息技术实现交通运输与整个社会经济系统之间的有效衔接，交通运输信息融入供应链的信息流之中，将推动交通运输真正成为供应链中的有机组成部分；交通信息更加贴近地融入居民的生活，将有利于各种社会资源的高效利用。因此，它具有鲜明的整体性和社会实践性，它体现了经济领域中跨行业的经济一体化和科学技术领域中跨学科的大科学的特征，极大地提高了交通的社会参与度，是交通史上具有革命性的创新，也是交通进入信息化时代的重要标志之一。

信息交通与传统交通有着显著的区别：（1）交通生产的基础，传统交通是建立在以物质和能源的变换的基础上，现代交通是建立在以物质、能源和信息三足鼎立，以信息为灵魂的基础上。交通意义上的物流，实质上是物质流、能源流和信息流的有目的性的组合过程。（2）交通生产的目的，由传统的传输物质资料，主要以满足社会的物质需求为目的，转向以传输物质和精神资料，以满足社会的物质和精神的需求，服务社会物质文明和精神文明建设为目的，而且精神文明建设的比重日益增大。（3）交通的结构，由以物资配送为核心，转变为以信息的传输与管理为核心。现代生产已经扩大为物质生产和知识生产（或精神生产），而且它们之间的比例关系发生了改变，信息是系统的灵魂，管理是生产力。信息时代，交通结构中核心的迁移是历史的必然。信息技术在交通领域的应用与拓展，改变了过去运输技术在交通领域中一直占有的压倒地位，共同构成当今社会交通运输的两大技术支柱。信息技术与运输技术相互融合、相互促进、共同发展，已成为现代社会交通发展的大趋势。（4）基础设施，由传统的基础设施向以电子通道为物质条件的知识基础设施转变，人类已经建立了三种基础设施：交通基础设施、动力和能量基础设施以及通信基础设施。这三种基础设施是与工业经济的生长和发展相关的，在不同发展阶段上成为经济发展的主要支柱。知识经济的基础设施，世界银行报告称为"国家知识基础设施"。它是全社会求知和创新活动的基础条件。它包含了国家信息基础设施、通信设施、广播和电视设施等物理概念的基础设施，也涵盖了国家创新系统、教育培训体系、高技术风险投资体系、各种信息网络系统、社会咨询服务体系等非物理概念的基础设施。以数字化、网络化为主要特征的信息基础设施是加快知识生产、扩散和应用的手段，发达地区和国家由于它们建立了较好的交通网络，都转向"国家知识基础设施"，在这一新的领域进行激烈竞争。（5）交通主体，由劳动密集型向知识密集型转变。信息时代，对人力资本的要求上，智力资本不断升值，对知识的创新，要求越来越高。该时代生产的特点是高品位的不断创新，而劳动的主体则是掌握知识的、具有人力资本的人。就交通行业而言，对交通行业的从业人员的科技素质和人文素质，要求越来越高。培养掌握高新技术的管理人才，实施交通创新，是发展未来我国交通事业的保证。（6）交通为社会服务，从物质领域扩大到社会生活的一切领域，为人的全面发展提供了必要条件。交通是为了满足人的交往需要而产生和发展的。人类社会交通长期以来，都是以满足物质交往为主，精神需要为辅。而当今信息社会，主体转向知识资源的开发和利用，主体的需要更多的是满足知识的需要，精神文化的需要。交往内容的深刻变动，交往技术的不断提升，扩大了交通的内涵。当代交通已从服务于经济建设，扩大到为全社会的物质文明和精神文明建设服务。

当今交通智能技术的产生和迅速发展是由社会交通活动的内在本质特性所决定的。第一，交通技术的高度综合性。从物质层面上，交通中的运载工具力求采用当代最为轻便且最牢固的材料，以保证交通过程中的安全性。从能源动力上，动力装置力求牵引力最大、速度最快，以提高交通运输的速度和效率。从信息的传输上，力求采用当时灵敏的信号系统，保证对动态中的交通系统实施控制和调节的有效性和安全性。有鉴于此，交通技术是整合物质、能源和信息为一体的技术领域，本质上是一种综合技术，它提供了对先进技术的高度敏感性和及时、全面采纳新技术的可能性。第二，交通活动是人类社会活动中最具有组织性和整体性的活动。这一动态过程的实现取决于社会的组织程度。因而信息科学技术很快应用于交通实践，极大地提高了交通的组织性和社会组织程度。第三，智能交通技术是以信息技术为其主导的技术体系，它的广泛运用快速地、全面地提升了交通的品质，带来人类交通方式的变革，为生态文明提供了有效的物质基础。因此，交通的观念必须更新，从传统的以工业化为基准的内涵和外延拓展到以信息交通和生态文明为其基准的视野上来，确立当代的大交通整体观。这是当下创建当代交通社会学的重要前提。

第四节　交通社会学学科的初步建构

1997 年 4 月黎德扬向交通部领导建议开展社会交通研究，建立交通社会学学科并在交通院校开设交通社会学课程。建议得到时任交通部部长黄镇东同志的支持。1998 年我们组建了交通社会学研究课题组，黎德扬任组长。鉴于交通社会学是一门极具综合性的交叉学科，课题组成员的专业是多学科的，由从事哲学、科学技术哲学、经济学、社会学、文化学和智能交通学等多方面的人员组成。

当时设想这项研究分两步走：第一步是从交通与社会生活多侧面的关联中收集有关资料，确立交通的社会性和整体观，分别从政治、经济、文化、社会心理、科学技术和社会可持续发展等六个方面，阐明交通的社会学意义。经过两年多的努力，《社会交通与社会发展》一书于 2001 年 12 月由人民交通出版社出版面世，受到社会欢迎，完成了我们第一步的工作。《社会交通与社会发展》提出的基本建构是，视交通为社会系统中的一个子系统，分别考察它与其他社会要素（子系统）的关联，从而形成整体的交通观。正因为如此，社会交通之外的社会各要素（系统），都可以视为交通的环境。我们根据交通是为了满足社会的需要而发生、发展的思路，分别对经济、政治、文化和社会心理诸方面的环境作了专题研究，也对与交通处于生产力同一层面上的科学技术环境作了讨论。本书在一定意义上也可以说是一本研究交通与社会环境的专门性著作或准交通社会学。

第二步是系统研究交通社会学体系。现在呈献在读者面前的《交通社会学》一书，共分十二章，前八章主要是交通社会学的理论部分，后三章则从不同视角上深化了交通的社会功能，最后一章讨论了交通社会学的研究方法。这一体系的确立，使我们确认的交通社会学向一般应用社会学的体系迈进了一大步，步入了应用社会学群，充实了一般社会学的内容。全书从大交通整体观引入了信息时代交通发展的新成果，从交通与社会的整合中提出了交通社会学体系建构，在各章中吸纳了我国和世界交通发展的新成果，较好地反映了当代社会交通状况和需要进一步研究解决的新问题。

　　本书所构建的体系仍属初创，是对当代社会交通进行社会学研究的一次大胆尝试，尚有许多不完备的新生印记，只有等待时日让后人来再创新了。但无论它是何等的粗糙和不完善，也为后人建造交通社会学大厦提供了脚手架。我们做到了我们能做的事情就是一种满足，但愿我们的工作能对我国交通事业和社会发展有所补益。此书承蒙中国社会科学出版社出版，将一些流动在我们思想中的东西固化下来并流播出去。在这付梓之时，笔者感到收获的喜悦，近十多年来对交通社会学的梦想终成现实。

第一章　交通的社会形成

　　交通与社会的关系是交通社会学一个根本性问题。它包括两个方面：一是交通发展对社会发展的功能，即交通作为社会大系统中的一个要素或子系统对社会生活是如何被构成，以及如何发展的，起到了什么作用；二是社会发展对交通发展的形塑，即社会生活的结果。交通社会学是以社会结构的观点去描述和解释社会的空间要素。无论是整体的还是区域的，零碎的还是系统的，其研究的焦点在于：了解社会群体如何使用空间的形态，以及构建与改变这种形态的社会过程；并试图发展一种将交通视为社会结构的理论。在交通发展过程中，社会如何分别地、交织地塑造和规定着交通发展的可能、方向、速度、规模、结构和形态等。通过这些方面的分析，可以对交通为什么会发展、交通形态的演变寻求到社会根源的解答，由此揭示交通发展与社会发展的联系。在这种联系中，我们可以总结出交通社会学的四个基本原理：交通社会交往理论，交通社会行为理论，交通社会网络理论，交通区位理论。前两者是交通社会形成理论，主要回答第一个问题：交通是社会发展的条件与结果。后两者是交通社会结构理论，主要回答交通社会学第二个问题：交通与社会的互构与互动。

第一节　交通是社会发展的结果

一　交通是如何形成的

　　交通是由人、车、路、环境四大因素所构成的系统，是货客、信息等要素在空间上聚集和扩散的过程，是社会生产力发展所引起的改变人类生产方式、生活方式和出行方式的空间组织化过程。交通社会学的一个关键性课题就是要回答交通与社会的关系问题，交通与社会之间存在着相互影响、双向作用的关系，在黎德扬教授的著作《社会交通与社会发展》中，对这种关系的一个侧面进行了分析，并得出三个基本结论：第一，交通是社会经济发展的必要条件；第二，交通是国家政治生活的经纬；第三，交通是社会文化的创造和传播动力。这种关系的另一个侧面：从交通的社会形成角度回答社会是如何影响和造就交通发展的，特别是中国社会是如何特殊地影响和造就中国的交通发展的，以及如何通过社会发展来促进交通发展。

交通作为人类对社会空间的跨越行动与过程，是社会发展的结果。一般意义上的社会发展，等同于社会进步，是一种社会总体状态，它既包括量的增长，更包括质的改善与提升，它们包括社会财富及资源量的增长，人们潜在能力的增强，资源的合理配置与利用，等等。社会进步总是具体地表现为某种具体社会现象，它是直接可感的，如交通现象。社会发展或社会进步，从宏观上看，它是建立在社会物质财富的增加及其合理分配之上的，是以社会生产力发展和社会生产关系进步为基础的。从中观层次看，社会发展表现为社会生活共同体的健康，在结构上和功能上的协调，它表现为社会的有序和稳定。微观上表现为每一个社会成员的物质生活水平的提高，和人类认识自然界和社会的能力、潜力的提高；处理人们之间关系的认识以及道德水平的提高。可见，目前的社会发展基本上与现代化同一概念。

发展是一个多维度的概念。从时空过程来考察，社会发展可看成一个日益增长的系统。"发展意味着单个发展过程的不断组合，意味着无数单个结构、单个群体、单位和部门的联系不断加强，所有这些构成了总的发展过程，同时它们也保持了自己的独立性。"① 我们正是从社会发展的空间过程来看社会交通的。我们说交通是一种社会活动，首先是一种实现客货、信息空间位移的服务，包括由公路运输、铁路运输、水路运输、航空运输、管道运输等五大运输方式完成的货客、信息的输送工作。其次交通现象作为一种社会经济地理现象，受到地理因素、社会经济因素、科技因素的影响。其中山水、地质状况等地理因素影响了交通网络格局的分布，形成交通网络的地理几何特征，今天的交通网络格局大致是古代交通网络格局的反映，具有变化的缓慢性。

城市、人口、产业等社会经济因素影响到交通网络的运输方式、线路

---

① 郑宝华：《"发展"概念之透视》，《经济问题探索》1995 年第 7 期。

等级等物性的变迁，古代的畜路马道，今天可能已经变成高等级公路、铁路或高速公路、光纤线路，"西当太白有鸟道"，则变成了航空线路。人们便捷、快速、安全的社会交往的需要以及政治、经济、文化、军事等交流和对抗的要求直接推动了交通网络的发展，形成交通网络的物性特征。日新月异的技术创新，作为一种快速变化的因素，使得交通网络的内在潜力和质量与有效的资源和机遇得到了最佳组合，提高了交通网络的运行效率和质量，形成交通网络的技术特征。总之，以上三个方面的特征决定了社会交通发展的一个根本性困境：运输需求的快变性与运输供给的缓变性的矛盾。换言之，货客、信息等运输流量的不可储存性且随着时间、地点等条件的变化而快速变化，而交通网络中的路、站等场所处于固定的区位，而且这些固定设施投资巨大，建设周期长，一旦建成很难转移，具有沉没成本的特性，导致运输供给很难及时对运输需求快变特性作出反应。

如何化解这一困境？运输经济学是从如何保持经济持续、稳健、高速运行的角度来探索交通发展的运行机理。基本思路是：交通线路的选择、采用哪种技术等级、配置何种运输方式。从社会学角度而言，必须探索交通活动所负载的人、财、物及信息等要素流与交通场所位移和社会经济目标之间的空间变化过程、空间重组过程，寻找其现象背后带本质规律性的东西，揭示交通网络与社会需求如何沟通、发展的基本原理。同时也为交通线路的选择、采用哪种技术等级、配置何种运输方式以及选择科学的发展模式奠定理论根基。一种意见认为，交通是从人类行动本能发展起来的社会部门，随着社会的不断丰富和完善，各种交通元素的不断生成，首先形成了各种道路交通和水上交通元素，同时不断出现新的交通方式，在工业社会，出现了铁路交通和航空交通，随着交通技术水平的不断提高，产生了电信、管道运输方式，他们概括出交通运行机理为：本能行为原理、空间转换原理，系统生成原理，因人分布原理和双重效益原理[1]。

我们认为，交通是一种社会活动，是社会交通。交通作为社会系统中的一个要素，有它自身的演进规律，同时作为一个子系统，在与社会其他要素互动的过程中，各种交通元素不断被组织化，由此构成一个交通小社会。以海运交通方式为例，随着海运方式的改善，航行在海洋上的船舶被称为"浮动的国土"、"海洋上的社会"。"浮动的国土"上的人们的生活

---

① 谷中原：《交通社会学》，民族出版社 2002 年版，第 12—16 页。

方式不同，心理状态、角色功能各异，组织形式也不同，如中国船舶上没有牧师却有政委，欧洲的商船上没有政委却有牧师。今天，各种交通方式互相联系越来越紧密，使交通运输向系统化、智能化、自动化方向发展，各种交通方式彼此分工与协作，由此构成一个紧密联系的交通社会。

二　交通的社会形成机理

现在的问题就是，交通的社会形成机理是什么？从什么时候开始出现的？

（一）交通是由社会因素塑造的

交通是人类与外部世界实现交往的工具。在人类社会的早期，没有任何运载工具，交通主要是通过人的肩膀和双腿实现的，效率极其低下。随着生产力的发展，交通技术能力不断提高，人类最先借助自然力如水力、风力、畜力乃至人的体能实现社会交通，随后发明了机械力如电力、机械动力来实现社会交往。同时创造了各种各样的交通技术：马车、汽车、火车、轮船、飞机和电子信息网络等。

技术社会学（The Social Shaping of Technology，SST）告诉我们，"没有技术是独立的，在技术的周围是作为主人的组织和网络在设计它、制造它、扩散它、推进它和规范它。""我们的制度——我们的习惯、价值、组织、思想的风俗——都是强有力的力量，它们以独特的方式塑造了我们的技术。"[1]

考察交通技术的发展过程，我们发现交通作为社会交往和社会结构的特殊形式，是根植于特定的社会环境的，社会的不同群体的利益、文化上的选择、价值上的取向和政治的格局都决定着交通的轨迹和状况。如自行车的发展历史就说明了这一点。韦博（Wiebe E. Bijker）的研究表明：自行车在19世纪70年代出现的时候，轮子很大，它有利于提高速度，作为理想的运动工具，也容易引人注目。但由于骑在这样的车上人的重心会很高，所以极不安全，尤其对于妇女和中年男子来说，骑高车的危险很大，最先只是作为强壮男子在女性面前炫耀的工具，不能作为大众普遍使用的交通工具。这样，在自行车作为运动工具和交通工具之间以及对其有不同

---

[1]　Ron Westrum, *Technologies and Society*, *the Shaping of People and Things*, 1991, Wadsworth, Inc., p. 5, p. 188.

要求的群体之间就出现了矛盾。历经 19 年的改进，自行车最后变成了今天这样一种基本的模型，双轮变小，安全性提高，主要行使交通工具的职能。而这个过程是用户造就的，从而再现了非决定的、多方向性的、在塑造技术的群体之间和之中不断地协商和再协商的过程①。可见，交通运输方式不是由一种完全自主的、内在的力量决定的，而是各种社会因素和关系作用的产物。

其次，交通发展状况是由当时的社会发展状况造成的。有什么样的社会，就有什么样的交通发展状况。不仅某种具体的交通运输方式是社会塑造的，而且一个国家的交通发展状况也是由社会形成、造就和制约的。考察旧中国的交通运输发展（1840—1949 年）就能充分说明这一点。

自 1840 年鸦片战争英帝国主义用炮舰打开中国大门后，近代交通运输也随之出现：最早是轮船与水上航运业，继而是火车和铁路，接着为汽车和公路，最后是民用飞机和空中航运的开通。从社会发展状况来看，随着东西方资本主义的兴起与发展，为了掠夺更多的财富、原料资源和产品销售市场，它们向外到处扩张，我国自鸦片战争后，被迫签订一系列的不平等条约。强行开放了我国二十多个通商口岸，夺取了我国沿海和沿河众多航行权及海关主权。在此基础上，它们首先开办现代航运业，争夺与控制我国的航运市场，早在 1862 年美国洋行创办上海的旗昌轮船公司，英国的太古、怡和、麦边洋行，德国的瑞记洋行、日本的日清等航运公司，仅 1895 年至 1927 年又有 27 家外国资本在华设立轮船航运公司，比先前设立的 14 家多了近一倍。直到 1872 年，迫于广大舆论和外国轮船公司丰厚的利润的引诱，清政府才创办自己的航运公司——招商局。开始只有三艘轮船，到 1885 年才增加到 24 艘。

据海关历年报告资料，1872—1930 年在进出我国各通商口岸的所有轮船吨位总数中，外国轮船的吨位数占 75% 到 80%。仅英国的太古、怡和和日本的日清三家航运公司，它的载货量就占到长江航线载货量的 72% 左右，对我国进行大规模的侵略与掠夺。中国自办的轮船公司却受到外商的排挤和压制。自 1894 年中国在甲午海战中战败后，由于清王朝的无能与懦弱，各列强趁机在华争夺势力范围与筑路权，大量投资修建铁

---

① Wiebe E. Bijker, *Of Bicycles, Bakelites, and Bulbs: Toward a Theory of Sociotechnical Change*, MIT Press (MA), Jan. 3rd, 1997.

路，到 1914 年，铁路的投资已占在华运输业总投资的 80% 以上，到 1927
年铁路总长达 1.44 万公里，而真正由民族资本建造与经营的铁路只有
375 公里。其他全由外国资本控制。铁路是国民经济的生命线，当时中国
社会被列强瓜分，运输设施和运输业也大都为帝国主义所控制。在水运与
铁路出现后，接着是公路的兴起。日本军国主义为了掠夺与侵略的需要，
在我国东北和华北修建了一批公路，共长 3.5 万公里，还修建了所谓军用
路、警备道、开拓道和移民道等公路，深入到我国广大内陆腹地，进行更
大规模的侵略扩张与掠夺。

从整个交通运输发展的历程来看，大致近似抛物线状，出现—发展—
萎缩。如，1876 年建成淞沪铁路 15 公里，发展到 1927 年的 1.44 万公里，
1937 年的 2.72 万公里和 1945 年的 2.61 万公里，然后迅速下降到 2.27 万
公里，实际可通车的是 1.1 万公里。又如公路里程，自 1906 年建成广西
镇南关至龙州的 50 公里公路开始，分别发展到 1927 年的 3 万公里，1937
年的 11.7 万公里和 1945 年的 13.69 万公里，以后迅速降到 1949 年的
8.76 万公里。再如中国轮船吨位数至 1872 年招商局成立并拥有中国自己
的轮船开始，分别发展到 1895 年的 3.27 万吨，1928 年的 29.08 万吨和
1935 年的 67.52 万吨，后因日本侵华战争而下降到 1937 年的 11.85 万吨
和 1944 年的 7.33 万吨①。

从旧中国交通运输总的分布特征来看，交通线路几乎全部集中在东部
临海及长江中下游一带，以上海等通商口岸为中心，地理分布不均衡：
(1) 大部分线路分布在哈尔滨—北京—武汉—广州一线及以东地区。(2)
交通干线大多集中在东北、华北和长江中下游一带。(3) 交通干线的走
向从沿海口岸和某些边境地区向附近内地延伸。(4) 各种运输方式的结
构类型，在分布上也有明显的地域特征。或以水路为主，水路—铁路—公
路类型，如江浙、湖广一带，或以铁路为主，铁路—水路—公路类型，如
黑吉辽和台湾地区的运输方式，西部内陆地区，尚无任何现代交通线路，
运输几乎全靠人力和畜力来完成。(5) 同时还要指出的是，所有上述这
些线路，大都互不结网，彼此互不连接与配合，各条线路由于隶属关系不
同，各设备的车站，由各国列强把持，如北洋政府修建并控制京包铁路，
军阀阎锡山修建并控制南北同蒲铁路等。线路少、质量差，又互不联网，

---

① 白寿彝：《中国交通史》，团结出版社 2007 年版。

造成运量规模有限，运输效率低，经济效益差。这些是当时社会发展状况的生动写照。（6）促成了一种半殖民地式的运输结构和布局，以适应帝国主义掠夺和剥削中国的需要，外国航运势力在几乎所有的航线上占据优势，民族航运业只是处于附属，铁路从沿海向内地延伸，主要是以各种形式在帝国主义掌控之下。

综上所述，交通发展不仅仅是技术问题，而且是社会问题，要发展交通，必须有相应的社会发展。交通的发展受到其他直接或间接的社会因素影响，因此，要解决交通对国民经济发展的瓶颈问题，需要将制约交通发展的社会因素和环节找到，以利于通过解决社会问题来根本地解决交通瓶颈问题。换言之，我们可以通过改变塑造交通的社会来改变交通发展的面貌，通过发展社会来带动交通的发展。仅仅注意交通技术本身是不够的，要通过人的努力和社会管理体制的创新，促进交通与社会的良性互动、协调发展。

（二）社会需求推动交通的现实发展

作为交通发展的动力的社会需求是多层次、多方位的。从纵向看，社会需求是一个长链，即所谓"需求链"。用户的消费需求可以说是终端需求，社会的消费需求对企业的生产提出要求，而企业的生产才对交通的发展提出直接要求，由此转化为交通发展的动力。这种需求链还表现出新旧需求环环相连的延伸：旧的需求满足了，新的需求又产生了，如不断提高从一地到达另一地位移的需求推动着越来越快速的交通工具的出现，即自行车—汽车—火车—飞机的不断涌现。

从横向的领域看，社会需求是多方面的，有政治的、经济的、军事的、文化的等。因此，交通的发展可以从社会不同领域获得动力，各种因素交织在一起对交通的发展进行推动。马克思在《〈政治经济学批判〉导言》中提道："交通工具的影响，世界史不是过去一直存在的，作为世界史的历史是结果。"[①] 人类初民想交往的需求，不管交通工具多么简陋，方式多么单一，小木舟、马车等工具使社会由相互闭塞到逐步开放，由彼此分散到逐步联系，终于发展为整体性的世界史过程。工业革命的到来，大量的货物需要流通，大规模人口要迁移，人们之间的联系需要加强，促进了轮船、汽车、火车、飞机的广泛使用，现在全球化阶段，要求交通运

---

① 《马克思恩格斯选集》第2卷，人民出版社1957年版，第114页。

输提供高速度、高档次、更方便、更灵活的服务，推动交通向信息化方向
发展。

总之，社会需求不仅历史性推动了交通社会的变迁，造就了交通的整
体性提升，而且也是任何一种交通运输方式出现的根本性原因。当然，社
会需求是多方面、多层次的，至少包括消费性需求、生产性需求、体制性
需求、研发性需求、文化需求等，在这里，只是对社会需求中两个核心因
素进行分析。

1. 交通发展的经济因素

经济推动是对交通发展的一种最基本、最持久的推动，是由于社会经
济中人与货物的位移和信息的交流规模越来越大、频率和速度越来越快，
对社会运输能力的要求越来越大，所引发的持续不断的对更新交通技术的
推动。恩格斯曾经说过："经济上的需要曾经是，而且越来越是对自然界
的认识的主要动力。"① 从一般意义上，交通系统的目标通常直接地和主
要就是经济的，如降低成本，减少能耗，提高利润，不断有更大、更快、
效率更高的现代运输工具和运输方式投入使用。

以我国的漕运为例，漕运就是用水道从南方向北方大批长距离调运粮
食等物质。各个朝代的统治者都非常重视运河的开发和漕粮的征集、储
运。主要是用水运运输粮食、棉花、煤炭等大宗商品，一是供应朝廷和城
市人口需要，二是保证军队给养。远在秦汉时期就有漕运记录，有"百
里不运粮"的说法，是说车马运粮距离有限，水运为长途运粮提供方便。
隋唐有了进一步发展，设置了专门的漕运官员，在宋代专门从事漕运的漕
夫多达十几万人。据有关研究者测算，在一般情况下，水运费用仅为相同
距离的畜力运输的十分之一，使用大帆船可能只有二十分之一或三十分之
一。若以人均消费粮食 300 公斤计，一个 10 万人口的城市每年需要运入
粮食 3 万吨，100 万人口的城市需要 30 万吨，靠畜力运输是难以想象的。
所以，历史上的大城市都建在水运方便的河畔或沿海。在工业革命爆发
前，最好的运输方式是马车和帆船水运。经济的推动除了内生性的经济发
展需要刺激交通的发展外，还应包括经济制度或体制的推动，经济的需要
一定要通过适宜的体制才能形成现实的动力。这种体制安排有助于激发人
们自觉主动通过提高运输水平去争取更多的经济利益。

---

① 《马克思恩格斯选集》第 4 卷，人民出版社 1957 年版，第 484 页。

再以英国的运输变迁为例，据文献记载，工业革命前，英国的道路尽管不少，但路况差，一辆车走 10 英里要花 5 个小时，1663 年英国议会就通过收费道路法案，利用道路的人要承担道路的养护费。1745 年的战争也使君主政府深感"保养好适于队伍、马车通行的路网"对自己的统治意义重大，于是开始浩大的筑路工程。1750 年，就有 143 个收费道路公司，维护着 3400 英里的道路，到 1770 年，拥有 15000 英里的收费道路，通行税制度遍及全国。各种客货运输速度比以前快了一倍。但运输费用昂贵，于是降低运费的动机引起了内河，特别是运河的发展。1759 年，为运煤而开掘的由沃尔斯利到曼彻斯特长 11 英里的运河建成，曼彻斯特的煤价立即跌了一半。这些惊人的成果引起了运河开掘热，到 1830 年英国拥有了 2500 英里的运河。亚当·斯密在 1776 年写道："由于水运的方便，对各种工业就开辟了一个比单靠陆运所能开辟的更为广大的市场，所以各种工业都在海滨和通航沿岸开始专业的进一步划分和改善。"① 但水运也有一个弊端，就是慢。后来英国的采矿工程师乔治·斯蒂芬森利用一辆机车把一列煤车牵引到河岸，1830 年，他发明了火车头"火箭号"，将一列火车从利物浦牵引到曼彻斯特。1838 年，英国已拥有 500 英里铁路，1870 年，拥有 15500 英里铁路。短短几年，铁路支配了长途运输，能够以比公路和运河更快速和更低廉的成本运送旅客和货物。

总之，经济对交通发展的推动，除了要求运能的增加外，还表现在：（1）运输速度要加快。正如恩格斯所说："当马车和火车交通工具已经不能满足日益发展的要求，当大工业所造成的生产集中要求新的交通来迅速而大量地运输它的全部产品的时候，人们就发明了火车头，从而才利用铁路进行远程运输。"② （2）运输费用要降低。载重量大的车辆比驮马货运多，要求道路改善，内河运输又比道路运输便宜，激发运河开掘，蒸汽机的发明，用蒸汽发动的运输工具结束了人类对畜力、风力和水力的依赖。在海洋上，轮船已经排挤了帆船；在陆地上，铁路在一切文明国家占了第一位。正如恩格斯所言，蒸汽机发明后，"运输现在变得比过去快三倍，而过去的运费比现在的贵三倍。"③ （3）运输的频率和可靠性要增加。经

---

① ［英］亚当·斯密：《国民财富的性质和原因的研究》，郭大力、王亚南译，商务印书馆 1972 年版，第 157 页。

② 《马克思恩格斯全集》第 3 卷，人民出版社 1960 年版，第 344 页。

③ 《马克思恩格斯全集》第 21 卷，人民出版社 1960 年版，第 417 页。

济活动过去可能一年只有一次或几次，如定期的赶集，现在经济活动的周期缩短，频率加快，一周一次或几次，甚至一天一次或几次，要求定期交通运输频率增加，经常性的拖延减少。同时要求货物在运输中的损害减少，客货安全性能增加，都直接推动交通运输条件改善。（4）运输的专业化程度要提高。过去的运输或是商人自己组织车马队伍，或是农民农闲时的业余服务，现在需要专门化的人员从事道路管理和车辆的驾驶，出现了专门进行道路管理、车辆驾驶和航道服务的专业性经济组织，如收费道路公司、航运公司、铁路公司，私人资本在这些公司一开始就占据首要位置。恩格斯在《普鲁士宪法》一文中曾提到铁路公司还发行铁路股票进行融资，可见专业化程度已经比较高。同时说明，只要从社会需求出发有效地利用交通的发展提高竞争实力，就可以在市场法则中得到可以量化的回报。

2. 交通发展的政治因素

交通发展的政治推动可分为政治需要的推动和政治制度的推动两个层面。

当政治的需要成为经济的集中表现时，就会成为政府发展和利用交通最优先考虑的问题，此时它通过国家意志体现出来，构成交通发展最强大的动力。古代传递公文、下达圣旨，必须靠驿道，中国各个朝代都非常重视便捷的驿站建设，以保障政令畅通。隋唐时期，为了保证北方城市，特别是大都会的物质供应，兴建贯穿南北的京杭大运河。1978年以来，我国确立改革开放路线，实行强国富民政策。总结国内外交通发展的经验和教训，我们发现交通发展的规模、结构和技术水平必须与国民经济发展相适应而且有一个超前发展的规律。为了实现中国经济社会发展三步走的战略目标，增强我们的综合国力，把我国建设成社会主义现代化强国的需要，我们形成了"通过交通网的建设来引导地区开发与经济布局"的新认识，即"交通运输先行"论。"想致富，先修路；富不富，先看路。"成为老百姓的共识，路的好坏，在中国老百姓心里，是走向富裕的一个象征。这种认识和需求转化为交通发展持续的推动力。

仅以公路建设为例，交通部和国家统计局联合组织实施的第二次全国公路普查结果显示：到2000年底，全国公路里程达167.98万公里，比1979年第一次全国公路普查时增加80.4万公里，增长91.8%。到2001年底，全国公路总里程近169.8万公里。高速公路建设更是取得突破性进展。2001 年底，全国高速公路里程达 1.9 万公里，超过了加拿大，列世界第二位。从 1998 年到 2001 年，全国公路建设投资创造的国内生产总值累计超过了 1 万亿元人民币，占同期国内生产总值的 3.4%。平均每年公路带动的就业人数约有 400 万人。同时，还带动了建筑、建材、机械制造业、汽车工业的发展。由此可见，政府往往通过对国民经济发展的需要来推动交通的发展。

这里需要提到的是作为政治需要的一种特殊表现：军事需要。战争作为一种流血的政治，对更先进交通运输方式的迫切需要，往往成为交通发展最具爆发性的动力。在《社会交通与社会发展》一书中，我们曾就交通在军事活动中的作用与地位作过详细分析，并得出四点结论：交通是军事指挥的实现方式；交通是克敌制胜的重要手段；交通后勤是战场决胜的根本保证；军事对交通发展既有促进作用也有破坏作用。现在的问题是军事需要对交通的发展提供了什么动力？

具体而言，战争对交通发展的影响主要表现为两个方面：其一，战争促使交通线路的开辟。考察部队中的一个兵种——工兵的发展史就非常能说明这一点。在亚述帝国时期，为了有利于战争，提格拉特·沙尔三世对部队进行变革，首先把工兵从其他兵种中分离出来，给工兵的主要任务是铺设道路，架设桥梁，保证道路畅通。以后的工兵制度不断完善，对交通线路的开辟起到了重要作用。人们常说"条条道路通罗马"，据有关研究人员证实，罗马人为了保证军队的调动，为了便于行军打仗，修筑了许多道路和桥梁。以罗马城为中心，从英吉利海峡到撒哈拉沙漠，从摩洛哥到幼发拉底河，条条道路都从罗马城辐射出去，以致历史学家评价说："是罗马的军队和罗马的道路创造了罗马帝国。"①

军事上的需要为交通线路的开辟创造了条件，也为国家的发展提供了机遇。先秦时期，中国的交通线就在战火中诞生，如周公东征、昭王南征、穆王西征，使由中原通往四方的道路得到开辟；秦始皇统一中国，为了加强控制，以咸阳为中心修建了许多驰道，向东通向燕赵故地，向南直达吴楚的线路，向北令蒙恬修了一条长达 900 多公里的"古道"，由咸阳向北延伸，向西南修了所谓"五尺道"。使得"车同轨"成为现实。汉代

---

① 史仲文、胡晓林主编：《世界古代中期科技史》，中国国际广播出版社 1996 年版，第 42 页。

对匈奴的战争奠定了"丝绸之路"的形成。唐代武则天时期，在对吐蕃和南诏的战争中，又使丝绸之路向南向东北扩展。成为东西交流的桥梁。

其二，战争促进交通工具的变革。在船舶发展史上，战争对船舶技术的进步无疑起到了促进作用。早在春秋战国时期，中国人就掌握了槽、舷、帆的技术，出于军粮北运的目的，宋元时期，中国的造船术达到高水平。在世界史上，英国为取得海上霸主地位，不断改进造船技术，他们首先用舵轮带动滑轮操纵船舵，改变过去转舵的方法。1818 年，英法军队在克里米亚战争中看到木质战舰在俄国炮火打击下损失惨重的事实，加紧装甲战舰的研制，率先造出第一艘铁质船。工业革命后，人类发明了许多先进的东西，如何把先进的东西用于船舶上，战争无疑是一个催化剂。1827 年，英国率先将蒸汽机用于战船；战争又使人们发现蒸汽船暴露在外的机器轮容易受到炮火的攻击而失去作用。1837 年，英国海军以巨额奖金，征集代替明轮的发明装置，促使螺旋桨问世，大大提高了船舶运行速度。

政治制度的推动在于一种新的社会制度的建构对交通的发展创造新的可能。政治制度的变革可以解放生产力，解放思想，形成交通发展的新的经济需要和人力资源。以两次世界大战中飞机的发展史为例，在第一次世界大战期间，为了作战武器和军用物资的调度，英国成立了"科学工业研究局"，美国组建了"国家研究评议会"，专门研究与武器调度有关的运输技术，德国却是首先使用飞机作战的，但由于技术条件的限制，投入使用的飞机只能从事侦察、通信和相对简单的射击，残酷的战争使人认识到，飞机性能的优劣和制造技术的高低将决定战争的进程。为适应战争的需要，政府组织力量进行攻关，主要是增压发动机、涡轮增压发动机及变距螺旋桨等技术的使用，飞机的性能得到极大改善。由于飞机在战争中的作用，人们提出制空权理论，这又促进飞机的发展。二战前夕，英国于1934 年成立防空科学调查委员会，组织防空雷达的研制，为以后的通信技术发展起到了重要作用。美国在 1940 年建立国防研究委员会，实施"曼哈顿计划"。集 200 多名科学家，数千名科技人员和 10 万名工作人员，耗资 20 亿美元，研制原子弹及其运载工具，喷气式飞机就是此时研发成功的，飞机的速度、性能指标又得到了增强，二战时，飞机的时速已经达到 250 公里，飞行高度达 7000 米，续航能力超过 1000 公里。从此，喷气式飞机取代了螺旋桨飞机成为飞机的发展方向，后来又发展出超音速飞机。可见战争的催化作用极为重要。正是战斗机的发展，而后的民用飞机的改革才得以顺利完成。二战后，美国又开始"阿波罗登月计划"和里根提出的"星球大战计划"，对交通技术的开发起到了至关重要的作用。可以说交通作为政治斗争的重要工具满足了政治特别是战争的需要，所以政治才能成为交通发展的重要推动力之一。

3. 经济与政治因素的合力与阻力

在交通发展的上述推动中，经济推动是一种自发的必然力量，政治推动是一种自主的调节力量，它们交织在一起形成合力，以多样化的形式影响或引导交通的发展。在社会运行实践过程中，或因外在环境的变异，或因内在关系不协调，政治需求与经济需求可能会产生一些冲突，互相牵制，不仅不能形成合力，反而成为阻力。政治需求特别是战争时的政治需求压倒一切，对交通发展打下深刻的政治烙印。战争在促进交通发展的同时，也造成了对交通的破坏。因此政治的需要可能会起到扭曲的作用，误导交通发展的方向，造成人类智力和财富的占用和浪费，减少服务于提高经济实力或提高大众生活水平的交通技术的研发。

以丝绸之路为例。中国陆上丝绸之路本来是一条通商之路，从一开始就因战争而不断受到冲击，唐朝之前，中国北方先后兴起的诸多少数民族，他们不断南下与西迁，在相互争夺与混战中，给陆上丝绸之路造成了很大影响。安史之乱后，751 年唐朝与中亚各国的战争，中断了丝绸之路，使这条通商之路无可挽回地走向衰落。海上丝绸之路在宋、明时期，曾达到发展高峰，但与陆上丝绸之路一样，清初，为收复台湾，封锁台湾的交通，孤立台湾，康熙帝也沿袭明朝海禁政策，最后在西方殖民者的战争压力下发展成闭关政策，结束了海上丝绸之路的繁荣时代。再如，中国大陆与台湾其实无论从技术上讲，还是从经济上讲，"三通"完全不成问题，"三通"合理合算，甚至达到双赢或多赢，只是因为政治原因，在很长一段时间里处于相互隔绝的状态，无法进行直接"三通"。2008 年以后，两岸在"九二共识"的基础上，搭起了两岸沟通的"桥梁"，人民才能互通，货物才能流通，观念才能沟通，两岸才能有长久的和平。

可见，政治的推动对社会需求有效地转化为交通发展的动力，起到至关重要的作用。也说明社会需求形成交通发展的动力需要一定的社会条件。在经济推动充盈的前提下，如果政治推动不能有效地传递这种动力，或扭曲地反映经济推力如战争，就会导致动力的失效甚至是浪费。

　　总之，交通无论是作为实现交往、交流的工具，还是作为实现客货位移的技术，都是人类实现沟通而对空间距离的一种跨越行为。首先，需要明确交通的目的是促进现代社会的发展，因而不能以破坏社会赖以生存的基础为代价。交通的目的是人和物的流动，而不是车辆的流动。其次，交通本身是一个社会形成过程，是社会塑造的产物，它的存在与变化无不以社会的状况为转移，以至于有什么样的社会，就有什么样的交通发展状况。再次，交通既是被社会地建构起来，又是构造社会的要素。

　　社会对交通的影响表明：发展交通的社会条件比发展交通本身更重要。特别是建设和谐社会的背景下，必须重视社会发展与交通发展的不可分离性，看到社会对交通发展所具有的强大影响和造就作用，也就是说，要改变交通发展的"瓶颈"问题，必须从社会的改革入手，对制约交通发展的社会不利因素进行改革，以期透过社会发展来带动中国的交通发展。

　　4. 社会需求造就和影响交通发展的方式

　　社会需求对交通发展的影响主要是通过社会调节、社会选择、社会评价、社会创新等方式进行。社会调节是社会对交通的发展进行有所侧重的调整和引导。它包括自觉的政府调节和自发的市场调节。对自发的市场调节，前面在分析交通发展的经济推动时，已经作了论述，需要补充的是，由铁路、公路、水路、航空、互联网络等方式构成的交通运输系统，并不是同时代都出现的，也并不是处于同等重要的地位的，而是社会经济发展的阶段性的产物。

　　以六大交通运输方式的演进为例，在古代社会发展的规模比较小，最先是人力运输，其后是牛车马车等陆上运输，随着社会经济规模不断扩大，与牛车马车相比，水路运输有明显的优势，这也是为什么当时的城市绝大多数建立在江河湖岸或海滨的原因。在铁路运输出现前，包括内河运输、沿海运输和远洋运输的水上运输，以其运载量大，成本低投资省，单位劳动生产率高等优势，在人类历史很长一段时间内，成为主要的运输方式。缺点是速度慢，受气候条件、水路等自然条件的限制。

　　到了19世纪产业革命，随着工业社会的到来，工业化是最富决定意义的时期，它使人类从传统社会转入了现代社会，以加工、制造业为核心的经济总量急剧扩张与经济结构不断转换过程中，各种原材料和产品都将通过运输实现转移，从而得以优化配置和利用；同时伴随工业化与城市化，农村剩余劳动力和各种人力资源也将通过运输实现城乡之间的迁移。导致铁路运输成为推动经济发展的中坚和骨干。一方面是因为铁路运输速度比水路快，受气候等自然环境影响小；另一方面是安全性和可靠性较高，能保证自然资源的充分利用，如矿产品的运输，公路交通运量有限，不宜于长途运输，航空交通运输成本高，水路交通一般远离矿区，铁路交通就有明显的优势。缺点是站所固定，灵活性不够，建设周期较长。在相距1000公里的两城市之间，铁路的修筑期一般为5—7年，而开辟航空线路只要2年；投资周转期：公路运输一年可周转1—3次，铁路3—4年才周转一次，是航空投资的1.6倍。

在综合交通运输系统中，公路运输最大的特点是机动灵活性，运输方便，可以实现门到门的直达运输。在运距200公里内，公路运输速度是铁路的2—3倍，水运的4—6倍。缺点是安全系数较低，安全性能不高。在混合交通的状况下，公路运输的事故比较严重，据测算，交通事故中，公路运输事故占90%以上。另外运输成本比较高，一般来讲，公路的运费率是铁路运输的3倍，水运的12倍。因此公路比较适于中短途运输，长途运输相比较而言不经济。两次世界大战后，航空工业取得了突飞猛进的发展，仅就民用航空飞机而言，从螺旋桨作引擎的活塞式飞机到涡轮喷气式飞机，从超音速喷气式到现在的远程宽体的"空中客车"，首先是为满足军事需要而发展起来，其后"军转民"，应用到人们的日常生活中。

航空运输的优势在于快速性和舒适性和安全性。现在航行速度一般在900公里/小时，是火车的5—10倍，轮船的20—25倍，汽车的7—15倍，舒适程度也比它们好，就交通事故的发生率而言，小于其他交通工具。缺点首先是运载量有限而运营成本高，一架波音747—400型客机售价就达1.2亿美元，载重量仅78吨，耗油量每小时达11吨，从事批量运输是不合算的。其次是噪声污染严重。

管道运输首先是一种特殊的运输工具，用管道运输，要么连接原产地与加工工厂，要么连接卸货码头与消费地之间，都有运输方向固定的特点。另外，因为几乎是指定用户，所以运输物资是固定的，运送的方向是单向的。其次运量大。由于管道能进行不间断地输送，输送连续性相当强，不产生空驶，运输量自然非常大。再次占用土地少。管道多埋于地下，其埋入地下部分一般占管道总长度的95%以上，永久占用土地少，而且它的劳动力消耗相当少。日本以一条年输能力为700万吨的管道与铁路相比较，每百公里所需参与运输的人员比例管道运输为 1，铁路运输为 9。所以管道运输成本非常低，其经济效益非常可观。缺点是专用性强，只能运输石油、天然气等物质；灵活性差，不如其他运输方式灵活；建设初期，投资成本比较大。

总之，自从有了人和人类社会，人类始终在不遗余力地扩大、提高和完善人与物空间位移的能力，而且每年要耗用大量的资源完成人与物的位移。几千年来，尽管人自身的器官从解剖学意义上讲，并无明显的改变，整个人类社会却发生了天翻地覆的变化，交通由人们的相互往来的行为方式发展成为人们进行社会生产和生活的"第四物资生产部门"，便捷的现代化交通通信方式和适合可持续发展的生态基础设施连接在一起，不仅使人们能够在空间上方便、快捷、安全、舒适地集聚和扩散，构造一个有序的空间组织，而且使产业内的内在联系更加密切，各种要素流转更加通畅，社会组织功能更加完善，并构建成一个维系社会系统共生共长的空间过程。

可以说，正是基于社会交通的发展，我们不仅生活在一个日益变小的网络化世界中，而且还生活在一个日益互相依赖的世界，这种互相依赖关系的构成机制存在于大量的网络交往关系之中。因此，交通革命并非仅仅是一种与人类无关的外在物，也不只是交通线路的组合和各种社会设施，诸如，电车、火车、港口、码头等聚合体；也不只是各种服务部门和管理机构的简单聚集。交通绝非简单的物质现象，绝非简单的人工构建物，而是将人们的各种重要活动密切地联系在一起，沟通人们的思想和感情的载体，它是社会的产物，是人类交往属性的产物。交通发展是一种人口转移、经济结构和地理结构的变化过程，实际上是人类社会的整合过程。

（三）交通与社会的本质联系

社会是如何成为可能的？这是社会学经典的问题。换言之，人类机体作为自然界进化历程中一个物种，发展成为社会性的种类，它是何以可能的？代表性的观点是，在漫长的自然选择和性选择基础上，作为生物行动者的社会行动者，在社会情景中的交往和互动过程中，逐渐演化和建构自身物种的符号程序化能力或文化建构能力。尽管最早的人类社会与动物社会都是过着群居生活，它们有着质的不同，动物的群居生活出自本能，人类群居生活是出自每位成员对于他人行为意图的阐述，然后应答相应的行为，也就是交往。

在交往活动中，个体假想或采取他人的态度，扮演他人的角色，从而调节自身的行为。从群体行为组织的观点来看，正是这种扮演他人角色而获得的对自己反应的控制能力，才使这种交往形式具有价值。随着社会的发展，人类如此充分地发展了必要的社会交往系统：主要有语言、通信手段、运输工具和货币等。人们生活着的这个社会是各种社会关系交织成的一个整体，而社会学就是从人们的社会关系和行为入手研究这个整体。人的行为的最初动力——人的社会需要是探索这个整体的动力的源泉。社会学是从变动着的社会系统整体出发，通过人们的社会关系和社会行为来研究社会的结构、功能、发生、发展规律的一门综合性的科学。

人类社会需要的满足是通过参与社会生活，即在与他人的相互交往中才能实现的，离开了人类社会，脱离了与他人的社会关系，人的社会需要就无法满足。可以说，社会交往既是满足人的社会需要的基本手段，又是促使个人走向群体，走向社会的关键。另一种方式是将"目的"理解为人的内在活动的因素。理解交通是什么必须结合目的来进行。交通是人的工具或人的行为，已经成为理解目的主要方式。《哲学大辞典》中写道："目的，人的自觉活动和行为的要素之一。作为哲学范畴，指行为主体根据自身的需要，借助意识、观念的中介作用，预先设想的行为目标或结果。"[1] 交通也有人的目的，它规定生命的自然产物的原则。交通技术活动的两个主要的特点是，"一是完成自然所不能实现的东西；另一是模仿自然"。

交通作为人类社会最基本的生产和生活方式之一，既是社会交往的前提和基础，也是社会生产和社会交往发展的必然结果，因为交通活动与人类相伴而生，形影不离。交通是什么？交通的主体是人还是物？交通特有的形态使研究者往往不能超越其表象而发现本质。应该说，把交通看做是实现人与物空间位移的五种运载形式，是一个物质经济实体，是现代社会的产业部门，都是符合事实的。也正是这些物的因素引导我们去思考运载形式背后的人的因素。任何一种交通运载形式都不是自然而然形成的，都是由人去设计、施工、修建和改造的，是人类为了满足自身生存和发展需要而创造的人工环境。人类在不同时期留下的交通方式反映了交通的历史，体现了历史中人的意识和行为，反映了当时社会交通的发展水平。可

---

[1]　金炳华主编：《哲学大辞典》，上海辞书出版社2007年版，第252页。

以说人是交通的主体，我们在各个历史时期，不同的交通运输形式中都能找到人的生命延续的印记；交通是人类存在的实现形式，是人类生命之和的体现，是为了实现人的时空跨越。

我们认为，交通运输从一开始就是人类为克服自然距离障碍所进行的努力，在火车、轮船出现之前就已经有了漫长的历史，主要是靠人力、物力、畜力、风力等完成人类社会所需要的人与物的位移。伴随着火车、轮船为标志的现代交通运输工具的出现，人类才完成现代意义的空间跨越。交通在带来社会财富的同时，也给人类带来了许多"意外的后果"：环境恶化、空气污染、水资源紧张、交通事故剧增等。交通的发展带来人与人的疏离感增加，人对交通运输的排斥和陌生感增强，导致交通的发展与人的发展不一致，出现"交通环境的异化"现象。如人和车的矛盾，人行道越来越窄小，车行道越来越宽，大街小巷都成了停车场，车辆占据了人的生存和活动空间。人类创造交通只是手段，目的是使人更好地生存和发展，而且是可持续的发展。因此，交通的本质体现了人与人的社会关系即人的本质，不仅表现为当代人与当代人的关系，还表现为与前代人以及后代人之间的关系。

人的生产和生活方式的需要是人创造交通的动力之源。这里需要强调的是交通的产生不仅仅是物的因素，也不仅是制度的因素，而关键是人的因素。一方面人自身的存在具有不完全性，正如马克思所说，"人是一个未完成的社会存在物"①，需要借助交通或交往而存在；另一方面人自身的发展表现为一种矛盾性状态，即人的生物属性的有限性和人的社会需要的无限性之间的矛盾，更重要的是社会交往作为人的本质属性的规定性，驱使人类去改革、发展社会交通。

正如英格尔斯认为，国家实现现代化首先要取决于人的现代化，这对于交通同样有重要意义。"我们之所以在研究国家现代化时，把人的现代化考虑进去，正是因为在整个国家向现代化发展的进程中，人是一个基本的因素。一个国家，只有当它的人民是现代人，它的国民从心理和行为上都转变为现代的人格，它的现代政治、经济和文化管理机构中的工作人员都获得了某种与现代化发展相适应的现代性，这样的国家才可真正称之为现代化的国家。""我们要重新调整以往研究国家发展的重点，把人作为

---

① 《马克思恩格斯选集》第 1 卷，人民出版社 1995 年版，第 65 页

注意的中心，特别是普通人，而不是那些杰出人物。"① 未来理想交通不仅在于满足人类生存需要，还在于为一切人的发展和人的全面发展提供条件。这正是我们探索交通本质的意义之所在。因此，研究交通，首先要研究人，仅仅研究交通运输工具是不够的，需要研究"交通人"，而交通人的"经济人"和"职业人"属性，是受人的交往性这个本质属性所规定和制约的。交往，这也是人从"生物人"走向"社会人"的根本途径。

人是社会的人。人的交往关系对个体来说，有一种先在性特点，任何人都不能任意地选择某种社会关系和生产关系。正如马克思在致帕·瓦·安年柯夫的信中所说："社会——不管其形式如何——是什么呢？是人们交互活动的产物。人们能否自由选择某一社会形式呢？决不能。在人们的生产力发展的一定状况下，就会有一定的交换（commerce）和消费形式。在生产、交换和消费发展的一定阶段上，就会有相应的社会制度、相应的家庭、等级或阶级组织，一句话，就会有相应的市民社会。有一定的市民社会，就会有不过是市民社会的正式表现的相应的政治国家。"② 作为交通人，他一生下来就必然要在既定的政治国家和社会关系中生活，并开始接受它在各方面尤其是精神上的教育、影响、规范和塑造。这是社会关系对人的制约性的最突出的表现，也是人的社会化的最普通和最基本的途径。

综上所述，随着社会的变迁，各个历史时期交通运输的形式、功能都会发生变化，相同的是人的"交往"的本质规定性，并由此从个人层面和整体层面影响人们的交通行为。正是因为人的交往属性的需要存在，才引发了交通的产生、延续和变迁。社会互动模式和人们发明并用以交往实践的交通行为方式，建构了我们社会的新社会形态，并还在进一步重构，如互联网技术正在改变人们的社会行动方式。

而交通体系网络化扩张实质性地改变了社会的生产、分配、消费、交换，以及权力与文化过程中的操作与结构。虽然社会组织的网络形式已经存在于其他时空之中，交通技术却为其渗透扩张遍及整个社会结构提供了物质基础。交通对于全球化和分散性集中的世界经济社会；对于基于物

---

① ［美］阿历克斯·英格尔斯等：《人的现代化》，殷陆君编译，四川人民出版社1986年版，第8页

② 《马克思恩格斯选集》第4卷，人民出版社1995年版，第532页。

流、信息流动和人员流动，对于缩短空间赢得时间节约、改善人们的生活环境、提高生活质量，都是不可或缺的工具。它不仅为人们提供了交往与传播的技术、方法和媒介，而且为人们提供了一种开放式交往与活动的平台，由此引发了新的社会分工。新的社会分工是塑造、引导或可能误导社会结构发生变化的根源。其中这个社会新的物质基础展示了新的支配性的社会过程。因此，交通作为一种时空位移，既是消费对象，也是生产对象；它不只是社会行为的外部条件，也是塑造社会行动的内在因素；它不仅参与形成和建构了社会的生产和再生产结构，也是塑造制度结构和观念结构的内在因素。对于形成社会行动、社会生活和社会过程具有作为构成要素的意义。

正如互联网使人们的行为方式、思维方式发生变化从而形成网络社会一样，交通更新了社会结构自身，导致人类社会在经济、政治和文化层面上的整体性转型与重构。另外，交通无论承载的内容还是形式，都是被社会所形塑的。交通社会学的主要任务是运用"社会学的想象力"对交通社会领域的各类社会事件以及与社会之间的互动关系进行过程分析的一门科学。探讨交通结构、交通过程、交通变迁等交通活动是如何嵌入社会结构、社会关系和社会文化之中的问题，帮助我们进一步认识交通活动的社会因素，从而更深入地认识交通活动的规律。

第二节　交通的本质：社会交往

将交通的本质研究作为逻辑起点，是试图在各类不同的交通运输形式中找到一个具有共性的东西，这就是交通的本质所在。各个历史时期交通运输的形式、功能都会发生变化，相同的是人的交往属性的需要存在，引发了交通的产生、延续和变迁。下面就从人的"交往"的本质规定性展开讨论。

一　社会交往

什么是交往？从词源上看，它来自拉丁语的 Communis，起初意指共同的、通常的，现在人们一般把它理解为分享思想与感觉，交流情感、观念与信息。英语中的 Communication，德语中的 Kommunikation 都是由此而来的。它除了指交往外，还有信息、传播、交流、交换、交通、通信、联络等多重含义。

因此，关于 Communication 的理论，既可以指交往理论，也可以指信息理论、传播理论等。在德语中 Verstandigung 也有互相理解的意思，而马克思、恩格斯在《德意志意识形态》中使用的 Verkehr 在现代并不常用，它除了指交往、来往、交际、交通的含义外，还指贸易、交换、流通等。Verkehren 作为不及物动词也有往来、交际的含义。与之对应的英语词汇应当包括 Commerce、Association、Contact、Communication、Social intercourse 等，既指人们在商业贸易方面的物质交换活动，又指道路交通、信息沟通，还包括人与人之间在思想上、情感上的交流和来往。《现代汉语词典》里说：交际就是"人与人之间的往来接触"；交往就是"互相来往"。这个解释非常明白，然而似乎又过于简单。

在心理上，交往是指人与人之间的心理接触或直接沟通，由此达到一定的认知。在社会学上，交往是指人们特意完成的交往行为，或通过交往行为而形成的特定的社会联系；在语言学上，交往概念表示人与人之间依一定规则进行的语言符号的交流；而信息科学和传播学上的交往概念更为狭窄，它是指一个特定信息由信源经过信道到达信宿并不断反馈，从而实现相互沟通目的的传播过程。作为社会历史哲学的"交往"概念，它是指人所特有的相互往来关系的一种方式，即一个人在与其他人的相互联系中的一种存在方式，它包孕着上述学科所理解的各种意思，不能仅仅归结为其中的某一含义。

作为社会学概念的"社会交往"，"是指个人与个人、个人与团体或团体与团体之间的交互作用、交互影响的方式和过程"[1]。社会交往是人们的社会互动行为，主要是人的心理交感和行为交往过程。互动的实质在于：无论是自我互动还是社会互动，都是主体与客体之间的往返活动，都是主体与客体之间的沟通，都是具体的、现实的人为了满足某种需要而进行的相互作用、相互影响的活动。

作为哲学范畴的"社会交往"，有学者对这一范畴作出了各种各样的说明和界定，并归纳了五种观点[2]：

一是"社会互动说"。即认为交往就是作为社会主体的人或人群共同

---

[1]　北京大学社会学系社会理论教研室：《社会学教程》，北京大学出版社1995年版。
[2]　姚纪纲：《交往的世界——当代交往理论探索》，人民出版社2002年版，第12—14页。

体之间物质的和精神的交换过程，是人们为了实现其活动、能力、成果的交流、沟通和互补而进行的能动的相互作用，是一种实现了的"社会互动"。"交往活动是人的个体活动加入和转化为社会活动总体的基本形式，同时也是社会活动总体的各个要素在不同个体或集团中分配的基本形式。"①

二是"交往实践说"。这种观点与上述活动论实质相同，只不过突出了交往活动的实践属性和特征。如认为交往存在于人类社会内部，是历时的和共时的不同实践主体之间以变革世界和生存环境为目的的相互间沟通、制约、渗透、影响、改造等实践活动。从外延上看，它除了指主体间的生产关系的内容外，还包括政治、经济、文化、宗教、民族等种种形式的交往活动。所谓交往实践观，是指由多极主体通过改造相互关联的中介客体而结成主体间关系的物质活动，这种活动归根到底是一种实践活动②。

三是"语言中介说"。它认为狭义的交往是指信息科学或传播学的，广义的交往是指社会学意义上的，即社会交往。它们都对交往作了一种工具性的理解，即把交往视为人与人之间沟通的一种工具、手段或中介。不过传播学把交往作为一种单一的对象，研究信息沟通的渠道、方法、技术手段和一般模式，而社会学则把交往放到社会、文化和历史大背景中，考察它与社会系统、社会结构、社会生活等方面的关系，它更多地蕴涵着一定的文化的、道德的或政治的含义。与这二者相同，哲学的交往理论也承认交往是人与人之间的相互作用的一种中介，不过它同时还强调交往与人和社会的内在统一性，即认为交往本身就是人的生存方式或生活方式。交往涵盖了人的历史、文化、生活的一切领域，人类交往是怎样的，人类也就是怎样的，这不仅指人的生活的现象形态，也指人的生活的本质特性。人类交往的范围和界限，也就是其生活和社会实践的范围和界限。这在马克思和许多现代西方哲学家那里是一致的，当然西方某些哲学家的交往理论是通过语言问题间接表述的。在他们那里交往和语言是不可分割的，有的甚至认为交往就等于语言③。

---

① 参见李芳凡《论作为唯物史观范畴的"交往"》，《江西大学学报》1991年第3期。

② 参见钱伟量《交往、实践、交往实践》，《学术界》1993年第4期；任平：《迈向21世纪的人类中心视界：交往实践》，《江海学刊》1996年第2期。

③ 参见范进《现代西方交往概念研究》，《哲学动态》1992年第6期。

四是"主体关系说"。即认为交往既不是实体范畴，也不是属性范畴，而是关系范畴。交往是辩证唯物主义普遍联系的观点在社会历史领域里的推广和应用。严格讲来交往就是人与人之间的社会联系，交往建构和体现着人的社会关系，社会就是在人们的交往中形成。交往是在人与人之间体现的主体与客体关系，它本质上是在人与人之间实现的实践关系，是人的本质力量的相互作用关系等①。

五是"双重关系说"。有论者认为交往是标志人、社会与自然、人与社会之间相互作用的哲学范畴。社会交往是人类在与自然进行物质交换，即生产劳动的同时所必须进行的活动。人与自然之间的交换活动是主客体之间的交往，而人类个体之间的交往则是主体间或人际间交往。这种构成社会关系的人际交往是根本不同于单纯构成自然关系的动物的交往活动的。有人则认为交往活动生产活动相等同，共同构成了社会的生产力，它们的相互作用是推动社会历史发展的原动力。交往关系包括两个方面，一为物质生产的交往，表现人与自然的关系；一为社会关系生产的交往，表现人与人的关系，二者有着不可分割的联系。精神生产的交往一般包括在上述二者之中，是其发展的高级形式或特殊的表现形式②。

总之，社会是由人所构成的，是人们相互交往的产物。自从有了人和人的社会，就有了人们之间的交流和往来。没有人们之间的相互交流，社会无以形成。人的本质是一切社会关系的总和。社会关系是人们生产出来的。而"生产本身又是以个人彼此之间的交往为前提的"③。因此，交往不仅是形成人们之间普遍联系的纽带，也是构成社会有机体的基本要素之一。

它具有四个方面的特征：（1）交往的本质是人的社会存在的基本方式。正如恩格斯在《反杜林论》中指出的，"运动是物质的存在方式"，"生命是蛋白体的存在方式"④。尽管马克思主义创始人并没有提出"社会存在方式"这一范畴。但人的存在是自然存在和社会存在的统一。那么，我们就完全可以说，生命是人的自然存在方式，而社会交往则是人的社会存在方式，是人的本质的内在要求。（2）社会交往是人的社会化的根本

---

① 参见王玉恒《析交往活动的多重关系》，《哲学研究》1993 年第 4 期。
② 栾文杰：《交往与市场》，社会科学文献出版社 2000 年版，第 1 页。
③ 《马克思恩格斯选集》第 1 卷，人民出版社 1995 年版，第 68 页。
④ 《马克思恩格斯选集》第 3 卷，人民出版社 1995 年版，第 422 页。

途径。社会化是指人们学习、继承各种社会规范、传统、意识形态等社会文化元素，并由自然人到社会人的适应、转变过程，它涉及两个方面：一是社会对个体进行教化的过程；二是与其他社会成员互动，成为合格的社会成员的过程。人生活在社会中，就必然进行社会交往活动，产生社会交往的意识。没有运动的物质是不可想象的，没有社会交往的人同样是不可想象的。社会化是社会交往的基础，社会交往是社会化的根本途径。（3）这种交往行动是在一定的社会文化环境下进行的具体的、现实的交往行动。社会交往是社会关系的内在要求。如果没有社会交往，就不可能进行社会生产，也产生不了一定的社会关系。哈贝马斯根据行为者与"三个世界"（客观世界、社会世界、主观世界）所发生的关系，将交往行为区分为四种类型：目的性行为即劳动；规范控制性行为，即以一定的共同价值规范作为行为的取向；戏剧性行为，即以行动者"自我表现"为中心表现行为；交往性行为，即主体之间通过语言、符号媒介协调的活动，是一种以"理解为导向的行为"①。人们的交往过程，反映了人的一种社会存在方式和状态。（4）社会交往是人们进行的物质、精神交流的社会行动。人与人、人与自然通过交往行为而形成特定的社会联系。社会交往的类型多种多样，最基本的就是两性交往、物质交往和精神交往，这与人自身的生产、物质生产和精神生产等三种生产是密切相关的。社会交往的方式方法千变万化，本质上，是作为人的有目的的社会实践活动，是生产社会关系的起点。社会交往的手段日新月异，它是人们用来进行社会交往活动的一切物质资料和物质条件。汽车、火车、轮船、飞机等交通工具就是人们进行有效沟通的交往工具。不仅是人与人之间进行社会交往活动的物质技术手段；也是人类交往力发展水平的重要标志。人类发展实践表明：交通技术不仅是人类交往力发展的测量器，而且是社会交往活动借以进行的社会关系的指示器。

二　马克思主义的交往理论

交往理论是马克思主义社会哲学的重要思想。马克思、恩格斯在他们共同撰写的著作《德意志意识形态》中第一次提出了交往理论，从世界

① ［德］哈贝马斯：《交往与社会进化》，张博树译，重庆出版社1989年版，第3、67、121页。

普遍交往的角度系统地论述了"物质交往",即交往实践和由此产生的"精神交往"在人类历史上的巨大作用。马克思在《政治经济学批判(1857—1858年手稿)》导言中把交往关系列入写作大纲。在《资本论》中,马克思将交往实践用于对世界一体化的基础——资本存在形态的分析。在《人类学笔记》和《历史学笔记》中,马克思从世界普遍交往的高度来观察东西方社会发展进程,认为东方落后国家可以借助于世界性普遍交往获取资金、生产力、文化和经验,超越资本主义的"卡夫丁峡谷"。

在马克思的交往理论中,交往是与生产力、生产方式,以及社会历史的发展和社会形态的更替等联系起来考察的,并阐述了一些基本的思想。首先,生产与交往互为前提,它们之间是相互作用、相互制约的关系。一方面,交往是生产得以进行的前提,"生产本身是以个人彼此之间的交往为前提的"。另一方面,"这种交往形式又是由生产决定的"①。其次,交往活动与生产活动相等同,共同构成社会生产力,它们的相互作用是推动社会历史发展的原动力。马克思和恩格斯认为,构成历史发展的动力,不是精神的、法律的或其他别的什么,而是隐藏在这些动力后面的东西。因此,他们提出了"动力的动力"问题,并指出"构成历史发展的真正的最后动力"是"生产力和交换关系的发展"。再次,现实的人都是生活在一定的交往关系和交往形式中的,社会就是人们交往活动的结果。按照马克思主义的观点,不同的社会发展阶段,社会交往关系的发展,突出表现在与生产力发展水平相适应的交往力的提高。在资本主义社会,工人之间的联合由于大工业所造成的日益发达的交通工具而得到发展,铁路等现代化的交通工具,加速了无产者之间的联合。"中世纪的市民靠乡间小道需要几百年才能达到联合,现代的无产者利用铁路只要几年就可以达到了。"② 只有生产力的高度发展,才能建立人们之间的普遍交往。有学者总结了马克思和恩格斯的交往关系的主要内容:(1)为满足人们生产和生活中日益扩大的物质及精神需要而进行的活动;(2)交往手段和交往方式是不断创新、普及和进步的;(3)交往(包括交换在内)是联结生产和再生产的过程,表现生产实践活动的中介性、接力性特征;(4)交

---

① 《马克思恩格斯选集》第1卷,人民出版社1995年版,第68页。
② 同上书,第281页。

往体现一定的社会关系，表示不同地域空间的生产单位和经济活动之间的联系方式①。

在社会主义发展时期，社会交往形式是它之前社会交往形式发展作用的结果。具有连续性和继承性特征，社会经济发展的历史就是一般性的交往关系与特殊性的交往关系结合交替的过程。列宁曾说过，没有铁路，就不会有社会主义。"因为铁路是一个重要环节，是城市和乡村间、工业和农业间最明显的联系之一，社会主义是完全建立在这种联系之上的。"②包括铁路在内的各种交通工具、场所设施等都是与生产力的发展分不开的。交往工具是人类实践所创造的，随着生产技术的发展，交往程度的提高，交往工具规定着交往的规模、速度和力量。在 20 世纪 80 年代，随着光纤通信、计算机网络等交往技术的发展，人类全面进入"信息社会"③，直面交往的虚拟化成为现实，人们的生活方式和行为格局发生了深刻的变革，数字化生存与传统的生存方式交织，成为当下人类的一种日常生活。

马克思主义的交往关系理论包括物质生产的交往和社会关系的交往，属于广义生产关系的范畴。它存在于一切社会经济形态，反映的是人类社会中最基本的关系。广义的交往关系表现为人与物以及人与人的关系。交往关系中包括了生产关系和生产联系。在这种最具广泛意义的交往关系中，无疑涵盖了交通行为。由此而言，交往学说的基本原理适用于解释交通网络化的空间交往关系过程。论其实质和要义，交往实践是指多极主体间通过改造或变革相互联系的客体的中介而结成网络关系的物质活动。实际上，交通行为主体之间的网络化关系就是一种空间交往活动。因此，交往实践观在确立交通网络化发展观方面可起到奠基作用，交往论是交通网络化发展模式的依托。

三　交通的交往理论

交通与交往（intercourse）既是一个大众化的术语，也是经济学和哲学研究的重要课题。经济学家感兴趣，那是因为交通活动是现代社会经济活动的最普遍现象，交往关系中包括生产关系和生产联系，交往的形式包

---

① 栾文杰：《交往与市场》社会科学文献出版社 2000 年版，第 23—45 页。
② 《列宁全集》第 34 卷，人民出版社 1995 年版，第 251 页。
③ ［美］约翰·奈斯比特：《大趋势》，姚琮译，中国社会科学出版社 1984 年版，第 12 页。

括分工与交换，这些都是经济学研究的传统领域。哲学家有兴趣，那是因为交往实践观是一种可供选择的哲学理论范式，也是当代哲学问题的科学解答。我们研究"交通的交往理论"，是因为交通"网络化"构建的目的在于交往和交流，由此而言，交往论无疑是交通网络化发展的重要基础理论。从功能来看，交通是社会经济发展摆脱落后的外在条件，也是进一步发展的有利条件；交通活动的效率随着制度创新和技术创新而不断提高，创新后的制度和技术更需要高效率的交往关系；交通的交往具有双重性，既可以通过交往活动和交往关系引起发展的差异，也可以使发展差异有所收敛。

（一）交通运输是人进行社会交往的体现形式

人的社会交往活动对社会交通的主要影响就是社会运输化，所谓社会运输化是社会交通发展所引起的改变人类生产方式、生活方式和人居方式的空间过程，是社会的各种表现物包括人口、产业、市场、资本、科技、信息以及文化附着物在空间上的聚集、扩散、重组的演化过程，其形式化特征就是社会流动，其内在特征是同质性与异质性交替。主要表现为三个方面：

（1）交通通信等各种关联性基础设施，以及以这种关联实体为载体的人、财、物及信息等要素的流动，即空间相互作用。

（2）社会在地理区位基础上的空间结构和空间组织化过程，社会群体行为在空间上的有效组织。

（3）社会组织的发展通过交通运输的空间网络来进行转移和扩散，形成社会成员的空间网络化关系和网络系统。

从社会交通的变迁来看，人类社会从原始部落到传统农业社会、手工业阶段，人与物位移的数量少，规模也不大，运输能力和运输方式简单，主要是依靠道路和天然形成的水上航道，借助人力、畜力进行交通运输。社会发展的特征有的学者概括为"前运输化"状态①，即社会整体内各组成部分之间缺乏联系，运输网络落后，社会空间组织化程度低，人们的社会交往无论数量和方式都很少。传统社会发展到现代社会是以机械运输工具取代早期运输工具开始的。人们挖运河、铺铁路、建港口、修公路、造桥梁、开隧道，以及利用空中飞行来克服地面障碍的限制，改变了对自然

---

① 荣朝和：《论运输化》，中国社会科学出版社 1993 年版，第 66 页。

交通运输条件的极大依赖性。整个社会人与物的流动性和移动规模越来越大，以铁路运输、公路运输和轮船运输为标志的机械运输方式迅速扩大，社会运输能力的提高，单位运输成本的下降，使大批农民有机会、有能力离开世代耕作的土地，到城市来谋生。催生以制造业为中心的"运输化"社会到来。社会发展的明显后果就是工业化和城市化，运输化对工业化、城市化的实现提供了可能性的同时，城市化、工业化进程也对运输化的进一步发展提出了空前要求。

随着互联网的普及，通信技术的发展，一些发达国家逐步向后工业时代转变，人与物实际的位移让位于"虚拟"的位移。基于知识经济的信息化社会的到来，以"虚拟交通"和"智能化交通"为特征的社会交通使人们交往呈现出一种"后运输化"的趋势。

（二）交通行为是社会空间组织化不断提高的过程

交通运输是人类一种最基本的社会交往活动。从社会发展角度来看，交通运输是社会空间组织化程度不断提高的过程，反映的是社会系统运行过程中的一个空间区位关系。社会系统内以及各子系统之间随着社会交通的发展，是一个由封闭到开放，由松散联系到紧密联系，由互不相关到密切协同的过程。经济全球化和地球成为一个"村落"就很有力地说明了这一点。可见，发展意味着单个发展过程的不断组合，意味着无数单个结构、群体、单位、部门的联系不断加强，形成一种在空间上相互作用、相互渗透并日益增长的系统。因此，发展是作为一种空间过程而存在的。法国社会学家指出，发展的前提是人们之间以商品和服务、信息和符号为形式的交往[①]。佩鲁的观点包含了三层含义，即整体内部各组成部分之间的连接；不同部门之间直接或间接的作用和相互作用；在进化结构中，各种形式的人力资源都有机遇获得效力和能力。从语义上理解，交往意为互相来往，它与社会学中的几个术语相近和相似，如交互作用、联系、传递、交易、交换、和交流等。它们都可以反映交通活动的某种关联现象，如城乡交互作用、国家间的联系交流等。

各社会经济实体之间的交往关系，被认为是区位选择及交通增长的重要因素。交通交往是社会经济活动主体之间的连续或联系，这种关联导致了各种要素的流动，并且决定了进行交往的各个社会实体的大致位置。因

---

① [法] 弗朗索瓦·佩鲁：《新发展观》，张宁、丰子义译，华夏出版社1987年版。

此，不论城市还是乡村或是城镇体系，都是一个动态系统，这一动态特征本质上就是各种活动之间的交往，即个体、群体、企业和社会团体之间的相互依赖和相互作用的交往。交通行为就像一根看不见的纽带，将各种交往主体和要素组合成密切协作的交往系统，旨在促进社会、经济活动的有序化和高效化。

交通工具是指实现交往主体之间活动、能力交换并发生相互作用的现实载体或媒介。它包括语言、货币和各种交通运输工具。交通工具是交往主体的身外器官，是人的身内器官功能的外化，是人类的生产和交往活动所创造的历史性的存在。从一定意义上讲，交通工具规定着交往的规模、速度和力量。交通工具是历史的产物，各种交通工具和场所设施都是与生产力发展分不开的，交通工具是人类实践所创造的，随着生产技术的发展，交往程度的提高，它将越来越具有前提性作用。

交通交往空间是一个变量，随着社会生产的发展，它是不断扩大的，并且随着生产中的转移而不断更新和淘汰。作为一种客观事实和发展趋势的全球化社会，更是凸现了交往的核心、基础和动力，其显著特征就是人们交往空间普遍扩大，生产和贸易相互依赖进一步加强，社会、经济、文化等方面的联系日益紧密，国际和区际的相互影响不断加深。笔者认为，交往已成为时代主题和时代精神。

（三）交通发展使社会关系中的相互依赖性增强

在社会经济活动中，人们通过最小的活动量，获得最大的交往和接触机会，这是人类活动的基本规律。在大量的交通行为关系中，存在着各种社会经济活动主体的相互依赖关系。

交通发展中各个交通领域之间的相互联系、相互牵制和相互影响，构成了相互依赖关系的运行体系。在这个体系中，很难把一个方面的关系与另一个方面的关系分开。在某些情况下，也很难区分一种发展究竟是由哪种交往关系机制在起决定作用。因此，相互依赖关系的构成和作用不仅远远超出一个特定地域范围的交通工具之间的双边关系，也远远超出某个领域的范围。范围上的多边性和作用与影响上的多维形式，使得各种交通工具相互依赖体系，呈现复杂性和连锁性特征。

我们把各种交通形式的相互依赖看作是一个体系，其意义在于使各个分散的、不同的发展因素构成一个相互影响、相互制约的有机整体。但是，在一定程度上，相互依赖关系体系似乎是一个模糊的整体，不能机械地把相互依赖理解为双方或多方关系的对应性，更不能把它们看成是对称的。所谓不对称性，主要是指双方各自在依赖双方的程度上不均等，形成一种非均衡关系。这种不对称关系也是相互依赖关系整体中的有机组成部分。但是，非对称性也有一个程度问题和结构问题，过度的不对称关系对于建立正常的相互依赖关系机制是一种限制。

交通发展中的相互依赖关系是一个有机的体系，但并非是一个和谐的体系。首先要认识到在相互依赖体系中的矛盾是经常的和广泛的，如铁路运输和公路运输。当然，并非所有的矛盾都会激化。其次，不对称性对弱者不利。在交往中，处于弱者地位的一方是否从中受益，对特定地域的经济发展具有重要作用。另外，在一个高度交织与相互依赖的区域与社会发展格局中，每个区域或每个城镇与乡村对外部环境的反应具有相当的敏感性，不论来自哪一个方面的不良影响都会引起连锁反应。

交通交往可促进社会各利益群体共生共存。社会经济发展与演化的一般规律告诉人们，交往关系是重要的动力因素。马克思在谈到社会和人的交往活动的关系时指出：社会是表示"个人彼此发生的那些联系和关系的总和"[①]。社会又是"人们交互作用的产物"[②]。这种交往促进系统共生共存的演化现象，可以在生物界得到印证。例如，在白蚁和蟑螂的肠中生活的微生物，能分解昆虫吃进肚子里的木材，把木材变成糖类供给昆虫应用。昆虫不仅为肠中微生物提供生活场所，而且在长期共存条件下产生一种脱皮激素。这种激素又可促使肠中微生物产生配子，进行有性生殖。这就是生物之间通过物质交流达到互利共存和互惠共生的例证。通过交互作用带来社会共生促进和协调发展，也是一条基本规律。从总体上考察交通发展或交往过程中存在的矛盾和问题，发现交通发展中的各处对立、分割或不协调现象，将遏制社会经济活动的交往关系。从某种意义上讲，在社会各利益群体共生促进的过程中，"交通"可起到一种"黏合剂"和"酶"的作用。

第三节 交通行为理论

交通行为是产生人与货物位移的活动。它不仅是一种技术活动，也是

---

① 《马克思恩格斯选集》第 1 卷，人民出版社 1995 年版，第 1—2 页。

② 同上书，第 532 页。

一种社会活动。交通作为人类的一种社会活动，是人类社会通过对物质、能源和信息资源在时空的转换而实现的。这种时空变换过程，总是以人的沟通为其终极目的。"正如不存在纯粹的空间过程一样，也不存在无任何空间的社会过程"①。交通作为一种时空位移，既是消费对象，也是生产对象；它不只是社会行为的外部条件，也是塑造社会行动的内在因素。它不仅参与形成和建构了社会的生产和再生产结构，也是塑造制度结构和观念结构的内在因素。对于形成社会行动、社会生活和社会过程具有作为构成要素的意义。交通作为一种社会行为，具有跨越时空的目的性、对工业生产的依存性、高度的社会组织性等系统特征②。因此，交通行为是对人的社会行为的一般特征的概括和总结。本节主要讨论交通行为的影响因素以及交通行为模型。

一　社会行为

（一）社会行为的含义

人类的一切行为都可以视作一种符号（sign）。从语义学角度看，表示某种信息或传递特定信息的指号。这种指号提供了表征、传达某种信息或意义的可能。社会行为是人类个体或群体有意识或无意识影响他人的行为。韦伯认为，所谓社会行为是一种有意识、有意义的行为。它区别于纯粹反射性、偶然性的行为。一般而言，它由三个要素构成：（1）行为主体对所处环境的反应，即反应性行为；（2）有明确的行为目标，是行为主体的选择性行为；（3）行为本身具有某种象征意义，能够被他人理解的行为，即象征行为。

（二）社会行为的方式与类型

社会行为的方式一般包括三种：（1）竞争与合作；（2）暗示与模仿；（3）冲突与调适，调适的方式包括和解、妥协、容忍和顺从。社会行为因划分的标准不同而不同。韦伯曾按"理想类型"将人的行为分为四种：目标合理性行动、价值合理性行动、激情行动和传统行动。现在一般将社会行为分为四种：（1）从行为内涵看，可分为经济行为、政治行为和文

---

① ［英］多琳·马西：《劳动的空间分工：社会结构与生产地理学》，景天魁、朱红文编，梁光严译，北京师范大学出版社 2010 年版，第 50 页。

② 黎德扬：《社会交通与社会发展》，人民交通出版社 2001 年版，第 1—2 页。

化行为；（2）从行为主体的关系角度看，可分为从众行为、服从行为、互惠行为和侵犯行为；（3）从行为的情感色彩看，可分为理性行为和非理性行为；（4）从行为的合规性看，又分为合法行为和越轨行为。在交通实现中，交通行为显然是几种行为的混合形式，一般情况下，交通行为既要符合社会规范，又要体现行为者的目标和意图。交通事故除环境因素外，主要是行为者违反了交通规范造成的。

（三）社会行为与交通行为

交通行为是一种特殊的社会行为方式。从系统论角度看，人、车、路、环境是构成道路交通系统的四大因素。其中，"人"包括行人、自行车骑行者、机动车驾驶员以及乘客等在内的所有交通参与者；"车"是指包括道路上的公交车辆、私家机动车、自行车等在内的所有的运载工具；"路"则是指包括各级道路在内的所有交通流载体；而"环境"是指与交通相关的各种外部条件，如法律、政策等。毫无疑问，在上述的四大因素中，人始终是交通的主体，车和路都是服务于人的，而环境是调节它们相互关系的最为重要因素。

近年来，人类社会价值观念与道德规范有了长足的进步，其中最重要的标志之一就是"以人为本"的理念已经成为社会公认的行为准则。根据这个准则，在人和其他事物发生冲突时，更容易作出"人的需求优先"的判断。如上所述，几乎所有的交通方式均与人有关。于是，人们很容易提出在交通中应以哪些"人"为本，如何平衡交通参与者的交通权等最基本的问题。令人遗憾的是，对于这些问题在我国至今尚未得到明确的、公认的答案。需要从交通行为的角度对这些问题作出回答。

二　交通行为

（一）交通行为理论的内涵

人的行为决定人的行为方式。由交通行为决定交通方式的选择，从而确定交通综合网络的观点和方法为交通行为理论。研究客运交通行为理论是要系统地研究社会大众出行的需求，社会大众对交通方式的选择和政府交通政策的制定等问题，以及这些问题之间的关系。社会大众出行方式选择是交通行为理论的核心问题。交通方式选择行为决定了各交通方式的分担率，从而影响交通体系结构。

因此，社会大众出行方式选择问题是客运市场需求分析与预测的重要研究领域。正确地估计各种方式的客运分担率将对运输发展战略研究、运输政策制定、交通规划设计以及有效地发挥各种方式的综合运输能力起积极的作用。由于社会大众出行方式选择问题所涉及的对象是处于多变的社会经济环境中的人，因而问题就变得比较复杂和棘手。在我国，交通运输虽属政府部门管辖最严格的市场范畴，但在计划经济向市场经济转轨的过程中，原来以卖方导向的计划性旅客运输结构逐渐向以买方导向为特征的多样性客运结构转变。这种发展趋势更要求我们从客运消费的角度出发，对社会大众出行方式选择行为进行深入研究。

（二）交通行为理论的基本观点

1. 交通方式的选择是社会大众（包括以单位形式体现的个人）随着各自的经济收入水平而产生的对交通方式的"偏好"，所制定的交通政策应该尽可能地适应这种选择。在供不应求的情况下，旅客的"偏好"受到遏制，在供求均衡的情况下，会造成交通网络流的不均衡分配，而当出现供过于求的状况时，则乘客的偏好是唯一地决定交通方式的因素。

2. 承认交通政策对旅客"偏好"的引导和调节作用。如我国1985年对短途铁路运费加价，使铁路短途流转向公路运输。又如美国、加拿大一些发达国家，对私人小汽车采取鼓励政策，则小汽车发展得很快。而另一些国家对小汽车采取某种限制政策，使小汽车发展较慢。交通政策不只是限于采取简单的经济手段遏制某种交通方式的发展，主要是指确定交通投资的分配，其影响尤为显著。

（三）交通行为的影响因素

社会大众出行方式选择行为的研究基础是微观经济学消费者需求理论，即出行者，通常定义为在某个特定时期、某个地域范围对可选方式能够独立做出行决策的个人。出行者出行选择分析是在一定的假设前提下进行的：

1. 出行者能对出行可选方式进行独立的选择；

2. 每秒钟出行方式都可为旅客提供效用和满足感；

3. 出行者的选择偏好是相对稳定的；

4. 出行者的选择受到收入和时间预算的约束。

在此基础上，出行者的选择行为受到三方面因素的影响，其一是出行目的的影响，其二是出行者外部环境的影响，其三是出行者本身需求属性及偏好的影响。

第一，出行目的对交通方式选择的影响。

人们出行有各种各样的目的，这是运输需求之所以成为派生需求的根源所在。出行行为实际上只是为达到出行目的的一种从属行为，因此不同的出行目的，必然会对出行方式的选择产生不同的影响。比如某旅客要马上到外地举行商务会淡，这时他很可能选择高速的交通方式，而忽略出行费用的多少；而对时间要求不那么严格的旅游者，则他可能会充分地权衡各种方式的利弊，最终作出明智的路线和方式的抉择。出行目的虽然多种多样，但对于旅客运输而言，大体上可归类为：会议出差、旅游、探亲、购物及其他（见表1—1）。

表1—1　　　　　1994年我国铁路客运按目的分类的旅客出行比率　　　　　单位:%

出行目的	会　议	出　差	探　亲	旅　游	购　物	其　他
公　费	5.95	13.57	4.8	4.91	3.83	2.06
自　费			21.45	9.73	11.26	22.44
小　计	5.95	13.57	26.25	14.64	15.09	24.5

注：其中使用铁路乘车证旅客数量约占总量的6%。

该表自费出行中的"其他"项大部分是以从事生产、经营为目的的出行。由表1—1可以看出以探亲为目的的出行所占比重最高，其次是购物旅游出行，也就是说在现有经济条件下，探亲、旅游大多选择低成本的出行方式。相对而言，民航方式中以探亲、旅游为目的的出行比例较低，而会议、出差旅行的比例明显较高（主要是指国内旅客）。

一般说来，出行目的不能孤立出行所在地对方式选择发生作用，而是与其他因素结合起来共同作用于交通方式选择的全过程。

第二，供给属性对交通方式选择的影响。

供给属性讨论的是旅客的外部运输环境特征。旅客所面对的运输供给条件不同，所做的方式选择决策也将有所不同。在短时期内，这种外部运输环境影响可以被视为既定不变的，而在一个较长的时期里，这种影响作用也将发生变化。供给属性对方式选择的影响包括可达性、运输速度、方便性、舒适性、安全性等。

值得注意的是，中国目前仍存在着较严重的时间性、地域性和方式性的运输短缺现象，这种运输供给不足极大地限制着出行方式选择的自由，使旅客的方式选择经常发生由短缺引起的强制性替代，造成上述供给属性对方式选择作用的扭曲现象。例如随着国民经济的迅速发展和人民生活水平的明显提高，长途旅行中选择民航方式的旅客与日俱增，但由于我国航线、航班少，往往运力需求得不到满足，使选择该方式的旅客不得不转向较慢的铁路等其他方式。

第三，需求属性对交通方式选择的影响。

所谓需求属性是指从出行者自身利益出发来考虑出行方式的选择问题。

收入水平的影响。这可能是旅客对方式选择最重要的影响因素，或者更直接地说是限制因素。因为就人的自然本性而言，任何一个旅客都愿意选择最快、最好、最安全、最舒适的出行方式。我们姑且不谈这样理想的出行方式是否可行，实际上旅客的方式选择严格地受到收入预算的限制。在收入水平很低的情况下，旅客的出行只能选择成本最低（当然价格也最低）的交通方式，如铁路、水运。随着收入水平的提高，人们便有能力支付较高的运输价格而获得便利、快速、舒适的客运服务。以 1985 年至 1994 年的统计数据为例，表 1—2 中的数字便说明了这种趋势。

表 1—2　　　1985—1994 年我国人均收入与全社会旅客运输量分担率　　　单位:%

年份	城镇居民人均年收入/元	全社会客运量分担率				全社会旅客周转量分担率			
		铁路	公路	水运	民航	铁路	公路	水运	民航
1985	748.92	18.08	76.83	4.98	0.12	54.45	38.88	4.03	2.63
1986	909.96	15.78	79.08	5.00	0.14	52.82	40.18	3.72	2.99
1987	1012.20	15.07	79.54	5.22	0.17	52.51	40.48	3.62	3.37
1988	1192.12	15.15	80.35	4.33	0.18	52.51	40.72	3.28	3.49
1989	1387.81	14.38	81.44	4.02	0.16	50.00	43.82	3.10	3.07
1990	1522.79	12.39	83.87	3.52	0.21	46.42	46.56	2.93	4.10
1991	1713.10	11.80	84.69	3.24	0.27	45.78	46.48	2.87	4.88
1992	2031.53	11.58	85.01	3.08	0.34	45.36	45.94	2.86	5.84
1993	2583.16	10.58	86.36	2.72	0.34	44.34	47.11	2.50	6.08
1994	3502.31	9.95	87.29	2.93	0.37	42.32	19.12	2.14	6.42

资料来源:《中国交通年鉴》，中国交通年鉴社 2000 年版。

由表1—2可见，随着人均收入的增长，铁路、水运的客运量和旅客周转量分担率均呈下降趋势，其中长途部分下降较缓。而公路、民航的客运量和旅客周转量分担率都有很强的上升趋势。旅客出行方式选择结构的变化说明公路为旅客提供的门到门的便利服务，时间上比铁路、水运灵活得多，受到中短途旅客的青睐，而民航方式的快速、舒适和较高的服务水平也吸引着越来越多的中远距离出行。

方式偏好的影响。偏好也是旅客对方式进行选择的重要因素，而且偏好又是方式选择中最具感情色彩的因素，特别是在价格、服务水平差别不大的方式间进行选择时，旅客的出行习惯往往起着主导作用。除此之外效用函数也可用来显示或概括偏好的排列次序，这时对旅客来说，一种方式的偏好高于另一种方式，其充分必要条件是前者的效用大于后者。

出行时间价值的影响。出行时间价值对方式选择的影响是比较复杂的一个问题，因为出行时间价值是因人而异、因事而异、因不同地区而异、因不同时期而异的。尽管如此，有一点是十分明确的，即旅客的出行时间与旅客的收入，也是出行方式选择中的一个重要的限定性条件。时间价值一般指旅客为节约单位出行时间所愿意支付的运输费用。从更广义的角度看，如果出行时间的节约能为旅客带来货币形式或非货币形式的收益，当这种收益不仅能够弥补所选较快方式与较慢方式间的费用之差，而且尚有剩余的话，这就是出行时间价值的实际体现，旅客的时间价值与其收入水平成正比，并且与出行目的密切相关。

除上述几方面外，职业、年龄、性别等也均属于旅客的需求属性。

（四）交通行为模型

以社会大众出行为例，交通行为模型包括两个方面，即交通方式最优选择的确定和政策引导的定量描述。下面根据交通行为的基本理论，叙述选择定量模型的方法。

1. 交通方式的最优选择

社会大众选择交通工具，既有主观的因素，又有客观的因素。客观因素由两个条件构成，即旅行距离与旅客经济条件。主观因素也包括两个条件，即人们对交通方式的选择首先是选择交通方式的技术特性，如速度、舒适、方便、安全等，然后通过技术特性确定所选择的交通方式，如飞机、火车、高铁、水运、汽车等。采用层次分析法（AHP）模型可以解决这个选择过程。首先要建立客运交通方式最优选择层次结构图。我们将

交通距离分为 m 个区段，A_i 为对应 I 区段距离 D_i 的交通方式最优选择，假定旅客出行距离为 D_i，其客流量百分比为 d_i。因此我们可以获得 A_i，(D_i, R_i) 层的总排序。对应于第一个子 A_i 或 D_i，$R_j(j = 1, 2, \cdots, n)$ 的单排序可以方便地求得，因为 R_i 是确定的量，甚至可以不必建立单排序。

一个属于 (D_i, R_j) 的旅客，他们选择交通方式是经过两个层次，首先选择交通方式的技术特性，给这些技术特性适当的权重。主要的技术特性为经济性、快速性、方便性、舒适性和安全性等，这样可以建立技术特性层的单排序和建立第四/第五层的总排序。由此确定最优选择 A。用这种方法所确定的方案 A 是概括时间、空间的综合，可以认为总体动态最优。如果对距离的划分作几个方案进行讨论，便可以从中探索出最优交通结构的距离上的最优分工，即求得各种交通工具最合理的运距。

2. 政策引导的定量描述

上面叙述了用交通行为的基本理论处理交通方式的最优选择问题。它使得交通综合网络的基本结构得到了确定，因而可以计算出各种交通方式的投资比例和基本规划蓝图。也就是说交通的基本格局已经确定。

这里要指出的是：交通行为选择交通方式比较多地反映了人的需求，而较少地考虑到可行性。这就要求用价格方法引导交通行为，使得各种交通工具都获得运能与运量的基本均衡，这也是一种交通政策。下面介绍用定量模型分析这种交通政策的方法。

为了简化说明，我们将交通工具的技能特性简单地分为三个级别：①第一级——经济性，用 x_1 表示，单位为 $\dfrac{1}{\text{平均票价}}$ 或采用 $u = \dfrac{1}{x_1}$（平均票价）；②第二级——快速性，用 x_2 表示，单位为门到门的平均运速；③第三级——方便性（包括舒适性、直达性等），用 x_3 表示，单位为"单位时间的发车频率"。

在前面我们已经采用 (D_i, R_j) 这个符号，对应距离为第 i 个范畴，j 年人均国民收入。于是对每一个 (D_i, R_j) 可以找到各种交通方式的权重和它们排序，当我们改变第四层的权重时，当然会重新确定第五层的一个新权重和它们的排序，这就是政策引导的着眼点。具体来说，分为三步走：

第一，确定有优先权的偏好关系。

设有两种交通方式，它们的技术特性向量为 X 和 Y，即

$$X = \begin{bmatrix} x_1 \\ x_2 \\ x_3 \end{bmatrix}; \quad Y = \begin{bmatrix} y_1 \\ y_2 \\ y_3 \end{bmatrix}$$

若 $X > Y$ 为偏好关系，其意义是 X 交通方式比 Y 交通方式好，更愿意乘坐 X 放弃 Y。记 $X = Y$ 为 X 与 Y 同样好，则将以相同的概率选取 X 或 Y。

如果对应某一个 D_i, R_j，R_J 对 X 和 Y 的分量有一个排序，设 X_K 排序为 1，X_{11} 排序为 2，X_m 排序为 3，则必有

（1）当 $X_k > Y_k$，则 X > Y；

（2）当 $X_k = Y_k$ 时，则 $X_1 > Y_1 > Y$；

（3）当 $X_k = Y_k$ 时，则 $X_i = Y_l$，$Y_m > Y_M$，X > Y。

这就是优先的偏好关系。只要我们能够改变这种排序，便可改变对 X、Y 的偏好关系。

第二，确定交通工具的边际替代率。

交通工具的技术特性 x_1、x_2、x_3 是可以互相替代的。其中 $x_1 = \dfrac{1}{u}$ 代表经济性，u 代表平均票价，改变 u 的数值来引导交通行为的转化，属于交通政策的范围。

一般地说，$X = [\,x_1 x_2 x_3\,]^T$ 的三个分量是可以互相补偿替代的，例如偏高的票价，乘客当然不会满意，但如果快速性很好，乘客也就会满意了，这就是两种技术性能的互相替代或补偿。

第三，综合替代值与政策调节。

令 $\qquad G_X = \dfrac{1}{u_X}$

为综合替代值，若 $G_X > G_Y$，显然 X > Y，若 $G_X = G_Y$，则认为 X = Y。根据综合替代值可以估计交通政策的调价问题。例如，若 $G_X > G_Y$，而政策希望 $G_X = G_Y$，则可以通过提高 u_x 或降低 u_y，使 $G_X = G_Y$。其中，Δu_x 和 Δu_y 等于政策要求的增量。

第四节　交通网络结构理论

交通运输网是最基础性的城乡经济社会网络。研究现实经济生活中的交通网，基本思路和方法是将现实的交通网络转化为具有三个参数的拓扑

图。这三个参数是网络中分散（不连通）的子图（或亚图）的数目，同网络中连线（或边）的数目，以及网络中节点（或结点）的数目。在研究中，一般把现实交通网络中的节点（场站）视为这种图形上的结点，把交通线路看作连接这些结点的边（弧）。节点既可以是交通流的起点，也可以是终点。交通流在节点处改变它们的流量、流向或变换交通方式。连线表示节点之间的交通线路，可能给每一个连线定义若干个量，比如每日最大通行量、最大通行速度和实际通行距离等。交通网中的每一个亚图内各点之间必须是连通的，即从亚图中任意一点到其他各点之间至少有一条连通路径。通过比较网络的点、边数和点的连通状况，可以判别和认识交通网的空间特征和功能。

一　交通网络的含义

交通网络是一个复杂系统，其构成要素可分解为以下几个方面：（1）铁路、公路、水道、管道和航空五个子网络是构成综合交通网络的类型要素。从理论上看，这五种交通方式在一般情况下是可以相互替代的，即是非协同的，在市场经济条件下还出现了相互竞争的关系。按综合运输的观点，是希望将它们协调起来，发挥各自的优点，形成互补的高效综合运输网。（2）各子网络由线路和结点（场、站及枢纽）组成。交通线路网由枢纽联结为网络，故路网与枢纽的关系十分密切。例如，路网上的运量（称为网络流）应与枢纽的转运量、枢纽的规模一致。（3）线路上的通信系统和其他配套服务设施等。以上各种要素之间客观存在着转运和分流等各种关系。由于这种关系的存在，使各要素形成相互制约和相互联系的有机整体——交通网络系统。

这个系统是许多要素的有机集合体，它反映构成系统的要素之间存在着相互制约和相互联系的有机关系，即

$$S = \{E, R\}$$

式中：S 为系统，E 为系统内各要素的集合，R 为要素间各种相互关系的集合。

二　交通网络的"环境"识别

交通网络系统的环境是指区域的社会经济系统。按类型分析，这个环境系统又可分解为城市与乡村两个部分。交通网络系统从属于城乡网络系

统，故后者是前者的环境。作为一个开放系统，交通网络不但与环境存在着密切的交互关系，而且，系统是依赖着这种交互关系而生存并维持着它的规模。系统与环境的交互关系是共生的，一旦这种交互关系中止，系统立即衰亡。这就是说，系统受制于环境，系统依托于环境；环境则规定系统，环境影响着系统。

由此而论，区域性交通网络系统的生成与发展，必须与所处的城乡网络发展大背景相适应。通过考察系统与环境的关系，可以更深刻地认识系统与环境相适应的原则。

从一般意义上分析，这种关系表现为三个方面：其一，供需关系，即外部环境（社会经济系统）存在人与物的（位移）需求。这种需求具有根本的性质，可称之为"源需求"。交通网对社会经济系统提供"位移需求"的服务。在保证交通网服务质量的前提下，应使交通网络系统与其环境实现"供需平衡"。其二，输入与输出关系，即外部环境对交通网系统的"输入"（或"投入"），交通网系统对外部环境的"输入"（或"产出"）。从输出输入关系而论，外部环境与交通网系统有可能存在非协同关系，因为在投资约束条件下，提高交通网服务水平的措施，都要求增加更多的投入，从而导致削减其他方面的投入。其三，效应反馈关系，即交通网系统的生成与发展对外部环境施加的影响。如中国沪宁（上海—南京）高速公路给这一地带的城乡经济增加了约 25% 的效益。沈大（沈阳—大连）高速公路建成后，改变了辽东半岛甚至更大地域的发展态势，并使沈阳市从内陆城市变成了沿海城市[1]。

三　交通网的特征分析

交通网的特征可以从网络的连接度、网络的通达度、网络的密度以及网络的区位和结构等方面进行定性和定量描述[2]。

第一，α 指数，这是网络复杂度的一个指标，表示为人流和物流等提供可选路线的程度。它是运网实际连通状况与最大可能连通状况之比，即

$$\alpha = \frac{\text{基本圈数}}{\text{最大可能基本圈速}} = \frac{L - V + P}{2V - 5}$$

上式中，L 是边数，V 是结点数，P 为子图个数（若图是连通的，$P=1$，否则等于连通块的个数）。基本圈的含义是指当网上任何两点都有且仅有一条路可走通时，即"树"，基本圈数为0；在此基础上，任意两点间增加一条边，就形成一个基本圈数；当所有点对之间都有边相连时（即点点直通），达到最大可能基本圈数就可能上升，从而，α 指数的变化范围是0到1。运网的线路越多圈数就可能上升，从而 α 指数就越高，趋向于1；反之，直到为零。这个性质使该指数能应用于识别运输线路网络化水平。

第二，β 指数，是交通网的边数与点数之比，即

$$\beta = \frac{L}{V}$$

网络中 β 指数愈大，连接情况愈好。当 $\beta=0$ 时，网络为无连接性的孤立聚落或径道；当 $0<\beta<1$ 时，网络呈树枝状，且连接径道及树枝径道发展愈长，分枝愈多；当 $\beta>1$ 时，网络为环网型。随着 β 值的增大，环节愈多，网络也愈复杂，但在平面图上，β 值总是大于或等于3。β 指数可以反映网络的交通运输效率，但它的描述性较差。

第三，通达指数（又称辛贝尔数，Shimbel – Katz index）。这个指数是指网络中某点到其他各点最短路径所经交通线路的数目之和，它可以克服 β 指数的缺陷，以提高对网络结构的识别力。通达指数可用下列公式计算：

$$A_i = \sum_{i=1}^{n} d_{ij} i = 1,2,3,\cdots,n$$

式中 A_i 表示顶点 I 在网络中的通达性，其值愈小，通达性愈好；$\sum_{i=1}^{n} d_{ij}$ 表示 i 点到其他所有顶点的最短距离所经交通线的数目之和。很明显，交通网的连接度愈低，通达性愈差；连接程度愈高，通达性愈好。

第四，分散指数。这是衡量网络通达度的第二个指数，用于衡量网络系统的总的通达程度和联系水平。其数学表达式如下：

$$D = \sum_{i=1}^{n} \sum_{j=1}^{n} d_{ij}$$

按上式之意，网络的分散度即网络中所有点的通达指数之和。分散指标值越大，网络的分散度越高，其通达程度越低。换言之，分散指数越低，则网络内部的关联水平越高，其整体效率越好。

第五，网络的密度。交通网络的密度是指在一个网络结构中，每一个单位面积内运输通路的总长度。这是衡量交通运输网空间分布特点的重要指标之一。从城乡路网分布图上可以观察到两个基本现象，一是路网分布从高密集的城市地区向乡村城镇到农业区呈梯度变化，二是经济发达地区和人口密集地区路网密度高，反之亦然。这两种现象即为两种重要特征：即网络密度随距离长而衰减，与人口和社会经济活动的密度分布呈正相关。

第六，网络的区位和结构。在选择合理运输线路的规划中，影响区位决策的关键因素是固定资产投资与新线建成后的运营成本（由运距和运量所决定）。不过，供求关系学这一基本经济学原理并不能解释所有的问题，因为其中还存在一个影响投资、运营成本和运网效益的网络结构设计问题。其中包括投资建设者所偏爱的决策，经营利用者所偏爱的选择问题以及出行者的偏好等因素。

四　交通网与城乡社会经济活动系统的相互关系

一个地区的交通网络与城乡社会经济系统紧密相连，事实上交通网系统经常影响城乡社会经济系统的发展和变革，而社会经济系统的改变又反过来影响交通网系统。

我们可以用三个基本变数来定义有关的系统：T——交通网系统；A——活动系统，即城乡社会与经济活动；F——交通网系统内流的模式，概指起始点、终点、线路和通过这一系统的人和货物的数量，下面用三种相互关系来阐明这些变量。

（1）交通运输网系统内流的模式取决于交通运输网系统与城乡社会经济活动系统；

（2）流的模式随时间的迁移可以通过提供的运输服务方式，以及通过提供这些服务所消耗的资源改变社会经济活动的模式；

（3）流的模式在一定时间内将引起交通运输网系统的变化，在实际流或预测流的影响下，企业和政府将会发展新的服务或改革现行的服务。

五　交通网与城乡聚落（居民点）的相互关系

从运输线路的变化中可以看出，运输系统的易变性非常显著。然而，对于每种运输网系统来讲，确定线路的建立依赖于最初目的。例如，连接两个中心城市的设计线路可以忽略其中任何城乡聚落，因为这些聚落在商业贸易方面不具重要性——比如说航空和高速公路就没有必要经过这类地方。这种模式提出的是这两个大中心城市之间最便宜的运输费用。还可以作为一个极端的选择，比如说为了提供更好的服务（如次等级公路），或最大限度地增大交通运输能力（如长途公共汽车服务），线路将被设计成连接介于两大中心城市之间所有的城乡聚落。这将延长运输线路，因而也会提高交通运输建设成本。当然，也存在许多折中的线路选择方案，比如在两大城市之间设计既使运距最小化又使交通运量最大化的线路。许多铁路网络的设计就遵循这种原则。

在很多地区，城乡聚落先于交通线网而存在。但在另外一些情况下，线路网络又先于城乡聚落而建立。因此，网络就决定了随后的城乡聚落模式。在"旧世界"中发展起来的线路模式受城乡聚落模式影响，而"新世界"的城乡聚落则是建立于交通网络之后。其结果是"旧世界"网络比较复杂并呈六边形，而"新世界"网络多呈四边形，且重要城市之间呈对角形连接。

六　理论与现实的交通网络

农业区位论、工业区位论和城市区位论一般都是假设经济活动沿最低成本线路发生，而且总认为存着完善的交通网络和组合方式。不过，每一种区位论都形成了一种特别的网络格局[①]。农业区位论中的交通网络有两种理论设计，一是当产品转运到主要交通干线后便直接运送到消费市场，这是一种主干线相当发达的有利于直接运输的集中化网络格局；二是先把产品运送到最低一级集散地，然后再依次运送到高一级集散中心直到消费市场，这是一种离散化的网络格局。中心地（市场）的配置原则之一是运费最小化，故交通网完全受制于各级中心地布局，并呈严格的规则型网络状态。工业区位论中的交通网则反映了中心地体系与农业人口梯度分布下的交通网的叠加结果。

现实中的交通网络绝不像理论假说所显示的那样规则[②]。分析其原因，主要有以下几点：（1）多数交通网络并不完全按总体规划建成，

---

① 蔡建明、李树平、叶瞬初：《现代地理科学》，重庆出版社1992年版。
② 同上。

而是在很大程度上依照了原有的道路体系与聚落格局；（2）随着技术水平的提高，道路系统也会发生变化，有些部分衰落或者被废弃，有些部分则可能成为重要的干线；（3）在一技术水平下，地形等自然障碍仍然不能很经济地被以克服，道路系统不得不随之发生改变；（4）由于对交通的重要性认识不足，交通建设投资不到位，致使交通网络终难以完善；（5）尽管人们认识到了道路建设的紧迫性，但因为规划本身问题百出，交通网络仍然不能像理论上所阐述的那样有效。

现代化的交通运输网络，无疑是城乡区域经济发展的基础条件。第二次世界大战后，许多国家和地区之所以具有较高的发展速度，重要原因之一就是重视交通运输网的建设与发展，以此推动生产、流通、国土开发和国际交流。城乡区域交通运输网也是整个区域社会生产过程中的相互需要，也取决于彼此之间有无便利的交通条件。至于商品流通网和资金融通网等方面的形成，没有相当发达的交通运输网也是难以想象的。所以，根据城乡区域经济发展的需要，建设一个现代化的城乡区域交通运输网络，对于推动城乡区域经济发展至关重要。

七 交通网络的功能

交通走廊的形成是该类城镇网络化发展的前提。美国学者乔治 S. 威尔文曾经指出："铁路在大城市人口和土地利用的转变中扮演了重要的角色。随后，公路的发展强化了这种作用效果，并对城市周边的农业用地进行了调整。可以毫不夸张地说，无论在哪儿，高速公路和铁路进入城市所穿越的地带，都会发生城市居民、商业和工厂等沿着这些交通走廊进行扩散的现象。通过这种道路的辐射模式，放射状的城市土地占据并刺穿了原有的农村地域"[1]。除了这种地域上的接近所发生的城市要素对乡村地带的扩散外，交通走廊是使城市要素扩散的一种主要方式。由此而言，交通走廊是表示连接邻近城市群组内核心城市的、多种高度发展的现代运输线的组合。它之所以是这类模式形成的前提，主要有三点缘由：首先，交通走廊的形成可以保障城市群的经济繁荣。通过扩大城镇网集散商品的能力和范围，在沿交通走廊地区形成工厂和企业的优区位，这有利于接受核心

---

① Richard T. Ely and George S. Wehrwein, Land Economics, University of Wisconsin Press, 1964, p. 269.

城市向外扩散的第二产业部门，同时也有利于发展第三和第四产业，强化核心城市的协调和组织能力，形成和强化中心走廊经济景观（a corridor - central economic landscape）。其次，走廊的形成有利于加强城镇网对其兼容的非农活动层次较低的"低谷"地区的影响，推动乡镇工业的发展，促进人口的转化的大量流动，扩展城乡网络化区域的规模，加快城市地域的整合。再次，借助于交通走廊，使城乡交流的领域向精神和文化层次扩展。无论哪种城镇网络化发展模式，它们都具有相同的形成机理和发展规律。从动力机制上分析，促使城镇网络化形成与发展的动力可称之为交往作用力的增强而加快其进程。这种"锁链"操纵了由它连接着的各节点之间的大量交往活动。随着交往力的加大，网络化发展进程便会加快，而网络化发展程度更高，就又会产生新的更大的交往力。这种交往力可分解为内聚力（cohesive force）和辐射力，由此产生一种网络聚集效应。辐射力则表现为网络节点之间的相互扩散作用。在城镇网络化发展过程中，始终存在这两种作用力。

实例分析：美国于 1993 年 9 月宣正式布了"国家信息基础设施"（National Information Infrastructure，NII）计划，人们将其通俗地称为"信息高速公路"计划。从此，发展信息高速公路成为美国联邦政府的一项国策。值得注意的是，克林顿及其政府虽然积极宣传和推动"信息高速公路"计划，但在具体操作上却坚持"民建、民有、民享"的原则。对于这样一项需要投资几万亿美元的宏伟工程，政府并不直接加入，而是依靠民间企业的投资。政府的作用主要表现在：（1）支持通信网的标准化；（2）支持网络间相互连接；（3）排除遇到的各种障碍；（4）促进千兆位等尖端项目的研究和开发。由于贯彻了"民建、民有、民享"的方针。因此从 1993 年至 1998 年的 6 年间，政府用于这一口号战略举措的预算总共才 4.89 亿美元。而众多的美国企业由于看到信息高速公路的巨大市场前景，都纷纷投身到这一事业中。根据美国官方有关 NII 的一系列文件，信息高速公路是一个连接各行各业及千家万户，能提供电话、数据、图像等综合业务的交互式宽带网络。它是由通信网络、计算机、信息和个人四个基本要素构成的。旨在提供一个硬件、软件和技术的集成环境，使人们能够通过计算机和大量的信息资源服务方便而经济地彼此交往。这一无缝网络将彻底地改变美国人的"生活、学习、工作与国内外进行通信的方式"，"满足美国公民对信息的需要"。

信息高速公路的目标是：建成一个连接到各社会机构、团体和每个家庭的宽带（Gigabits）高速网络，为全社会提供丰富多彩的信息，开展多样化的高级信息服务，全面满足人们在生产、工作、生活和人际交往中的信息需求，提高劳动生产率和工作效率，刺激经济高速发展。NII 的实现可望使劳动生产率 10 年内增长 20%，缓解交通客流量，降低能耗，为私营企业创造 400 万个就业机会。

第五节　交通区位理论

交通作为人类的基本活动，是在特定的空间和场所展开的。由于固定交通资源具有相对成本优势，因而使得交通活动大量聚集的地理位置，从而形成交通区位。交通区位是交通行为与交通运输资源大量聚集的结果①。这又涉及两个问题：一是交通资源配置是否公平的问题，涉及不同地区交通发展的平衡问题以及不同地区不同群体占有或使用交通资源的情况，交通资源的空间布局是基础，然后是交通资源的实际消费问题；二是人们的交通出行权益是否公平的问题，涉及人们在社会生活特别是交通出行方面需求满足情况以及相互比较的问题。如何在发挥交通区位优势的同时，消解交通资源分配和交通出行权益满足程度的非均衡性问题，就成为交通规划的难题。本节主要介绍交通区位思想的来源、应用以及交通公平的问题。

一　交通区位含义

区位是指人类活动的合适的空间场所或位置，并非随意的一个经纬度组合。在传统区位理论中，阿尔弗雷德·韦伯（Alfred Weber）在《工业区位论》中，首次将影响工业区位的因素分为两类：一类是影响工业分布于各个区域的"区域性因素"；另一类在工业区域分布中，把工业集中于某地而不是其他地方的"集聚因素"。他认为："集聚因素是一种优势"②。区位因素是指经济活动发生在某个特定地点或若干点上，而不是

---

① 荣朝和、丁琪琳等：《交通规划的综合框架与方法》，中国科学技术出版社 2006 年版。

② ［德］阿尔弗雷德·韦伯（Alfred Weber）：《工业区位论》，商务印书馆 1997 年版，第129 页。

发生在其他点所获得的优势，他所指的优势来自成本的节约。所以在工业区位上生产某种工业产品比在其他地方生产的成本低，在工业区位上完成某种工业产品的生产和分配过程比其他地方廉价。

最早提出交通区位概念的是德国交通地理学的主要创始人考罗，他在19世纪中叶提出的交通区位思想包括四个内容：（1）交通与聚落具有密不可分的关系，交通发展与人口的集中及聚落的形成相互促进、相互补充。（2）理想的交通线路布局应该使两点间的连接线路最短，但交通线路受自然的制约较大，交通密集的地域自然障碍少，而且呈曲线状而非直线状分布。因此，交通布局一般选择交通适应性大的地方。（3）交通在三种力量的促动下形成：一是防御需求，形成政治性交通；二是利益驱动，形成商业性交通；三是群聚行为，形成纯社会性交通。（4）交通区位形态可由几何图形表示①。

根据交通活动在地理空间上的分布，交通区位可以分为交通节点区位和交通线路区位。由于城市与交通之间的互相驱动，使城市成为大量人口、物质、信息集中转换的场所，成为交通产生的源头和交通流会聚的中心，于是一般促成了城市与交通节点的重合。而通道则是聚集特别大量交通活动的典型交通线路区位。根据交通需求的类型，交通线路区位或交通区位线的类型主要分为满足政治与安全需要的交通区位线、满足经济需求的交通区位线和满足交通网自身发展需要的交通区位线等。

二　交通区位的应用

运输是空间上的活动，但交通运输改善的结果却是缩短时间、距离，可带来大量的经济机会和成本节约，因此交通区位也是城市、工业、商业、居住等经济区位的必要条件，会被或应被人们加以利用。经济聚集离不开发达的交通区位，其他经济区位一定有交通区位作为基础，特殊的经济区位也一定需要相应的交通区位支持。从这个意义上说，交通区位是形成相应经济区位的先导条件，当然其他经济区位的形成也会反过来促进交通区位的进一步发展。

交通区位理论还认为：依交通区位线形成的交通线上配备何种运输方

---

① 转引自丁琪琳、荣朝和《交通区位思想评介及交通区位论的新进展》，《综合运输》2006年第5期。

式，取决于产业形态决定的交通运输需求特点，其变化周期与产业史的变更周期同步；依交通区位线形成的交通线的等级、运输能力，也受一定时期经济需求量和运输技术的影响。既可以根据区域内部交通区位因素分析得出交通区位线的几何结构，也根据不同背景层次的外部交通区位分析判断交通区位线的等级与重要性。背景越大，对区域交通需求的重要性等级越高，因此区域交通区位线重要性的重权部分是由外部交通区位线"借道"而决定的。当区域交通系统与其外部交通系统环境保持同构，交通系统整体的功能和效率才可能最大。而使交通系统功能与社会经济系统功能指向保持一致的方法，是使交通系统的结构与经济系统的结构具有相似性。

我国学者管楚度利用经济学原理和系统论方法剖析了交通系统各层次的主要特性及其支配变量、交通系统与其运行环境之间的相互影响与协调，并在此基础上归纳总结了交通区位的一般规律。主要包括两个方面：其一，交通系统特性的主贡献因素。根据"任何一种特性主要由一种支配性的因素主要贡献"的系统论原理，交通区位论从众多因素中分离出了交通现象的主贡献因素及其支配的交通系统特性：（1）地理因素，主要是指山文、水文、城市分布等，决定了路网的地理联系特性或网络格局；（2）社会经济因素，主要是产业形态的构成，决定运输方式的构成和线路等级；（3）科技因素，决定网络技术特征，即交通路网的效率和质量①。

三个因素之间的变化速度对比有如下关系：地理因素变化速度＜社会经济因素变化速度＜技术因素变化速度。而它们决定了交通运输系统三种特性的变化速度也有类似排序：网络地理几何特征变化速度＜网络结构特征变化速度＜网络技术特征变化速度。所以交通系统的基本特性可以表述为：在长期稳定的交通主干线组成的格局内，以各种运输方式的更替或补充为表现的综合交通网络结构，承载着技术进步推动的网络质量与效率的快速变化。

其二，交通区位线及其对交通网络形态的影响。交通区位线（也即交通线路的区位）是能达到某种目标的交通线路的区位判定位置。交通运输从本质上应该是运输效用最大而资源消耗最少。可以简单地把交通运

---

① 管楚度：《交通区位论及其应用》，人民交通出版社 2000 年版。

输效用理解为交通运输服务所创造的经济价值和社会价值总和，在价格一定时，经济价值取决于交通线的吸引特性和市场容量。交通线的吸引特性越强，则其服务范围越广；服务范围内的经济强度越高，则交通需求量越大，此时交通运输所创造的经济价值就越大。社会价值来自交通运输对兼顾社会公平、维护国家安定和领土完整等方面的作用。交通运输所消耗的资源主要包括基础设施的建设费用、占用土地的机会成本及运输途中消耗的人工、能源、材料等。因此，决定交通区位线的区位影响因子应该包括交通线的吸引特性、地理环境（含城市布局和资源禀赋）、经济容量以及社会公平、政治和国防需要等。

交通区位论本质上是一种长期路网布局理论，它提供了一种布局交通基础设施的变革性规划方法——交通区位法。交通区位法按照系统论原理归纳出了分析、操作复杂系统的一般程序：首先，分层处理，将交通路网划分为几何联系特性、运输方式特性、技术特性等层次。其次，找出影响每种特性的主贡献因素，即上文提及的地理因素、经济因素和科技因素。最后，分析每种特性、每种主贡献因素的变化速度，根据系统特性变化速度与对应主贡献因素变化的速度相等或近似的原理，按照主贡献因素变化速度从慢到快的顺序依次规划与主贡献因素偶对的交通系统特性（交通系统内部结构），即交通路网格局、交通运输方式构成及运输线路的技术等级。

一般按照以下四条原则来完成综合交通网的规划：①交通系统与其运行的自然地理环境同构。交通系统只有以低成本运行才能保持其长期稳定性，而降低成本的最好办法就是交通基础设施的布局与具有低成本优势的交通区位线耦合，或者说交通基础设施的布局与自然交通资源的地理分布结构相同或近似相同。②交通系统与其服务的经济系统同构。综合交通系统由不同的运输方式构成，每一种运输方式有各自的技术经济特点，有不同的比较优势，我们必须尽可能发挥运输方式的比较优势才能提高运输效率、降低运输成本。所以提供的运输方式必须与国民经济系统所需要的运输方式相同，即运输方式的结构与产业结构相同。③交通网络的结构层次与行政管理权限的结构层次相似。国家行政管理需要交通条件支持，所以交通系统必须满足行政管理的需要。各国的行政管理权限大体都是由中央、地方、县市逐层往下延伸，每一个层次的政治中心向其管辖的下一级行政中心传递各种管理信息，所以行政管理权限的结构是呈树形展开的，上下级管理层次有自相似性，为其服务的交通系统也应呈树型展开，各个层次的结构自相似。④为了降低成本，必须充分发挥交通系统的网络特性，所以在布局交通基础设施时必须进行网络的优化，以保证网络的完整性、灵活性和机动性。

但在实际的应用过程中，主要涉及的是交通公平问题。即交通资源分配和交通出行权益满足程度的非均衡性问题。

三　交通公平问题①

交通基础设施是准公共产品，其供给取决于现实可行且有支付能力的需求，换句话讲，交通基础设施是由有效需求决定的。作为准公共产品，交通基础设施惠及面广、外部效益强，而个人在交通投资方面的影响小，因此很容易产生"搭便车"行为，这就使借助外部力量（通过政府或社会组织）实现对需求的整合（或引导需求）显得十分重要。由此推知，在交通基础设施建设过程中，既要发挥市场配置资源的基础性作用，又要发挥政府对市场的调节和补充作用。

我国地域广阔，新中国成立伊始各地交通基础设施条件就存在很大的差距，这种差距作为初始条件构成以后各地交通资源分布不平衡的一个重要原因。长期以来，农村客运市场经营行为不规范，车辆品质较差，交通路线不均衡，交通通达程度有限，交通安全和服务质量都比较低。发达国家在照顾残障人士的交通权益方面有很好的经验可以借鉴。比如，美国1990年通过了《残障人保护法》，要求交通规划和交通设施建设充分考虑老年人和残障人的权益和便利；日本积极推广针对老年人和残障人士的专门设计和专用设施，如消除人行道的陡坡、增加盲人专用标志、公交配备升降梯、无障碍换乘，等等。

交通出行需求的差异性根源于交通需求的多层次性，交通需求本身有一个由低到高逐步升级的过程，交通供给亦然。随着人们收入的提高和生活条件的改善，人们交通出行频率增加，出行范围扩大，出行的目的和交通方式选择更加多样化，出行质量要求也越来越高。根据收入差别情况，交通产品的供给和消费也应当有所差别，有必要根据具体实现条件为各个收入层级的人提供不同等级的交通产品，以努力保障各类人群的基础性交

---

① 王庆云：《交通发展观》，中国科技出版社2004年版。

通出行权益。

　　要维护大众出行权益，要解决"不足"问题，就要远近兼顾，同时从交通资源的供给侧和需求侧着手，采取各种措施，解决好供给和需求之间的矛盾。从短期看，交通供给具有一定刚性，由于交通建设的速度往往跟不上交通需求增长的速度，加之道路交通扩建空间有限，地面交通向地下交通和高架交通发展都有很多限制，要解决交通供需矛盾问题，必须加强交通需求管理。要从根本上保证群众的交通出行权益，就需要加大交通建设力度、扩大交通资源的供给。从中长期看，交通资源的提供也是有较大弹性的，可通过刺激经济增长、加强区域经济社会联系、促进技术进步等，不断提高交通运输线路规模，不断加密运输网络，引导各种交通方式协同发展，为建设可持续发展的综合交通运输体系、建立和谐的人路车关系、保障群众的交通出行权益提供良好的环境和条件。

　　从上面的分析，我们可以得出一些基本的共识：

　　人的生产和生活方式的需要是人创造交通的动力之源。这里需要强调的是交通的产生不仅仅是物的因素，也不仅是制度的因素，而关键是人的因素。一方面人自身的存在具有不完全性，正如马克思所说"人是一个未完成的社会存在物"①，需要借助交通或交往而存在；另一方面人自身的发展表现为一种矛盾性状态，即人的生物属性的有限性和人的社会需要的无限性之间的矛盾，更重要的是社会交往作为人的本质属性的规定性，驱使人类去改革、发展社会交通。

　　正如英格尔斯认为，国家实现现代化首先要取决于人的现代化，这对于交通同样有重要意义。"我们之所以在研究国家现代化时，把人的现代化考虑进去，正是因为在整个国家向现代化发展的进程中，人是一基本的因素。一个国家，只有当它的人民是现代人，它的国民从心理和行为上都转变为现代的人格，它的现代政治、经济和文化管理机构中的工作人员都获得了某种与现代化发展相适应的现代性，这样在国家才可真正称之为现代化的国家。""我们要重新调整以往研究国家发展的重点，把人作为注意的中心，特别是普通人，而不是那些杰出人物。"②

---

① 《马克思恩格斯选集》第1卷，人民出版社1995年版，第65页。
② ［美］英格尔斯：《人的现代化》，四川人民出版社1986年版，第8页。

未来理想交通不仅在于满足人类生存需要，还在于为一切人在发展和人的全面发展提供条件。这正是我们探索交通本质的意义之所在。因此，研究交通，首先要研究人，仅仅研究交通运输工具是不够的，需要研究"交通人"，而交通人的"经济人"和"职业人"属性，是受人的交往性这个本质属性所规定和制约的。交往，这也是人从"生物人"走向"社会人"的根本途径。

如何认识交通？我们认为，交通运输从一开始就是人类为克服自然距离障碍所进行的努力，在火车、轮船出现之前就已经有了漫长的历史，主要是靠人力、物力、畜力、风力等完成人类社会所需要的人与物的位移。伴随着火车、轮船为标志的现代交通运输的出现，人类才完成现代意义的空间跨越。

人、车、路、环境是构成道路交通系统的四大因素。其中，"人"包括行人、自行车骑行者、机动车驾驶员以及乘客等在内的所有交通参与者；"车"是指包括道路上的公交车辆、私人小汽车、自行车、飞机、轮船等在内的所有的运载工具；"路"则是指包括各级海陆空在内的所有交通流载体；而"环境"是指与交通相关的各种外部条件，如法律、政策等。毫无疑问，在上述的四大因素中，人始终是交通的主体，车和路都是服务于人的，而环境是调节它们相互关系的一个最重要因素。

交通在带来社会财富的同时，也给人类带来了许多"意外的后果"：环境恶化、空气污染、水资源紧张、交通事故剧增等。交通的发展带来人与人的疏离感增加，人对交通运输的排斥和陌生感增强，导致交通的发展与人的发展不一致，出现"交通环境的异化"现象。如人和车的矛盾，人行道越来越窄小，车行道越来越宽，大街小巷都成了停车场，车辆占据了人的生存和活动空间。人类创造交通只是手段，目的是使人更好地生存和发展，而且是可持续的发展。因此，交通的本质体现了人与人的社会关系即人的本质，不仅表现为当代人与当代人的关系，还表现为与前代人以及后代人之间的关系。

第二章 交通与人的社会化

　　今天的美洲人中的大多数居民是世界各地早期移民的后裔和后来的移民。这些潮水般的移民为什么迁移美洲？他们是怎样进入美洲大陆的？作为新的社会成员他们是如何融入当地社会的？迁移后给他们个人、家庭、族群（移民群）和当地社会带来了什么变化？他们在移入地是怎样构建新的社会网络的？他们是怎样与当地人从冲突、竞争、妥协，走向适应、创新、融合，共同推进当地社会建设和发展的？我们可以从交通社会学的视角考察和解析这些问题。移民史印证了交通社会学和马克思社会交往理论的一些重要观点：交通是人的社会化的重要条件、工具和方式，交通是人类生存和生活的网络，交通是社会发展的重要资源和客观尺度。

第一节　交通与人的社会化的基本关系

　　移民是怎样迁入异国他乡的？他们又是怎样适应当地环境而被接受为"当地人"的？世界移民史表明，交通是人的社会化的必要条件。远隔万水千山的欧洲人、亚洲人、非洲人怎样利用交通条件跨越地理障碍和文化障碍来到美洲以实现自己的"梦想"？这些移民来到移入地后又是怎样利用交通条件去与他人、社会发生联系和交往，以适应当地社会环境求得生存与发展？这是移民—交通—社会的关系。当今美国华裔移民现象实证了交通与人的社会化的关系。

　　当今美国拥有世界上最先进、最发达的交通网。以公路交通为例，全美国现有通车公路650多万公里，其中高速公路（也叫州际公路）贯通全国，总里程八万多公里，高速公路已成为美国道路交通的基本骨架。美国的高速公路和一级公路的建设等级高、车道多（最多的有16条车道），且基本上是单向行驶，中间隔离带很宽或两条路单行。汽车在美国的社会经济生活中占有举足轻重的位置，可以说，没有汽车就无法工作和生活。正是基于这种特殊性，美国历来重视道路交通管理，建设了完备的立体交通路网，构建了先进的交通管理体制，其道路交通管理的综合水平位居世界前列。按理说，车越多，车和道路的矛盾就愈显突出，但由于美国进行了超前且合理的交通规划，采取了科学的交通组织方式，因此，与发展中国家相比，美国的交通比较畅通，拥堵问题并不突出。走进纽约、华盛顿、洛杉矶等城市，很少见到行人，市民出行大多乘车或驾车，这种情形是美国被誉为"生活在轮子上的国家"的真实写照。2010 年美国的机动车拥有量约为 2.6 亿辆，人均拥有汽车 0.84 辆，可谓家家有汽车，人人会驾驶。

华裔移民在美国生存与发展依助和得益于美国社会发达完善的交通体系。在美国的华人是当今美国亚裔移民中最大的一个族裔，根据美国人口普查局 2010 年的美国社区调查，2010 年美国的华裔人口达到 416 万多人，占美国人口总数的 1.3%，占美国亚裔人口的 24.3%。从 2000 年至2010 年，美国华裔人口增长了 47.5%。现在华人移民美国已不单单是一种生活移民，也是一种投资方式的选择。美国的华裔移民主要来自四个地区，其中来自中国内地的移民占据主导地位。在第二次世界大战前，美国的华人移民多来自广东和香港。20 世纪 50 年代，大量中国民众移居美国。与此同时，东南亚各国被称为"华裔犹太人"的中国血统民众移民美国后也构成美国华人社区的一部分。20 世纪 70 年代后，中国大陆居民赴美留学、探亲人数增多，在 90 年代形成大陆民众赴美的高潮，这些人被称为华裔中的新移民，以区别之前来自广东、香港的老侨民和来自台湾的移民。在美国的华裔移民中，来自中国内地的移民占据多数，比例为59.5%，来自中国台湾的移民占 15.9%，来自东南亚各国的中国血统移民占 15.3%，来自中国香港的移民占 9.4%。美国的华裔移民中，70.6%的人是在美国以外出生。美国以外出生的华裔移民有 97.1% 的人来自世界各地 15 个国家或地区，而其中 84.7% 的人又是来自中国内地、台湾和香港。美国的华裔有 29.4% 是在美国出生的，其中，88.3% 的人集中在美国的 15 个州，但最多是在加州和纽约州出生的，共占 53.8%。美国华裔中，来自中国内地的移民在加州最多，有 37 万多人，第二是在纽约，有 27 万多人，其次为马萨诸塞州有 6 万多人，新泽西州有 5 万多人，伊利诺依州有 5 万人。自 2006 年以来，美国的华裔移民一半以上（53.8%）

居住在加州和纽约这两个州，60%的华裔移民居住在美国五个大都会城市地区，这些城市是美国交通最为发达的地区。① 如今的美国华裔居民已走出传统华人居住集中的"中国城"，更多地向美国大都会城市郊区移动，进而形成范围更大的"中国谷"。当代美国的社会交往和交通十分发达，华裔移民中几乎每个家庭或每个职业人都拥有私人汽车，华裔移民每个家庭平均每天有2—3个小时使用私家车来满足个人和家庭的需要。私人汽车成为华裔移民在美国生活、学习和工作及其进行社会交往和社会流动的主要工具和方式，是华裔移民认识美国社会、适应美国社会和融入美国社会的必需品与基本标记。

一　交通是人的社会化的必要条件

华裔移民史表明，移民迁往他地，在新的环境需要重新学习和掌握新的知识、技能、规范和文化，适应和融入当地社会，成为符合当地要求的社会成员。这就是移民新的社会化。

（一）人的社会化的含义与本质

我们还需要进一步从理论上对"社会化"概念进行阐释。"社会化"，按照人们通常的理解是，将某种事物从比较狭小的个体范围扩展到比较广阔的社会范围，从而使其具有广泛的社会意义。但是在社会学那里，社会化并不是这个含义，它是一个专门术语。社会化的基本含义是指：人通过学习和实践掌握知识、技能、规范和文化，形成和发展自己社会性的过程，是"生物人"转变和成长为"社会人"的过程。从宏观上和深层次上讲，社会化的本质是人类社会生命个体不断延续、更替和人类社会文化不断传承、发展的过程。

人与社会总是处在复杂的相互联系和相互作用的关系之中，这是一种互动的适应和改造的关系。一方面，人须适应社会，个人在所处的社会关系中被塑造成具有特定社会属性的社会群体中的一员，社会环境和个人的社会地位确定了这个人的社会特征。另一方面，人在适应社会和被社会所塑造的同时，发挥人的主动创造能力，根据自己的社会需要去从事维持和改造社会的活动，推动社会发展。人在改造社会的同时，也改造了自己，并且为社会塑造一代新人创造了条件。社会化在形成和发展人与社会这种

---

① http：//www.kdslife.com. 宽带山 KDSlife，2009 - 12 - 10。

关系中起着重要作用。

从个人角度考察和分析，可以揭示两个基本事实：一是社会化是个人得以适应社会，参与社会生活，在社会环境中独立生存的必要前提。社会化是把人从自然人或生物人转变和塑造成社会人的过程。所谓社会人是指不仅具有自然属性而且具有社会属性的人。每个人出生时，都只是自然人或生物人，而不是社会人，他没有社会观念和社会技能，只有一些最基本的生理本能。人仅凭生而具有的自然属性和生物本能是不能在社会中生存的。人是在社会环境中生存的。社会环境不同于自然环境，它是人创造的世界，包括人类创造的物质文明成果和精神文明成果，也包括人们的生产方式和生活方式，等等。每个人都必须通过社会化的途径，学习社会生活技能，接受社会文化，掌握社会生活方式，才能适应社会，在社会环境中生存和发展。如果一个人没有经过社会化，没有掌握社会生活所必需的技能、规范和文化，就无法在社会中生存。曾经在世界一些地方发现的狼孩、猪孩、熊孩，他们作为人类自然生命个体，在出生后不久因某些原因落入动物群体和自然环境之中，与动物一起生存，被动物哺养长大，失去了接受人的社会化的条件和机会。当他们再次被人们发现时，已经变得和动物一样，不能直立行走、不会言语，只能像动物那样爬行和嚎叫。这表明，个人要成为一名正常的社会人在社会中正常地生活，必须经过社会化。

二是继续社会化是个人适应社会变迁必经的途径。人类社会是一个不断发展变化的系统，特别是当今社会处于变革的转型时期，社会变迁的速度之快更是令人瞠目结舌。在这一时期，往往十几年甚至几年内，社会在制度、体制、设施、观念、心理及行为方式上发生巨大变化，会使人产生恍如隔世的感觉。社会变迁会造成人们的思想观念、行为方式与社会适应变为不适应，从而使个人在社会生活中产生严重的心理紧张感和压迫感，甚至使个人的生存活动及发展出现困难。这时个人必须进行继续社会化，学习新知识，更换新观念，接受新事物，以便适应变化和发展了的社会，跟上时代前进的步伐。从社会角度考察和分析，我们可以发现一个基本事实：社会化是人类社会正常运行及人类文化不断延续和发展的前提条件。没有一代代经过社会化的人也就没有真正意义的社会，没有那些具备与社会发展水平相适应的知识、能力和文化的人，社会就不能维持其正常的运行。通过社会化，社会物质文明成果和精神文明成果及其社会文化代代传承下去，并不断创新和发展，新一代人如果不能通过社会化从上一代人手中接过社会文化（物质文化、精神文化和制度文化等）发展的接力棒，社会发展将会因后继无人而中断。

（二）社会化依存于社会联系与社会交往

人为什么要进行社会化？人如何能够进行社会化？社会学可以从理论上解释这两个问题。

从根本的意义上讲，社会化的本质是人的社会关系，即人的社会联系与社会交往。可以说，社会化实质是人的社会关联性。人有双重性，生物性与社会性，但他的主体性和本质属性是社会性。这种社会性不是空洞抽象的东西，而是人的具体的社会文化、社会角色和社会关系。人要成其为"人"——社会人，形成和发展自己的社会性，能够在社会中像"人"一样生存和发展，必须进行社会化，这就是人为什么要进行社会化的根本原因。社会化把人从自然人或生物人教化成社会人，从幼稚无知，依赖他人的人培育成成熟有知、自立自强的人。社会化的这种功能是由社会化的本质确定的。社会化的本质表明：人们的社会联系与交往是社会化得以进行的必要前提条件和基本途径。孤立存在的、不与他人发生任何联系和交往的人，是不可能进行社会化的。因为人生存和发展所需要的社会文化、知识、技能和规范是人在社会联系和交往中发现、创造、传播和运用的。没有人们的社会联系与交往，任何文化都是不可能产生和传播的。当然，也谈不上人的社会化。社会化总是在人们的社会关系中，人们社会联系和交往中进行的，比如，人们在亲子关系、同胞关系、师生关系、同学关系、朋友关系、同事关系、上下级关系等的联系与交往中获得了社会生活所需要的知识、技能和文化，逐渐从无知少知走向有知多知，从被养活的人成长为自立有为、对社会有用的人。从宏观上看，人们在社会联系和交往中进行社会化，为社会培养、造就了一代又一代建设者和接班人，人类物质文明和精神文明得以代代传承、创新和发展。

社会联系和交往还是社会化的基本内容和目标。从基本结构和本质特征看，社会是由人们相互关系、相互联系和交往构成的。人的社会化总是在一定社会环境即社会关系、社会联系和社会交往中进行的。因此，人们的社会关系、社会联系和社会交往状况决定和影响人们的社会化状况。这就决定了人的社会化过程中的一个基本内容和任务是建立和处理一定的社会关系和社会联系。如儿童、少年社会化的一个基本内容就是要学习和掌握处理好亲子关系、长幼关系、师生关系、同辈关系、同学关系等所必需的初步知识、规范和文化。社会联系和社会交往之所以是社会化的基本内容和目标，更重要的和根本的理由是，人作为社会人在社会环境中生存和发展，必须与他人建立一定的社会关系和社会交往，按照马斯洛的需要理论，社会联系和交往正是人的基本的和中高层次的需要，如每个正常的成年人都有建立两性关系、朋友关系和同事关系的需要。而社会化正是实现和满足人的这种需要的基本方式和途径。任何人在进行社会化过程中都要和他人形成一定的社会关系，如婚姻关系、邻里关系、师生关系、同学关系、同事关系等，都要与他人发生某种社会联系和社会交往。从更深层次上讲，社会化及社会交往是人的生命价值和意义所在，一个人的社会化及社会交往越广泛越深刻，他的人生价值和意义就越大；亲朋好友多、社会交往广的人是富足、幸福的人，孤家寡人、独往独来的人是贫穷、不幸的人。社会化的基本条件和主要内容是社会关系与社会交往。社会化的这种条件和内容是如何实现的？社会交往是通过什么途径和方式进行的？这是我们下面所要分析的交通与社会化的关系问题。

二　交通的本质是人们的社会联系与社会交往

从微观上看，衣、食、住、行是个人生活的基本内容和方式；从宏观上看，生产、流通、分配、消费是社会生活的基本内容和方式。"行"和"流通"就是交通。它是个人生活和社会生活得以正常进行的前提条件和基本手段。交通的本质与人的本质、社会化的本质是相通的：人们的社会联系与社会交往。当代西方哲学家和社会学家对此作了深入的研究及论述。被誉为当代黑格尔和后工业革命的最伟大的哲学家和社会学家哈贝马斯建构起了交往行为理论，他认为，交往是社会发展的基本形式和基本动力，马克思对此早有论述，然而后人却忽视了这个非常重要的思想，以至对社会发展的动力、途径和形式产生了简单片面的理解，在当今社会交往日益占有更重要地位的新形势下，必须对社会交往展开更深入的研究，以此来补充和丰富马克思的社会发展理论与社会交往理论。哈贝马斯指出："马克思判断社会发展并不是根据复杂性的增长，而是根据生产力的发展阶段和社会交往形式的成熟性。"① 马克思指出："人的本质不是单个人所

---

① ［德］哈贝马斯：《交往与社会进化》，张博树译，重庆出版社 1981 年版，第 146 页。

固有的抽象物，在其现实性上，它是一切社会关系的总和。"①　"现存制度只不过是个人之间迄今所存在的交往的产物。"②　人只有通过交往建立和发展社会关系，在社会交往和社会关系中实现人的生存与发展。从社会学上深入解读，马克思的社会交往理论和哈贝马斯的交往行为理论实际上揭示了人、社会及交通的根本特性即社会关系和社会交往。

（一）人的本质

人的社会化为什么需要交通？人的生存发展和社会化为什么以交通为其前提条件和手段？这是由人的本质、社会化的本质和交通的本质及功能决定的。人的本质是人之所以成其为人，并区别于动物的基本根据和根本属性，是指人的内质需要、创造能力、社会关系和独特个性的统一。人是自然存在和社会存在相统一的生命体。从本质上讲，人是社会存在物、社会生命个体，是社会关系、社会文化和社会物质活动及成果的创造者和承担者。人以自己的需要和有意识的活动为中介而成为社会生命体。人与人之间由于相互需要的依赖性和生产活动而发生社会联系。生产劳动不是人的生物性的本能的活动，而是人的有意识的、自觉的、能动的、创造性的活动。生产劳动也不是单个人的事情，而是在一定社会关系中进行的社会活动。所以，人在本质上又是社会化动物。人的本质只能在社会关系，特别是作为基本的生产关系中才能得以确认。在社会关系和社会交往中，个人不仅表现出并意识到人们之间的共同性，而且表现出并意识到他们之间的差异性和相互制约性；不仅意识到他的活动应是自由自觉的，而且也感到人在现实中是受社会制约的。之所以如此，是因为各个人所承担的具体的社会关系和社会角色是不同的，正是这一点，个人之间才具有不同的社会生活方式及其表现，从而才有不同样式的个人以及他们之间的相互制约。人是有个性的存在，是由于他的独特性而成为个人，成为区别于他人的"这个人"或"自我"。个人是社会关系的承担者，但他并不能完全溶解在社会关系中，他的存在不能仅仅被归结为社会存在。个人由于自身还具有特殊的个别性，所以他也进行个人的精神生活和物质生活，这一活动是不能被他的类生活和社会生活取代的。这样，个人存在的本质即在于他独特的社会个性。

---

① 《马克思恩格斯选集》第 1 卷，人民出版社 1995 年版，第 561 页。
② 《马克思恩格斯全集》第 3 卷，人民出版社 1960 年版，第 37 页。

　　人的本质和社会化的本质有一根本的共同点，就是人与人之间的社会
关系和社会联系。在现实社会生活中，人及社会化的这种本质是通过人的
社会交往及交通活动来实现和表现的。没有交通，人们难以建立和发展社
会关系，难以进行社会联系和社会交往，社会化也就难以进行，人的本质
也难以实现。

　　（二）交通是人特有的社会属性和社会行为

　　交通为什么能够成为实现人的本质和进行社会化的前提条件与手段？
这是由交通特有的社会属性和社会功能决定的。交通的特性和功能符合人
及社会化本质的客观要求。交通的社会属性和社会功能表现在：第一，交
通是适应人的需要而产生的。人是社会群体生活动物，人只有在社会关系
和社会联系中才能生存和发展。建立和发展社会关系、社会联系是人的基
本需要。适应和满足人的这种需要，人们建立了交通组织，制造（或驯
养）了交通工具，修筑了交通设施，制定了交通规则，培训了交通职工，
进行了交通活动。人的需要总是历史的——变迁发展的，又是社会的——
具体的国情的、地情的、民情的、群情的。因而交通也是历史的和社
会的。

　　第二，交通是人进行物质生产劳动的前提条件和基本环节。物质资料
生产是人类社会存在和发展的基础，是人的其他一切关系和生活的基础。
物质资料生产首先直接满足人的基本生存需要；生产发展了，进而满足人
的发展需要。物质资料生产是人类特有的行为和活动，本质上是人类的基
本社会关系和社会实践。严格地讲，只靠单个人自身条件封闭地、静止地
在一个狭限的空间里，是不可能进行物质生产活动的。物质生产只能在社
会关系和社会联系中进行和完成，在自然经济条件下是如此，在商品经济
或市场经济条件下更是如此。因此作为人在生产过程中使用的生产工具，
改造的劳动对象，采用的劳动技术等，正是人们在社会关系和社会联系中
创造和形成的社会文化或文明成果。实质上，生产工具、劳动对象和劳动
技术是人的社会关系和社会联系的标志物。例如资本，这个能够带来剩余
价值的生产资料，不仅仅是一种物的东西，而且更重要的和本质上是一种
社会关系——雇佣关系或劳资关系的人格化东西。从人们社会关系和社会
联系的宏观系统上考察，显而易见，交通不仅是人们的生活资料和生活行
为，而且是人们的生产资料和生产行为。人类历史表明，生产力发展是整
个社会进步发展的决定力量。交通从其本质属性和根本功能上看是作为生

产工具、劳动对象、劳动技术和生产环节而存在和发展的。交通发展是社会生产力发展的重要标志。美国是当今世界生产力最发达的国家，一个重要标志就是，美国有当今世界最发达的交通。

第三，交通是人的社会本性的体现。人有自然属性和社会属性。但从本质上讲，人根本的属性是其社会性。人有多方面的社会属性，人有思想、有文化、有技能、有创造力、有社会角色、有社群归属，等等。其中，人根本的社会属性是人的社会关系性。个人所处的和承担的社会关系，确定和标志他到底是一个什么样的社会人——社会角色、社会地位、社会意识和社会行为等。离开社会关系，我们无法确定人的社会属性和究竟是什么社会人。从宏观上看，社会实际上是人们相互关系构成的存在形态和共同体，社会的根本属性是人们的关系性。人们社会关系和社会联系的建立、维持、改善和发展，从直接的和初步的途径上看，是通过交通实现的。交通的基本价值和功能就是满足人的社会联系和社会交往的需要。从社会结构的宏观系统上考察，交通本身就是社会关系和社会联系的因素和表现形态。交通——由交通主体、交通客体、交通工具、交通设施、交通规则、交通文化和交通活动构成的系统，是人类创造的特有的现象，动物界是没有的。有些鸟类，定期长途迁徙，如雁、天鹅，但这只是动物生命的自然需要和本能行为，不是"交通"。只有人类才有交通。以一婚姻关系的构建为例，原居长江北岸的一名男子与原居长江南岸的一名女子，采用不同的交通工具和交通方式，进行联系、交往与结合，他们从陌生到相识，从相识到相恋，从相恋到结合，从结婚到生育，从而成家立业，交通自始至终贯穿于他们关系发展的全过程。从社会宏观上看，交通也是普遍贯穿于社会关系和社会联系的全过程的，如国际关系、区域关系、城乡关系、民族关系、阶级（阶层）关系、行业关系等，都是以交通为重要纽带和标志的。

第四，交通是人的社会文化生活的条件、载体和体现。人是群居生活，有些动物也是群居生活。但是，人有文化，动物没有文化，这是人与动物的根本区别。按照人类文化学的观点，人类的物质资料生产实质是一种基本的物质文化，它是人类其他一切文化活动的基础。从这个意义上讲，文化使人类从"自然人"走向"社会人"，从野蛮走向文明，从愚昧走向智慧，从禁锢走向自由。文化是人类社会群体共同创造、认同和共有的精神现象和人工物质形态。文化存在于人类社会生活各个方面。人们的社会关系、社会联系和社会交往中渗透着文化。例如古代社会（奴隶制社会和封建制社会），人们的社会关系和社会联系遵循和表现的是一种"等级"文化、"宿命"文化。在现代社会，人们的社会关系和社会联系奉行和表现的是一种"平等"文化、"自由"文化。作为人们社会关系、社会联系和社会交往的条件与方式的交通，从其本质属性讲，也是一种社会文化——交通文化。交通工具和交通设施是一种物质文化，交通组织和交通规则是一种规范文化，交通心理和交通理论是一种观念文化，交通关系是一种关系文化，交通活动是一种行为文化。交通作为一种社会文化形态，其具有的文化基本特征——人为性、社群性、关联性和精神性是非常鲜明的。交通是人创造的系统，是人的社会生产和社会交往活动的产物和形式；交通使人们结合成社会群体或组织，并使维持、健全和发展群体或组织成为现实，交通是社会群体生活的条件和内容；交通满足人们社会联系和交往的需要，是人们社会关系和社会联系的纽带和方式；交通不仅满足人们的物质生活需要，还满足人们的精神生活需要，它开阔人的视野，丰富的人精神世界，交通不仅是人的身体的空间移动，还是人的精神的社会运动（如人们的思想观念和精神产品的传送、传播）。

三 人的社会化依存于交通

人的本质属性是社会关系性，人是社会关系和社会环境的主体。人只有认识、适应和改造社会环境才能生存和发展；而人认识、适应和改造社会的能力是通过社会化获得的，没有社会化，人就不能成其为"人"——合格的社会人；而社会化是以交通为前提条件和基本途径的，没有交通或交通落后，社会化难以进行。

（一）社会化的交通前提

社会化是把单个的"自然人"教化成承担社会关系和社会文化的"社会人"。仅靠个人自身和社会以外的力量不可能进行社会化，社会化只能在社会关系和社会联系中进行。前面提到的"狼孩"、"猪孩"的事例就是最好的说明。

第一，社会化的交通需求前提。它是指人们进行社会化对交通的需要、欲望、意愿和观念等。这是人的客观和主观，物质和精神的统一。人的社会化只有在社会关系和社会联系中才能进行，孤立的单个人是不可能进行社会化的。而社会关系和社会联系的建立、维持和发展必须有交通条件。即使在远古社会（原始社会），人类最简单的社会关系和社会联系的建立和维持，最简单的社会化的进行，也是需要有交通的。那时由于人类自身条件和自然条件的限制，人们结成的是氏族和部落内的群居关系和物质生产关系。这种社会关系是非常简单和狭小的，人的社会化是在这种简单的社会关系中进行的，是靠简单的交通条件得以建立和维持的，使用简易的人力和畜力的交通工具和利用简陋的天然的交通设施。在现代社会，人们广泛而复杂的社会关系和社会联系及其社会化，更是需要有发达、完善的交通条件。因此，人们进行社会化，客观需要通过交通途径和方式，进行社会联系和交往，建立和发展社会关系，获得人生存发展所需要的知识、技能、文化和物质资源。同时，人们进行社会化，对交通还有主观意愿，希望通过交通途径和方式，认识和了解交通及其对社会化、社会关系和社会发展的意义，以便建设和利用好交通，为人的发展和社会发展服务。

第二，社会化的交通工具前提。人类任何社会活动都需要工具，工具是社会活动得以顺利进行及提高效率（效益）的前提条件。人的社会化也需要一定的交通工具。交通工具是社会化得以正常进行并达到预期目标的重要前提条件。没有交通工具，人们的交通活动不能正常进行，人们的社会关系和社会联系就会发生障碍和困难，人的社会化也就难以进行。例如要把一个人培训成合格的驾驶员这个社会角色，一个前提条件是培训人和被培训人首先必须占用一定的交通工具；完全没有交通工具，"培训"只是纸上谈兵，"虚拟驾驶"，受训人永远成不了真正的驾驶员，这种"社会化"没有什么实际意义。从广泛的人的社会化意义讲，要把任何个人培养成合格的社会成员（从事某种社会职业，担当某种社会角色），一个共同的前提条件是培养者和被培养者必须占用交通工具进行社会联系和社会交往，获取社会化所需要的知识、技能、文化和物质资料。

第三，社会化的交通设施前提。仅有交通需求和交通工具，交通活动还是不能正常进行的，社会化当然也难以正常进行。社会化及交通活动的正常进行还需要相应的交通设施条件。社会化过程中的交通需求的满足和交通工具的使用，一个前提条件是必须有交通设施——道路（水、陆、空、地下）、桥梁、港站等。交通设施是交通系统的一个基本要素，对其他交通因素起着重要的制约和影响作用。没有交通设施或交通设施残缺、落后，再好的交通工具也将"英雄无用武之地"；人的社会化所需要的知识、技能、文化和物质资料会因为"有车无路"而不能获取。

第四，社会化的交通规则前提。人类一切社会活动都需要有规则，这是社会活动得以有序进行并能保证达到预期目标和效果的一个基本前提。没有规则和规则不健全的社会活动是混乱的、危险的。交通是人类基本的和重要的社会活动，是人们跨越空间的社会联系和社会交往活动。规则对于人的社会化及交通活动特别重要，它是人的社会化及交通活动的"生命线"。遵守交通规则，交通就会安全顺利运行（除非在交通过程中发生了规则之外的不可预见的和不可控制的突发事变，如自然灾害，人为破坏等）；违反和破坏交通规则，交通必然会发生事故甚至重大事故，给人们生命财产造成损失或重大损失。有再旺盛的交通需求、再先进的交通工具和再好的交通设施，而没有健全的交通规则，交通也会出现问题和障碍，严重的会造成交通瘫痪，甚至是毁灭性的社会灾难。例如，一次因违反交通规则而发生的重大交通事故，不仅造成交通瘫痪和严重损失，而且造成一些人的社会化的终止或严重障碍——事故中一些人死亡，一些人残废，他们的家人也因此终生痛苦和蒙受重大损失。

第五，社会化的交通主体前提。交通主体是指专门从事交通职业的人，包括驾驶交通工具的人，管理和经营交通活动的人，建筑、维修和管理交通设施的人等。一切社会活动本质上都是人的活动，人是社会活动最基本的和最重要的前提，是社会活动的主体，没有人就没有社会活动。交通是人们的社会联系和社会交往活动，人是交通系统的核心的和主导的因素，决定和制约着交通系统的其他因素。作为交通主体的人，不是普通的社会人，而是经过专门社会化，承当一定社会角色的"交通人"。在古代社会，交通就成为一种社会行业和职业，有专门的交通人。在现代社会，随着社会的迅速发展，交通日益专业化、产业化、市场化和信息化，这就使社会对交通人的要求——必须具有的知识、技能、心理、文化和道德素质等越来越高。从社会学的意义上讲，交通人这种社会角色的产生及其素质的提高是经过专门社会化培训交通职业人员的过程实现的。交通主体不仅是交通活动最重要的因素，而且也是其他社会活动包括人的社会化得以正常进行的重要条件。因为一切社会活动包括人的社会化的正常进行需要有正常的社会联系与社会交往，而社会联系和社会交往的顺利进行需要有一定的交通条件，而最基本的和最重要的交通条件是交通主体——高素质的交通人。

（二）社会化的交通特征

按照社会学的观点，社会是一个普遍联系的系统，社会事物之间是相互关联的。交通与人的社会化是密切联系的。交通作为社会化的条件、途径和方式，使社会化具有某些交通特征。

第一，社会化的空间性。这表现为社会化的主体、内容、方式和环节等因素的空间分布和关联。从区位社会学的视角考察，现实的每个社会人或社会角色总是处于一定的社区和区位的，这是人的社会空间位置。每一个人与他人比较所处的区位——社会空间位置是不同的，世界上没有两个人所处的区位是完全相同的；每个人的人生不同阶段所处的区位也是不同的，世界上没有哪个人一生都处于一个固定不变的区位的。人生活在不同的社会空间——社群和社区，这是人的社会地位和社会角色的现实基础。人处于不同的社会位置——一定的社会地位并承当一定的社会角色，表明人具有独立的"人格"，是一个人与他人相区别的独立"社会人"。但是，人生活在不同的社会空间，处于不同的社会地位和担当不同的社会角色，并不是相互封闭和隔绝的。即使是在原始部落社会，人与人之间也不是完全封闭和隔绝的，而是相互关联和依存的。人要作为"社会人"那样生存和发展，必须进行社会化——把人从单个的自然人培养成具有社会文化、社会能力和社会关系的"社会人"。人与人之间必须要进行社会联系和社会交往，其中一个基本的联系形式就是在社会空间上的联系与交往——交通。这正是交通所具有的功能和意义。

第二，社会化的交往性。这主要是指人及其产品（包括物质产品和精神产品）在不同社会空间（地区、社区、地点）之间的交流和往来。如前所述，社会化的本质是人们之间的社会关系和社会联系。没有社会关系和社会联系，就无所谓社会化。人类学研究表明，社会交往是人类的根本属性和基本特征，是人类生存发展的基本需要，是人类文化产生、传播、创新和发展的基本途径和方式。正是人们不同的社会交往方式和内容，宏观上标志人们不同的社会类属——不同的国籍、地籍、民族、阶级、阶层；微观上表明人们不同的社会个性——不同的社会角色、职业、职位、知识、能力、经历及家庭背景，因而使社会化能够按照不同社会的条件和需要，不同人的条件和需要进行，并达到一定目标。社会交往的特质也是交通的基本属性和特征。

第三，社会化的流动性。从宏观上看，社会是人们相互联系的动态系统，社会的变化和发展，必然推进人们的社会流动，同时社会流动也会促进社会变迁和社会发展。从微观上看，人是运动的、关联的社会人，人的生存和发展的需要，必然驱动人的空间流动。这就决定了人的社会化也是人的社会流动过程。一个人从懵然无知的婴孩逐渐成长为有一定知识、技能和文化的社会成员，这是一个微观的社会流动过程。从宏观社会上看，这是人类代代相继、进化发展的历史变迁过程。在这个过程中，任何一个正常的人，任何一个社会都不会是静止不动的，而是不断流动的。有所不同的只是不同的人或社会的流动程度、方式、方向和目标等的不同。社会化的流动性表现为：社会化主体——人的流动，即人从一个社会环境（社区、地区）或社会地位（社会角色、社会身份）流动到另一个社会环境或社会地位。例如，一个农民进城打工，一个政府部门处长升迁为局长，等等。社会化方式——学习和实践的流动，即人是在与他人的交往、互动中学习、实践和掌握知识、技能、规范和文化的。例如，学生是在与教师、同学、家人及其他社会成员的交往与互动中学习、掌握知识、规范、文化和技能的；社会化内容——教导基本生活技能、学习社会规范、指点人生、培养社会角色和传承社会文化的流动，即这些内容是在人们的交往和联系中进行和实现的，而且这些内容本身也是运动变化的。例如，把一个人培养成为某一个合格的社会角色（如教师、医生、律师、记者等），这个人必须置于与该角色相关联的互动的社会关系和工作环境之中。流动性也正是交通的根本属性和基本特征。

第四，社会化的网络性。社会是一个由各种人文因素相互关联构成的网络系统，社会中的各个部分和各个方面是社会大网络的子系统或子网络，如政治网络、经济网络、文化网络、教育网络、交通网络，等等。社会化也是一个网络，从宏观上看，它是一个综合的社会大网络，如一个国家、一个民族；从中观和微观上看，它是一个具体的社会子网络，如社区网络、学校网络等。社会化是由各种因素构成的：社会化主体、内容、方式、手段等。这些因素不是随便凑合在一起的，而是按照一定的规则和模式有机地结合在一起的，形成了相互关联、相互配合与交互作用的相对完整的网络系统。社会生活中的每个人一生的学习、工作和生活及其成长，都是处在社会化网络之中的。人的社会化网络具有与交通网络相契合的特征。社会化网络是由若干不同的基点（网点、站点）相互关联构成的，这种基点就是社群（家庭、团伙、组织等）；基点由网络分子——人相互关系结合而成的；社会化网络中的分子与分子之间、分子与基点之间、基点与基点之间又是通过交通方式相互贯通的、互动的，贯通的途径是网络的线路（网线），线路就是网络基点和分子——社会成员的活动方式和轨迹。人的社会化就是在这种网络系统（社会网络及交通网络）中进行的。社会网络及交通网络越完善越先进，人的社会化进行就会越顺利，越有成效，越能够培养出更多更高素质的合格的社会成员。例如，当今世界的发达国家都有非常完善和先进的国民教育网络体系，为国家和社会培养了千百万名优秀人才和高素质的劳动者。而贫穷的发展中国家，国民教育尚未形成现代意义的网络体系，因而使这些国家缺乏大量的中高级人才和高素质的劳动者，即使这些国家有少数优秀人才，也是大量外流，这成为这些国家社会经济发展缓慢的一个重要制约因素。

第二节 交通是社会化的基本方式

从宏观社会系统上看，交通不仅是社会化的必要前提条件，而且交通本身是社会化的基本方式。这种方式的主要特征表现为：在人的社会化过程中，交通各要素及其相互关联对于人的社会化所具有的重要意义和作用。

一 社会化的交通主体方式

从社会行业和职业角度界定，交通主体是指从事交通职业或工作在交通行业的人或群体（组织、企业、团体），包括各种交通从业人员（驾驶员、售票员、服务员、管理员等）、交通营运企业、交通管理部门等。这是行业意义的或狭义的交通主体。从社会宏观系统来考察，交通主体是进行交通活动的人或群体，不仅包括交通行业的人员或群体，还包括非交通行业的人员或群体。如家庭或个人私有交通工具的使用者，非交通行业的组织（机关、军队、社团、学校等）所属交通工具的使用者等，这类交通活动的驾驶人员和管理人员也是交通主体。从社会学的意义上讲，交通主体是一种社会角色，他们是经过专门社会化培养而成的，他们与其他社会角色的关系是社会化系统中的互动关系。社会化的交通主体方式主要表现在以下两个方面：

(一)交通主体的学习方式

从人的社会生活的全过程考察，每个正常的成年人都充当过交通主体角色。人充当这种角色，并非生而知之，而是学而知之。这种学习方式是由人的交通需要和交通条件以及学习条件决定的。交通需要是指人由于其生存发展需要而产生的对交通的必然要求和欲望。这是人要经过社会化学习，成为交通主体的内在的根本原因。交通条件是指保障达到一定交通目的的交通工具、交通设施和交通管理（秩序）等条件。这是人能够经过社会化成为交通主体的外在基本因素。学习条件是指培育人成为交通主体的师资力量、教学设备（设施）、教学资料和教学方法等条件，这是保证人经过社会化成为交通主体特别重要的外在因素。因此，人的社会化过程中的交通主体的学习方式是需要条件主导型学习，具体表现形式可以分为三类：

第一类是按照教学主体划分的学习方式：（1）教师主导式学习，即主要依靠教师（包括正规教师、非正规教师）的教授指导对预备交通主体（学员）进行培训。这种方式常用于中、高级（技术难度大，要求高）的交通主体的培训学习，如培养飞机驾驶员、机场调度员、火车驾驶员、铁路调度员、轮船驾驶员、港口调度员、汽车驾驶员、汽车站调度员等。

（2）自我主导式学习，即主要靠个人自学而成为某一交通主体。这种方式常见于低级（技术难度小、要求低）的交通主体的学习，如人力车（自行车、三轮车等）的驾驶学习。

（3）并重式学习，即教师和学生两方面并重结合对交通主体进行教育培训。这种方式多用于中级（技术难度和要求一般）的交通主体的培训学习中，如摩托车驾驶员、拖拉机驾驶员等的培训学习。

第二类是按照教学内容划分的学习方式：（1）技能侧重式学习，即教学投入上侧重于对交通主体技能方面的培训，这种方式多用于初级的交通主体的培训学习。

（2）规则侧重式学习，即教学投入上侧重于对交通主体行为规则的培训。这种方式多用于对交通管理人员（如调度员等）和执法人员（如交警等）的培训。

（3）理论侧重式学习，即教学投入上侧重于对交通主体理论知识方面的培训。这种方式多用于对高级的交通主体的培训学习，如对交通企业经理、交通管理部门官员等的培训。

（4）平衡式学习，即教学投入上平衡用力于对交通主体各个方面的培训。这种方式多用于对交通基层单位负责人的培训，如对船长、机长、列车长、车队长等的培训。

第三类是按照培养对象性质划分的学习方式：（1）职业式学习，即作为职业的交通主体的培训学习。这种方式比较正规、严格和系统，通常用于交通职业人员的培训，如对各种交通职业的驾驶员和管理人员的培训。在现代社会，这种培训一般是由交通院校承担的。

（2）业余式学习，即作为非职业的交通主体的培训学习。这种学习可以在正规的交通院校进行，也可以在其他有条件的场所进行，如社区、企业、军营等。这种方式通常用于个人兼做自己工作和生活上使用交通工具的驾驶员、维修员和管理员的培训学习。

（二）交通主体的工作方式

从社会学的意义上讲，交通主体的工作方式实质是交通主体角色社会化的实践方式。人要成为合格的交通主体角色，仅仅停留在理论学习上显然是不行的，更重要的是必须学以致用，在工作实践中不断增长知识、经验和才干。作为社会化过程中的交通主体角色的工作方式，主要是由交通工作性质、交通工作条件和交通服务对象等因素决定的。交通主体的工作方式具体可以分为三类：

第一类是按照交通主体目标划分：（1）经济主导式或营利主导式，即交通主体以经济效益或盈利为活动目标和基本导向的工作方式。这种方式通行于交通企业、个体或合伙的交通经营者等。

（2）政治主导式或公益主导式，即交通主体以提高社会效益或满足全体人民的交通需要和生命财产安全为根本目标和基本导向的工作方式，这种方式是政府交通管理部门和国有公共交通企业的工作方式。

（3）生活主导式或个人需要主导式，即交通主体以家庭和个人生活需要为根本目标和主要导向的工作方式，这种方式常见于家庭或个人私有交通工具用于自己生活上的交通活动。

第二类是按照工作性质（职能）划分的工作方式：（1）决策型方式，即交通主体履行决策和指导职能的工作方式。这种方式常见于政府交通行政部门（如交通部、地方交通局等）和大型交通企业最高领导层。

（2）管理型方式，即交通主体履行管理和调度职能的工作方式。这种方式常见于政府交通管理执法部门（如交通警察大队等）和大中型交通企业中层机构（如交通公司所属各职能部门，如运营部、财务部、人事部等）。

（3）操作型方式，即交通主体履行操作和实施职责的工作方式。这种方式常见于交通管理执法人员（如交通警察等）和交通企业基层工作人员及驾驶员等。

第三类是按照主体活动特征划分的工作方式：（1）群体型方式，即交通主体多人组织成集体、分工合作的工作方式。这种方式常见于现代交通企业，如航空运输公司、铁路运输公司、远洋运输公司、公路运输公司等。

（2）个体性方式，即交通主体个人独立自主行动的工作方式。这种方式常见于交通运输个体经营者，如个体汽车司机、个体船夫等。

二　社会化的交通工具方式

交通工具是交通系统的基本要素，也是人的社会化的重要手段和物质成果。人们使用交通工具，进行社会联系和交往，获得知识、技术、文化和物质资料，实现社会化。同时，先进的交通工具不断被生产出来，用于社会生活各个领域，凸显了人的智慧和创造力、社会物质文明和精神文明不断进步以及社会化不断发展。从社会宏观系统考察，人的社会化方式及社会化的交通工具方式是由人们的生产方式和生活方式决定的。交通工具本质上是人的生活工具和生产工具，交通工具方式体现了人的生活方式和生产方式及其社会化方式。从社会学的视角考察，作为社会化手段和成果的交通工具方式，主要表现在以下两个方面。

（一）交通工具的生产方式

生产方式历来是经济学的研究对象，但它也可以成为社会学的研究对象。不过两个学科的研究方法和侧重点不一样。经济学侧重于从资源的占有和配置制度上研究生产方式；社会学侧重于从社会关系和社会文化的视角研究生产方式。按照社会学的观点，生产方式本质上是人们之间的物质利益关系，是一种基本的社会物质文化形态，也是一种基本的社会制度安排。交通工具的生产方式是社会生产方式的一种表现形式，是人的社会化的一种具体方式和成果。它是交通工具个性与生产方式共性的统一。从社会活动的不同阶段和环节考察，交通工具的生产本身属于第二产业——机械制造业，这一产业部门是交通运输业的上游产业和基础产业，它为交通运输业提供必要的物质手段和基本前提。因此从经济社会学分析，交通工具生产方式有以下类型：第一类从生产力发展水平看：（1）古代生产方式。古代社会的交通工具的生产方式的主要特征表现在：生产力及科学技术水平低下，交通工具的生产或驯养以手工进行；交通工具产品的结构和功能简单，以人力和自然力为动力，如板车、马车、帆船等，产品功效低下。

（2）近代生产方式。近代社会是资本主义生产方式诞生和初步发展的时期，这个时期交通工具的生产方式的主要特征表现为：生产力及科学技术水平有了很大提高，交通工具的生产主要以机器进行；交通工具产品的结构和功能比较完善，主要以热力转化为动力，如蒸汽机动力装置的轮船、火车、机动车等，产品功效较高。

（3）现代生产方式。从世界经济发展的主流看，现代社会是资本主义生产方式走向成熟和快速发展时期。这个时期的交通工具的生产方式主要特征是：生产力及科学技术发展突飞猛进，交通工具的生产非常先进，主要以计算机控制的自动系统进行，产品的质量和数量不断提高；交通工具的结构和功能非常完善，主要以石油为动力，并开发出了新的动力装置，如电力、氢能、核动力、太阳能等；交通工具产品科技含量越来越高，更新换代越来越快，越来越注重产品的经济效益与环保效益、文化价值的统一。

第二类从生产关系或产权制度上看：（1）小私有制生产方式。它的主要特征是制造交通工具的资产或生产资料的产权归个人或家庭所有；个人或家庭成员自主生产经营交通工具产品，人数甚少，小业主加上几个雇工；生产单位结构简单，资产额很小，维持简单再生产；生产产品（交通工具）低级简单，如马车、牛车和板车等。这种生产方式普遍存在于小农经济社会。

（2）大私有制生产方式。它的主要特征是制造交通工具的资产或生产要素的产权归单个资本家独占或多个资本家合伙占有，资本家自主生产经营交通工具产品；生产组织结构庞大复杂，如现代大企业（企业集团、跨国公司），资本额巨大，社会化大生产；员工众多，科层制管理；生产产品（交通工具）高级精美，如轿车、飞机、豪华巨轮等。这种生产方式普遍存在于现代市场经济社会。

（3）公有制生产方式，包括原始公有制生产方式和现代公有制生产方式。前者存在于原始社会，主要特征是：制造（驯养）交通工具的财产的产权归部落或氏族全体成员共同占有，部落成员联合进行生产活动，生产手段十分简陋；生产产品（交通工具）十分低级简单，如人拉滑板车、木筏子等。现代公有制生产方式存在于社会主义社会，主要特征是：制造交通工具的资产或生产资料的产权归社会全体成员或部分成员共同占有，经济组织（农场、企业等）自主或半自主生产经营交通工具；生产组织形式多样，有传统的农村经济组织、有新兴的经济组织（如乡镇企业），还有现代企业组织（如股份公司、国有控股公司等）；生产产品（交通工具）也是多样的，既有传统的交通工具，如自行车、三轮车、木船等，也有现代的交通工具，如飞机、汽车、高速列车、远洋巨轮等。

（二）交通工具的消费方式

从经济社会学的视角考察，交通工具的生产方式与消费方式是互动关系：生产是消费的前提，生产决定和满足消费；消费是生产的目的，引导、检验和保障生产。如同交通工具的生产方式，交通工具的消费方式也是人的社会化的一种具体形式。交通工具的生产和消费是交通活动的基本条件和要素，也是人的社会化的一个重要条件和内容。没有交通工具的生产和消费，人们的交通活动无法正常进行，与之相关联的人的社会化也难以进行。事实上，交通工具的生产和消费凸显了现代人的社会化特征：多样性、广联性、时尚性、流行性、快捷性和创新性。交通工具的消费方式生动地显示了人们的生活方式及社会化方式。从经济社会学分析，交通工具的消费方式有以下类型：

第一类是从消费性质（用途）上看，交通工具的消费方式有三种形式：（1）经营型消费方式。人们购买交通工具，作为生产资料使用，用于交通运输经营，如运输公司购置汽车、轮船、飞机等。这种方式的主要特征是：交通工具的消费主体（运输公司）不是最终的消费者，而实质是生产经营主体，以经营需要确定购买（消费）行为，对购买品（交通工具）的经济用途、质量和款式等的要求很高，通常购买量（款额）很大，购买者的消费行为是很理性的（对购买品具有丰富的知识）和很功利的（奉行购买品经济效用至上原则）。所以从社会经济活动的宏观体系上考察，交通工具的经营性消费者或购买者与交通工具生产者的关系，本质上不是一般的买卖关系——生产与消费的关系，而是一种特殊的供求关系——生产与经营的关系。这种关系在现代市场经济社会是普遍存在的，如农业原料产品的生产者与农产品加工业生产者的关系，工业原材料生产者与工业制造业生产者的关系，等等。

（2）工作型或业务型消费方式。人们购买交通工具，用于自己的工作或业务上所需要的交通活动，如政府机关、社会团体、学校、非交通企业等购买的汽车。这种消费方式的主要特征是：消费主体以工作（业务）需要确定购买行为，对购买品（交通工具）的安全性、实用性和性能等要求很高，通常购买量（款额）比较大，购买者的消费行为是比较理性的（对购买品具有一定的知识）和很稳妥的（奉行购买品安全适用第一的原则）。从购买者的全部活动考察，这种消费行为本质上也是一种社会生产性消费。但是，它与前一种消费方式不同，前一种消费者购买交通工具是直接用于交通运输经营活动，消费品成了直接的和基本的生产经营手段；后一种消费者购买交通工具是用于与购买者主业工作（业务）有关的交通运输活动，这种交通活动本身不是一种专业的运输经营活动，而是一种服务主业的配套活动，消费品（交通工具）实际是间接的和辅助的生产经营手段。

（3）生活型消费方式。人们购买交通工具，用于家庭或个人生活消费，如家庭或个人购买摩托车、汽车、快艇、飞机等用于家庭生活或个人生活。这种消费方式的主要特点是：消费者以个人和家庭经济条件和生活需要确定购买行为，对购买品（交通工具）的价格、款式、性能、适用性和安全性等方面都很注重；通常个体购买量（款额）比较小，经济发达地区的社会中、高收入阶层的群体购买量（款额）比较大。在当代社会，拥有高档新款的私人交通工具（如豪华轿车、豪华游轮、直升机等），是上流社会和富有阶层讲求的消费方式及其名望地位的标志；拥有经济实用的私人交通工具（如摩托车、普通轿车等）是中层社会和"小康"阶层追求的消费方式及其地位身份的标志。生活型消费者与交通工具生产者的关系，显然不同于前面两种消费者，它是市场经济社会的一种最终意义的消费与生产的关系——支撑和维系市场经济正常运行的基本关系与纽带。

第二类是从消费品占有形式（产权关系）上看，交通工具的消费方式有三种形式：

（1）自有型消费方式。消费主体自己完全掌握消费品（交通工具）的所有权，能够独立自主地决定自己的消费行为或独立自主地支配交通工具，如古代封建王朝的帝王将相拥有自己的交通工具，现代社会许多亿万富翁拥有私人完备的交通工具。这种消费方式的主要特征是：消费品（交通工具）的消费权与所有权是相统一的——统一于一个消费主体，消费者同时是消费品（交通工具）的所有者（独立占有者）和使用者（消费者）。这种方式的存在主要是由社会制度和消费者社会地位决定的。从社会的宏观系统上看，这种方式只可能存在于极少数社会成员或少数交通消费者之中，不可能存在于广大的社会成员或广大交通消费者中，更不可能存在于全体社会成员或全体交通消费者中，所有社会成员不可能在一切交通活动中都同时是交通工具的所有者和消费者。因为社会经济及交通发展的客观规律是，交通工具的生产、经营与消费具有分离性、独立性和专业化，随着市场经济及交通事业的不断发展，交通工具的所有权、经营权与使用权（消费权）的分离性和独立性必然会不断增强和完善。

（2）半自有型消费方式。消费者掌握部分交通工具的所有权或经营权，能够独立自主地决定自己的部分的交通消费行为，另一部分则依靠他人和社会来确定自己的交通消费行为。例如许多社会名流和企业主既拥有私人交通工具，进行交通消费活动，又需要购买他人的交通经营服务进行交通消费活动。这种消费方式的主要特点表现为：一种情况是，消费品（交通工具）的消费权与其所有权是相统一的——统一于一个消费主体，交通消费者同时是交通工具消费品的所有者和使用者。另一种情况是，交通工具的消费权（使用权）与其所有权是相分离的——分别掌握在不同的主体手中。半自有型方式普遍存在于现代社会发达地区和比较富裕的社会阶层，这也是社会发展和进步的标志。

（3）依赖型消费方式。消费者没有自己产权的交通工具，完全依靠他人的交通工具进行交通消费活动。主要有三种情况：第一种是消费者自己出钱（财物）购买交通服务。第二种是消费者凭借自己良好的私人关系借用他人的交通工具。第三种是消费者凭借自己掌握的某种权力无偿调用他人的交通工具，例如公车私用、他车私用。

三　社会化的交通规则方式

交通规则是人们交通活动的秩序，没有规则或规则不健全，交通活动不可能正常进行。从社会学的意义上讲，交通规则不仅仅是人们"行"的规则，它本质上还是人们社会联系和社会化的一种规则和文化模式。人的生存和发展需要社会化，人的社会化需要社会联系和交往，人们的社会联系和交往需要交通，交通需要规则。因此，交通规则方式是由人的生存发展及社会化的需要及条件决定的。

（一）交通规则的确立方式

从社会学意义上讲，交通是人的社会化及社会联系的手段与方式，交通规则是社会化及社会联系的一种规范；这种规范本身不是人的社会化及社会联系外在的东西，而是人的社会化及社会联系内在的属性和成分。因为交通规则实质是一种社会规范，这种社会规范正是人的社会化及社会联系的一种模式与秩序。这种模式与秩序规定了人的社会化和社会联系的一种行为方式——交通行为规范：什么可以"行"，什么不可"行"，应该怎样"行"，违者必罚。可以从制度社会学来分析交通规则的确立方式。

一是从交通规则确立的宗旨（根本目的和意义）看：（1）官本方式，即以国家或地方当权者的利益需要为宗旨和基本原则来确立交通规则。这种方式的交通规则体现了"官本位"制度和文化。在交通活动中，权力集团的利益需要高于其他社会阶层和群体的利益需要，后者的活动服从和服务于前者的利益需要，权力阶级（阶层）集团占有和控制全社会交通资源，在交通规则体系中拥有"特权"和"专利"；而其他社会阶级、阶层和群体实际不占有或极少占有交通资源，在交通规则体系中处于无权和被支配的地位。这种交通规则方式普遍存在于奴隶制社会和封建社会。那时候，全社会交通设施和主要交通工具等交通资源归帝王、贵族和官员占有和控制，他们根据自己的利益需要确定交通规则，享有交通活动上的最大的"自由"和"特权"，可以"横行霸道"，畅通无阻；而其他社会阶级特别是下层社会民众必须为他们"修道"、"护道"、"让道"、"驾车抬轿"。例如，古代中国帝王及其官员出行的"车轿分等"、"前呼后拥"、"鸣锣开道"等交通规则，就是依照当时统治者的需要制定的。统治者的政治需要——确保政令畅通，维护和强化统治权威，昭告天下"人分等级"、"唯上是尊"、"唯上是从"；统治者的经济需要——保障统治阶级集团最大限度地占有和支配社会交通资源，以获取最大的经济利益（产品、贡品、租金、赋税、劳役等）；统治者的文化需要——利用其占用的交通资源保障统治阶级和上层社会的思想意识形态在全社会占主导和统治地位，并在全社会广泛传播与通行。

（2）民本方式，即以全体居民或民众的共同利益需要为宗旨和基本原则来确立交通规则，这种规则体现了以人为本和民主平等的制度与文化。国家和地方根据全体人民的共同利益需要制定交通规则，在交通活动中，每一个人在法规上和基本人权上是平等的，不允许有超越法规的"特殊行为"，不允许任何人损害公众利益和他人合法权利，全社会每一个人的交通需求、交通利益和道德行为都必须是在社会公正平等的交通法规框架内进行和实现，谁破坏和违犯了交通法规，谁就会受到处罚。这种"民本"的交通规则方式有其现实的客观基础，即社会基本交通资源和财富——交通基础设施归全体国民共同占有，是完全意义的公共资产和公共产品，每一个国民在法律上拥有平等的使用权和获利权。其政治基础是，国家（地区）实行民主制度，每一个公民享有宪法和法律规定的平等的社会交往及交通权利等基本人权，国家和地方从制度上保障每一个人的这种基本权利的实现，禁止和惩处任何损害社会和他人这种合法权利的行为。"民本"交通规则方式存在于文明发展水平相当高的现当代社会。例如当代中国社会，国家和地方政府根据全体人民的物质文化需要制定交通发展规划和交通法规，有效地推进了社会交通管理的不断完善、交通建设的快速发展和人民交通需求的不断满足。

二是从规范的对象看：（1）主体方式，即规范交通主体行为的规则，包括驾驶员工作规范和驾驶员管理的规则、交通管理人员工作规范和交通管理人员管理的规则、交通经营人员工作规范和交通经营人员管理的规则、交通服务人员工作规范和交通服务人员管理的规则，行人规则和行人管理的规则，等等。这类交通规则对有关人员的职业道德、法制观念和技术能力及心理素质等的要求很高，它事关交通活动能否正常进行，交通主体和交通客体生命财产能否安全。在当今发达国家或地区，交通事故成为人们非正常死亡的第一大杀手，而交通事故中85%以上是由交通主体违规行为造成的。交通主体规则是全部交通规则体系的基础和根本，因为一切交通规则本质上都是人的社会规范——社会活动主体的规范。

（2）设施方式，即有关交通设施的规范，包括交通设施建筑规范、使用规范、管理规范和养护规范等。这类规范对交通设施的质量、结构、外形、布局和效益及有关人员的素质的要求很高。交通设施是交通体系中的基础要素，它对交通活动和交通事业发展的作用具有基础性、全局性和长远性。而交通设施规则是交通设施体系中的主导要素，它对交通设施的质量和效益具有重大的导向性和监控性作用。

（3）工具方式，即有关交通工具的规范，包括交通工具的制造规范、使用规范、经营规范和管理规范等。这类规范对交通工具的性能、结构、质量、外观和安全性及操作与管理等有很高的要求。交通工具是交通体系中的关键要素，它对交通活动和交通事业发展起着巨大的推动作用。而工具规范是交通工具体系的主导要素，对交通工具的进步与完善起着重要的导向和保障作用。

（二）交通规则的实行方式

为了保障人的社会化和社会联系的顺利进行，必须在交通活动中实行一定的规则。从社会学意义上讲，交通规则的实行方式，是由人的社会化和社会联系的需要及其条件直接决定的，这种需要和条件客观上要求交通规则的实行必须有利于人的社会化和社会联系的进行和发展。我们可以从社会学的视角来考察和分析交通规则的实行方式。

一是从规则适用的范围看：（1）国际方式，即在多个国家或国际范围通行的交通规则。这是有关国家或地区在交通活动（国际交通活动）中共同遵守的规则，如航空规则、航海规则等。当代世界，随着经济全球化加剧，人们国际联系与交往日益广泛和频繁。要保证这种联系和交往顺利进行和发展，大家必须遵守共同的交通规则和其他办事规则。尽管不同的国家或地区国情、地情不同，各国各地居民的经济、政治、文化和历史的背景不同，但是他们能够顺利进行直接联系和交往，是因为他们认可和遵守共同的规则；这种规则是建立在他们互利互信的基础上的，并且这种交往及规则能够给他们带来种种好处；如果没有或者破坏了这种交往及规则，大家就会遭受难以估量的损失。例如，20世纪50—70年代，有些国家实行封闭政策，与世界各国的联系与交往很少（局限于与少数同一制度国家和同一历史文化背景国家的联系交往），对国际通行的规则不屑一顾，因而使自己国家的经济和科学技术发展落后，拉大了与发达国家的差距。

（2）国家方式，即在一个国家范围内通行的交通规则。这是全体国民在国内交通活动中共同遵守的规则，外国国民来到这个国家，当然也要遵守这种规则，如全国铁路交通规则、全国航空交通规则、全国公路交通规则、全国航运交通规则等。在现代国家，随着市场经济、民主政治和多元文化的发展，国内各种联系与交往日益广泛和频繁，要使这种联系和交往顺利进行和发展，必须有全体国民遵守的共同的交通规则和其他行为规则。一个国家特别是大国，不同的地方地情不同，不同的阶级、阶层、社群、家庭和个人的情况又是千差万别的，但是大家能够顺利进行联系和交往，是因为大家认同和遵守共同的规则，并且这种联系及规则能够给全体国民带来更大的福利，推进全社会更好更快地发展。如果没有或破坏这种联系及规则，国家和人民生活就会陷入混乱、灾难。

（3）地区方式，即在国内一个地区范围内实行的交通规则。它是这个地区全体居民（包括外来人进入本地交通活动）在区内交通活动中共同遵守的特有的规则，如县交通规则、市交通规则、省交通规则等。当代社会是法治社会，地方交通规则必须服从和统一于国家交通规则，但是也会出现某些与国家交通规则不完全一致的现象。例如，一些县市根据本地的实际情况和需要，实行较高或较低的交通收费标准和较严厉或较宽松的交通管理规则，这种具体规则只适用于本地。

二是从规则适用的交通方式上看：（1）陆上方式，即在陆地交通活动中实行的规则方式，包括公路交通规则和铁路交通规则。根据陆上交通活动的实际情况和需要，实行的交通规则必须具有"陆地"特点。陆上交通是直达的交通（乘客和货物可以直接达到最终目的地），因此其交通规则应该是大众化、简易化，便于每一个社会成员知道和执行。在当代社会每一个社会成员都会成为陆上交通活动的主体和客体，即使是渔民和船员也是如此，他们一段时间工作和生活在水上，但是他们一生部分时间甚至是大部分时间生活在陆地上，要进行陆上交通活动。陆上交通事故发生率最高，因为陆上交通环境复杂，制约和影响交通活动的不安全因素比较多，导致交通事故发生的不可预料因素比较多，这就需要陆上交通规则既细致又严密、既具体又周全，执行规则必须严格，并且交通规则的执行还必须与其他有关的社会规范的执行配套进行。例如，在城市公路交通规则的执行中，必须与严格执行各种建筑物的建筑规范、市场经营规范和市民行为规范等一起全盘考虑，协同推进。

（2）水上方式，即在水上交通活动中实行的规则方式，包括江河交通规则、湖泊交通规则和海洋交通规则等。要根据水上交通活动的特点和实际情况，制定和实行交通规则。水上交通是最经济的交通（运量大，运费低），它成为国际贸易的主要运输方式（日前占国际贸易货物运输量的90%以上）。因此其交通规则应该是严密完备，以保障交通活动的经济效益和社会效益最大化。水上交通活动受自然地理因素的制约和影响很大，因此，水上交通规则的制定和执行应该准确可靠地依据自然情况（水文、天气等），以保障交通活动的安全顺利，最大限度地避免或减少因自然因素造成的损失。水上交通（主要是货物运输，尤其是远洋货物运输）活动是辛苦危险的、单调枯燥的工作，而且船上尤其是远洋货船上的工作人员是清一色的中青年男性，长时间地离开陆地生活，离开女性，对他们的心理和生理会产生比较大的消极影响，因为人类本质上是陆地社会生活的"动物"——有文化有智慧有情感的社会人，异性交往与结合是人的自然生命和社会生命的一种基本需求。因此，水上交通规则应注意合理利用陆地文化和性文化资源，以尽可能地消解或减少船员心理和生理上的不适，使他们能够安全而高效率地工作。

（3）空中方式，即在航空交通活动中实行的规则方式。空中交通方式的特点和实际情况对执行规则的要求非常高。空中交通是最快捷的交通，它能使乘客和货物在很短时间内到达目的地。在当代社会，时间就是资本和效益，人们惜时如金，只要家庭和个人具有条件，人们大多会选择航空旅行方式。航空交通规则应该是准确可靠，便利明快，以保障飞机满载，准时顺利起飞和平安准时到达目的地。航空交通又是成本昂贵的交通活动。航空交通规则应该是高雅文明、健全完善，以保障能够为乘客提供舒适、安全、迅捷和高档的交通服务，能很好地满足社会较高层次的交通需求。航空交通还是风险较大的交通方式，它发生的交通事故——空难往往是毁灭性的（人机俱亡），而且这种事故大多是突发性的，难以挽救，某一个不易觉察或被忽视的细微问题就可能导致惨重的空难，民航历史上的多起重大事故就是这样发生的。安全是航空事业的第一生命，因此，航空交通规则必须是以人为本、安全至上、严密审慎、万无一失，每一个环节，每一个细节，都要从严监控，以有效地防范航空事故发生，规避航空风险，保证航空交通活动顺利进行和航空事业健康发展。

第三节　交通存在于社会化的内容之中

从交通与人的社会化的互动关系上看，交通不仅是社会化的前提条件和基本方式，而且它存在于社会化内容之中，交通活动本身也是人的社会化的一个重要手段和内容。人的社会化是把人从自然人培育成社会人的过程，它贯穿人的生活的各个方面和人的生命的全过程，而这各个方面和全过程都存在着社会联系与交通。任何社会人或社会成员都有着多方面社会属性和多方面社会生活，这些属性和生活包含着社会联系与交通。

一 交通与学习掌握基本生活技能

学习和掌握基本生活技能是人的社会化的基本内容。人要成为社会人，能够像"人"一样生存，首先必须具有社会人应有的基本生活技能。人的这种技能不是天生具有的，而是后天通过社会化得来的。在这个社会化过程中始终存在着社会联系与交通。

（一）交通与人的日常生活技能

日常生活技能是人的基本生活技能的首要方面。它包括吃、穿、住、行等技能，这是人作为社会人独立生存必须具备的最简单的和最基本的技能。这种技能是人出生后从未成年人到成年人通过社会化逐渐获得的，这个过程始终离不开交通。

1. "吃"的技能。（1）觅食技能。主要有四种方式，一是自己生产食物，如种植粮食和蔬菜、饲养畜禽等。生产者需要通过交通活动获取生产资料（工具、种子、饲料、肥料等），去耕地或饲养场进行生产劳动。二是购买食物，购买者需要通过交通活动获得货币或交换物，去食物销售地进行购买活动。三是求借食物，求借者需要通过交通活动去食物债权人那里进行求借活动。四是领取食物，领取者需要通过交通活动去食物发放处进行领取活动。

（2）生食变熟食技能。烹饪者需要通过交通活动获取炊具、燃料、食物和作料等，进行烹饪活动。这种技能本质上是人类特有的一种创造能力，蕴涵着人类的智慧，可以上升到社会文化的层次——烹饪文化。动物是不可能有的。人的这种技能是通过社会化和交通活动获得和提高的。

（3）用餐技能。这种技能与用餐需要（目的和意义）、用餐内容（食物）、用餐工具和用餐环境是密切关联的，这些都受到用餐者的社会属性（角色、地位、财产、文化等）决定和制约。用餐者具有较高的社会地位和文化素养，他必然有着较高层次的用餐需要、用餐内容、用餐工具和用餐环境，自然对用餐技能有比较高的要求。例如，上层社会和富有阶层的人们的用餐内容、用餐行为和用餐技能以及用餐环境等，很多时候，主要不是为了满足他们生理上的需要，而是主要为了满足他们政治上、经济上和文化上的需要。人的用餐技能和其他用餐因素是通过人的社会化和交通活动获取或实现的。用餐者和用餐条件等因素并不是本来就聚集在同一空间（房间、场地），事实上它们先前分布在不同地方，后来通过人们的社会化和交通活动，它们才聚集结合在同一空间，形成独立的相对完整的用餐体系。

2. "穿"的技能。(1) 获得穿着物的技能。从微观上看，穿着对于人具有四种基本效用：遮体、御寒、美饰、显示身份。从一个人的穿着，可以观察和识别这个人的社会属性（社会角色、地位、职业、财产、文化、知识、信仰、志趣、经历等）。穿着是人的具体社会角色的显示器或标志物。例如，在古代中国社会，可以通过个人的穿着来判断这个人是百姓——什么职业和阶层的百姓，还是官员——什么类型和级别的官员。在当代社会，可以通过个人的穿着特别是公共场合的穿着来识别这个人的社会地位及社会角色，基本上可以判断他是个什么"社会人"。从宏观上看，穿着对于社会具有四种基本功能：表现人们物质文化需求及满足的状况，显示社会物质文明、精神文明、政治文明和生态文明发展状况，表现社会分层和社会差别状态，彰显一种社会文化——服饰文化。因此，人获得穿着的技能是由人的社会地位和社会生活条件决定的。人的社会地位越高，社会生活条件越优越，他获得穿着的能力就会越强。人获得穿着的能力或技能主要有三种形式：一是购买穿着物的能力，穿着需求者通过交通活动及其相关活动获取货币或某种交换物，去服装市场进行购买活动。这是现代社会人们获取穿着物的最普遍的方式。二是需求者自己生产穿着物的能力，穿着需求者通过交通活动及其相关活动获取生产资料进行生产，制成穿着品，自己消费。这种方式在古代自给自足的小农经济社会是普遍存在的。三是领取穿着物的能力，穿着需求者通过交通活动及其相关社会活动到穿着物发放地进行领取活动。这种方式普遍存在于社会福利事业和国际人道主义援助活动中。

(2) 穿着技能。这是人通过交通及其相关活动获得穿着品，将其穿戴身上的技巧和能力。从服饰社会学的视角上看，穿戴技能及穿戴方式显示了人的社会地位、社会角色、文化修养、价值观念和生活方式等特征。这些特征是在人的长期社会化和交通活动中形成的，并且在社会化和交通活动中蕴涵着这些特征。穿戴技能表现为：穿戴者对穿戴物的选择能力——品牌、档次、款式、质地、尺码、价格等的选择，对不同穿戴物穿戴搭配的能力，即不同的品牌、款式、颜色、图案、质地等的服装、鞋帽和饰物等穿戴搭配组合的能力。这种技能显然受人的社会地位、经济条件、职业身份、文化素养、价值观念和生活方式等因素的决定和影响。在现实社会，我们很容易发现，一个男人和一个女人，一个少年与一个老人，一个菜市小商贩与一个大学教授，一个街头擦鞋工与一个演艺明星的穿戴能力和穿戴风格明显不同，可以说是天壤之别。

3. "住"的技能：（1）住房建居技能。这是人通过交通及其相关活动获得住房并居住的技巧和能力。四种方式：一是建筑住房，包括自建自居和承建他居等；二是购买住房，包括购买房屋、装修房屋和维修住房等；三是租住房屋，包括租住私人住房、宾馆住房、单位（工作场所）住房和公共住房等；四是受住房屋，包括接受赠予房屋居住权或房屋产权。

（2）居室用品的占用技能。这是人通过交通及其相关活动获得并使用居室用品的技巧和能力。两种方式：一是获得居室用品，包括购买用品、自制用品、受赠用品和租借用品等；二是使用居室用品，包括居室用品的使用、护理、维修和处理（改造、清除、变卖等）等。

（3）室外环境的建用技能。这是人通过交通及其相关活动建设并享用居室外部环境（居民社区）的技巧和能力。两种方式：一是建设室外环境（经济生活环境、文化生活环境、政治生活环境和生态生活环境等），包括室外环境的规划、建筑、配置、维护、保养、维修、改造和处理等；二是占用室外环境，包括室外环境及其硬件和软件的购买、租用、受用和使用等。

4. "行"的技能：（1）步行技能，纯粹靠个人身体运动行走的技能。它表现为人行走的速度、耐力和安全度等。这种技能是人的身体素质的表现。人的这种步行交通能力是在人长期的社会化和交通活动中形成的。例如，人的生活磨炼（如山民常年上山活动等）、工作经历（如地质工作者长期野外勘探活动等）、军队生活、体育训练等形成的人的步行能力。一般来说，这些人的步行能力要大大强于其他人。因此，人的步行技能实质是人的社会地位、社会角色及生活方式的反映。不同人的步行技能的差异，表面上看是人的生理上的差异，但本质上是人的社会差异——社会地位、社会角色、社会生活和社会关系的差异。因为人的步行能力不是由人的先天遗传因素决定的，而是在人的后天的社会生活中形成的，主要是由人的社会化及交通活动等社会因素决定的。人不经过社会化及交通活动，不可能具有"人"的步行能力。如被发现的"猪孩"、"狼孩",就不会像人一样行走,只会像猪或狼一样爬行,因为他们是被猪或狼"养"大的,是在猪、狼活动环境里长大的,离开了正常人的社会生活环境。

(2)驾驶技能,人驾驶交通工具使其运行的能力。驾驶技能是经过专门的社会化和交通活动——驾驶交通工具的学习、训练及实践形成的。驾驶技能不是所有社会成员都具有,而是某些受过专业训练的社会成员具有。这种技能是人们的某种社会职业、社会地位和生活方式的体现。一般来说,三类人具有驾驶技能,一类是从事交通职业的人,包括交通行业和非交通行业的各种专业驾驶人员。这类人的驾驶技能比较强,因为他们经常从事交通活动,有丰富的实践经验,而且这种技能是他们安身立命和谋生之本。另一类是拥有私人交通工具且自己驾驶的人,有两种情况:一种是一些人驾驶自家的交通工具是为了满足自己和家人的工作、学习和生活的需要,一般来看,这类交通工具大多是大众化的、中低档次的,普遍为中低社会阶层人们所拥有,是他们个人和家人日常外出活动及交通活动的基本工具,显示他们的社会阶层、角色、职业、收入、能力、志趣和性格等。如驾车上班族、家庭司机(驾车送父母、配偶、子女等)等。另一种是一些人不是把驾驶技能作为基本谋生本领和日常生活技能,而是当作生活乐趣、社会地位和自我价值的体现,在他们的心目中,自己驾驶一辆自家的高档汽车和豪华快艇就像自己穿一件名贵的服装,具有同样的意义:都是一种自我的社会地位、身份、价值的显示。如演艺界、体育界国际超级明星大多喜欢驾驶自己超豪华的最新款轿车进行社交或旅游。

(3)乘坐技能,人乘坐交通工具的能力,即乘客在交通旅行过程中生理和心理适应能力。不同的人这种能力有差异,有些人对所有交通旅行方式(汽车、火车、轮船、飞机等)的适应能力都比较强,有些人只对某种交通旅行方式适应,有些人对所有交通旅行方式的适应能力都比较弱(经常出现晕车、晕船、晕机等不良反应)。人们乘坐技能的差异不仅表现了人的体质的差异,而且表现了人们的社会差异——社会生活和社会地位的差别。一般来看,社会联系和社会交往多、生活水平高的人具有较强的交通旅行适应能力;社会联系和交往少、生活水平低的人对交通旅行适应能力比较弱。因为人的社会联系及交往多寡和生活水平高低与人的生理素质和心理素质高低有密切关系。人的生理素质和心理素质主要是在人的社会联系和社会生活中形成和变化的。人的生理素质和心理素质实质是人自身对外部环境的适应能力。社会联系及交往多和社会生活条件优越的人大多具有较高的生理素质和心理素质，社会联系及交往少和社会生活条件差的人大多生理素质和心理素质比较低。

（二）交通与人的职业技能

职业技能是人的谋生能力。人小时候靠父母和大人养活，但是人不能一辈子靠别人养活，除非他是一个生理和心理有严重缺陷的人；任何身心正常的人长大都要自食其力，自己养活自己，都要学习和掌握至少一门职业技能。对于任何一个在社会中能够独立生活的人来说，职业技能不仅是他的谋生手段，而且是他的精神依托。一个失业的人失去的不仅仅是生活上的经济来源，更悲惨的是失去了处世做人的自尊自信。在当今社会，失业群体中的心理障碍、精神失常、越轨问题和犯罪行为等比例是很高的，远远高于在业群体。

职业实质上是人的社会联系和社会交往活动。没有社会联系与交往，就无所谓职业。职业技能也就是人的社会联系与交往的技能，是人处理人与人、人与物、人与社会关系的能力。从事任何职业的人都要与他人、与社会交往和联系，都要进行交通活动，这是从业人的基本活动方式和技能。对任何人来说，职业技能不是生而知之，而是学而知之。人的职业技能是通过一定的社会化——职业教育训练获得的。职业教育本质上也是一种社会联系和交往活动。没有教育者与受教育者、教育者与教育者、受教育者与受教育者的联系与交往，就没有所谓职业教育。职业教育主要有五种途径和方式：

1. 家庭教育。人通过父母和家人传授而获得某种职业技能，其教育结果一般是子承父业。在这种教育活动之中，人的社会联系和交通活动范围比较狭窄，基本上局限于家庭和家族及其有关亲缘群体的范围内。因为这种职业技能是家庭和家族生存、延续和兴旺之本，只可内传，不可外传。这种职业教育方式普遍存在于自给自足的小农经济社会。在现代社会，某些继承性较强的社会阶层也盛行这种方式，如商界、艺术界、医疗界等，后代人在家庭的教育和影响下，学习和掌握上代人的职业技能，继承上代人的职业。

2. 学校教育。人通过学校的学习而获得职业技能。在当代社会，承担职业教育任务的学校有各种类型、各个层次，已经形成了完整的国民职业教育体系。学校的职业教育是适应社会发展和人力市场供求而存在和发展的。这就要求学校职业教育必须形成广泛而密切的社会联系与交往：学校与社会（包括用人单位）、学校与家庭、师生与社会、师生与家庭、教师与学生、教师与教师、学生与学生等的联系与交往。这就需要有交通来进行和实现这些联系和交往。在当代发达的社会，几乎每个学校都有自己的交通工具、交通设施和交通职业人员，以保证学校教育活动顺利进行。学校的职业教育与家庭的职业教育有很大的不同：目的不同，家庭教育是为家庭培养人才，学校教育是为社会培育人才；方式不同，家庭教育靠传统习惯和言传身教传授知识技能，学校教育依靠完备系统的教学手段（教材、教法、设备、设施等）来传授知识技能；教育者不同，家庭的教育者是由婚姻关系和生育关系形成的上辈人、年长者和家长，学校的教育者是经过专门学校培养的教师；职能不同，教育是家庭的重要职能，但不是最基本的和中心的职能，教育是学校的最基本的和中心的职能。

3. 职场教育。人通过职业场所（企业、机关、医院、社团等）的学习培训而获得职业技能。在现代社会，每个比较正规的职业组织都要对新职工进行岗前培训，对中、青年职工进行业务培训。职业教育的一个基本内容是交往能力的培养：职工与同事、职工与领导、职工与客户（工作对象）交往能力的培养。这种交往能力实质是社会交通活动能力。实际上，职业组织的内部交往活动和对外交往活动都需要交通作为基本手段和方式。现代组织社会学理论和实践表明：良好的组织内部人际关系和良好的对外关系是单位生存和发展之根本。正因为如此，在充满激烈竞争的市场经济社会，许多企业组织都把交往能力及良好关系作为组织（企业）管理和组织（企业）建设发展的重中之重。职业组织的职业教育的主要特点是具有很强的实用性、功利性和规章性，它是学与做、知与能、理论与实践直接关联的活动。

4. 社会教育。人通过社会环境的影响，政府和社会公共组织（如社区、社团、福利组织、慈善组织等）举办的学习培训而获得的职业技能。在现代社会，工作（就业）是每个有劳动能力的人的基本权力，职业技能是每个人生存发展的基本技能。为全体社会成员提供职业教育服务和工作机会，是政府和社会义不容辞的职责，也是政府和社会存在、发展的需要。没有充分就业或大量失业，不仅使很多人及家庭生活陷入困境，而且会给政府和社会的稳定造成很多不利的影响。正因为如此，每一个负责任的政府和社会都非常重视职业教育和广开就业门路。政府和社会公共组织

（非营利社团等）通过举办公益事业——学校、广播、电视、报刊、协会、基金会、志愿服务团等，为全社会大众提供职业教育服务和职业引导服务。这种社会性的职业教育是通过各种交通活动方式进行和实现的，使全社会的教育资源与交通资源优化配置与结合，使社会大众从中受益。交通越先进、越发达，社会性职业教育就会越发达越有效；同时，社会性的职业教育的发展也会促进交通的发展，因为社会性的职业教育的发展有力地促进人们的社会联系和交往，从而大大地拉动了社会交通需求和交通供给的相互增长。社会性的职业教育具有普遍性、全民性、平等性和福利性等特点。

5. 自我教育。人通过自己学习和实践而获得职业技能。有些人由于自身、家庭和社会的原因，不能或难于直接从家庭、学校、职场和社会那里获得某种职业教育，只能主要依靠个人自学获得某种职业技能。发明家爱迪生和数学家华罗庚就是这种自学成才者。一般来说，获得同一种职业技能，自学成才者付出的艰辛和努力要远远大于其他成才者。自学性的职业教育需要个人交通活动的大量投入，其费用主要是由个人承担的，在自学性的职业教育过程中，许多事情都是自学者自己行动和操办的。非自学性的职业教育需要的交通活动及其费用大部分是由家庭、学校、职场组织、政府和社会承担，个人承担的部分很少。

二 交通与学习掌握社会规范

从微观上看，一个人仅仅掌握了一定生活技能和职业技能，还不足以在社会中正常地生存和发展。他要成为合格的社会成员，在社会中顺利地生存和发展，还必须学习和掌握社会规范，按照社会规范的要求生活。从宏观上看，社会要正常地运行和发展，需要有健全的社会规范，所有社会成员，各个社会群体及其各种社会活动都要遵循社会规范。社会规范不健全或合理规范遭到破坏，社会就会出现混乱、灾难。因此，学习和掌握社会规范是人的社会化的基本内容，也是人的社会交往和交通活动的基本要求，并且这两个方面是相互关联的。社会化包含着社会交往和交通活动的内容。交通是人学习和掌握社会规范的重要条件、途径和方式。

（一）交通与语言规范

语言规范是社会规范体系的基础性和工具性规范，是其他规范的前提和基础。语言是人进行思维和对外交流的符号系统，它本质上是人的社会联系和交往的工具。没有这种工具，人们的社会联系和交往就会发生障碍，难以进行。不同的国家、民族、阶层和社群的人们相互之间进行经济、文化、政治等各种社会交往，首先必须掌握和运用大家共知通行的语言。从社会学意义上讲，语言不仅是人的一种文字及声音系统，而且更是人类文化及社会关系的符号和规范系统，它是由以下因素构成的系统：

1. 语言主体，即使用语言的人。这不是抽象的人，而是具体的社会人——充当一定社会角色、处于一定环境和从事一定活动的人。人使用语言时，应该符合自己的角色和身份，应该按照主体的角色或身份的特征及要求使用语言，使语言工具能够达到主体预期的目的和效果。这是人进行社会化及社会交往，学习掌握语言规范时，首先必须注意的重要问题。

2. 语言目的，即人使用语言的动机和需要。人为什么要使用语言？使用什么语言？如何使用语言？这都是由人的一定需要和动机驱动的。即使人有时候会无意识地言语，但这无意识的语言行动中仍然潜伏着某种目的或需要。语言是作为满足人的需要和实现人的目的的一种符号工具而被人们创造和使用的，这是语言的基本价值和意义。人在社会中生活，在社会联系和交往中的需要和目的，决定和影响着人要不要使用语言和如何使用语言。

3. 语言对象，即使用语言面对和指向的人。这人也是具体的社会人——处于一定社会环境、充当一定社会角色和从事一定活动的人。在一定社会关系系统中，语言主体与语言对象是依存互动关系。从主体角度看，人为什么要对某人说话？怎样对某人说话？这些不是取决于语言主体或对象一个方面，而是取决于主体和对象两个方面及其相互关系。人们在社会联系和交往中进行语言交流沟通，处于语言环境中的各方面的人，可能充当一种语言角色（语言主体或语言对象），也可能同时充当两种角色（语言主体和语言对象）。这两种角色都有自己的语言需要、目的及表达方式，并且这两种角色应相互配合，相互适应，才能达到一定的语言目的和效果。一个人与他人交往时，只站在自己的角度对人说话，夸夸其谈，而不顾别人（听者、读者）的需要和感受，这种"说话"当然不受欢迎。

4. 语言环境，即人使用语言时所处的场所。这个场所是一个具体的社会环境——人们联系和交往的地方：居室、街道、商店、公园、剧院、车站、车上、办公室、教室、运动场、法庭，等等。环境制约和影响人说话的意义（意图）、方式及其效果。人是社会环境中的人，人与环境是互动的。一方面，人能够改造和利用环境，人是环境的主角；另一方面，环境养育和造就人，人必须尊重和适应环境。人们在一定的环境中发生联系和交往，进行语言交流，必须弄清楚这个环境的情况，符合环境的要求，这样，人就能够被这个环境接受，在这个环境中立足。否则，人就会被这个环境排斥，难以在这个环境中生存。所以，一个人来到一个新的环境，与人交往，言谈举止必须"入境随俗"、"入乡随俗"。

5. 语言材料，即人使用的语言种类、内容及成分。这是语言本身的东西。人应该使用何种语言（本国语、外国语）？使用什么形式的语言（书面语、口头语、图形语、诗词、散文、小说等）？使用什么内容及成分的语言（字、词、句、段、章）？这些不是由人随意选择的，而是由人所处的语言环境、人的语言目的和需要、人的语言对象以及双方的语言能力等因素决定的。人只能根据自己的语言能力及需要和语言交流对象的语言能力及需要，符合语言环境的要求，来选择使用何种语言，使用什么形式的语言以及什么内容和成分的语言。这样，人们的语言交流及社会交往就能够顺利进行，能够达到预期目的和效果。

6. 语言规则，即人使用语言所遵循的原则、标准、定式和方法等系统，包括语言自身规则和语言交往规则两个基本方面。语言自身规则是指一种语言内部的语法体系，是语言内部各个因素和成分关联、搭配、组合的规则。遵循语言自身规则是人们正常进行交往活动的必要条件。违反这种规则，就会造成交往的困难和问题。在现实社会交往活动中有些人就出现过这种语言"违规"问题，轻则闹出笑话，重则造成严重后果。语言交往规则是指人运用语言与他人交往的规则，是语言交往各个要素（语言主体、对象、环境、工具、材料等）相互关联、互动和配合的规则，它是建立在语言自身规则基础之上的一种社会交往行为规则。遵循这种规则是人们顺利进行语言交流及社会交往活动的重要条件。在现实社会人们交往活动中，有些人与他人进行语言交流时，并没有违反语言自身规则，但是他们无意或有意地违反了某种社会交往规则——语言交往规则。例如，有人说话不注意自己的身份，不尊重谈话对方，不顾及说话场合等等，这样自然会发生不愉快的事情，使交往出现障碍。真正善于交往的人，是既遵守语言自身规则，又遵守语言交往规则的人。

（二）交通与道德规范

在交通活动中，总会发生交通工作人员与乘客、行人、周边居民的互动关系。这是一个社会布局、社会交往和社会法规问题，也是一个社会道德问题：人们担当不同的社会角色和社会人，处于不同的社会位置和社会环境，发生不同的社会行为和社会关系，应该遵循什么道德规范？按照伦理学的解释，道德是依靠人的良心善性的力量和社会舆论的力量扬善抑恶来规约和调整人与人、人与社会、人与自然关系的行为规范。道德实质是人们社会关系的一种行为规范，它是在人们的联系和交往中产生、发展和变化的。没有人与人、人与社会的联系和交往，就没有所谓道德。道德本质上是人们之间联系和交往的行为规则。道德的产生和发展是基于和决定于人们联系和交往的需要。人因为生存和发展的需要，必然要与他人、社会发生联系和交往，而要使人们这种联系和交往顺利进行，达到预期目的，必须有一套交往各方共同认可、共同遵守的道德规范和其他规范。实践告诉人们，交往各方遵守了道德规范，大家都会得到利益和好处；交往各方或一方破坏和违背了道德规范，一方甚至各方都会遭受损失和伤害。所以，在人们的社会联系和交往中存在着一种"道德奖惩机制"：有德者获利，缺德者受损。从而形成了道德对人的行为的约束力量。在现实社会生活中，人们经常遇到这种情况：仁义善良的人，有良好的社会形象，他的朋友多，得到的社会信任、帮助和关爱多；奸诈邪恶的人，他的社会形象败坏，他很孤独，没有真心朋友，他受到社会怀疑、鄙视和唾弃。学习和掌握道德规范，加强道德修养，是人的社会化和社会交往的重要内容。这种内容是通过人们的交通活动进行和实现的，道德渗透和体现在交通活动之中。

从伦理社会学的视角看，人需要学习掌握三种基本道德规范：一是家庭道德。这是人们在家庭人际关系及家庭生活中进行的道德教育和道德实践。家庭是人的社会化及道德教育的第一个学校，是人的社会交往及道德实践的第一个场所。父母是孩子的第一位老师和第一个交往对象。家庭道德教育是建立在亲缘关系基础上的。夫妻之间的相互影响，父母对子女的教育和影响，兄弟姐妹的相互影响等，都渗透着亲情。家庭道德对于维系家庭的生存和发展是必需的，甚至是关键的和最重要的。在现实社会生活中我们发现，有许多贫困的家庭和睦安定，家庭成员能够长期同舟共济、相依互爱，这主要是因为这种家庭保持有深厚的家庭道德。而许多富裕的家庭矛盾重重，关系恶化，家破人散，这主要是因为这种家庭道德沦丧。所以，家庭道德教育和道德行为不是肤浅的、空洞的和抽象的说教，而是实实在在的、活生生的。一般来说，家庭教育是存在于家庭日常生活中，渗透在家庭成员平常言谈举止和相互交往中。子女从父母和长辈的经历、行为和言谈那里受到某种道德教育和影响，夫妻也会从对方的经历、生活、行为和言谈那里受到某种道德影响。这种道德教育和影响是面对面的、亲身感受的和真实细腻的，对受教育者的作用也常常是潜移默化的、刻骨铭心的。它对人的道德品质的形成及影响是基础性的和终生的。二是群体道德。这是人们在社会群体人际关系和群体生活中进行的道德教育和道德实践。人们为什么要形成社会群体？怎样进行社会群体生活？这是由人们的生存和发展的需要决定的，是受人们的利益追求驱动的。人是社会性和文化性生物，人只有在社会群体中才能像"人"一样正常地生存和发展。人们结成社会群体，是为了满足人的生存发展需要，实现人的利益。所以，社会群体内人际关系本质上是利益关系。人们建立、维系和发展社会群体需要动用经济力量、政治力量和文化力量等各种社会资源力量。其中，群体道德是维系群体存在和发展的一种深厚的和恒久的资源力量。在现实社会生活中我们常常发现这样的情况：许多社会组织某一个时期出现了经济和政治等资源力量严重匮乏的困难，但是，这些组织保持有比较坚实的群体道德资源力量，组织内全体成员同心同德，闯过难关，组织仍能恢复、振兴和发展起来。相反，有不少组织曾经一个时期辉煌强盛，拥有雄厚的经济和政治等力量，但是由于忽视群体道德建设，群体成员道德水平下降，人心涣散，使组织走向衰败。群体成员的道德教育及道德实践是群体活动的重要内容和群体建设发展的重要任务。群体道德规范的基本要求有：团结合作，互助互利，顾全大局，整体为重，遵纪守规，秉公办事，等等。三是社会公德。这是人们在社会公共生活及社会交往中进行的道德教育和道德实践。在社会公共领域，如公路、车站、街道、广场、商场、公园、图书馆等，人群、建筑物、车辆、物品等高度密集，要保障社会大众的生活及交往活动安全、有序和顺利，必须有大家认同和遵守的行为规范。有两种基本的规范系统：法律规范、道德规范。作为规范社会公共领域人们行为的社会公德，是社会公众或广大社会成员认同和遵守的行为规范，它的基本要求有：以人为本，爱护环境；文明交往，守法遵规；互信互助，共建和谐，等等。人们是在社会公共活动和交往中学习和践行公共道德规范的，它是依靠社会文化和社会交通等资源力量进行和实现的。例如，一个人进入一个新的公共环境，他应该怎样行动？应该怎样与人交往？应该怎样应对新情况？他需要学习和掌握这个地方的公共行为规范——公共道德和地方法规。要达到这个目的，这对他来说并不困难，他可以通过交通活动及其他方式——阅读图书、报刊，收看收听电视和广播，观看公共告示，观察众人行为，询问当地人等方法了解和掌握这个地方的公共行为规范。

（三）交通与法律规范

旅行者购票上车（船、机）后，他们与交通营运者形成了什么关系？旅客与营运者各自拥有什么权利和义务？双方应该如何履行和维护自己的权利与义务？这是法律问题。旅客与营运者要处理和解决好这些问题，必须了解和掌握有关法律规范。法律是由国家制定并依靠国家强制力保证其实施的规约人们行为的规范体系。在法治社会，要使人们安定、有序地生活，不仅要靠道德来规范和调整人们的行为及其相互关系，更重要的是要依靠法律来规范和调整人们的行为及其相互关系。因此，每个人要成为合格的社会成员，能够在社会中健康地生存和发展，不仅要学习和掌握知识、技能和文化，还必须学习和掌握道德规范和法律规范。学习和掌握法律规范是人的社会化和社会交往的又一个重要内容。它主要是通过以下途径进行和实现的：

一是政权行为。人们通过中央国家机关或地方政权机关（立法机关、司法机关、行政机关等）的公开法制行为来了解、学习和掌握法律法规。政权机关的法制行为和人们了解政权机关的法制，是在人们的社会联系和交往及交通活动中进行的。政权机关法制行为有两种基本形式：（1）对法律的制定和颁布，以文件的形式昭告全社会。国家法律制定和颁布后，社会大众在社会交往及交通活动中，通过社会传播媒体（报纸、广播、电视、书刊、公告等）了解到法律规范内容。社会交往及交通活动既是人们获知法律规范的动因和归宿，又是人们获知法律规范的条件和途径。人们社会交往和交通活动要顺利进行，需要知法守法。健全的法制是保障社会交往和交通活动顺利进行的基本条件。同时，人们又是在社会交往和交通活动中表现其知法守法状态的。

（2）政权机关对法律的实施、执行，行使法定的各种权利，履行法定的各种职能，维护国家利益，维护社会组织、法人和公民的合法权益，依法防止和惩处违法犯罪，从而保障整个社会安定、有序、健康运行和发展。政权机关以自己的法制行为昭告全社会：什么是合法的，什么是违法的，合法者如何受益，违法者如何受罚。人们在社会交往和交通活动中，通过大众传媒和其他途径获得国家法制行为的信息，从而了解和掌握法律规范。

二是社群行为。人们通过社会群体、组织的有关规章、行为或活动学习和掌握法律规范。社会群体和社会组织是人们社会关系、社会交往及交通活动的集合体。社会群体和组织的行为实际上表现为群体成员之间以及群体成员与外部社会成员之间的关系和交往，而社会交通正是这种关系和交往的基本条件和主要方式。社会群体和组织的有关法规行为有两种基本形式：（1）群体或组织对其成员进行法律规范的宣传和教育，使全体成员了解和掌握有关法律规范，并以此作为成员必须具备的一个基本素质。这是保障群体或组织健全生存和发展的需要。全体成员知法守法，群体或组织既能够依法办事，又能够运用法律武器维护自己的合法权益，这样，群体或组织就会大大降低因法律问题带来的成本和损失。

（2）群体或组织领导督察其成员按照法律规范工作，使全体成员在工作实践中学习和掌握有关法律规范，并以此作为成员职业素质的基本要求。群体或组织以行示法，告诫成员：什么行为是合法的，什么行为是违法的；合法行为有利，违法行为有害；使全体成员在工作中知法守法。

三　交通是培养社会角色的重要途径和方式

社会学认为，培养社会角色是人的社会化的目标和归宿，经过各种教育方式和实践活动把人培养成为符合社会要求的社会角色。社会角色是人在社会关系中的一定位置和身份，如交通关系中的乘客、司机、乘务员、交警、行人等。社会角色的本质属性和基本特征是人与人之间的社会关系和社会交往。社会角色总是产生于和存在于人与人之间的社会联系、社会交往之中。没有人们之间的社会联系、社会交往，孤立存在的单个人是无所谓社会角色的。交通活动是人们之间社会联系和社会交往的基本方式。因此，交通活动与社会角色有着密切的关系。

（一）交通活动生成若干相关的社会角色

从交通社会学的视角看，交通活动是人的活动：人的社会活动，人与人、人与社会的联系和交往活动。交通活动的主体是人，这人不是纯粹的生物人，而是复杂的社会人，有着一定社会关系和社会文化的人，是充当一定社会角色的人，也就是社会交通人角色。交通活动产生和形成一些相关联的社会角色——交通人：行人、乘客、驾驶员、服务员、营运者、管理者、产权人（交通资产的投资人或归属人），等等。各种交通人角色各自具有规定的一套交通行为规范和社会行为方式。这种行为规范和方式是交通人角色的内涵和特征，标志着交通人角色在交通关系和社会关系体系中所处的位置和身份，表明社会和其他社会角色对交通人角色的期望和要求。在交通活动中，交通人角色行为符合角色规范和角色方式，被称为合格角色和成功角色；交通人角色行为不符合或违背角色规范和角色方式，被称为不合格角色和失败角色。合格的和成功的交通人角色对于交通活动及其相关社会活动的安全、顺利进行是必要的和有利的，不合格的和失败的交通人角色有害于交通活动及其相关的社会活动的安全、顺利进行。所以，尽可能地把每个交通人培养成为合格角色和成功角色，尽可能地防止、减少和改变交通人的不合格角色和失败角色，是交通社会活动中的人的社会化的主要内容和根本目标。

1. 行人，徒步行走在道路上的人。这是交通社会活动中最原始的、最基本的、最普遍的交通人角色。任何身体正常的人都会成为这种角色。人要正常地生存和发展，必须走路。人的"走路"不是生而知之，而是学而知之，是社会化的结果。人的"行态"（走路的状态：姿态、速度、耐力等）是后天教育和环境养成的，是人的生活环境、生活经历和所受教育的沉淀和刻写。一个在优裕的生活环境里长大的人的"行态"与一个在恶劣的生活环境里长大的人的"行态"是显然不同的。行人本质上一种社会角色，他蕴涵和表现了人的社会特性：社会地位、职业、财产、权利、文化、经历、社会关系，等等。行人角色的这种社会性是通过角色行为动机（目的）和角色行为方式显示出来的。行人的角色行为是为了满足行人的一定需要或实现行人的一定目的而采取的行动。行人的角色行为目的，归纳起来实质上都是社会联系性的目的或社会交往性的目的。行人的角色行为目的是具体的、现实的，是由行人现实的、具体的社会地位、社会角色、社会关系和生活环境决定的。由于各个行人现实的、具体的社会地位、角色、关系和环境的不同，因此各个行人的角色行为目的是不相同的：上学、上班、上工、约会、购物、求职、游览、健身等行为目的的具体内涵总是有差别的。为保障交通活动安全、顺利进行，受社会和文化等因素的制约和影响，行人角色行为的基本规范是：按交通标志行走，注意道路环境安全行走，年轻者让道于年老者和年幼者，男性让道于女性，强健者让道于体弱者，轻装者让道于负重者，不急者让道于急事者，私事者让道于公务者，等等。

2. 乘客，搭乘公共交通工具的人。这是现代社会生活交通活动中数量极大的交通人角色。社会学认为，现代社会的一个显著特征是，社会交往和社会流动日益成为现代人的生存发展的基本需要和基本生活方式，交通活动是现代人的社会交往和社会流动的基本手段和基本方式。所以，乘客实质上是一种社会角色——社会交往和社会流动角色，乘客现实的、具体的社会地位、社会角色、社会关系和社会环境等，决定和影响乘客现实的具体的角色行为目的：移居、调任、求职、游玩、上学、上班、上工、讲学、聚会、购物、婚嫁、探访、求医、护送，等等。乘客的行为目的、社会地位和生活环境决定和影响乘客的角色行为方式，即选择什么交通工具、行李、旅伴、路线、目的地、途中生活、时间等。交通社会学的调查研究表明，乘客的社会地位越高，其角色行为方式的可选择性越大；乘客的社会地位越低，其角色行为方式的可选择性越小。

3. 驾驶员，操纵掌握交通工具的人。这是以交通运输活动为职业或基本技能的交通人角色。社会不需要每个人都能操作（驾驶）交通工具，只要有一些人会操作（驾驶）交通工具，能够满足全社会交通活动的需要。所以，驾驶员是一种社会角色——用自己的驾驶技能为人们的交通活动服务的角色。在现代社会，对驾驶员角色素质的要求不是单纯"技能型"的，而是多方面"综合型"的，驾驶员需要同时具备合格的技术素质、道德素质、心理素质和文化素质等。只有各方面素质合格，才是合格的驾驶员。一个技术再好的驾驶员如果道德素质和心理素质不好，他迟早会出问题（交通事故、其他违法违章等问题），成为失败角色。当然，对于不同类型交通工具的驾驶员的角色素质的具体要求是有差别的，应该根据具体的交通工具、交通环境和交通人等因素来确定驾驶员的角色素质要求。

4. 营运者，经营交通运输业的人。这是一种把交通运输作为经商营利活动的交通人角色，如交通运输企业（公司）的经理，运输合伙人或个体户等。在社会学看来，当代社会是高度发达的市场经济社会，人们的社会活动和社会联系几乎都市场化、商品化，交通活动早已成为一种市场行为、产业活动；人们的社会流动和交通需求可以在交通运输市场得到满足和实现。营运者就是这种为满足人们的交通需求而提供交通市场供给品

（交通服务）的商人。所以，营运者实质上是一种社会角色——为他人和社会提供交通有偿服务的角色。在所有交通人角色中，营运者是最具社会意义的角色。营运者从事交通活动，本身不是为了满足营运者自己的交通需要，而是为了满足他人和社会的交通需要；交通活动只不过是营运者营利的手段，与从事其他经营活动的商人角色比较，营运者的角色行为关系特别重要，直接关系到众多交通人及其相关人的利益得失和人身安危。现实社会发生的许多重大交通事故，数十名、数百名乘客和车（船、机）务人员的生命毁于一旦，这些事故的主要原因之一大多是由营运者的经营管理不善行为造成的。因此，社会对营运者的角色行为和角色素质有极严格的要求，营运者特别是大中型交通运输企业的经营者必须具有很高的业务素质、道德素质、心理素质和文化素质。

（二）交通是培养社会角色的手段和方式

在社会学看来，交通活动不仅直接产生和形成交通人角色，而且与其他社会角色也有着密切的关系；任何社会角色都是存在于社会环境中，存在于人们的社会联系、社会交往和社会交通活动中；任何社会角色都会受到社会环境的影响，社会通过各种手段和方式把人培养和造就成为社会角色，其中交通活动是培养社会角色的一种重要的手段和方式，并且交通活动与培养社会角色的其他手段和方式也是密切相关的。

1. 交通是培养社会角色技能的手段和方式。任何社会角色都有着标志和实现自己存在价值的技能，如医生的医术，教师的教学能力，司机的驾驶技术，等等。人的角色技能不是天生的，而是在人的社会化——社会角色的培养过程中形成的。角色技能的培养，是一个角色行为方式及能力的学习、训练和实践的过程。在这个过程中，角色人要与相关角色、相关事物发生联系和互动，需要社会交通活动作为这种联系和互动顺利进行的必要手段和方式。角色人通过交通活动及其相关联的社会活动，获得学习和掌握角色技能所需要的条件，从而形成和提高角色技能。

2. 交通是培养社会角色规范的手段和方式。任何社会角色都有社会规定的一套行为规范，包括法律规范、道德规范、群体（组织）规范和习俗规范等，角色行为应该遵循或符合这套规范，这是角色能够在社会环境中正常生存和发展的一个十分重要的条件。角色人是在与相关角色、相关群体（组织）等的联系、交往和互动过程中，了解和掌握角色行为规范的；同时在这个过程中表现角色人的行为规范状态，是否遵循规范，怎样遵循规范。这个过程实质上是社会联系、社会互动和社会交通的过程。角色人通过社会关联、社会互动和社会交通活动了解、掌握和践行角色行为规范。例如，教师通过以交通活动为途径的各种社会交往和社会互动与学生、同行（教师）、家长和其他社会成员保持密切联系与互动，从中了解、掌握和践行教师的角色行为规范。

3．交通是培养社会角色文化的手段和方式。任何社会角色都具有一定的社会文化性：学习文化，掌握文化，使用文化，传承文化，发展文化，创新文化，等等。社会角色实质上是社会文化的"人格化"、"人物载体"，角色的需要、规范、行为和关系等都蕴含着和表现了一定的社会文化。例如，商人角色是一种商业文化的体现者，交通人角色是一种交通文化的体现者。文化，本质上是人们社会生活和社会关系的意识反映和精神形态。角色文化是在角色社会关系、社会互动和社会交通活动中形成的。角色人通过社会关系和社会交通活动，与相关角色、群体和事物等发生联系与互动，从中形成和展现角色文化——一定社会角色的文化产品、文化知识、文化精神和文化价值等。

4．交通是培养社会角色关系的手段和方式。角色技能、角色规范和角色文化等都是在角色关系中形成的，并且是角色关系的表现形式。例如，司机的技术能力、职业道德、心理素质和文化素养等，是通过司机与乘客、乘务员、行人等的交通关系状态表现出来的。任何社会角色都是一个错综复杂的社会"关系网"：一方面是角色内部关系网——角色自身是一个角色集或复式角色（多个角色同时集合于一人），另一方面是角色外部关系网——角色与其他相关角色的联系。任何角色都有自己的"个性"，而角色所处的环境又是复杂多变的。因此，角色关系网中难免发生种种矛盾，这些矛盾会对角色自身的生存与发展产生不利的影响，也会对相关角色与群体产生不利影响。这就需要正确处理与协调好角色关系，减少、缓和与消解角色之间的矛盾与冲突，建立、维护和发展良好的角色关系。在现实社会生活中，人们可以通过安全、合理、高效的社会联系和社会交通活动，增进人们相互间正常的交往、理解、尊重和关爱，在全社会培养形成和谐、健康的角色关系。

第三章　交通与社会心理

第一节　交通参与者的心理特征

一　行人的交通心理特征

（一）行人的一般心理特性

1. 步行的一般心理

行人在参与交通时，本身无任何防护装置，又完全依靠自己的体力来行走，他们属于交通中的弱者。但是，行人对步行的质量要求却是最原始和最基本的，他们往往希望自己能自由自在、迅速、方便地到达目的地。基于这一特点，行人在步行交通中，往往具有的心理现象有：贪图便利、侥幸心理、从众心理、集团心理、惊慌失措心理等。

（1）贪图便利突出的表现是为省时省力而抄近路。如果人们的出行目的地明确，则大多数行人喜欢走直路或者抄近路，这样做可以缩短距离，以较快的时间到达目的地。有学者认为行人步行行为是一种精神性应激行为，是一种受环境状况影响的偶然行为。通常情况下这种精神刺激有两方面的来源，一方面是其他行人的刺激，即行人刺激；另一方面是当行人不能选择最短路径到达目的地时受到的来自所要到达目的地的刺激，即目的地刺激。在贪图便利心理的支配下，只要能避开与车辆碰撞，人们就会不顾交通信号和交通管制，在人行横道以外横穿、斜穿、快步抢行或者在车流中危险穿行。

（2）侥幸心理，行人往往过高地信赖机动车驾驶人是遵守交通法律和法规行驶的，而自己却可以不顾交通法规而自由自在地随意行走。其突出的表现为：认为机动车不敢撞人，既使自己违法行走也不会有危险，所以他们听到汽车鸣笛或者汽车驶近身边也不采取避让。这是大多数行人违反道路交通安全法律、法规时的普遍交通心理特点。如在一次调查中，当行人被问及"与车辆同走一条路，是车避让你，还是你避让车"时，有近70%的行人表示"车避让我"。

（3）从众心理，指个人受到外界人群行为的影响，在自己的知觉、判断、认识上表现出符合于公众舆论或多数人的一种行为方式。从众心理在行人横越道路时表现得相当明显，当行人看到别人抄近路穿行或闯红灯而没有人管，自己就会受到影响，也跟着一起去做"同样的事"，既不顾及交通管制，也不避让路上的机动车，甚至还与机动车抢行，这样的从众心理极易造成交通混乱，影响道路交通安全。

（4）集团心理，某些人做一些事是因为其他人这么做，自己不做的话就害怕被其他人排斥而选择不去质疑那些被广泛接受的观点，这种心理称为集团心理。单独一个人过马路时会感到势单力孤，一般都趋向于小心翼翼地过马路，然而如果是成群结伙一起过马路时，则会感到人多势众，即使车辆已经驶到眼前，还依然大胆前行。特别对于一直行走在人群中间的行人，他们会更少地考虑躲避车辆的问题，似乎认为周围的行人是一道屏障，是自己的保护伞，从而在心理上产生一种盲目的安全感。

（5）惊慌失措，某些人当遇到复杂、突发的交通情况时，就会出现惊慌、着急的情绪，从而在行走时容易打乱步调，甚至无意识地乱跑、乱闯、跑来跑去或因惊吓而两腿发软摔倒在地。

2. 行人路径选择心理

在交通系统中，行人出行是由个体为了达到某种出行目的而进行的活动过程，在整个活动过程中，行人出行是受出行心理支配并通过行为表现出来的，在整个行为过程中表现出的心理现象只是一种主观精神表现。我们可以通过观察和分析行人的出行行为，对行人的心理活动有一个客观的认识，从而发现行人出行心理现象的内在规律。

一般来说，行为的复杂性是由心理活动的复杂性引起的。行人在交通过程中的复杂行为表现也是由个体特异的心理特性所决定的。行人在选择行走路线时，是受着行走时的心理所决定的。通常情况下，行走目的不同，行人路径选择是各异的；行人个体特性的差异也会导致行人路径选择各异。

（1）行走目的不同，行走路线不同。上下班或办紧急事物的行人，心理上会有紧迫感，通常会希望能尽快到达目的地，因此他们的行为表现主要为爱走近路，走直路；游览、散步的行人，他们主要目的是休息放松，心理上会有轻松感，因此行为表现主要为爱走曲折的路，走小路。

（2）行人个体特点的不同，导致行人的心理状态各异，行走时的路线选择也不同。由于行人在性别、年龄、职业以及个性等方面的差异，使得他们在选择行走路线上也有所不同。最明显的莫过于年龄差异较大的老年人和儿童，他们在选择道路、方向或者是行走步履上都有显著不同，儿童通常喜欢快走或跑步，或在不同方向上乱串；而老年人却总爱选择在安静的道路行走，走得慢条斯理。

3. 行走中的停顿心理

当行走在马路、广场、居住区或车站等各种场所时，人们经常会有停顿行为。有的人是随便地、任意地、无意识地停顿；有的人是停顿在某些附属物旁，像电线杆、灯杆、栏杆、墙角等。人们喜欢靠近这些附属物停顿，因为这样的话，人们在生理上会感到有依托，心理上会产生安稳感。一般情况下，行走中停顿的目的不同，所选择的停顿方式和地点也会不同，相应的心理状态也各有差异。

（1）遇见车辆时的停顿。在步行交通中，当遇到前方来车或有紧急情况发生时，行人往往是下意识地停顿，因为身体无依托和防护，在心理上有紧张感。这种情况促使他们在心理上想找一个依托和防护体，但环境往往不具备这种条件，时间又来不及，于是心理更紧张，所以就慌乱起来，交通事故大多数就在这种情况下发生。

（2）等候时的停顿。在步行中，可能会为了候车或等人而在途中停顿。这种停顿通常是预先计划的，目的明确的，所以停顿的位置多选择在最容易看见车辆和来人的地方，或是自己易被他人发现的地方。如交叉路口、车辆出入口、大型建筑物门前等。等候时的停顿一般是较安全的。但是有时会由于盼望心切或神志入迷，而不注意前后左右发生的事情，倘若导致停顿位置有所不妥，就比较容易影响交通或有安全隐患。

（3）观望时的停顿。在行走过程中，可能会因看见了夺目的商标、广告牌、景观点等而停顿下来观望，这种停顿时间的长短以及停顿位置的选择，与观望者的年龄、职业、视力、兴趣等多种因素有关，它属于一种目的性极高的观望停顿，但又是无计划的停顿。此外还存在一种无目的的观望停顿，大多发生于老人和儿童，停顿是暂时的，随时都在待机而动。许多观望停顿者，心理比较复杂，目的各异，有时也容易引起交通事故。

（二）行人的个性交通心理特征

由于行人的生理特性各异，不同的行人类别具有不同的行为表现以及行走方式。以下将分别针对儿童、老年人、青壮年、妇女作为行人，对他们不同个性交通心理进行描述。

1. 儿童行人的交通心理特征

儿童由于对交通规则只有片面了解，而且注意力分散，在交通环境中的心理特征主要表现在以下几方面：不具备道路上的危险认知能力，对距离的判断误差比成人大，在穿越道路时，不懂得观察和确定是否安全；儿童对过马路没有耐心，而且天性活泼好动，走起路来很不安分，会突然间边走边跳，常常会选择跑步穿越道路，从而引发交通事故。相比成人的有目的的行走，儿童更喜欢在道路上玩耍，而且儿童身体矮小，可视范围较成人狭窄，对交通状况的观察受限，一旦遇到情况受到惊吓，就会东跑西窜，不知向路边避让汽车。

2. 老年行人的交通心理特征

由于老年人一般体力衰弱、力量不足、缺乏耐力、动作缓慢，在交通环境中的心理特征主要有以下表现：老年人的实践经验比较丰富，但一般比较固执，并且会坚持过去的经验；过分自信，不愿相信别人说的话；做事情往往以自我为中心，经常对青年人表现出不服气，对周围变化的情况比较麻木；盲目地认为老年人应该受到照顾，汽车应该停车让行；对机动车车辆速度和距离判断的误差大，在横穿马路时，行为不一致注意力不集中，经常会有忽然间折回的现象出现。

3. 青壮年行人的交通心理特征

青壮年通常精力充沛、反应快、感觉敏锐、洞察力强、应变能力强、对交通法规比较熟悉，一般不会发生行人事故，但是青年人好胜心强，经常不甘示弱。青壮年行人的交通心理主要表现在：与汽车争高低；对汽车鸣笛置之不理；对过往车辆视而不见；随意乱穿马路；在高速公路上强行翻越护栏、拦车或搭车。

4. 女性行人的交通心理特征

女性行人在交通环境中较为谨慎，行动迟缓，其主要的心理特征表现在以下几方面：女性行人一般较男性观察周围交通环境仔细，规范行为意识比较强烈，能自觉遵守交通规则；女性行人的反应较男性要慢，行动比较迟缓，穿越人行横道所需时间较长；女性行人情绪一般不如男性稳定，应变能力较差，特别在危险紧急情况下，容易惊恐万状，手忙脚乱，甚至有时盲目乱跑，不知所措。

5. 乡村行人的交通心理特征

乡村道路的交通管制没有城市严格，所以乡村人普遍缺乏交通法规意识，乡村行人在乡村道路上行走时常常表现出随心所欲、我行我素的心理。当乡村人进城，往往会由于对道路不熟，又不懂交通法规，而在道路纵横交错、车辆穿梭的繁华市区行走时，感到生疏和无所适从。有的乡村行人在横穿马路时慌慌张张，在来车距离较远时徘徊犹豫不敢穿越，当车距较近时反而突然横穿道路；有的乡村行人在行走时出于好奇心理，东张西望，对汽车行进速度缺乏警惕；有的乡村行人在遇到复杂交通状况，尤其在听到众多机动车鸣笛时，甚至会表现得惶恐不安，以致乱闯乱跑。

6. 残疾行人的交通心理特征

残疾人由于先天或后天生理缺陷，行动不便。聋哑人由于听觉器官失去功能，在行走时，外界的音响刺激不能促使其对车辆引起警觉，因此表现得置若罔闻。盲人虽然对道路交通的通行情况不能直观所见，但可借助听觉和触觉器官来完善其行走能力，在行走过程中表现出步数频率小，脚踢出的高度高于正常人，行进小心翼翼，动作迟缓。

（三）行人的交通违规心理特性

行人交通是城市交通的重要组成部分。作为道路交通参与者的行人是道路交通事故中的弱势群体，易受伤害者，一旦发生交通事故其死亡率很高。以 2009 年全国交通事故统计资料为例，因行人交通违章而引发道路交通事故造成 1189 人死亡、1743 人受伤，分别占亡、伤总数的 1.76% 和 0.64%。行人违法行为主要表现在：违法穿越行车道、违法跨越隔离设施、违反交通信号三方面。

认知心理学认为，"感觉（信息输入）—判断（信息加工处理）—行为（反应）"构成了人体的信息处理系统，行人不安全行为就是其中的一个环节出现失误。行人行为失误（违章）从认知心理学角度看，主要是：行人感觉过程失误；对交通信息判断过程失误；行人的行为过程失误。根据认知心理学原理，从行人感知、注意、记忆等特征出发，通过行人的适应性分析，可得出行人出行对交通信息处理过程的概念模型，如图 3—1 所示：

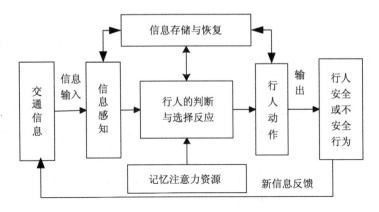

图3—1 行人信息处理的概念模型

行人在感知交通信息的基础上，将当前情景与心理的学习和经验情景相匹配作出判断，这种判断可能是深思熟虑或者是反射产生的判断。如熟悉交通安全知识的行人会迅速对信号标志作出正确反应。但如果行人置身于复杂情况且无信号控制的道路环境，或行人心理具有的是错误经验，则会反射产生失误的判断而采取不安全行为。行人依据判断决策产生个体行为，且行为反应的结果会反馈到交通系统中，同时行人不断接受道路和环境信息调整行为，确保出行的省时省力和安全性。

2006年苑红伟等人对北京市展开了关于"行人过街行为意识"的问卷调查，此问卷调查共10组，分别调查10个地方，针对不同类型人员进行随机问卷，共计得到有效问卷100份。其中：男性和女性分别占52%和48%；年龄20岁以下的占16%，21—30岁的占48%，31—40岁的占21%，41—50岁的占9%，50岁以上的占6%；其中有驾照者占38%。调查统计结果显示，总体上行人不安全过街行为比较普遍，采取不安全方式过街比例较高，交通安全意识薄弱，违章现象严重。行人过街遇到红灯时有驾照者比无驾照者更能够遵守交通规则，按照正确的行为方式过街；而男性比女性违章过街的比例要高。说明有驾照者经过驾驶培训，比较熟悉交通安全知识，且许多人有驾车的经验，安全意识强；而男性比女性在过街时更具有冒险性，女性更谨慎些。有信号控制时，仅47%的行人遵循交通规章过街，行人的路权观念较差。行人不走人行横道过街的主要原因是习惯、为省时省力的捷径行为，另外就是冒险和侥幸心态；而行人闯红灯的原因主要是认为没有机动车就可以通行，有急事以及从众行为等。从另一方面看，行人的大量违章也说明了管理部门对行人的交通行为管理力度不够，措施不力。从统计结果还得出对行人违章的处理不能像对违章司机一样，主要还应以教育为主，以处罚为辅的方式。

2007 年孙世君等人，为了更好地了解行人违章的心理原因，对行人的违章情况和违章心理进行了问卷调查。调查中认为行人交通违规行为为过马路时闯红灯和过马路时未走人行横道这两种行为。该项调查的主要调查对象为在校大学生，共有 43 名学生接受了调查，其中男生 24 人，女生19 人，他们都曾以行人的身份参与交通。调查内容包括受访对象的年龄、性别、是否有过违章行为、违章行为类型、违章的原因等。调查结果显示：曾经违章的人占了绝对多数，男女曾经违章比例都很高；在违章原因调查中，为节约时间，图省事和交叉口设计不合理占的比例相对较大；其次为从众心理、侥幸心理、无人看管、没注意到红灯等。另外交警等在大量实际工作中也总结了一些行人交通违法的常见心理，交警分析认为，行人及非机动车驾驶人违法多出于四种心理：第一，无所谓心理，这类人通常认为交通法规只是限制机动车驾驶人的，与自己无关，而且作为非机动车驾驶人这类交通弱者，就算是违反了交通法规，也不会受到处罚；第二，便利心理，这类人就算是明知自己的行为已经违反了交通法规，但还是会为了自身的方便而置法规于不顾之地、更愿意铤而走险；第三，从众心理，这类人当看到他人违规或者觉察到违规人数众多而且还没有被处罚时，便自觉地认为法不责众，而趋向于随波逐流；第四，侥幸心理，这类人通常在违法时，抱着"机动车不敢碰我"、"警察不愿意管我"的侥幸心理，随意出行，想停就停，想走就走。

二 骑行者的交通心理

在非机动车交通方式中，自行车和电动自行车占有重要的地位。在交通拥挤、污染严重、能源消耗的社会背景下，很多发达国家都把既节能环保，又灵活便利的自行车作为城市的绿色交通工具。根据国家统计局资料，2006 年我国自行车保有量达到 4.5 亿辆，2010 年电动自行车保有量超过 1 亿辆，自行车交通给城乡居民生活带来了很多便利，自行车、电动自行车已经成为居民日常代步、休闲娱乐、健身竞技的重要工具，成为低碳健康生活的重要标志。需要重视的是，至今我国还没有一套严格针对骑行者（非机动车驾驶人）的行为准则。在道路设计方面，也没有给予骑行者明确的路权。在我国城市道路中，非机动车与机动车混行的现象随处可见，而当非机动车与机动车产生交通冲突时，骑行者如同行人一样，均属于交通弱者。

在自行车骑行过程的人机系统中，自行车骑行者和道路环境组成一个整体系统，该系统主要由人、自行车（包括电动车和其他非机动车辆）、道路和环境等因素构成。在该系统中，自行车骑行者首先通过人体感觉系统，如听觉、视觉等感觉器官接受来自道路、车辆和行人等环境信息；然后，这些环境信息会通过人脑的中枢神经系统分析、加工和处理，从而形成决策和指令；最后再通过人体的运动系统的作用，如手、脚等，传递给自行车执行决策和指令，从而使得自行车按照骑行者个人的意愿行驶，在行为上表现出各自的行驶特征，这也可以解释不同自行车骑行者的行驶行为差异性。此外，自行车骑车者的接受信息和处理信息的过程，实际上也是其心理活动的过程，该过程可以简单地看作是一个闭环的心理活动过程，如图3—2所示：

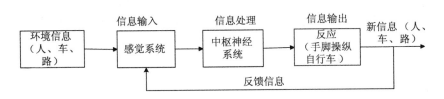

图3—2 骑行者心理活动过程

骑行者在交通环境下的心理特性主要有：求快心理、畏惧心理、离散心理、从众心理等。其中求快心理是一种普遍的心理需要，虽然人们的出行目的不同，但是都希望能够省时省力地到达目的地，在这种求快心理的支配下，骑车人常会有冲抢、猛拐、急驶等盲目求快的行为表现，从而酿成交通事故，特别是在电动自行车的行驶机动性加强的背景下，骑行者的求快心理越来越明显，对交通安全造成很大的隐患。通过对自行车交通事故的统计分析，发现青年骑行者出行事故率较高，这主要与青年出行者出行率较高有关，因而青年出行者交通事故研究将是交通安全问题研究的重点之一。有学者对青年骑行者心理活动过程和心理行为特征进行了分析研究，结果指出侥幸心理、省事心理、比超心理和逆反心理是影响青年骑行者交通安全的主要心理特征。

当骑行者遇到快速驶过的机动车、来来往往的自行车或拥挤人群时，往往会受自行车自身稳定性差、无防护设备的影响，会产生畏惧心理，从而容易产生惊慌失措的心理情绪，进而失去正常的判断力和控制能力。一般来说，每个自行车骑行者都会希望在一个相对安全、宽敞、方便的出行空间和环境下行进，在这种个体离散心理的支配下，骑行者各自独立行驶，互相避让，最终干扰正常的交通秩序，影响行人和机动车辆的正常行驶。在骑行者的交通活动中，经常也会看到从众心理作用下的行进行为，如一旦有人选择拐弯抄近路，就会带来尾随者；一旦有人越线停车，后面也会有骑行者跟着学习。此外骑行者还存在注意力易分散，盲目认为自己为交通弱者等心理。

三 公交出行者的交通心理

在城市交通中，公共交通出行者占有较大比例。据 2009 年由城市消费维权联盟公布的《中国城市居民出行方式性选择调查报告》中指出：在现有的城市居民出行方式中，选用公共交通出行的比例超过半数，高达 56.1%，远远高于其他方式。目前城市中主流的公共交通出行方式主要有公交车、出租车、轨道交通等。报告显示，有 73.9% 的居民愿意改变现有出行方式，其中超过 60% 的居民愿意选择私家车代替现有出行方式，而购车原因是由于公交车过于拥挤，速度慢。经济发达城市居民较其他城市居民选择公共交通出行方式的意愿要高。

在城市交通日益拥挤的大环境下，解决城市交通拥堵已迫在眉睫，合理的交通方式布局也成为解决交通拥堵问题研究的焦点之一，而公共交通在城市出行承担中的绝对地位是毋庸置疑的。相关研究表明：每个乘客在用地方面，公交车与自行车的静态比为 2∶1，动态比为 10∶1。运送同样数量的乘客，公交与小汽车相比，分别节省土地资源 3/4，建筑材料 4/5，投资 5/6；在相同客运量的情况下，小汽车产生的空气污染是公交的 10 倍，交通事故比公交高 10 倍。因此居民选择公交出行方式就是选择了高效率，提倡公交优先也成为目前绝大多数城市竞相采纳的一项提高整体出行效率有效策略。然而，近年来的公交出行乘客所占比例并没有得到应有的提高，在某种程度上反而有一种下降的趋势。一般来说，居民选择公交方式考虑的因素是多方面的，主要有公交出行方式相比其他出行方式的技术优势、公交出行的服务水平以及公交出行的机动灵活便利性，此外还与出行者自身的社会经济特征、行为状态和个体心理因素等有关。几乎所有的出行者，多是以便利于自己为目标，来理解交通行为和选择交通出行方式的，最终目的就是减少自己在出行途中时间或体力的消耗。

出行者对理想的交通方式的期望是独立、快速而且舒适的。出行者选择出行交通方式的过程就是对金钱、时间和舒适度之间的权衡过程。出行者在选择公交方式时，受出行目的、出行时间、出行路段条件、出行者自身属性等各种因素的影响。当出行者对某种交通出行方式构成一定程度的期望后，倘若事实与自己的这种期望值不符，一旦突破期望限度，出行者将会更愿意付出某种代价以谋求其他的交通出行方式。

总之，公交出行者的心理特征主要反映在出行者对交通出行方式的选择上，当时间占最优地位时，将趋向于选择出租车出行方式；当金钱占最优地位，将趋向于选择常规公交或轨道交通出行，当然这还取决于公交收费标准以及公交出行的服务水平和灵活便利性。

四　机动车驾驶人的交通心理

（一）驾驶人的一般交通心理

据相关调查资料显示，在机动车行驶过程中，因驾驶人在其感知、判断和反应操作三个项目中，察觉晚、反应慢、处置不当等原因而引发的交通事故占相当大的比例。而环境感知和情况判断这些都属于心理学的研究范畴，这说明驾驶人的心理素质对于行车安全是有着重要关系的。所以从心理学角度，分析驾驶人的交通心理，对于预防失误和事故发生是有着重要意义的。

驾驶人对机动车的操纵过程，简言之就是不断获取信息和处理信息的过程，在此过程中，驾驶人的心理特征主要为感觉、知觉、注意、情感与情绪、意志、能力、性格个性、气质等，其中能力、气质和性格个性属于驾驶人的个性心理特征。

1. 驾驶人的感觉

感觉是客观事物的个别属性作用于感觉器官时，在人脑中引起的反应。感觉是形成各种复杂心理过程的基础，是最基本的心理过程。从感觉的承受角度来讲，可以分为外受感觉、内受感觉、本受感觉。作为驾驶人，在实际的驾驶过程中，驾驶人的眼睛对于车外环境的感受就属于外受感觉；驾驶人头痛或者身体其他部位的因某种原因引起的不舒服就属于内受感觉；驾驶人在弯道上行驶时机体对弯道的感觉就属于本受感觉。感觉的产生必须具备两个条件，即具有一定强度的外界客观事物刺激和主观的感觉能力。

与驾驶活动密切相关的感觉有视觉、听觉、平衡觉、震动觉和运动觉等，视觉和听觉是考察驾驶人是否具备驾驶资格的重要因素。视觉是人体眼部的功能，视觉在驾驶人的感觉系统中尤为重要，研究表明，驾驶人视觉所获取的信息占全部信息的80%以上。驾驶人在行车过程中，其视觉能力的好坏直接关系到其驾驶行为，也直接关系到行车安全性。驾驶人的视觉能力的好坏主要表现在：视力、明暗适应、视野、夜间视觉等方面。

听觉是人体耳部的功能，听觉在驾驶人感觉系统中的作用，仅次于视觉。在驾驶过程中，听觉在受到外界异常响声的刺激时，会迅速而准确地信息采集，并将信息传递给视觉，刺激视觉开始进一步的信息处理。在行车过程中，驾驶人受到适当的听觉刺激，能够很好地缓解驾驶疲劳感。此外有研究表明，听觉对于车速的判断起着重要作用，单用耳朵听比单用眼睛看的速度判断准确性高。

平衡觉是由人体位置的变化和运动速度的变化所引起的，它是人对自己头部位置的变化和身体所处平衡状态的感觉。在行车过程中，机动车在制动、加减速、爬坡和转弯时，平衡觉能够准确感知并传递这些信息，使得驾驶人可以准确感知身体的空间位置和姿势，从而驾驶人的反应动作也将更加精确。

震动觉是对身体状况的反映，在行车过程中或者机动车发动时，机动车都会有不同程度的震动。长期驾驶机动车的人，受机动车震动的影响，其神经系统功能将下降，对环境的变化适应能力降低，严重者还会使植物神经系统紊乱，出现恶心和失眠等症状，医学上将这种病症称为震动病。

运动觉是反映身体各部分的运动和位置状态的感觉，是由于机械力作用于身体肌肉、筋腱和关节中的感觉器官而产生兴奋的结果。人在与外界事物相互作用的过程中几乎都有动觉的反馈信息参与，它在人的感知、言语、思维过程中，在各种动作技能（包括转动方向盘、踩刹车油门等）的形成和运用中，都起着极其重要的作用。

2. 驾驶人的知觉

知觉是在感觉的基础上，对事物各种属性的综合反映，它是比感觉更加复杂的认知过程，在实际生活中，人们都是以知觉的形式来直接反映客观事物。与驾驶活动密切相关的知觉有空间知觉、时间知觉、运动知觉等。

空间知觉包括对物体的大小、形状、距离、体积、方位等的知觉，是多种感觉器官活动的结果。在行车过程中，驾驶人采取停车、超车、会车等行为操作时，必须依靠准确的空间知觉获取道路线形、前后障碍物的大小、形状和距离等信息。空间知觉不是生来就有的，而是通过后天学习得到的，而驾驶人的空间知觉能力也是在驾驶实践中形成和增强的。

时间知觉是对客观事物运动和变化的延续性和顺序性的反映。人体的时间知觉受其活动内容、情绪、动机和态度的影响，不同个体的时间知觉存在差异。随着个体生活和活动经历的丰富，其时间知觉也会得到发展。在行车过程中，驾驶人的时间知觉会直接影响到驾驶人的情绪，所以为保证安全驾驶，必须要求驾驶人具备精确的时间知觉能力。

运动知觉是人对物体在空间位移的知觉，它是多种感觉器官协同合作的结果。在行车过程中，驾驶人通常会根据之前的行驶经验来估计车速，然而车辆行驶速度受各种因素的影响，这将导致驾驶人的速度估计出现偏差。例如当车辆在减速时，驾驶人如果仅仅依靠之前的行驶经验来估计车速，那么他将高估自己的车速，这种对速度的感知是依赖于驾驶人个体的速度感和经验的，这种速度感和经验需要通过不断的学习和实践才能提高和丰富。

3. 驾驶人的注意

注意是心理活动对一定对象的有选择的指向和集中。注意并不是一种独立的心理过程，而是心理过程的一种动力特征。人生活在复杂的环境中，每一瞬间，人的心理活动往往有选择的集中在某一对象上，并作出清晰的反应。注意有两个特点，即对象的指向性和意识的集中性。在行车过程中，驾驶人心理活动有选择的指向和集中于一定的道路信息和交通信息，经过大脑的识别、判断和抉择，然后采取正确的驾驶操作，保障行车安全。

注意的指向性是指人在每一瞬间把心理活动有选择地指向于一定的对象，同时离开其他对象。在某些特殊情况下，人的心理活动对某些指定对象的注意将保持比较长的时间。例如：当车辆行驶在弯道时，经验丰富的驾驶人集中注意两点：一是始终保持正确的行驶路线；二是鸣号以警告对向车辆和路边行人，同时减速以降低自身车辆的离心力，从而避免车辆出现侧滑或被甩出路面。注意的集中性不仅指离开一切与活动对象无关的东西，而且也指对各种干扰刺激进行抑制，从而保持对注意对象比较鲜明和清晰的反应。被注意到的物体，将被感知得比较清晰、完整、正确，而未被注意到的物体，将被感知得模糊。当然注意中心和注意边缘是经常转换的，正是由于注意能不断地转换，所以在行车过程中，驾驶人才能对新的情况作出准确的反应。

在行车过程中，驾驶人会根据不同的情形，对不同的对象产生注意指向和集中。例如，当车辆行驶在结冰的路面上时，驾驶人将把汽车运行状态作为注意的对象；当车辆行驶在浓雾环境中时，驾驶人将努力探询超出能见度范围的道路状态和来车信息；在车辆行驶在雨雪天气下，驾驶人会主动打开刮雨器，探寻运行前方的道路交通状态；在准备逆向超车时，驾驶人将主要集中于探寻相向方向上的道路状态及交通状态等等。倘若驾驶人不能根据所处情形的变化，及时调度自己的注意，那么他就不能获得当时驾驶活动所需要的重要信息，这样将很容易出现紧急情况，使自己处于危险境况。

在行车过程中，人的感受性不能长时间地保持着固定的状态，而是间歇性地加强和减弱。例如：当车辆行驶在空旷宽敞的道路或市区拥挤的道路上时，驾驶人投入的注意量是不同的，驾驶人会根据道路状况和内在动机提高或降低注意水平，当环境需要变化时，驾驶人投入的注意量也在变化。当车辆行驶在单一环境下，驾驶人的紧张程度就会降低，注意力衰减幅度很大，这也是在道路线形条件良好的情境下，交通事故频发的重要原因之一。

4. 驾驶人的情绪、情感

情绪、情感是人对客观事物的一种特殊反应形式，它是伴随认识活动而形成的一种心理活动过程。情绪和情感是人对客观事物的态度的体验，这种体验反映着客观事物与人的需要之间的关系。例如在行车过程中，良好的道路环境是驾驶人的需求，当这种需求得到满足时，驾驶人就会产生愉快满意的肯定情绪情感；而在行车过程中，驾驶人的机体和心理经常处于紧张状态。积极的情绪和情感对顺利完成驾驶任务、安全行车有着很大的推动作用，消极的情绪、情感对驾驶活动有很大的阻碍作用。

（1）情绪

情绪对人的工作、学习和生活有很大影响。积极、良好的情绪有助于积极性的发挥，提高工作、学习效率，增强克服困难的勇气；消极、不良的情绪使人厌烦、消沉。驾驶人情绪好，有助于增强工作的劲头，提高工作效率；情绪欠佳，则会削弱工作热情，有时还会出现不安全驾驶行为，甚至引发交通事故。据日本心理学家内山道明对100名交通肇事者的调查表明：有12%的人在家里吵过架，9%的人在家里遇到麻烦事，8%的人被上司训过，4%的人在公司里碰到令人讨厌的事。这就是说，33%的人在发生交通事故前曾有不良的消极情绪。由此可见，驾驶人应该保持良好的情绪，不要在情绪低落时驾车。根据李凤芝等人2004年展开的"驾驶人攻击性驾驶行为的心理因素分析调查"得知，攻击性驾驶行为是基于愤怒、敌意、憎恨和不满等情绪产生的。驾驶旅途中事件的频发性和不可预测性、交通拥挤、竞争与对抗等因素不停地消耗个人的应付能力，当主观反应能力不能满足客观需求时，导致驾驶人紧张，产生一系列紧张反应，如：情绪易激怒、敌意对抗和报复行为。此外，雷虎在2010年的相关研究中指出，在行驶中驾驶人产生的愤怒情绪会对驾驶人的生理心理都存在一定的影响，这些影响主要表现在：驾驶人在行驶时可能出现驾驶分神、驾驶操作失误、冲动情绪开车、对车速估计不准、反应不够敏捷、疲劳驾驶等。他还指出不管是年轻驾驶人还是老年驾驶人，当他们遇到愤怒情绪时，都很容易将注意力集中于激怒自己的情景和事情，驾驶注意力就会被转移，从而出现驾驶操作上的小失误。特别地，年轻驾驶人一般脾气比较暴躁，当被激怒后很容易出现冲动开车的驾驶行为。

（2）情感

情感是与人的社会观念及评价系统密切相关的。积极的情感是人们认识和活动的动力，能够推动人们为了达到目的积极活动。驾驶人的情感与行车安全密切相关。一般来说情感可分为道德感、理智感和美感，其中道德感是保障社会安定团结的基本情感。

驾驶人有无高尚的道德感，直接关系到行车安全。驾驶人的道德感是其对人们的行为和对自己行为的情绪态度。具有道德感的驾驶人不单知道什么是道德的，什么是不道德的，也不仅知道应被动地遵守社会道德规范，更重要的是能够把确保交通安全作为一种社会道德规范来约束自己的行为。

驾驶人的理智感是其在认识事物和某种追求的需要是否得到满足时所

产生的情感。驾驶人在完成驾驶任务的活动中会产生一系列深刻的情感体验。例如在行车过程中，驾驶人会通过在不同路面上驾驶的认识活动，寻找驾驶规律，总结安全行驶的方法和技巧，在这个过程中驾驶人往往会产生喜悦的情感。同时这种情感还会推动他进一步思考和总结规律，从而高效地完成任务，保障行车安全。对于一些缺乏理智感的驾驶人，他们往往表现为求知欲差、不学无术，并抱有侥幸心理。因驾驶人交通安全知识贫乏，缺乏分析判断能力、观察力，缺乏处理险情的智慧和能力而造成的交通事故，占有相当的比重。因此，为了保障行车安全，驾驶人必须时刻注意自身理智感的培养，积极努力并认真钻研驾驶技术。

驾驶人的美感是驾驶人根据美的需要，按照个人所掌握的社会上美的标准，对客观事物进行评价时所产生的体验。驾驶人应该对那些给予他交通方便的人产生尊敬感，同时反馈美感，主动为别人让车和让路。

5. 驾驶人的意志

意志是个体自觉地确定目的，然后根据目的来调节和支配自身的行为，并通过克服困难险阻，来实现预定目的的一种心理过程。意志是人类特有的心理现象。它是在人类认识世界和改造世界的需要中产生的，也是随着人类不断深入地认识世界和更有效地改造世界的过程中得到发展的，所以，意志是人的主观能动性最突出的表现。

驾驶工作的特殊性决定了其对驾驶人意志品质的要求是多方面的，而驾驶人的意志品质也是驾驶人克服困难，完成各项驾驶任务的重要条件。例如：驾驶人在每次辛苦出车后，不顾劳累，始终保持定期检查车辆性能和做好车辆养护，这是驾驶意志的一种良好体现。

具体而言，驾驶人意志品质的基本要求是自觉性、果断性和坚韧性。自觉性是指有明确的行为目的，并充分认识行动的意义，使自己的行动服从社会目的的一种意志品质。从交通安全角度来讲，驾驶人的意志自觉性就在于把实现交通安全作为基本需要，自觉地调节自己的行动，对符合交通安全的事情，以饱满的热情和认真的态度来办好，即使遇到困难和干扰，也能全力以赴克服困难。意志的果断性是指一个人明辨是非，当机立断并坚决执行的一种意志品质。驾驶人在交通活动中，面对险情，善于把握时机，当机立断；面对情况变化，随机应变，果断决策，都是其意志果断性的具体表现。意志的坚韧性是指一个人执行决定时坚持不懈，以坚定的决心和顽强的毅力，克服困难，实现预定目的的一种意志品质。具有意志坚韧性的驾驶人，有顽强的毅力，锲而不舍，能坚决执行决定，抵制不符合交通安全目的的主客观因素的干扰。对于要完成大量的货运、客运任务以及其他各种特殊任务，都要求驾驶人具有较好的意志坚韧性。

（二）驾驶人的个性交通心理

个性是伴随个体行为方式而表现出来，具体事件和情境是个人行为方式发生的重要相关条件。个性是表现在一个人身上的一些经常和稳定的心理特征的总和。驾驶人的个性直接影响着驾驶人的行为特性。驾驶人的个体行为特性因驾驶人的需要动机、能力技能、气质、性格而个体化。

1. 驾驶人的需要动机

需要是人脑对生理需求和社会需求的反应，是一种主观状态，是个体在生存过程中对既缺乏又渴望得到的事物的一种心理反应活动。需要是个体生活的基本原动力。只有在需要的推动下，个性才能得到形成和发展。需要是由个体对某种客观事物的要求而引起的，这种要求有可能是来源于有机体内部，也可能来源于个体周围的环境。

动机是一种目标或对象所引导、激发和维持的个体活动的内在心理过程或内部动力。动机属于一种内部心理过程，而不是心理活动的结果。虽然我们不能直观地察觉这种内部的心理活动过程，但是我们可以通过一些间接地外部行为将其推断出来，这些外部行为主要有：任务选择、努力程度、对活动的坚持性和语言表达等。

一般地，动机是在需要的基础上产生出来的，它是需要的表现形式。当在某种需要上没有得到满足，人们就会去寻找其他能够满足需要的对象，从而产生个体活动的动机。动机作为个体能动性的反应，它对个体的行为具有一定的影响作用。动机具有激发功能，能够发动行为，并推动个体产生某种活动；动机具有一定的指向功能，能将行为指向一定的对象或目标；动机具有维持和调整功能，个体的行为一旦被激起，行为是否能够坚持下去，也需要动机来支配。

机动车驾驶人的交通需要主要包括安全需要、通畅需要和低耗需要。

（1）安全需要。安全需要是驾驶人的第一需要。道路交通是属于动态的交通环境，机动车辆在高速行驶的过程中，具有一定的风险性，比如，交通事故的发生就是道路交通最不良的后果。因此，每一位驾驶人在出行的时候都会有安全需要，"高高兴兴上路，平平安安回家"。基于此，驾驶人在行驶路线的选择上会倾向于在不是非常复杂、驾驶难度小的道路通行。在行车过程中注意力集中，谨慎小心地驾驶。

（2）通畅的需要。驾驶人在出行的时候，道路的畅通，能顺利、及时到达目的地的需要，也是基本需要之一。

（3）低耗的需要。省时省力的需要也是驾驶人在驾驶车辆出行时具有的，他们总是希望选择最短或最省时的路线，使用最低的油耗，尽早到达目的地，完成驾驶任务。因此，越是时间紧迫，这种需要就表现得越明显、越突出。单位对油耗的管理越是严格，省油的需要越是强烈，从而出现超速行驶，为了节油空挡滑行等交通行为。

此外，驾驶人的交通需要还有很多，如寻求刺激、自我表现、方便、舒适等。这些需要在一定的诱因下，能够促使机动车驾驶人产生相应的驾驶动机。

机动车驾驶通常会与冒险性联系起来，冒险性的大小与机动车驾驶人的冒险动机有关。这种冒险动机的产生因素，主要是机动车驾驶人自身的需要冲突。例如：安全与节省时间的冲突；安全与舒适的冲突等。这些冒险动机的产生通常会导致交通事故的发生，所以应该特别注重驾驶人安全动机的培养。研究表明：当驾驶人的主观风险率高于或接近客观风险率时，驾驶人就会产生安全动机。在安全动机的驱使下，驾驶人所产生的驾驶行为与客观情景大致相符，甚至更加保守。

2. 驾驶人的能力、技能

能力是指能够顺利完成一切活动所必须具备的个性心理特征。在行车过程中，脑、体结合的工作性质，决定了一个合格的汽车驾驶人必须具备中等水平的智力。驾驶能力是指驾驶人能够顺利、安全地从事驾驶活动所必须具备的心理特征，它是以一般能力为基础的特殊能力的组合。驾驶能力主要包括灵敏准确的感知力、宽阔稳定的注意力、敏捷准确的反应力、良好的情绪控制力以及独立正确的判断力。

技能是指通过训练而获得的动作方式或动作系统。驾驶技能是机动车驾驶人驾驶车辆的专业能力，机动车驾驶人驾驶车辆是通过一系列的操作动作来完成的，主要为：通过眼耳等感受器官获取交通信息，由大脑判断和决策，用手控制车辆运行方向，用手和脚变换车速，并根据需要操纵灯光、喇叭等附属装置。经训练，机动车驾驶人掌握各种操作动作并使各种操作动作适应安全交通情况的变化，相互协调配合，通过一系列的驾驶动作，形成驾驶技能。也就是说，驾驶技能是保证驾驶人顺利完成驾驶操作的动作系统，是通过不断训练而获得的。

3. 驾驶人的气质

气质是一种稳定的心理特征，主要表现在人的心理活动的强度、速度、灵活性等方面。驾驶人情绪表达的强弱、意志力努力的程度等，是心理活动的强度特征；知觉的敏锐度、思维的敏捷性和灵活性、注意转移的速度等，是心理活动速度和灵活性的特征。这些心理活动的特征，使驾驶人的全部心理状况不论时间、场合、活动内容、兴趣、动机如何，均表现出自己独特的色彩，体现出一致、稳定的气质特征。

根据心理活动的特性和神经系统的类型特点，可将驾驶人的气质分为胆汁质、多血质、黏液质和抑郁质四种。具有不同气质特点的驾驶人，其驾驶行为特点也是有差异的。

（1）胆汁质驾驶人的行为特点，主要表现为：待人热情诚恳，性格开朗直率；做事果断，反应快，行为敏捷；精力充沛，能吃苦；善于整体把握事物，但易于忽略细节，粗心大意；情感容易冲动而不能自制；对细致的工作和令人厌烦的事情缺乏耐心。这种气质的驾驶人，在行车前不善于做好自己的思想准备，特别是不能注意到自己的精神和情绪状态，对自己的驾驶任务、路线、车况不能周密思考；在行车过程中，如果遇到障碍或困难，通过努力而未能克服，则易于失去信心，灰心丧气，从而导致半途而废；在收车后，不习惯进行心理回归，总结行车的经验教训。

（2）多血质驾驶人的行为特点，主要表现为：乐于并善于与人交往，但易对人缺乏深刻了解和正确判断；善于适应环境的变化，喜欢丰富的刺激；喜欢新颖和被人注意；喜欢参与激烈的讨论和争论，不顾他人的情感、需要和价值观；注意力易转移和分散；思维灵活。这种气质的驾驶人，在行车前，有积极而稳定的情绪体验，对于顺利完成驾驶活动充满信心；在行车过程中，能够把握和控制自己的心理活动，判断正确，动作反应迅速协调；在收车后，能对自己的行车心理进行总结。

（3）黏液质驾驶人的行为特点，主要表现为：不善于与人交往，待人不够坦率；感情不外露，情绪不易冲动。这种气质的驾驶人，往往有良好的驾驶技术，在行车前，他们有效地做好思想准备，调整自己的情绪和心理状态，检查好车况；在行车过程中，他们虽然有反应慢、动作迟缓、注意不易转移等不足，但是往往能集中精神和注意力，保持稳定的情绪，严格遵守交通规则行车；在收车后能进行心理回归，总结行车经验。

（4）抑郁质驾驶人的行为特点，主要表现为：观察细致深入，善于察觉别人不易察觉的细节，思维周密分析深入，直觉性、预见性强，做事细致周到，待人温和但是行为孤僻，不善也不愿与人交往，情感产生慢，一旦产生其体验深刻持久，情感脆弱，不易外露，难以忍受强烈刺激，显得多愁善感。这种气质的驾驶人，在遇到紧急情况时，易产生失望和恐惧感，导致行为惊慌失措，意志差。

4．驾驶人的性格

性格是个人在个体活动过程中形成的，是对现实的稳定态度和与之相适应的习惯化行为方式。每个驾驶人的社会实践活动，都会通过心理活动的认识过程、情绪过程和意志过程在自己的反应机构里保持、巩固下来，形成独特的态度体系，并以相应的形式表现在行为中，形成一定的驾驶行为方式。性格是区别不同个体的主要方面，不同性格的人处理问题的方式和效果各有不同，例如，在危险面前，有的人会表现得坚毅果断，临危不乱，有的人则惊慌失措，优柔寡断；有的人会表现得细心周到；有的人则丢三落四，粗枝大叶；有的人会表现得操作准确；有的人则常出错误。根据驾驶人的性格特征的不同，可以将机动车驾驶人的性格类型分为几种不同的类型，一般地，可以分为理智型、意志型、情绪型，也可以分为独立型、顺从型、反抗型，还可以分为 A 型性格和 B 型性格。

理智型习惯用理智来衡量一切，这类驾驶人处事深思熟虑、慎重稳健、善于控制自己，不因外界干扰而动摇决心，在行车过程中，理智型驾驶人很少出现报复性驾驶行为；意志型驾驶人主要表现在目的性明确、积极主动、自我控制能力强，在行车过程中，这类驾驶人在一些较恶劣环境下，依然能够保证正常的驾驶，但是这类驾驶人也会由于过于固执而妨碍安全行车；情绪型驾驶人，主要表现在驾驶行为受情绪影响较大，从而对交通安全的影响也较大。

A 型性格驾驶人一般争强好胜，有强烈的时间感，但缺乏耐心，易激动发怒，不知满足；B 型性格驾驶人往往表现为从容、安逸，不争强好胜，能化竞争为兴趣，做事胸有成竹，不易受外界干扰，失败不气馁。

（三）驾驶人的不良心理

据国内外相关专家统计分析，80% 左右的事故是由驾驶人的操纵失误、违法行为以及不良心理素质等引发的。据国内、外交通安全专家研究证实，近 50% 的事故和 40% 的恶性事故是由于驾驶人不良的心理素质造成的，可见心理素质对车辆运行安全影响的重大意义。所以，为了预防交通事故，必须对几种不良驾驶心理进行分析和研究，而行车过程中严重威胁驾驶安全性的交通心理主要有：侥幸心理、超越心理、逞强心理和情绪化心理等。

1. 侥幸心理

现实中，经常有一些驾驶人认为：法规是死的人是活的，交通事故的发生是因为参与者自身的运气不好，而要是运气好的人即使是真的违章了也会平安无事，于是便罔顾交通法规随意行驶。还有一些驾驶人认为自己酒量大，只要不醉酒，稍加注意的情况下酒后驾车是不会出问题的，甚至还盲目地认为酒精测试并不会发生在自己身上，据统计 50%—60% 的车祸都与饮酒有关。还有一些驾驶人明知车辆有故障，仍选择带"病车"上路，认为短距离行驶车开慢些，就不会发生问题，然而事实并不总是这样。以上列举的几种侥幸心理都有很大的冒险性和危险性。即使一次没有出事，但倘若下次继续照样违章，养成了坏习惯，最终必然会导致悲剧的发生。

2. 超越心理

有的驾驶人为了抢时间，争先恐后，不顾行车规章，主要行为表现为见空就钻、见缝就挤、见慢就超等。这类行为经常会导致其他车辆驾驶人急刹车或反应不及，从而诱发交通事故。特别在遇到交通拥堵时，这类驾驶人的行为将更加明显，严重阻碍交通的有序运行。

3. 逞强心理

在驾车过程中，不少驾驶人喜欢逞强好胜，唯恐自己会落在其他车辆后面，表现出极强的超越心理。而这类驾驶人多为年轻人，他们通常爱在人前炫耀自己高超的驾驶技术，盲目地追求高速行车时的痛快感和刺激感，不顾他人的感受和生命安全。这类驾驶人会因骄傲自大的逞强心理，过高地估计自己的能力，常常会对驾车过程中出现的异常状况满不在乎，缺乏对危险的洞察力，然而当他们遇到紧急情况时，又会容易表现得惊慌失措，进而极易导致交通事故的发生，影响自身和他人的交通安全。

4. 情绪化心理

在驾车过程中，当遇到强行占道、强行超车或者强行并线的情况时，具有情绪化心理的这类驾驶人则表现为情绪冲动，并且在冲动情绪下，可能会不顾其他一切约束而自顾自地急速追赶，而遇到紧急情况时，就很容易诱发交通事故。

五　交通管理者的交通心理

交通安全管理工作是国家行政管理的一个重要组成部分,是公安工作中与经济基础联系最直接、最密切的一个方面。交通管理者是交通活动的管理者,是国家交通安全法律法规的具体执行者,肩负着保障交通安全、畅通,保护人民生命财产安全的神圣职责。

交通管理者的基本任务是处理和协调道路交通中人、车、路、环境四者之间的关系。具体说来,就是以道路安全与畅通为目的指挥疏导交通,管理车辆、驾驶人,规范行人交通,纠正违法违章行为,预防和查处交通事故,保障道路治安等等。为了实现交通有序化安全运行的目标,交通管理者需要具备一定的能力和心理素质。

(一) 交通管理者的基本能力

交通管理者的能力是影响交通管理活动顺利开展的个性心理特征,是在交通管理工作中表现出来的。交通管理者的基本能力包括认知能力、注意能力、空间操作能力和社会适应能力。在交通管理过程中,要达到交通管理效用,需要多种能力共同参与,相互渗透并有机结合。

1. 认知能力

交通管理者的认知能力包括感知记忆能力、观察能力和思维能力。

第一,交通管理者应具备敏锐的观察力。在交通过程中,交通事故的发生往往是在一瞬间。如果交通管理者能够敏锐地感知事故征兆,及时阻止或排除,这对于防止人身伤亡事故具有重要的意义。因此,在交通管理工作中,交通管理者应具备善于观察交通活动中的车辆及道路环境,提高防止不法行为产生的能力。

第二,交通管理者应具备较好的学习能力,尤其是自学能力。一名合格的交通管理者应该有比较丰富的知识和智慧,必须具有较强的学习能力,不断学习交通管理知识,正确、全面地掌握法律法规,并熟练地运用交通法律法规管理交通、处理违法行为和交通事故,懂得各种交通标志标线的含义,掌握各种交通技术设备和交通管理工具的一般原理,了解汽车的一般结构及其性能,善于把握各类机动车驾驶人、自行车骑行者、行人等的心理行为特点等。

第三,交通管理者应具备较强的思维能力。作为交通活动的管理者,应该思维敏捷、判断正确，具备丰富的想象能力。只有这样，才能透过复杂的交通现象概括出内在的交通特点和规律性，制定正确的交通政策、工作方法、管理措施，以维护交通秩序，预防交通事故。也只有这样，才能迅速、及时地侦破和依法妥善地处置各类交通事故和交通治安案件，从而有力地打击违法犯罪分子，保护人民的合法权益。

2. 注意能力

感觉、知觉、思维、情感以及相应的行为活动都有赖于注意。注意对于心理活动是不可缺少的。良好的注意力是保证交通管理者管理行为取得成效的必要条件。在交通管理工作中，特别是在交通指挥、路检、路查、跟踪、勘查、取证和案件的分析推理、调解、决策等方面都要求注意力的高度指向和集中。在交通管理工作中，交通管理者应特别注重培养自己良好的注意品质，自觉地运用注意规律，拓宽注意的范围，提高注意的广度，熟练而合理地分配注意；根据工作的需要迅速转移注意力，保持注意的高度机动性；在复杂的工作中克服注意的动摇性，努力保持注意的相对稳定和持久。既要注意到各种已经出现的实体对象，又要能根据对客观事物的分析，高度自觉地去搜寻和注意那些尚未出现的隐在目标，保持注意力的高度的渗透性和深刻性。

3. 空间操作能力

交通管理者的空间操作能力包括：交通指挥的动作演示能力、器械工具的操作能力、空间知觉能力、体育运动能力和擒拿斗敌能力等。交通管理者在疏导、指挥交通，实施路检，排除路障，勘查现场以及追捕罪犯等过程中，都需要较强的空间操作能力。

4. 社会适应能力

交通管理者的社会适应能力包括：具备进取型的个性、口头和文字表达能力、人际关系的感受性、交往策略、组织协调能力、心理压力的承受能力和应变能力等。是否具备较强的社会适应能力，是衡量一名交通管理者是否合格的主要标志之一。这是由交通管理工作的社会性、群众性所决定的。

（二）交通管理者的交通心理

交通管理工作是一项充满各种困难、各种危险的社会活动。艰苦性和危险性都是交通管理工作的特性。交通管理者长年累月露天作业，工作条件艰苦，工作负担重。要保证交通的畅通无阻，保证交通的安全，交通管理者既要与自然环境作斗争，又要与社会环境作斗争，有时还需要克服由自身的许多身心弱点所造成的困难，所有这一切都需要意志努力和良好的性格品质。所以，交通管理者的意志品质和性格品质，在交通警务工作中显得尤为重要。

1. 交通管理者的意志品质

交通管理者的意志是指在交通管理工作中为达到各行其道、路无障碍、秩序井然的目的，自觉地调整自己的行动并与克服困难相联系的心理活动。交通管理者积极的意志品质表现为以下几个方面：

（1）目的性和自觉性。意志的重要表现是确定目的和为实现目的而努力。交通管理者的主要目的是保证交通畅通，保障人民生命财产安全。无论什么困难，都不能阻碍交通管理者实现这一目的。交通管理者应清晰地意识到自己行为的目的和意义，并且随时主动支配自己的行为，使之符合于正确的目的和社会意志。

（2）果断性和坚定性。交通管理者要在复杂和困难的情况下，适时坚决地下决心、做决策、采取措施，并予以执行，要勇于为自己的决定和行动承担风险和责任。一个果断的交通管理者，只要情况许可，会耐心思考，直到对事情有了深刻的认识和解决的把握，才采取决定。如果时间紧迫也应当机立断，必要时还要敢于英勇地冒险，而绝不迟疑畏缩。凡是具有果断性的人必然是坚定不移的人，因为他的决定是经过周密考虑的，有充分根据的，信心是坚定的。反之，凡是优柔寡断的人，必然是动摇不定的、缺乏信心的人。

（3）坚韧性和顽强性。交通管理者要具有坚韧不拔的精神，坚持不懈地克服各种困难以完成艰巨复杂的任务。富于顽强性的交通管理者既能紧张地工作，又能锲而不舍地坚持奋斗，既有工作上的高效率，又能持之以恒，最终取得事业上的成功。顽强性与顽固性有着本质上的不同。具有顽固性的人，既不能正确评价自己，又不能理智客观地分析各种情况，不是争取自己的行为符合于客观规律，而是固执己见地要求客观规律符合于自己的行为。这种人在工作上、事业上是不会有所作为的。

（4）沉着性和自制力。交通管理者要善于支配自我和节制自我，无论遇到何种困难和风险，都能沉着冷静、不过分激动或失望，保持情绪情感的稳定，不易被外界不利影响所动摇。交通管理者要严格按照国家政策办事、依法办事，要能够彻底克服在自我方面所存在的各种障碍或困难。

2. 交通管理者的性格品质

交通管理者的性格品质是在长期的交通管理工作中逐步形成的，是交通管理者特定的工作环境所要求的。

(1) 强烈的责任心。强烈的责任心是交通管理者必须具备的第一位的性格品质。交通管理者应认识到交通管理工作的优劣直接关系到国家政治经济利益和人民群众的生命安全。有了这样的责任心，就能在艰苦繁重的交通管理中全力以赴，自觉承担艰巨任务，不怕挑重担，积极发挥主观能动性去开展工作，表现出对事业的执著追求和献身精神。

(2) 严肃的执法态度。交通管理者是交通系统中的执法者，须树立坚定的法制观念，做"真理的卫士、执法的楷模"，秉公办事，执法如山。交通管理者在执行公务时，对当事人要依法办事，同样自己也必须遵纪守法。少数交通管理者认为在执勤过程中可以随心所欲，不顾法律的约束，这是缺乏法律观念的错误认识，是导致违法乱纪现象的思想根源。

(3) 积极的进取精神。交通管理者现代化性格的核心就是开拓、进取。交通管理者要能够不断提出新的努力目标，具有开拓创新精神。进取心是事业心的重要表现，是激发交通管理者潜在能力的动力。交通管理者具备了进取心，就会不满足于现状，积极研究交通管理中的问题，掌握规律性的东西，科学地管理交通。

(4) 高度的灵活性。性格的灵活性主要表现在为人处事的变通上。交通管理者要在坚持依法办事的前提下，善于以灵活的态度和方法适应环境与他人和自我身心的变化发展，努力协调自己与环境、他人的关系，优化自己的心境和情绪，充分调动自己内在的工作积极性。

(5) 充分的自信。自信心是交通管理者勇敢精神的源泉，是交通管理者的成功之友。自信心表现为既相信自己的力量，又相信群众的力量。

(6) 忍耐精神。交通管理者在指挥疏导交通、纠正违法行为、处理交通事故的过程中，有时会得不到民众的理解和配合，为此需要承受很大的心理压力，这时就需要冷静和耐心。如果缺乏忍耐精神，就会为了一些琐事抱怨不休，甚至感情冲动，与群众产生对立，使简单的问题复杂化。

第二节　交通社会心理的影响因素

一　交通系统的制约

交通社会心理是人们在交通活动中自发产生，并相互影响的主体反应和行为表现，既表现为内在心理过程，又表现为社会行为现象。

交通行为是人在一定的时空中某些共同行为所构成的一个微观环境。交通系统是一个在时间和空间上分布很广的开放的动态系统，它所有的内在要素之间是相互关联并与环境因素相互联系的一种集合。因此，必须要站在整个交通系统的角度，研究交通社会心理。譬如：现代航空的远距离飞行，可能跨越国界和洲际，气象与时差，地理、机场和航路设施以及人文社会环境，都会对机组和乘客的心理和行为产生影响。当系统的某一部分发生变化时，应考虑到这种变化对其他要素的影响，以及在若干状态中各种变化之间的内在联系。同理在分析交通系统对驾驶人行为的影响时，必须同时考虑社会环境的影响，以及其他交通参与者及交通工具系统之间的相互作用。

交通安全是交通系统正常运转的有力保证，它受到人、车、环境以及管理因素等的影响。人、车、环境对安全的影响，表现在三者之间的相互作用上。根据系统的整体性思想，单一要素的良好状态，并不能保证整个交通系统的优化，要想充分发挥交通系统的整体功能，必须通过良好的管理措施以达到有效地组合与协调人、车和环境三者之间的关系的目的。倘若在交通管理过程中管理者出现失误或是效率低下，那么交通系统中人、车和环境关系之间的关系将会失调，从而不仅会导致交通从业人员出现心理波动或心理失衡，而且会使其他的交通参与者感到心理紧张以及不满，进而产生广泛的消极社会心理。除了交通组织结构的不合理、交通规章制度的不健全、交通管理力度的松懈、交通管理者指挥、管理低效或失误等，可能会导致交通从业人员的行为出现差错以外，交通从业组织的经营状况、人事安排、福利薪酬、工作任务等方面的变化，也会影响交通从业人员在心理和生理上出现不良反应，从而出现工作低效甚至导致交通事故。因此，必须紧抓管理制度，以管理作为控制和协调的手段，协调人、车、环境之间的相互关系，并通过反馈系统将三者之间的状态信息反馈给管理系统，从而保证交通系统能够安全高效地运行。

二　心理与社会的互动

交通社会心理是一种复杂的心理互动过程，涵盖交通与社会需要、社会动机、社会态度和社会认知，涵盖交通对个体的社会化的影响。反映交通中的角色行为、社会互动以及群体行为、组织行为等相互作用的规律。

交通社会心理的互动，首先表现在交通中人的基本心理过程，如图3—3所示。

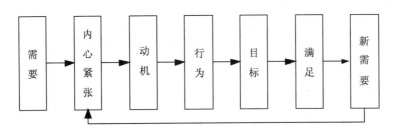

图3—3　人行为的心理过程图

当一个人在社会环境中，因缺乏某种东西而产生渴求时，如果现实满足不了这种渴求，就会造成心理紧张状态；如果存在某个目标有可能满足需要，那么就会诱发追求这个目标的动机；在一定条件下，将导致相应的社会行为，去追求目标的实现；若达到了既定目标，需要得到满足，心理紧张状态消除了，就会感到愉悦。但人的欲望是无止境的，以后又会产生新的需要，而新的需要得不到满足时，又会形成内心的紧张状态。社会组织设置的特定目标，使人们处于"需要—目标"过程之中，这种心理过程循环往复，没有穷尽。例如，当一位驾驶人意识到社会、组织、家庭和自身都需要"安全第一"时，即产生了安全需要；如果道路交通环境等现实条件不佳，就会造成内心的紧张状态。在安全需求的驱使下，安全驾驶的目标激发了安全动机，他会把注意力集中到驾驶工作上，严格遵守交通规则，通过对道路环境、车辆和行人进行准确的观察和判断，采取有效的操作行为，保证车辆安全运行；安全行车满足了他的安全需要，但他还会产生新的需要，如增加营运收入、获得"优秀驾驶人"荣誉等。在这种循环过程中，各种社会环境因素会作用于每一个环节，对其交通心理和行为产生影响，而交通社会心理也会对社会发展产生影响。

社会需要是人们在社会环境中，对某个目标的渴求或欲望，是缺乏某种东西时的一种紧张心理状态。乘客买不到车票，商人收不到商函，亲人收不到家书，真是心急如焚，这时多么需要交通的神力相助！社会动机是人们为了满足社会需要而进行活动的愿望和意图，是人们从事某种行为活动的内部驱动力，是社会行为的直接原因。在内在缺乏和外在诱因的共同作用下，某种社会需要就会诱发一定的社会动机。交通环境中人的社会需要和社会动机，是交通中社会态度和交通行为的心理基础，是交通管理者预测、引导和控制交通行为的依据。

社会态度是人们对一类社会事物的评价和行为倾向，包括认知因素、情感因素和行为因素。认知因素指人们对一类社会事物真假好坏的笼统的认知。情感因素指人们对一类社会事物的好恶情感反应。行为因素指人们对一类社会事物的行为倾向。人的社会态度取决于社会认知，即对他人及其行为的感知和认识，包括感知、判断、推测和评价在内的社会心理活动。态度是一种内在的心理体验，它虽然有行为的倾向，但并不等于行为本身。交通中的社会态度，决定了交通参与者的交通行为。通过交通教育和管理，帮助交通参与者形成正确的社会认知，有利于增强积极的社会态度，预防和转变不良的社会态度和行为。此外，交通行业行为是一种高度的组织行为，参与交通活动对人们的社会态度的形成是有积极影响的。在交通环境中，人不是以一个孤立的个体而存在的，他是一个"社会人"，而其行为特征，是由个体的社会化决定的。社会化是人的社会行为的塑造过程，人们在成长的过程中，逐渐形成了为其生存环境所认可的社会行为模式，对社会环境中的各种刺激能作出适当而稳定的反应。交通作为社会环境的组成部分，对个人的社会化起到了不可低估的作用，而交通中的社会行为，是个人的社会化的具体表现。

人的行为是个人因素和社会环境因素的综合效应。人在一定的环境中学习、工作和生活，人对社会环境产生影响，社会环境也作用于人，在两者的相互作用中人会产生丰富多样的行为。因此，人的交通行为取决于个人因素和社会环境因素的相互作用，表现为角色行为、社会互动和群体行为。角色行为是实现互动功能、规范功能和自我表现功能的手段；社会角色是处于一定地位的个体，依据社会的客观期望，借助自己的主观能力适应社会环境所表现出来的行为模式。在交通环境中，一个人能扮演不同的社会角色，产生形形色色的角色行为，并与其他人的角色行为发生相互影响，进而形成群体行为。一切社会行为不仅会发生在个人以及个人之间，也会发生在群体之间。社会互动是发生在个体以及群体之间的社会行为，是探求交通中社会行为及其相互影响的基础，也是分析交通群体和群体间关系的出发点。

第三节　交通是人类满足社会心理需要的手段

一　交通满足社会心理的需要

需要是人类一切行为的动力之源。人的需要有从物质需要到精神需要的梯度上升特点，具有由多种要素组成的生存需要、享受需要和发展需要三重结构，而不同层次的人，在其需要内容、数量和质量上存在差异性。美国心理学家马斯洛认为，人的基本需要可以分为五个层次，包括生理需要、安全需要、社交需要、尊重需要和自我实现需要，这些需要是由低层次向高层次逐级发展的。其中，生理需要是人的衣食住行等方面的生存基本需要。自我实现需要是最大限度地发挥自身的潜能，实现自我价值的需要。从纵向看，当低层次的需求得到相对满足以后，较高层次的需要才会出现。从横向看，人在同一段时间具有多种需要，其中有一种是占优势地位的，称为优势需要。它在一定条件下可诱发主导动机，从而导致相应的行为。不同的需要所产生的矛盾冲突，会对人的动机和行为产生影响。

交通能在不同程度上满足人的多种需要，尤其是社会心理需要。交通能满足人"行"的需要，快捷和便利的交通节省了人们的时间，而时间就是金钱和效率。此外，宽敞、平稳而舒适的交通工具能给人带来生理和心理上的快感。交通安全不仅能满足人身和财产安全需要，还能给予人们心理上的安全感。交通为人们的社会交往提供了条件，它能以优质的服务带给人们团聚的欢乐，也能因交通事故使人们饱受痛苦。交通还能满足人的尊重需要和自我实现需要，例如，拥有小汽车不仅能使人享受先进的交通方式，而且是一种财富、地位或权力的象征，能给人带来自尊心和成就感的满足。不难想象，飞机能使一位商人及时飞往异国签成一笔大生意，小汽车也能使一个打工仔因市内堵车迟到而失掉一份美差。显然，恶劣的交通环境、落后的交通工具、素质低下的驾驶人、混乱的交通管理，是无法满足人的社会心理需要的。

交通行为是人在一定时空中某些共同行为所构成的一个微观环境。人的感觉、知觉、思维、记忆、动机、态度、情绪等内在心理活动都会在这个微观环境得到体现。如果我们把交通看成是一个社会环境中的系统，那么也就可以把交通参与者（人）、交通工具（车）、交通环境（环境）等作为子系统。整体的交通系统构架图，如图3—4所示：

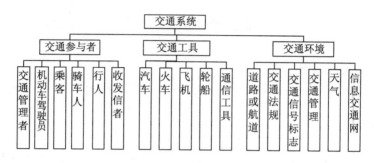

图 3—4　交通系统构架

　　交通系统是一个在时间和空间上分布很广的开放的动态系统，它所有的内在要素之间是相互关联并与环境因素相互联系的一种集合。因此，我们也必须站在整个交通系统的角度，研究交通社会心理的需要。在现代城市交通基本满足了人们生理需要的前提下，人们期望的主要是交通对社会心理需要的充分满足，这一点在文化层次或职位较高的调查对象中表现得极为突出。而交通安全就是人们对交通社会心理需要的充分体现，它是使得交通系统正常运转的有力保证，它受到人、车、环境以及管理因素等的影响。

　　二　交通影响人们选择出行方式的社会动机

　　社会动机能引起和维持某种交通行为，并将此行为导向某一目标。对社会动机起决定性作用的因素有价值观、兴趣和抱负水平。价值观是一个人对客观事物的意义、重要性的总体评价和看法，是决定社会动机和行为的基础。有的人把奉献看得最有价值，有的人却"一切向钱看"。乐于奉献的人利他动机较强，在交通中富有社会责任感；看重金钱的人利己动机较强，可能为了个人利益违章违法。当几个目标都可能满足需要时，个人的兴趣和嗜好会影响他的选择。例如：有的人在公共交通十分发达的城市里，出于嗜好仍然喜欢骑车上下班。抱负水平是一种想将自己的工作做到某种质量标准的心理要求。一个出租车司机在从事出租车行业前，会预先估计自己能达到的标准。如果抱负水平高，就会激发成就动机，使他努力保证行车安全，通过提供一流的服务，争取被评为"信得过出租车"；反之，若抱负水平低，他就会产生混日子的动机，工作马马虎虎，容易违章受罚或遭顾客投诉，甚至出现交通事故。

一个人在参与交通活动的过程中，往往怀有各种各样的社会动机，有的动机较强烈而稳定，称为主导动机；还有一些动机较微弱而不稳定，则称为辅助动机。一个人在交通中的行为受主导动机的支配，而辅助动机对行为也有影响。当人的主导动机是安全时，会使其把安全放在第一位，遵守交通规章制度，避免违章行为的发生。而当其他动机占主导地位时，他就可能忽视交通安全，罔顾交通规章制度。例如，驾驶人会出于强烈的自我表现动机，通过超速或超车等冒险举动，表现和炫耀自己超群的技术和本领。乘客出于省钱或省时的动机，可能拼命挤上人满为患的车船。

为了解上海市市民的出行成本及对交通状况的评价，2010 年国家统计局上海调查总队在"上海统计"和"中国上海"门户网站开展了一次网上调查。调查内容涉及市民出行方式、时间成本和花费、对本市交通状况的评价及购车意向等多方面内容。调查共回收总量样本 2598 份，其中有效样本 2331 份，样本有效率为 89.7%。调查结果中，有 26.9% 的受访者选择乘坐公交，17.2% 选择轨道交通出行，21.4% 选择乘坐公交加轨道交通的出行方式，合计为 65.5%；另有 12% 上下班出行使用电动车或自行车，13.2% 使用私家车，9.3% 使用自行车或其他。这表明，超过 60% 的受访者上下班出行选择公共交通方式，这与目前上海公共交通方便快捷、花费少有着重要关系。此外调查结果显示，有 77.2% 的受访者表示 2010 年没有购车意向，年内有明确购车计划的受访者仅占 6.7%，居住在外环的受访者购车意向达 8.6%；而居住在内环的市民购房打算仅占 5%。使用成本高、道路拥堵是受访者不打算购车的主要原因。在年内无购车意向（可多选）的受访者中，有 62.9% 由于油费、停车费、车辆维护费等使用费用较高而放弃购车，50.4% 表示道路拥堵不如乘地铁、出租车方便，49.8% 是由于牌照费较高而不打算购车。

根据新华信乘用车用户消费行为分析研究显示，乘用车用户在购车时最重要的前五位考虑因素依次为：价格（32.2%）、品牌（31.4%）、外形设计（14.3%）、发动机排量（5.8%），以及安全性配置与防盗配置

（5.4%），其中价格和品牌两个因素占到了总体的60%以上。进一步研究发现，这些购车考虑因素随着不同的车型级别表现出不同的变化趋势，随着车型级别的提高，价格因素在购车考虑中的比重逐渐降低，微型车用户考虑的比重达59.7%，然而在中大型车用户中只占9.1%；与此相反，品牌因素在购车考虑中随车型级别提高而逐渐上升，微型车用户考虑品牌因素的只有4.2%，而中大型车用户考虑品牌因素的占到58%。也就是说，购买高端轿车的用户购车时考虑更多的是品牌因素，而购买低端轿车的用户更关注的则是价格因素。对于购买运动型多用途汽车（SUV）和多用途汽车（MPV）的用户，他们购车时对价格和品牌是等同的。其他考虑因素中，油耗也是低端轿车用户（也包括SUV和MPV用户）考虑的相对较多。而不同车型级别用户对外形设计的考虑均占15%左右，可以说他们在审美需求上是不分伯仲的。

在交通发达的国家里，汽车像在动脉血管中川流不息的红血球，把物资、信息、人员运送或传递到社会的每一个角落，对人们的社会动机和生活方式产生了深远的影响。未来学家托夫勒指出：轿车不仅仅是一种运输工具，它是个人品性的标志，地位的象征，是伴随着高速而来的快感的源泉，是诸如触觉、嗅觉、视觉等各种感官刺激的源泉。汽车作为先进交通工具，使人们突破了地域空间的限制，使其精神上得到新的激励和满足，反过来又使人们对汽车产生偏好和依赖。美国动机心理学家狄斯特指出：汽车是一般西方人所能得到的值得掌握的最强大工具，"汽车已经成为主动精神的现代象征。年满16岁少年取得汽车执照，是进入成人社会的有效入场券。"在发达国家中，大部分人都能吃饱，住房也相当不错。在实现了人类几千年的夙愿后，他们现在伸手要求得到进一步的满足。他们要旅游，要有所发现，至少要能在物质和人身上取得独立。汽车是流动性的活的象征。总之，人们的社会动机和社会思想观念，都因汽车的出现和普及而受到极其深刻的影响。

三　交通影响群体的生活方式

（一）交通形成群体行为

社会生活是以群体形式进行的。人们在社会互动中形成群体，通过依靠他人来满足自身的物质需要和心理需要。社会群体是人们生活的基本单位，是社会的重要结构要素，是连接个人与社会的桥梁。广义上的社会群体，泛指一切通过持续的社会互动和社会关系结合起来进行共同活动，并有着共同利益的人类集合体；狭义上的社会群体，指通过持续的直接的交往联系起来的具有共同利益的人群。飞机和火车中的旅客，虽然是集中起来的一群人，但通常都不是社会群体，而称之为一般意义上的集群。交通中的社会群体和集群，都有明确的成员关系，有持续的相互交往，有一致的群体意识和规范，有一定的分工协作，有一致行动的能力。群体行为会产生反复出现的常规事件，而交通管理机构和管理制度均建立在此基础上。

交通中社会角色的相互作用，形成了形形色色的群体行为。由于交通运输工作的特殊性，它一般要求多工种协同运作，并且涉及多个环节协同工作，因而它对于运输系统内、部门与部门之间、部门内部人员之间以及不同操作者之间的协调性要求很高，这就使群体协调的作用变得十分突出。群体行为对交通的影响主要表现在群体意志影响着成员的意志和行为。个体在群体中，往往会不知不觉地受到群体意志无形的影响，在行为表现上，与群体内大多数人的感知、判断和行为相一致，我们将这种现象称为社会从众现象。然而这种从众现象下的从众行为在交通上的表现是具有两面性的。如果个体处于一个遵纪守法的群体中，少数有冒险倾向的个体将会在群体压力的作用下开始注重交通安全；相反，如果个体处于一个漠视安全的群体中，少数平时循规蹈矩的个体将会受到群体的影响，将会顺从群体而出现违章行为。所以在群体效应的作用下，群体成员可以通过彼此的相互作用，而发生一种认同效应或同化现象，进而个体差异会明显缩小。而群体规范作用的强弱取决于群体意识的强弱，在安全意识较强的群体里，成员大多能保持安全的操作行为；相反，在安全意识薄弱的群体里，成员们为了抢时省力或多赚钱，往往倾向于采取不安全的操作行为。此外，群体还可以起到满足个体心理需要、增加勇气和信心，有助于消除单调和疲劳，激发工作动机，提高工作效率等作用。

交通环境对交通中的群体行为有一定的影响。例如，在一些无交通信号灯的斑马线上车流如潮，若附近没有人行过街天桥，行人只好结伴而行，试图仗着人多势众往前冲。驾驶人生怕自己减速便会被人流挡住而吃亏，不约而同地与行人争道。过往汽车川流不息，行人被迫与车抢道，有的干脆离开斑马线，三五成群见缝插针地横穿马路，造成交通秩序混乱。

交通管理政策与法规对交通中的群体行为还有一定的影响，以弱势群体的交通出行为例，在良好的交通管理制度下，弱势群体的交通出行行为势必会得到提升。在国外很多发达国家都会采用各种人性化的交通管理政策和法规制度，为交通弱势群体带来便利。主要有：采用先进的科学技术，为感官、认知或语言等方面存在障碍的人士提供专用的行人设施和出行诱导信息提示；对出租汽车司机（尤其是向残疾人提供了帮助的出租车司机）实行载客补贴制度；使用低地板式公交车辆为残障人士带来便利等，这些做法将会极大地增加交通弱势群体的公交出行量，将会更加积极地体现人性化的交通管理制度。

（二）交通诱发集群行为

在某些特殊的情景中，集群行为将会产生，集群行为是不受社会行为规范指导的，是一种自发的、无组织的并且难以预测的群体行为方式。集群行为与多种因素和条件相关，主要有时空条件、个体的好奇心理和从众心理。例如在突然发生交通事故的车船中，假设这种危险情境是不可预料的，所以乘客没有事先明确的规范或指导去执行自己的行为，只好根据个体自身的瞬间判断以及他人行为影响来采取行动，而在这种情境下就极易产生集群行为。再如，街上突然发生交通事故时，人们会出于好奇和从众心理而产生围观的集群行为。

此外行人违章有时表现为集群行为。据武汉市交管局统计的数据显示，1999 年纠正行人违章 19.3 万人次，而超出交警视线的行人违章行为难以计数。有的行人图方便，仗着人多势众而违章，反映出交通责任分散所造成的责任外推心理，而更多的行人产生了从众行为。要改变行人违章的现状，应从改善城市交通软硬环境入手。一是在市政建设中体现方便老百姓的指导思想，如增建过街天桥或地下通道；二是对行人违章加强教育，从严管理，加大处罚力度；三是明确按责任处理交通事故。通过采取一系列的交通管理措施，使按规章行走成为行人的心理定式和行为习惯。

（三）交通影响群体的生活方式

古往今来，交通对人们的生活方式产生了巨大的影响。由于各国的国情不同，人们参与交通活动的行为方式区别很大；欧美等发达国家乘私人汽车出行是个体参与交通的主要方式，发达国家的居民普遍认为，汽车改变了城市的形态，改变了家庭所有制和零售贸易方式，也松弛了家庭联系。然而，在我国虽有一部分人已经拥有了汽车或驾驶证，但他们中的大多数人仍趋向于以步行、骑自行车、乘坐公共汽车出行为主。随着经济和社会的发展，人们的交通行为方式也将会发生巨大的变化。改革开放以来，我国农民的思维方式和生活方式逐渐发生了变化，他们不再安于待在农村，而是期望谋求更大的发展。农民的"解放"是摆脱土地的束缚，开始从乡村到城市，从北方到南方，从内地到沿海流动，形成汹涌澎湃的"民工潮"。外出"淘金"的农民们，没有稳定职业和固定住所，有的亦工亦农，处于频繁的流动状态，对我国交通运输的营运能力和管理提出了迫切要求，促进了交通运输的改进和发展。此外，乡镇企业的崛起，乡村集市贸易的活跃，农村个体运输的发展，从各方面促使农村经济向商品经济转化，使越来越多的农民成为交通活动的参与者。农民生活方式的变革影响着交通的发展，而交通的发展又在影响和改变着农民的生活方式。

此外一种新的交通方式也在逐渐进入人们的生活，那就是信息高速公路，它不仅改变了人们传统的生活方式，而且创造了前所未有的生活方式。信息高速公路将令生活更加简便，从购物到投票，许多事情都可安坐家中解决，人们相互沟通也会比以前容易得多。此外，通过信息高速公路，意见相同者很容易汇集，即使他们不是住在同一国家，不能面对面地自由交流，但是他们可以通过网络或者其他的方式传送任何形式的信息，最终形成一个信息时代下实际存在的社群，同一个社群的同行者能够互相沟通，就生活、政治、社会、专业等各个层面交换意见。这种新型的社会群体交往方式，不仅增强了人类与自然以及人与人交流的能力，而且人们的个性也将得到全面自由的发展，可以享受在家办公和购物、远程医疗和教育，尽情享受丰富多彩的文化生活和智能化活动。

第四章 交通人的结构分析

第一节 交通人的结构分析框架

一 交通人概念的提出

交通作为社会系统中不可或缺的一个子系统，其本身也是一个复杂的系统。从构成要素上看，交通既包括运载工具、交通基础设施、场站、动力、通信等基本硬件要素，也包括参与交通活动的密切相关人这一要素。任何交通行为均需要人的参与，脱离人的交通便不能称之为交通。从某种程度上说，人是构成交通运输中最重要、最核心的要素。交通系统中，人既是交通工具的创制者、交通行为的执行者、交通企业的经营者、交通事务的管理者，又是交通活动的服务对象。没有分布在不同职业、工作在不同岗位、承担不同功能的人的参与，构成交通运输的硬件要素便无法正常运行并发挥相应作用，也不可能满足人的需求。

交通发展离不开人的推动，这可以从人类社会交通工具的革新中得以鲜明体现。交通自人类社会出现以来就一直存在，不同时期，人在交通行为中发挥的作用不同。文明社会以前，陆路上人类多将自身作为运输工具加以使用，采用手拉、肩挑、背驮、头顶等方式，实现物的位移；运用直立行走的方式，沿着一定轨迹，实现自身的位移。这是最为简单和朴素的交通运输行为，也是一直沿用至今的运输方式。随着时间的推移，实践经验的积累，人类在社会进化过程中，逐渐学会借助牲畜，如牛、马、驴、骆驼、大象等力量实现物与人的位移。轮轴发明后，人类学会制作简易的牛车、马车等新式运输工具，并修建专供人行、车行、畜行（如骑马）的通道连接各地，极大地提升运输的效能。在水运方向，人类制作竹筏或小舟，利用竹子、木头在水中的浮力，在河川、海洋中运载人和物。人类甚至还学会了改良航道，如我国历史上曾修建的各类运河，形成水路交通网络，供来往船只运输使用。

到文明社会初始之际，人类已制造出简单的车辆和船只作为陆上和水上交通工具，并能对其不断改进和完善。人类在自身发展的漫长历史中，对交通的探索从未止步。进入近代以后，人类探索的步伐越来越快，成果越来越多，推动了交通运输的机械化变革，特别是工业革命以来，交通运输技术工具不断发展、交通运输技术日趋先进、交通运输领域不断扩大，交通的发展进入了一个全新的时代。在水路运输上，1807 年美国工程师福尔顿成功制造了第一艘轮船"克莱蒙特"号，开启了海上运输的新篇章。在陆路交通中，1804 年英国工程师理查德·特里维西克发明了第一台原始的蒸汽火车头，在此基础上，史蒂文森发明了第一台真正成功的铁路机车"火箭号"。后来人们逐渐探索出内燃机车、电力机车、磁悬浮列车，使火车成为人类运输的重要工具。而汽车的发明和大规模运用，也改变了人们依靠人力、畜力等作为原始动力的陆路运输模式。在空中运输工具的探索上，人类社会也取得了很大的突破。1903 年，美国的莱特兄弟乘坐他们制造的第一架飞机"飞鸟"号进行了首次飞行。此后人类发明了更多螺旋桨式和喷气式飞机。这些交通领域的变革，均是建立在人类对交通工具的研究、设计、生产、操作基础之上的。交通的任何发展都凝聚着人们的智慧，没有人类的推动，便不可能有交通运输事业发展的今天。

同样，人的发展也离不开交通环境。对社会个体而言，均需要与外界发生各种各样的联系，出行成为社会成员参与社会活动的基本需要和必然选择。这种出行，既包括通过人的肢体在地面上的行走，也包括利用各种交通工具和交通设施来实现人的位移以及在位移过程中所进行的各项活动。出行在人们生活中占据重要地位，离开出行，人们就无法获取正常的生产资料，从事各类社会活动，无法维持正常的生产和社会生活，甚至连基本生存都无法保证，人类社会的存在和发展都将受到威胁。随着社会经济的发展，人们的出行次数越来越频繁，出行的距离越来越远，出行的效率越来越高。人们出行的选择也越来越多，既可以选择传统步行这种运动方式来完成出行，也可以考虑运用陆上、水上、航空等多种方式，借助自行车、汽车、火车、轮船、飞机等各类新式交通运输工具达到出行目的。如人们从武汉去广州参加活动，既可以选择驾驶私家车，也可以选择乘坐飞机、高铁、普通列车、长途汽车等交通工具。交通运输的发展，使人们出行的时间同样越来越不受限制。现代各类交通工具可实现彼此衔接，组成了完整的交通运输网络，方便乘客随时出行。交通运输乘客在使用交通运输工具上，除特殊天气外，基本上可以实现全天候出行甚至随到随走。如新修建的武汉至广州高速铁路自投入运营来，其始发站最小发车间隔为10分钟，最大发车时间间隔为25分钟，采用"高密度、公交化"模式运营，高峰时期可以实现随到随走。人们以出行这种方式，来参与交通运输活动，并利用交通运输活动来推动人类社会的发展。交通工具也越来越成为人类社会生活不可或缺的一部分。从交通社会学层面看，任何人都处于社会交通环境下，均是交通这一系统中的一员，需要借助甚至依赖交通运输工具或设施来出行，参与交通运输活动，以满足各种各样的需求。正是有了各种现代化交通运输工具，使得人们远赴外地求学深造、休闲旅游、探亲访友、开展经济活动成为可能，人们学习知识的需求、社会交往的需求、休闲娱乐的需求等都得到了满足。同样也正是人的这种需求推动交通的不断发展，成为交通发展的根本动力。

从上面的分析可以看出，人类社会的每个个体均生活在交通环境下，都在直接地或间接地以某种方式参与交通运输活动，成为交通社会环境下的一员。从交通与人类社会发展的历史分析，我们可以看出人与交通的关系越来越紧密，交通也越来越深刻地改变着人类世界的发展和命运。人们发明和改进交通运输工具，推动了交通的发展，又从这些交通工具的变革中获得了极大的便利，满足了自身的需求。整个过程使得交通与人类社会密切结合，在这种双向拓展中，交通人概念便应运而生了。本章将从系统论的角度，讨论交通人的结构问题。

什么是"交通人"？关于这一概念目前有广义理解与狭义理解之分。广义的"交通人"概念是将交通作为社会有机整体，并从这一宏观角度来审视，从社会学层面来分析作为社会子系统之一的交通，其内在结构要素中人的因素，认为所有处于社会交通环境下的个体，包括交通及与之相关行业从业人员、交通的服务对象等均可称之为交通人，它整合了交通过程中的不同群体。狭义的交通人概念是通常从职业角度所理解的"交通人"，即从事交通行业相关工作，为交通发展提供各类服务的人员。由于交通在现代社会发展中逐步嵌入到人类世界，本部分的论述，我们将从更宏观的视野和角度去讨论这个概念，以厘清其内在的结构。因此我们论述的内容主要是从广义概念进行阐明的。

二　交通人的内在结构要素

"交通人"作为社会交通环境下所有人的集合，在交通这一复杂的子系统中包含多重因素。为了便于剖析交通人的内在结构，本章采用二元论方法，把交通人区分为交通人的主体、交通人的客体两大基本要素。从交通人的广义概念看，它整合交通过程中的各类群体，存在交通人整合手段与交通人整合目的两个整合变量。因此讨论交通人的结构要素，就必须从交通人主体、交通人客体、交通人整合手段以及交通人整合目的等要素展开分析。

交通人是交通人主体与交通人客体围绕一定的整合目的，运用一定的整合手段，实现二者紧密结合所构成的整体。交通人主体包括交通管理者如交通政策的决策者、交通运输的管理者等，他们处于交通结构中话语集团高层，以及交通的操作者如交通政策的执行者及各种交通运输工具的操作者等。交通人的客体主要是交通法规遵守者、交通工具的受者，如交通工具的乘客、行人等。交通人的整合手段，主要是各种交通规范，如各种与交通相关的道德、习俗、法律法规、制度等。交通人整合的目的是使交通人主体与交通人客体实现密切结合，形成稳定的交通人主客体关系。

区分交通人主体与客体的标准主要是交通过程中的话语权与相对优势地位。所谓话语，在福柯看来，即"意味着一个社会团体依据某些成规将其意义传播于社会之中，以此确立其社会地位，并为其他团体所认识的过程"[①]。在社会生活中，话语隐含着权力的运作。在交通系统中，这种话语权即体现在交通规则、交通政策、交通活动中的影响力、控制力。所谓相对优势地位，指的是一方与另一方相比，处于有利地位，具有优势的一面，故这种优势不是绝对的，也并非是全方位的。在交通人结构体系中，交通人主体相对于客体，享有更大的话语权、占据更大的优势，而处于交通客体的人则处于话语权缺失的相对弱势地位。交通体系中，交通人主体如交通政策的制定者、交通活动的管理者、交通企业的经营者、交通行为的执法者、交通工具研发与设计及生产与维护者、交通行业的服务者，因他们职业的特殊性，往往处于话语权集团上层，占据相对优势地位。

---

① 王治河：《福柯》，湖南基础教育出版社 1999 年版，第 159 页。

交通人主体相对于交通人客体，所具有话语权及相对优势地位因工作类别不同而存在着一定的差异。下面将对不同类别交通人主体与交通人客体在话语权与相对优势地位上的差异表现作进一步的分析。

在现代工业社会公共管理领域中越来越强调政府及其所属职能部门的责任。交通作为社会发展的基础性产业，作为影响社会成员的重要行业，其涉及社会公共政策的制定和执行的权力越来越集中到政府及相关职能部门手中。作为政府及相关职能部门一员的交通人主体，如从交通部到基层交通局等各级交通行业管理部门的政府官员，享受交通运输发展的话语权，在交通社会中扮演起规则制定者、活动管理者和政策执行者角色，而这些都是交通客体所难以企及的。交通客体相对扮演着交通规则的接受者以及交通活动的被管理与被执行对象等角色，很少甚至没有机会或者权利参与到这些事务中。

交通人主体中的交通企业经营者，相对于个体的乘客而言，其在市场行为中把握着话语权和占据着优势地位。一是把握定价上的话语权、处于定价上的优势地位。在政府制定的价格区间范围内，交通运输经营者同分散独立的乘客在交通服务要价上，把握着定价的主动权，具有强势地位。如铁路客运定价上，虽然面对数以亿计的乘客群体，铁路运输经营者掌握着定价权力，规定着不同时间、不同区间、不同车次、不同类型列车行驶时的票价，并可根据实际变化对其作相应的调整，铁路乘客只能被动地接受铁路部门规定的价格，而无议价权力。航空公司可以在不违背国家法律法规规定的情况下，自主决定不同时间、不同班次飞机的票价，零散的乘客无法与航空公司进行价格上的协商。其他交通运输方式的乘客在交通运营者面前同样面临此类问题。

二是掌握着大量交通资源，主要体现在交通运输工具的数量上。这些资源为交通运营者占据优势地位、把握话语权奠定了基础，特别是在交通运输乘客存在相应需求而自身交通工具较为稀缺的情况下，其优势地位更为突出。对于交通运输乘客而言，因没有其他路径，只能被动选择和接受，如春运期间，大量外出务工的交通乘客被迫选择乘坐票价较普通列车更为昂贵的高铁返乡过年。

交通人主体中，还有这样的一类人，因其角色的特殊性、工作的专业性，其承担起交通工具的操作工作。随着交通技术的革新，交通工具发生了深刻的变革，呈现出大型化、智能化、专业化、机械化等特征。所谓大型化是指交通工具的载客量出现了越来越大的趋势，如大型游轮，其载客量高达数万。智能化，指的是交通工具的科技含量越来越高，可以实现电脑程序自动控制，并根据预设的条件进行相应的操纵。机械化，指的是交通工具摆脱了传统单纯依靠人力的情况，实现了机械化运输。伴随交通工作的大型化、智能化、机械化，其专业化趋势更为突出，如专门从事客运的高速列车。交通工具的四种发展趋势也使得对从事交通工具操作的工作人员要求越来越高，如驾驶民航客机需要具备相应的资格证，且具有丰富的工作经验，驾驶大型游轮对船长提出更高的要求。这四大变化的出现，使交通工具既为交通人客体带来极大的便利，同时也带来较大的风险。一旦发生事故，将会对个体造成极大的伤害。此时担任交通运输工具操作者的交通人主体，在交通工具行驶过程中，享有交通运输活动的话语权，决定着交通运输活动的进行。在事故面前，交通运输工具的操作者，因其操作的技巧、熟练性、操作是否符合安全规范等直接关系到乘客的安全与否，因而掌握着交通运输的话语权并占据优势地位。例如人车环境下，现代轿车具有更大的驱动力、更强的瞬间爆发力，可以提高轿车运行的效率，但同时也面临更大的失控风险，给交通客体的人身和财产安全带来更大的隐患。

交通工具与交通设施的设计者、生产者、维护者，因其直接关系到行驶中的交通工具的安全进而影响乘客的安全，在交通人客体面前，同样把握着话语权和占据优势地位。如高速铁路运行系统的设计者，若在软件设计或硬件设计上存有严重缺陷，将可能诱发重大交通事故，导致列车出轨或追尾等，危及高速列车上乘客的生命安全。交通运输的服务者，如场站的工作人员、交通工具乘务员等，同乘客相比，也均处于优势地位。

三 交通人的分析模型

在本章的讨论里面，为了更好说明交通人结构，我们专门建立了交通人的分析模型，具体如图4—1所示。

图4—1中，交通人主体按照交通社会要求，围绕交通人整合目的，采用交通人整合手段，对交通人客体实施交通人整合，使之理解交通运输规范并按照交通运输环境下社会对交通人客体的角色期待行事。在交通人结构中，交通人主体由于其角色的特殊性，同样需要围绕交通人整合目的，运用一些整合手段进行自我整合和社会整合。不同时期，交通人主体

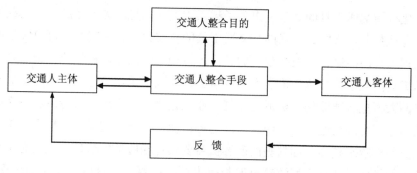

图 4—1　交通人的分析模型

自身的整合程度和整合形式存在不同。在封建社会，作为交通运输决策者的交通人主体，站在维持其封建专制统治集团特权的角度，实行自我整合与接受社会整合程度低，主要强调对交通人客体的整合，使其行为符合封建统治集团利益。在交通人结构中，交通人主体根据交通人客体主动的或是被动的信息反馈，对交通运输规范、交通发展状况等作出是否调整的决策，以更好地规范交通运输秩序并维持交通运输活动的进行。在不同社会发展时期，交通人客体的反馈也会存在不同。封建社会交通人客体在交通运输过程中，主动参与反馈较少，对交通运输规则、交通运输政策被动接受多。随着社会变迁，作为乘客和行人的交通人客体，权利意识开始觉醒，能够享受一定的表达权，并开始同交通人主体围绕交通运输过程中的权利、发展政策等展开讨论。

交通人结构体系中，交通人主体、交通人客体、交通人整合手段与交通人整合目的四大要素密不可分。交通人整合目的对交通人主体与交通人客体的整合具有导向作用，指导交通人主体与交通人客体如何整合并达到何种整合效果。交通人整合手段，是交通人主体与交通人客体密切联系的纽带。有了交通人整合手段，交通人主体与交通人客体才能够保持良性互动，避免直接冲突。通过整合，交通人主体与交通人客体才能彼此结合，按照交通运输规范，在不同位置上扮演相应的角色，保证交通人系统的稳定、维持交通运输活动的进行。

本章将着重围绕交通人的主体系统、客体系统以及主客体系统整合的手段与整合目的四个方面开展讨论。

第二节 交通人的主体系统

一 交通人主体系统结构及其内在关系

交通人主体作为交通人系统中的一个子系统，其内部虽然由不同的作为交通人主体的社会成员构成，但在社会交通环境下，这部分个体在参与社会交往和社会分工过程中，因工作的职业及由此所决定的角色扮演的不同，形成不同的群体。这种由交通人个体所组成的不同类别群体，在交通人主体系统中，分别承担不同的社会功能，如有的承担决策功能、有的承担执行功能，如此构成不同的子系统。这些子系统仍由数量不等的交通人主体构成，个体的人依然是交通人主体内部各子系统的基本元素。

交通人主体系统内部存在着不同的群体，分别承担着不同的功能，时刻进行着社会化分工，有其内在的结构体系，且整个体系能够保持相对稳定的运转。为便于分析交通人主体结构，我们按照交通人主体系统内在功能的不同，可将其区分为交通人信息采编系统、决策系统和执行系统。例如在交通法规制定过程中，就包括法规制定的前期信息收集、民众听证以及法律制定和实施等环节，每一环节均有若干承担此功能的交通人主体组成。

交通人主体信息采编系统是指在交通运输过程中，承担与交通运输相关的各类信息采编功能的交通人主体所构成的群体及其运行过程。此种信息采编既包括对交通人主体决策前的相关资料如宏观经济发展情况、社会交通需求情况等的收集，以及决策与执行反馈信息的收集，也包括对交通人客体的信息采集，是一种全方位的资料收集过程。整个活动由担任交通人信息采编职能的这部分交通人主体完成。承担交通人主体信息采编系统，既可以是从事交通运输行政管理的职业人，也可以是为交通运输决策提供咨询参考的智囊中心工作人员，通过他们的工作，发挥交通运输信息采编功能。

交通人主体决策系统，是指由承担决策任务的交通人主体所构成的群体及其运行过程。承担决策功能的这部分交通人主体既可以是独立的个体人，也可以是以职业为纽带所组成的以组织形式出现的群体，如担任交通行政管理与决策任务的行政机构工作人员。从整体上看，他们在整个交通运输活动体系中，以交通人主体形式出现，并担负着整个交通人主体的决策职能，是交通人主体决策系统的重要群体来源。交通人决策系统中，有时也会形成一定的临时性组织，这种组织由一定数量的参与决策的个体构成，围绕一定的决策目的产生，一旦决策完成，即可宣告消亡。如在公共交通工具服务价格调整的决策上，需要由相应的交通运输行政部门会同同级的物价管理部门，组织包括政府官员、民意代表、交通行业专家、公共交通运营单位代表共同商讨，最终作出包括价格是否调整以及调整多少的决策，伴随决策过程的结束，担任决策任务的这一临时性组织便宣告消亡。

与交通人主体决策系统相对的是，担负执行任务的交通人主体所构成的群体及其运行过程，则称为交通人执行系统。同样，交通人执行系统，也是由无数从事交通活动执行功能的个体所组成，他们或以个体形式出现，或以群体形式存在。大型公共交通工具的驾驶者，如城市轨道交通的司机，他们驾驶着轨道列车执行着来回运送乘客的任务。交通运输警察，他们从事交通活动指挥工作，维持着交通运输秩序，执行和维护交通运输规则的职能，基本上主要是扮演着执行者角色。

交通人主体系统三大子系统的运行过程详见图4—2。

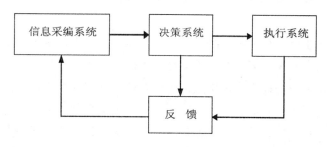

图4—2　交通人主体系统运行过程

如图4—2所示，交通人主体系统内部三大子系统不可或缺，它们彼此之间也密切联系。信息采编是进行科学决策的前提和基础，没有前期的信息采编，只会导致盲目的决策。而盲目性的决策将极有可能会破坏交通运输系统内在的结构稳定，给交通人主体和客体带来一定的负面影响，损害交通运输活动的正常进行和交通运输事业的长远发展。如部分城市在交通运输发展中没有经过深入的调查研究并未掌握大量的第一手资料，即盲目地制定交通运输发展规划，开展大规模的交通建设。结果是没有综合考虑社会经济发展需要，或低估了社会的交通需求，造成大量的低水平重复建设，浪费了大量资金；或过于夸大了社会交通需求，造成大量交通资源的浪费，损害了社会的公共利益。而这些后果又强化了交通人客体对交通人主体的不信任感，引发交通人客体对部分交通人主体的不满，造成交通人客体与交通人主体的关系紧张，影响二者之间的平衡。

在决策与执行的关系上，社会普遍认同决策是执行的前提，任何执行都是建立在决策基础上。科学的决策能够为正确的执行提供指导，并对执行的效果产生重要影响。

决策与执行的过程，同样也是信息不断反馈的过程，也即信息采编的过程。信息采编系统及时对决策与执行过程中所反馈过来的信息进行归纳整合，并传递给决策系统和执行系统，以不断纠正决策中的非理性因素和执行中的偏差，保证整个体系科学运转。在交通人主体系统运行当中，一旦采编到的信息失真，将会给决策与执行带来错误的向导。而如果在决策与执行过程中，没有反馈或反馈不及时，也将对决策系统和执行系统运转产生损害。如在高速列车行驶过程中，发生突发事件导致列车紧急停车，如果作为执行者的列车司机此时不及时将信息传递给列车运营信息管理中心（也即调度中心），也未及时告知同一线路上行驶的其他列车，使信息采编系统无法获得相关信息，交通决策系统无法作出相应决策等，将可能导致同向行驶的两辆列车相撞，威胁作为乘客的交通人客体的人生和财产安全，造成巨大的经济损失。

在交通人主体系统当中，三大子系统在不同的条件下对应的交通人主体不同。从微观角度考察，对于某一交通人主体，三大系统可能是集于一身的。如驾驶私人车辆从事交通运营者，既是道路信息采集人，又是交通活动决策人，还是交通活动的执行者。从事私人车辆运营的驾驶员在载客后，在不熟悉目的地所在具体方位的情况下，驾驶员会了解相关资料，并倾听乘客的意见，对目的地地理位置及周边交通状况进行定位，再思考通往目的地的各种可供选择的线路，并关注相关道路的路况，在此基础上作出如何行驶的决策。在驾驶车辆前往目的地这一执行过程中，个体营运者驾驶员会根据最新搜集的资料及时调整运行路线，最终到达目的地。整个过程驾驶员扮演着信息采编者、决策者、执行者三重角色。

从宏观层面上看，交通环境下交通人主体系统三大子系统所对应的交通人主体内在构成非常丰富。下面将从决策的角度来分析交通人主体系统子系统的内在构成要素。

以决策系统为例，一般而言，决策系统人员构成主要是承担交通运输决策职能的各级组织的各类人员。这些人分属于不同的组织，有履行政府交通运输决策职能的官方机构，如交通运输部、交通厅、各级交通局、铁道部、各地铁路局等各类政府机构；也有从事交通运输服务如运营、施工、维护以及其他配套服务等的非政府机构。前者中从事有关交通运输决策的工作人员，他们按照国家赋予的职责开展交通发展规划编制、交通运输政策制定、交通规则确定等各项工作。如交通运输部依据《中共中央关于制定国民经济和社会发展第十二个五年规划的建议》和《国民经济和社会发展第十二个五年规划纲要》，根据国务院批准交通运输部的职责和工作要求，组织编制了《交通运输"十二五"发展规划》（以下简称规划）。规划于2011年4月13日正式印发。规划全面分析了"十二五"期间社会对交通运输的发展需求，提出了"十二五"期间交通发展的目标，包含了综合运输、公路交通、水路交通、民用航空、邮政服务以及城市客运管理等方面，是"十二五"期间国家交通运输发展的指导性文件。各地交通局按照交通运输部的要求，均编制了相应的交通运输发展规划，作出本地区交通运输管理及发展的各项决策。

后者中主要指在非政府机构如交通工具研发企业、交通工具生产企业、交通工具维护公司、交通运输运营单位、交通设施施工单位、交通发展咨询单位等为交通运输提供服务等机构中的领导高层或知识高层。交通工具研发企业领导高层与高级工程师评估未来社会需求，根据人们的喜好，对交通运输工具的性能、外观等技术研发工作作出相应的决策。交通运输工具生产企业的管理者，会根据研发状况及未来社会对交通工具的需求量，决定生产型号及生产量。交通运营单位如铁路运营商会根据旅客出行情况与出行偏好，预测出相应的客流量，确定列车数量、列车结构、运营时间、运营票价等为旅客提供运输服务。需要说明的是，在以上各类组织中，并非所有人均在执行着决策任务，也并非所有人时刻都在承担决策功能，不同时间节点上同一组织不同的人会承担不同的功能，甚至同一组织同一人也会承担不同功能，如有人此时在交通局中担任决策工作，而彼时则可能去承担信息采集工作或是执行某项工作。这也正说明交通人主体系统中，信息采编、决策与执行三大系统的复杂性及其内在的开放性。

二　交通人主体系统的分类

交通人主体系统按照不同的标准，可以分为不同的类型。按照社会关系的不同，可将交通人主体按照地缘、业缘、志缘、趣缘划分为不同的群体。交通人主体中的地缘群体是指基于群体成员间空间或地理位置关系而形成的群体，这类交通人主体的结合，受地域因素影响较大。业缘群体是指基于成员间劳动与职业间联系而形成的群体，如同为交通运输警察的交通人主体，因社会分工条件下具有共同的职业——交通运输警察而结合在一起，形成交通运输警察这一业缘群体。在这类群体中，共同的职业成为交通人主体之间联系的纽带。志缘群体是基于共同的志向而形成的群体，这种群体偏重于正式组织，如交通运输法律咨询委员会等。趣缘群体是基于共同的兴趣爱好而结合在一起的交通人主体群体，偏重于非正式组织，如交通运输人俱乐部等。

在交通人主体信息采编、决策与执行过程中，不同的交通人主体均会面对"是否倾听交通人客体意见、是否坚持自身利益最大化为原则"这两个共性问题，对此也会采用不同的行为方式。这将直接导致交通人主体行为的分化。部分交通人主体倾听交通人客体意见，将交通人客体利益置于优先地位。与之相对的是，另一部分交通人主体则会较多地强化自身的利益，忽略交通人客体意见。由于交通人主体在整个交通人结构体系当中，把握着话语权和占据相对优势地位，而交通人客体则相对处于弱势或无权地位，因此这两种行为对应着民主与专制两种取向。按照"是否倾听交通人客体意见、是否坚持自身利益最大化为原则"这一衡量标准，我们可以将交通人主体系统分为民主型交通人主体系统和专制型交通人主体系统。下面我们将分析这两类交通人主体系统的内涵及其外在表现。

所谓民主型交通人主体系统是指交通人主体系统中，信息采编、决策与执行三大子系统能够按照民主的方式运行，交通人主体能够倾听并吸纳交通人客体意见，坚持将交通人客体的利益最大化作为行动的准则。与民主型交通人主体系统相对的是专制型交通人主体系统，指的是交通人主体系统中，信息采编、决策与执行三大子系统较多地采用专制的手段运行，交通人主体漠视交通人客体的意见，只从自身集团利益考虑，维护的不是交通人客体的利益。一般而言，传统社会或者说是封闭性社会条件下的交通人主体系统是专制型的，现代社会或者说是开放型社会条件下的交通人主体系统是民主型的。下面我们将简要分析一下不同时期交通人主体行为、地位与作用的不同。

封闭性社会条件下的交通人主体,特别是封建社会中作为封建社会统治集团的延伸的交通人主体,主要服从和服务于封建统治集团,维持封建社会统治秩序,满足封建统治者的交通需求,其工作出发点大都不是从普通交通人客体的角度去进行交通规划设计、交通工具变革、交通设施兴建、交通规则制定。如隋炀帝修建京杭大运河,其初衷不是为了作为普通出行者的交通人客体提供便利,而是为了方便其南下巡游及解决京师的粮食运输困难。当然,不可否认的是这一运河的修建,在客观上沟通了大江南北,成为加强南北交流的重要通道,为南北出行者提供了便利。秦始皇修建驰道,规定驰道中央专供皇帝使用,驰道的两边才供普通出行者使用,整个驰道的设计主要是为封建统治集团服务,象征着皇权的高高在上,体现着封建统治社会下的森严等级。封建社会条件下的交通人主体,特别是封建官僚机构主导下的交通人主体,在信息采编、决策与执行过程中,往往漠视交通运输的重要服务对象和作为参与者之一的交通人客体的利益,在信息采编上很少去深入了解作为普通人的交通人客体的意见,而是较多的关注封建统治者的喜好,普通交通人客体基本上被排除在信息采编的对象之外。在交通决策中,他们按照封建统治者的利益需要,决定交通运输设施兴建、交通制度设计等。交通人客体既无利益表达权,也无参与权,只有被动地成为交通运输政策的受者。整个交通人主体体系运作主要以专制的手段进行。

在开放型社会条件下,特别是进入了近代资本主义社会和现代社会,传统的封建社会统治思想被动摇,自由平等的理念的兴起,导致公共交通和法制交通观念的流行,交通人客体在整个交通人主体系统中地位得到一定的提升,交通人主体也越来越重视交通人客体,且能够在一定程度上倾听交通人客体的意见,并为交通人客体提供一定的服务。此时,交通人主体存在的目的主要在于:维持交通运输活动秩序,保证交通运输活动的正常进行;推动交通运输事业的发展,为交通运输客体提供各种服务,使交通运输能够更好地满足人类的需求。从这点看,交通人主体存在的最大价值在于为交通人客体及整个社会提供服务,服务是交通人主体的共同职责。此时,交通人主体不再为某一特定的利益群体服务,而是面向全社会特别是广大交通人客体服务,交通人客体的利益在整个利益结构中处于优先位置。交通人主体在信息采编、决策与执行过程中，逐渐采用民主的方式取代专制的做法，倾听交通人客体意见，了解交通人客体的利益诉求，充分尊重交通人客体在社会公共交通决策中的参与权。对于涉及全社会利益的重大决策，如交通规划的修订、重大交通工程设施的兴建、交通规则的制定等，交通人主体都将以适当的形式向包括交通人客体在内的社会群体广泛征求意见，并最终作出决策。从这一过程看，决策越来越公开透明、越来越规范，交通人客体的参与权也得到了一定程度的保证；从结果看，决策对交通人客体越来越有利。在这一体系中，交通信息采编、决策与执行三大子系统的运行均呈现出民主化色彩。

第三节 交通人的客体系统

一 交通人客体系统的特征

交通人的客体系统是与交通人的主体系统相对而言的，由在交通过程中不同群体组成。交通人客体系统具有两大特征。

其一，本质特征是与交通主体相对而言的人，人是构成交通人客体系统的最基本、最核心元素。在交通社会系统中，个体的人不是作为孤立的个体而存在的，而是在交通环境中需要与其他人发生各种各样的联系，组成不同类别的社会群体。作为交通活动中相对处于弱势地位，缺乏话语权的社会个体，在社会交通环境下，以行人和乘客的形式出现，在参与交通活动过程中自觉或不自觉地联系在一起，组成交通人客体这一群体，构成交通人客体系统。交通人客体系统内部这种个体之间的联系，既可以是有意识的，也可以是无意识的，既可以是短暂的，也可以是长期的。联系在一起的这部分群体，可能是分布在不同区域、乘坐不同的交通运输工具或是行走在不同的道路上的。他们以个体的形式出现，构成了交通人客体这样一个群体，每个行人和乘客无一例外地成为其中一员。在这里之所以强调交通人客体的特性，还有一个原因就是区别于交通客体。交通客体与交通主体相对，既指交通运输过程中被运输的人，也包括交通运输中发生位移的物。而交通人客体强调的是组成交通人这一系统中的行人与乘客，而非交通运输活动中物的因素。

其二，交通人客体系统是一个复杂的体系。一方面组成交通人客体系统中的个体，具有不同的情感、目的、利益，不同人因其情感喜好不同、宗教习俗不同、目的取向不同、利益关系不同，导致同一交通人客体系统中不同交通人客体行为方式不同。同样，按照韦伯社会分层的理论，将社会成员按权力、财富、社会声望三个维度进行分层，同一交通人客体系统中的个体差异较大。交通人客体在参加交通活动过程中，均扮演着一个共同的角色即交通人客体，具体而言，此时均是某一交通设施上的行人或某一定交通工具上的乘客。但除了这个共性角色外，他们也分别带有自身的社会属性和扮演着不同社会角色，在权力、财富、声望上存在着显著的不同。他们中有人处于社会高层，或是占据巨大的社会财富，在市场经济中获得较多的机会，享有丰厚的收入，支配着许多经济资源；或是享有较高的社会地位，得到社会的广泛认可与好评；或是把握着话语权，在一定的范围内有能力贯彻自己意志，并对他人实施控制和影响。他们中有的则既不占据大量的经济财富，也无一定的权力和社会声望，处于社会底层。在整个系统内部，更多的人界于社会上层与社会底层之间。交通人客体系统中，这种较强的差异性，不仅在宏观层面上存在，也在具体的交通运输过程中充分体现。如同一时间乘坐同一高速列车到达同一目的地的乘客，他们中有的是政府的高级公务员，他们享受着政府权力，承担着政府职责；有的是人民教师，获得广泛的社会尊重；有的是科研机构的研究人员，在研究领域内享有绝对的权威；有的是富甲一方的商人，经营着多个企业；有的是前往外地求学的大学生；有的是家住边远农村、前往外地务工的农民工；有的是零售店的店主等等。这些人虽然乘坐同一交通工具，同属交通人客体，但在社会分层上存在着较大的差异，如此可见交通人客体系统内部成员构成的复杂性。

另一方面作为交通人客体的个体其结合方式复杂多样。在交通人客体系统中，个体因不同组织方式形成家庭、小群体、组织、集团、社会。交通人客体在参与交通活动中，既可能带有原来的社会属性，也可能在参与交通活动、与其他成员互动中发生新的社会关系，组成新的组织。这种组织既可以是松散联系的非正式组织，也可以是组织严密的正式组织；既可以稳定的形式存在，也可以只存续于交通活动之中，伴随交通活动的结束而结束。这也在某种程度上决定了交通人客体系统内在的复杂性。

二　交通人客体系统与主体系统关系

交通人客体与交通人主体二者共同建构了交通人这一体系，并成为交通人体系中最为核心的两个子系统。二者存在着一定的相关关系，既相互联系，又存在区别。

首先，无论交通人客体系统还是交通人主体系统，二者均是一个复杂的系统体系，均由一定的社会成员以一定的方式结合而成，人是构成这两个体系中最基本也是最重要的元素。没有一定量的人的参与，交通人客体与交通人主体便不能称之为体系，也不可能有效的运转。无论交通人客体还是交通人主体，作为系统存在，有其相对稳定的内在结构与逻辑体系。

其次，在社会领域中交通人客体与交通人主体具有内在的一致性。无论是交通人主体还是交通人客体，均指代的是一定的社会成员，统一于人这一属性之中。并且二者并非完全对立，甚至在某些时候可以实现相互转换。在交通社会环境下，同一社会成员在不同的条件下，不同的时间节点上既可能作为交通人主体又可能作为交通人客体而存在。如作为交通人主体的交通运输警察，在执行公务时是交通人主体，但下班后行走在城市街道上，则属于交通人客体，如果其行为违反交通运输规则，同样需要承担相应的责任、接受同样的甚至更为严厉的处罚。在交通市场运营中，私人车辆的拥有者驾驶着私人车辆提供交通运输服务，相对乘客等交通客体而言，由于他掌握着话语权和占据优势地位，他以交通人主体的角色存在。相反，如果其选择将私家车于自用，作为自己出行的工具，虽然他独自驾驶着车辆行驶于交通道路上，他仍是交通人客体。

最后，交通人客体系统与交通人主体系统相互依存。在交通人体系中，主体系统与客体系统是一对相对的概念，没有交通人主体系统，也就无所谓交通人客体系统，没有交通人客体系统，交通人主体系统也无存在的价值与意义。现代社会交通人体系中，交通人主体为交通人客体提供服务，交通人客体需要遵循交通人主体所制定的行为规则开展交通运输活动。如果没有交通人主体操纵交通运输工具，对于大部分交通人客体而言，要想实现长距离的位移，将会非常艰难。如果缺乏交通人客体的理解与支持，那么交通人主体的工作也很难开展和继续下去。社会交通环境下，交通人主体与交通人客体均有着各自的角色期待，均需要按照社会所要求的角色内容进行扮演，以保持交通运输活动的正常进行。交通人主体与交通人客体一旦发生对立甚至冲突，将会损害交通运输的内在稳定，影响交通运输活动的开展。譬如在发生交通运输活动的过程中，如果作为乘客的交通人客体与作为司机的交通人主体发生冲突，将可能导致交通运输活动的中断，通过交通运输实现位移的目的将难以达到。整个交通人系统中，交通人主体与客体系统是互为依存的。

三 交通人客体行为的表现形式

交通人客体系统强调交通人客体在整个运输活动中被动性的一面以及在其中处于相对弱势无权的状况，实际上交通人客体仍有其主动性的一面。不同条件下，交通人客体基于其主动性，会采取不同的行为表现形式。按其行为方式可将其概括为三类：一是自觉地遵守社会规范。这部分交通人个体在任何情况下均不会去触动交通运输规则，违反交通运输规范。在过马路的时候，他们会严格按照红绿灯指示进行；在乘坐公共交通工具时会提前足额购票，严格遵守禁止携带易燃易爆物品的规定；在行驶的车辆上不会向窗外抛撒垃圾；在飞机起飞和降落时自觉关闭手机等等。他们会认真学习交通运输的所有社会规范，将其内化为个人价值观，作为个人交通行为的行动指南，并加以严格遵守，即便其有时也会考虑打破这种规则的"束缚"，但在内心的反复斗争中，最终仍然选择自觉遵守交通运输规范。

二是盲目地自由发展。这部分人并非完全不遵守交通运输中的规范，而是按照自身的喜好，作出是否遵守交通运输规范的举动。这部分人有时会违反交通运输法则，作出越轨行为。在马路上行走时，在人行天桥和地下通道距离较远或没有时，如果需要穿过马路到达对面，这部分人会选择翻越马路中心地带的栅栏，穿行于来往的车流，违规过马路；如果人行天桥或地下通道较近，他们便会考虑不作出穿越马路的越轨行为。

三是有目的有组织的抵制交通规范。对这部分人而言，越轨是有意为之，在形式上既可能是集体性的行为，也可能是个体性的行为。如部分乘客具有强烈的反社会倾向，敌视社会的一切，在乘坐所有公共交通工具的时候，肆意破坏交通规则，故意携带各种固态、液态的危险品，企图制造各种恐怖事件，扰乱社会的正常秩序，危害他人的生命安全。此外，还有交通人客体会采取破坏交通运输设施如损坏道路、桥梁、铁轨等违法行为来破坏交通规范，发泄对社会的不满。这类行为，历来为任何文明社会所排斥。需要指出的是，并非所有有目的有组织的抵制交通规范的越轨行为均是极端的、暴力的、反社会的，也并非这些行为都是负功能、无任何益处的。有时交通人客体采取的行动对促进交通规则的公正合理有着正向作用。如当某项交通规则不尽合理，作为交通人客体的行人与乘客对该项社会规则集体感到不满，在正常的意见表达渠道不畅的情况下，他们会采取集体行动，共同抵制该项交通规则，最终迫使交通规则的调整。

不同时期不同类型社会条件下的交通人客体，有着不同的行为方式。在封闭社会条件下，在漫长的封建社会里，封建统治集团推行专制独裁统治，维护专制权威，交通体系为封建统治阶级所主导，交通规则为封建统治集团利益服务，交通活动成为封建统治集团的特权之一。封建统治者在交通运输过程中把握着交通政策的制定权、交通活动的管理权、交通设施的优先使用权乃至专用权。他们动用国家人力、物力、财力等资源大规模兴修交通设施，研发并制造各种豪华的交通运输工具，以满足他们出行的需要。他们依靠国家统治机器对交通运输活动进行管理，以保障交通运输活动中统治者集团的绝对利益，对于触犯这种不合理秩序者，均施以严厉的处罚，轻则没收财物，重则株连九族。所制定的包括驰道制度、避让制度、车舆制度等交通规范均体现着他们在交通活动中的绝对权力。

而作为普通百姓在交通工具与交通设施使用、交通规则制定等方面均处于绝对的弱势无权地位。此时作为普通人的交通人客体，他们在愚民教育和残酷统治下，逐渐习得了封建统治集团主导下的交通活动规范，并习惯性地将其作为自身参与交通活动的行为准则和道德操守。这些交通人主体在出行时，谨遵关于出行的各种规定，多选择徒步而行，基本上不会在驰道中穿行或行走。即使能够使用车舆，他们也严格遵守车舆制度，不敢逾越半步。在使用轿子的时候，也非常谨慎。在道路中行走，遇到封建统治集团成员的车舆的时候，均需要遵循"贱避贵"的交通法规进行避让。当出现某社会成员违反这种为封建统治集团利益服务的交通规范时，他们甚至也会加入谴责的队伍中，并支持交通人主体对违反规范者进行处罚。封建社会高压下的交通人客体，基本上一直都在扮演着自觉地遵守交通规范者角色，不会主动去参与交通决策、反映交通诉求。

到了封建社会末期，自由、民主、平等观念的传入，科学技术的进步，新式交通工具的发展与应用，使得人们的思想开始解放，观念不断更新。这一过程不断持续，在交通活动中，交通人客体的民主、平等意识开始觉醒。随着人类社会逐步从封闭式社会向开放社会转变，交通领域内交通人主客体内部以及交通人主体与交通人客体之间的权利越来越平等，交通人客体在交通工具与交通设施的使用上，开始发生了质的变化，原有的等级限制被打破。部分交通工具不再被视为是社会上层的专利，普通交通人客体也可以拥有、租用、乘坐。行人或乘客可以使用各种新修建的交通设施、场站。遇到权贵不再需要遵循传统的避让制度。公共运输事业的发展，使得普通交通人客体甚至可以同之前的权贵在同一时间乘坐同一交通工具。此时，交通作为社会的公共事业存在并运行，交通运输规则发生了极大的变化，无论是交通人主体还是交通人客体，作为交通环境下的一员，均需要遵循交通活动中的共同准则。交通人客体在这一新的社会条件下，更加积极主动地融入其中，学会新式的交通运输法则，并加以遵守。而作为规则的制定者的交通人主体，也需要学习这一规则，并自觉执行。新的交通规则使交通人主客体的地位更加平等。交通人客体参与交通活动的积极性得到显著提高。

此外，不同时期交通人客体的行为不同，还表现在社会动荡时期与社会安定时期，交通人客体的表现不同。社会安定时期，整个社会围绕一定的社会规则有序运转，不管这种规则是否合理，社会中的每个成员均按照这样的规则行动，使得整个社会保持稳定。交通领域同样如此。稳定时期，交通人主体与交通人客体分别按照交通规则所预设的角色进行扮演。交通人客体，习惯于这种已经内化为个体价值观的规则，并自觉按照这种规则行事。但在社会动荡时期，社会运行规则被破坏，社会内部冲突较为严重，社会运行出现了失范，在这种旧的社会秩序被打破，新的秩序尚未建立的情况下，社会成员普遍出现无所适从的情形。在交通活动中，由于交通人主体所在的统治集团出现动荡，无法维持正常的交通活动秩序，与交通相关的教育无法落实，社会道德的整合作用也下降，与交通规则较稳定时期相比，无法得到严格的执行，交通人客体会出现盲目发展的情况。当然，不管在稳定时期还是动荡时期，如果交通规则本身不合理、不能得到包括交通人客体在内全社会的认同，而且当交通人客体的这种民主意识觉醒的时候，就有可能会出现群体性有目的有组织的抵制交通运输规则的行为。

四　交通人客体的分类

与交通人主体相同，按社会关系的不同，可将交通人客体按地缘、业缘、志缘、趣缘划分为不同的群体。交通人客体中的地缘群体是指基于群体成员间空间或地理位置关系而形成的群体。如在某一时间节点某一地域共同乘坐某一交通运输工具的乘客，在某一交通运输设施上行走的行人等。正是由于共同的地域联系，使这部分交通人客体结合在一起，形成交通人客体。交通人客体中的业缘群体，是指基于成员间劳动与职业间联系而形成的群体，这部分群体因共同的职业属性而结合在一起，共同参与到交通运输活动中，如上下班时共同乘坐某一特定交通运输工具（如办公班车）的单位职工。志缘群体是基于共同的志向而形成的群体，这种群体偏重于正式组织。趣缘群体是基于共同的兴趣爱好而结合在一起的交通人客体群体，它偏重于非正式组织，如自行车爱好者协会等。

第四节　交通人的整合手段

交通人结构体系中，除了交通人主体、交通人客体这两个子系统外，需要一个规范体系以规范交通人主体与客体的行为，确定其各自角色的扮演，引导其社会化，整合交通人主体与客体的关系，并保证整个交通人内在结构的稳定性和关系的持续性，这便是交通人的整合手段。交通人的整合手段是交通人结构体系中的重要一环，没有整合手段，交通人主体与交通人客体将以无序的状态存于交通人体系中，造成二者之间经常性的冲突，最终导致交通人整体结构的失衡乃至整个体系的崩溃。因此，研究交通人的整合手段，特别是构建科学的交通人整合手段体系，具有重要的意义。

应该看到，交通人整合手段与交通人主体及交通人客体是密切相关的，任何脱离交通人主体和交通人客体的交通人整合手段，都是不科学的。要清楚了解和准确把握交通人主体与交通人客体之间内在的作用形式，必须系统分析交通人整合手段体系。

一　交通人整合手段的类别

交通人整合手段体系按不同的划分标准可以区分为不同的类别。一是从整合手段的内容上，可以分为法规、制度、道德、习俗等。法规是由国家或国家相关部门制定，反映统治阶级意志，由国家政权强制实施的行为规则的总和，是法律、法令、条例、规则、章程等的总称。法规最大的特征是具有强制性和普遍的约束力。法规在现代法治社会中，作为基础性整合手段，其地位与作用受到普遍重视。制度有广义与狭义之分，广义是指在一定条件下形成的政治、经济、文化等方面的体系，狭义是指在一定范围内的社会成员必须共同遵守的办事规程或行动准则。交通运输活动中的制度主要是指交通运输管理体制以及相应的内部行动准则。制度对规范交通人的行为，引导交通人主体与客体开展交通活动提供重要的导向作用。道德是指衡量人们行为正当与否的观念标准，一般每个社会都有其公认的道德规范，它的整合方式主要通过社会舆论和人内在良心的认识来实现。在交通活动中道德主要是指社会公德和职业道德。习俗是指人们在集体生活中自发形成的一种行为规范。它是最古老的一种社会行为规范。习俗在整合中具有广泛性、自发性和非强制性。① 在交通运输活动中，习俗仍然对交通人发挥着整合作用。法规、制度、道德、习俗作为四种主要的交通人整合手段，在交通社会中相互配合，共同作用。

二是从整合手段的性质上，可以分为强制性整合方式和非强制性整合方式。当一定的交通运输规范包括交通运输法规、制度、道德、习俗等确定后，不同交通人个体在整合过程中采取不同的行为方式。有些规范可以通过个体主动自觉学习并遵从，而有些则需要借助于外界强制手段加以推动。所谓强制性整合手段，是指借助于社会强制性力量，采用强制性控制方式，对违反交通运输规范的交通人实施相应的处罚，通过负强化的方式，使交通人能够习得交通运输规范，进而达到交通人整合的目的。如在交通运输过程中，交通人如果醉酒驾车，其行为将直接触犯相关的法律制度。按目前新修订的《中华人民共和国刑法》规定，酒后驾车将会受到刑法的制裁，犯罪者最高面临半年拘役的处罚。而法律是以国家强制力作为保证具有普遍约束力的，违反者将会受到严厉的惩处，体现的正是一种强制性的整合方式，这种整合不因交通人个人的意志为转移。所谓非强制性整合手段，是指通过说服、教育、引导等非强力手段对交通人主客体实施控制，强调个体的主观配合，自觉自愿。如在交通活动中，交通客体在乘坐公共交通工具时违反了交通公共道德，受到运输工具驾驶员、乘务人员、其他交通人客体的指责乃至批评教育，此时这种整合方式是非强制性的，违反者可以选择遵从，也可以选择不遵从。在交通社会中，强制性整合方式较非强制性整合方式更具有约束力和威慑力。

三是从整合手段的作用方式上，可以分为内在整合方式与外在整合方式。所谓内在整合是指整合手段作用于个体，使作为交通人主体与客体的

---

① 穆怀中：《社会控制概念与结构分析》，《社会学研究》1988 年第 3 期。

个体能够接纳交通运输过程中的所有规范，将这些规范内化为个人价值观念，并加以贯彻执行。整个过程中交通人个体起到主导作用和决定性作用，充分发挥了个体的主观能动性。内在整合方式作用于个体并非是一蹴而就的，期间个体需要与自身的主观意志、思想观念、个性喜好作斗争，并从中选择能够接受的规范加以遵从或者是予以强化，对于不能理解和接受的规范则可能会加以排斥，整个过程可能会出现反复，且不同个体之间，甚至同一个体在不同的时间节点、不同的社会环境条件下，对交通运输规范的理解和执行会有着不同的表现。

而外在整合方式，主要强调的是人们外化为交通规范的交通人整合手段，作为一种社会客观规定，对全体交通人发生作用的客观性与普遍性。任何在交通运输环境下的社会个体均受其影响与制约。这种影响和制约带有普遍的社会意义，不会因人而异，因人的主观意志而异。外在整合手段与内在整合手段并非完全脱离，二者相互配合，共同作用于交通环境下所有人，并且外在整合从根本上仍需要依靠内在整合发挥作用，没有交通人个体将交通规范内化为价值观，并借以指导其行动，外在整合的效果将不会持久。

四是从整合手段的表现形式上，可以分为显性整合规范与隐性整合规范等。所谓显性整合规范是指所有的整合手段均是实实在在的，以一定的表现形式得以体现出来的。显性整合规范如交通运输法规、制度体系以及其各种外显表现形式。在交通运输各场站，交通人均可看见张贴的关于禁止携带违禁物品的宣传图片。在道路交通运输中，悬挂着的各种交通标识，斑马线引导作为客体的交通人如何穿行于道路之间、速度限制、禁止左转、禁止右转、前方道路施工等各种标志引导交通人如何驾驶车辆。这些均可视为是显性整合规范。而隐性的整合规范通过一种"看不见的手"作用于交通人的主体与客体，使之行为符合相应的要求。隐性规范虽然不以一定的实物形式表现出来，但作为一种文化、价值观，存在于交通人的内心，引导着交通人的行为。

虽然整合的手段按不同标准有不同的分类，但多种整合手段共同构筑的是一个全方位的整合体系。在这个体系中，各种整合手段彼此相互补充，密切配合，共同作用于交通人主体与交通人客体，发挥交通人整合作用。

二 几种主要的交通人整合手段

交通人整合手段类别众多，方式多样，下面介绍交通法规、交通制度、交通道德、交通习俗等四种主要的交通人整合手段。

（1）交通法规。交通法律法规以国家强制力作为保证，对规范交通运输行为，维持交通运输秩序，引导和指导交通人主体与客体的角色扮演，有着重要意义。交通法律法规一旦颁布，任何人都不可违背，对交通环境下的所有人均具有普遍的约束力，是整合交通人主客体的重要手段。

交通法规作为国家统治阶级意志的体现，其出现是国家发展、交通发展到一定阶段后的产物。从现有史料记载看，西方交通法规最早可以追溯到公元前 3 世纪，由罗马执政官凯撒颁布的交通法令。我国早在周代即产生了道路法规和交通法规的雏形，即规定在道路中行走时，男子从左，女子从右，车从中央，以及禁止夜间通行。到秦汉时期，正式建立体现皇权至高无上的驰道制度。公元前 221 年，秦始皇颁布"车同轨"和修驰道的命令，规定驰道中央三丈为天子专行，吏民只可行其旁道，违者没收其车马，并严格执行驰道律令。至宋朝，中国出现了较为完整的交通法规。宋仁宗颁布了邮驿专门法律，即《嘉祐驿令》共 74 条。南宋孝宗年间颁布了维护封建等级制的交通管理规则《仪制令》，规定"贱避贵；少避长；轻避重；去避来"。到了资本主义社会，西方制定了许多较详细的交通规则，我国在民国时期交通方面的法律法规也逐渐增多。民国初期，北洋政府修订了道路交通管理法规，后又颁布了《京师公修道路简章》、《修治道路条例》等交通法规。国民党政府统治时期，1949 年公布的包括《公路汽车监理实施办法》、《汽车管理规则》等在内的有关交通管理方面的规章制度就达 11 项。新中国成立后更加注重交通运输中的立法工作。就道路交通而言，有《公路法》、《中华人民共和国道路交通管理条例》、《高速公路管理办法》、《交通警察手势信号规则》等。就民用航空而言，有《中华人民共和国航空法》、《中国民用航空货物国内运输规则》、《中华人民共和国民用航空安全保卫条例》、《中国民用航空旅客、行李国际运输规则》等。就水运而言，有《中华人民共和国内河交通安全管理条例》、《中华人民共和国内河避碰规则》、《中华人民共和国船舶登记章程》、《船舶油污染事故等级》、《船舶污染的排放标准》等。就铁路交通而言有《中华人民共和国铁路法》、《铁路行车事故处理规则》、《铁路货物运输合同实施细则》、《铁路货运事故处理规则》等。我国的交通法规在逐步发展与完善之中，涉及交通方式的各种要素，从各个方面为交通的运转和人们的出行提供了较好的法规保障。

（2）交通制度。交通制度作为交通人整合的重要手段之一，它一方面整合着交通人主体，制约着交通人主体的行为，另一方面又作用于交通人客体，规范着交通人客体的行为。在法定约束力上，交通制度居于交通法规与交通道德交通习俗之间，低于交通法规，高于交通道德和交通习俗。其内容主要包括交通运输管理体制以及相应的内部行动准则。

交通制度，作为一种制度体系设计，有其内在的组织结构、规范内容。我国古代交通运输管理体制，基本上是以陆路为主。整个封建制度下的交通制度，均是围绕如何维护封建统治、满足封建统治集团需要而设计的。

自清末民初以来，交通制度发生了较大的变化。交通制度开始理性回归，回归到维持交通运输秩序，保障人的出行安全上来。在管理体制和行动规范上均有所创新。特别是新中国成立后，这种变化更为显著。目前我国实行的是部门管理体制，由交通运输部、铁道部等部门在国务院领导下全面管理全国的水路、公路、铁路、航空、邮政、管道运输，形成了遍布全国、分工明确的管理网络，保证交通运输事业的发展。同时，这些组织中工作的交通人主体根据自身工作职责，对交通人客体在参与各类交通活动中的行为规范进行了提炼，形成了系列针对交通人客体的规范体系，并通过广泛宣传，使之能够为交通人客体所接受并自觉服从。对于制度违反者，交通人主体根据相关制度规定给予批评教育。如此，交通制度也整合着交通人客体的行为。

（3）交通道德。道德作为人们参与社会生活的重要规范，是衡量人们行为正当与否的观念标准。它明确地告诉人们，什么是社会所倡导的，什么是社会所反对的，什么是可为的，而什么是不可为的。在现代社会，无论是哪个民族、哪个阶级阶层、哪个行业，人们在社会生活中都要接受和遵循全社会公认的道德规范。在交通社会环境下，交通人参与交通运输活动中，同样会受到道德规范的制约，这种制约既包括交通运输中的公共道德，也包括针对交通运输主体的职业道德。

（4）交通习俗。交通习俗是一种传承文化，它是从历史的交通惯习中逐渐发展演化的，属于民族传统文化的一部分。但它的根脉一直延伸到当今与交通有关系的各个领域，伴随着交通的发展而不断发展。人类在交通活动中有时受交通习俗的影响。对于出行者而言，首先必须面对的是何时出行，选择何种方式出行。中国民间传统的"黄历"就有着何日何时，什么方向出行的禁忌。

第五节 交通人的整合目的

交通人主体与交通人客体，作为交通活动的重要参与者，需要围绕某一目的进行整合，这种整合从根本上是促进交通人主体与交通人客体的和谐统一，使交通人主体与交通人客体之间能够相互支持，保证交通人系统的内在结构稳定。这种整合目的具有导向作用，对交通人主体与交通人客体的整合方式和整合结果产生影响。在交通人整合操作过程中存在着一个是将交通人主体还是交通人客体置于优先位置的问题。围绕这一问题会出现两种不同的倾向，即交通人主体优先还是交通人客体优先。下面我们将分析这两种整合目的及探讨两者的发展演变历程。

一 两种整合目的的概念

所谓交通人主体优先是指在交通人整合过程中，各种整合手段围绕交通人主体的利益来进行整合，它将交通人主体的利益作为整合的中心，相对而言，交通人客体利益则处于边缘位置。在此种整合目的下，作为交通政策制定者，交通运输执行者、交通工具设计与生产者、交通活动组织者与运营者的交通人主体，由于其本身所享有的话语权及占据的优势地位，按照交通人主体利益最大化为工作原则，创设交通运输规范，维持交通运输秩序，保障交通运输过程中交通人主体的利益。他们在制度设计中，将交通人主体的利益置于优先位置，各项法规制度均体现着交通人主体的意志，所推行的道德教育也强化他们的思想，社会风俗也在他们的引导下，控制着交通人客体的行为。通过一系列符合交通人主体这一群体利益的规范体系的综合作用，使交通人客体能够从思想上、行动上均服从和服务于交通人主体的需求。在交通工具的使用上，他们占据优势地位，具有专属使用权。交通设施的兴建上与使用上，也体现着他们的意志。他们成为交通社会环境下权力的核心，利益的主导者。

与之相对的是交通人客体优先，指的是交通人主客体整合过程中，充分考虑交通人客体的利益，并将实现交通人客体利益的最大化作为整合的目标。在整个交通人结构体系当中，作为交通人客体的行人与乘客相对处于弱势无权和居于劣势的地位。在此种结构体系下，如果交通人主体能够站在整个社会的公共利益，而非交通人主体这一群体或集团的利益进行制度设计、交通活动管理与执行等活动，充分保障交通人客体在整个交通活动体系中的交通权，包括交通工具使用权、交通政策参与权以及其他正当权力，则整个交通活动是体现着交通人客体利益优先的。交通人客体利益优先并非是忽视交通人主体的正当利益，而是指交通人主体在交通人整合过程中，将交通人主体的利益置于包括交通人客体在内的社会公共利益之上。交通人整合过程中主体优先与客体优先两个概念，所涉及的利益优先并非是绝对的，而是一种相对的趋势。

二　两种不同整合目的的发展演变过程

交通人整合过程中，究竟是将主体利益置于优先位置还是客体利益置于优先位置，这在不同的历史时期，交通人系统结构中存在不同。这种不同既体现在同一整合目的在不同时期的具体表象不同，也体现在不同时期会出现不同的整合目的。整体而言，自封建社会以来，交通人整合目的是从交通人主体优先向交通人客体利益优先发展演变的，经历过一个漫长的历史过程。当然这种过程也并非是一蹴而就的，期间仍可能出现反复。下面将简要分析这种发展演变历程。

在封闭型社会条件下，交通人结构体系中，交通人主体优先这样一种整合目的基本上一直占据主导位置。封建统治者集团，作为阶级社会的精英，掌握着强大的国家机器，享受至高无上的权威。为了满足封建统治集团的统治需要，封建统治集团设立各类包括主管交通运输工作的机构，使这些从事交通规划、交通政策的制定者，交通活动的管理者等交通人主体，成为封建统治集团的成员。这些人按照统治者集团的需求，组织开展各类交通建设，包括动用国家各种资源兴修驰道、开拓运河、设计并制造交通工具以及制定交通政策与法规，运用国家强制力来监督执行各种交通规范，以维护整个封建专治统治集团的利益。此时，作为封建统治集团体制内人，交通人主体的利益与封建统治集团的利益密切联系。交通人主体在制度设计中，将封建社会中统治阶级与被统治阶级利益不平等关系，引入其中，并将其具体化。如规定驰道等为最高封建统治者所享用，作为普通人的交通人客体不能行驶在宽广的驰道上，违者将处以极刑。行人在道路行驶时，遇到封建统治集团中的官吏，必须选择避让。交通工具的使用及装饰上，交通人客体不得逾越。在交通的规划与设计过程中，交通人主体并不去征询交通人客体意见，而是按照封建统治集团利益进行决策并动用全社会资源来兴修。交通人客体付出了巨大的经济代价，却无法享受这些交通设施。交通人主体在交通人体系中扮演的是维护交通人主体这一集团的利益，损害的是广大交通人客体的利益的角色。典型历史事件就是隋炀帝造运河，劳民伤财，导致天怒人怨。这种以交通人主体利益优先的整合体系，一直在中国存续近两千年，其间虽然具体形式上各个朝代有所不同，但并无根本变化。

随着封建社会的土崩瓦解，人类社会开始进入开放型社会，人与人之间等级制度被打破，交通人客体民主平等意识开始觉醒。随着社会思想的解放、观念的更新，传统社会条件下扭曲了的交通人主体与交通人客体关系得到了解放，交通人的整合目的也发生了巨大变化，开始从交通人主体优先迅速向交通人客体优先转变。在交通人系统中，交通人主体虽然还是掌握着交通政策等方面的话语权和占据交通活动中的优势地位，承担着交通运输过程中的决策权、执行权，但新的制度体系包括道德评价体系、法律法规制度、社会习俗等都对其行为作出了一定的限制，使得交通人主体无法再像过去一样将所在群体的利益置于整个社会之上，并动用国家统治力量加以保障。此时的交通作为社会公共管理事业，需要接受来自社会各方面包括交通人客体的监督。交通设施的兴建与使用越来越合乎整个社会的公共利益，而不再是作为某个特定集团的专利，任何社会成员均可以行走于各种新修建的交通设施之上，只要经济条件许可，任何人均可以乘坐现代化的交通工具，不再受到权力、财富、声望等制约。传统社会中受重农抑商政策影响下的商人，在新的社会制度下，在交通运输方面，可以与社会高层享受同样的交通权。任何交通人主体必须尊重交通人客体的乘坐公共交通运输工具的权利，不得无理由拒载交通人客体。交通人客体的人身安全也越来越受到重视，从事交通运营的各种组织及工作人员需要采取一切措施，保证交通人客体在交通活动中的安全。在现代交通运输中，一旦发生较大的安全事故，交通运营机构、承担交通运输管理的政府职能部门、交通工具驾驶人员均需要接受相应的调查，事故中受伤的交通人客体需要得到及时的救助。在交通政策的制定或调整上，交通人主体也需要对此作出较为详细的规定，并按照相应的程序执行。在涉及公共交通事务的决策上，特别是与交通人客体利益直接相关的决策上，交通人客体有一定的参与权。交通人主体要向交通人客体征求意见，吸纳部分交通人客体参与交通政策决策过程，并在听证过程中集体决定是否通过。如公共交通运输中的出租车价格调整，按照《中华人民共和国价格法》规定，涉及人民群众切身利益的公用事业价格、公益性服务价格、自然垄断经营的商品价格等政府指导价、政府定价，需要建立听证会制度，由政府价格主管部门主持，征求消费者、经营者和有关方面的意见，论证其必要性、可行性。出租车作为公共交通工具之一，属于涉及人民群众切身利益的公用事业价格、公益性服务价格，其价格制定与调整均需要有作为交通人客体的乘客参与。总之，现代社会强调包括交通人客体在内的整个社会公共利益，交通人客体的利益得到了切实保证，体现着交通人主客体整合过程中交通人客体优先的目的。

任何社会成员均生活在交通环境中，都是交通人系统中的一员。交通的发展特别是交通工具的革新离不开人的推动，而发展交通的根本目的在于更好地满足人的需求。社会交通环境下，交通作为社会的一个子系统，其内部同样由包括交通人在内的若干个子系统构成。按照交通过程中的话语权与相对优势地位这一标准可将交通人划分为交通人主体与交通人客体。交通人主体系统、交通人客体系统、交通人主客体围绕一定的整合目的和采用一定的整合手段，共同建构了交通人系统。在这一体系中，交通人主体系统与交通人客体系统均由若干社会成员构成，二者既相互依存，又相互区分，共同统一于交通人这一根本属性之中。交通人主体与交通人客体整合过程中，交通法律法规、制度、道德、习俗作为交通活动中的规范发挥着重要作用。

通过对交通人结构的分析，可以看出人类社会在交通人主体与交通人客体整合过程中，是逐步从交通人主体利益优先向交通人客体利益优先转变的，交通人主体是从专制型向民主型转变的，交通人客体在交通活动参与过程中经历了集体无权利意识到权利意识逐步觉醒这一历程，交通人整合手段经历了单向整合向双向整合的转变过程。推动交通运输现代化、构建和谐的交通运输环境，需要继续提升交通人主体综合素质，强化交通人主体服务意识，增强交通人客体参与意识，拓宽交通人客体意见表达渠道，创新交通人主体、客体的整合手段与方式方法，加大对交通人主体与客体的整合力度，实现交通人主体与交通人客体的良性互动，保持交通人结构体系的内在稳定。

第五章　交通与组织的互构

　　交通作为人类社会的一种技术手段，其发展程度与水平在很大程度上决定着社会中组织的形式与规模，反过来，组织又能促进交通的发展。"交通系统的完备程度决定着社会组织的规模和社会结构的形式"。[①] 在人类历史的长河中，交通与组织上演着精彩纷呈的二重奏，二者相互推衍，共生互构，共同推动着人类社会的前行。

　　人类社会的发展在某种维度上是对空间的跨越与征服，自有人类以来，历史发展的进程就向我们展示了一个由在空间上分散、孤立、割裂的世界向一个逐渐走向整体、趋于一体化的世界。对于世人来说，这个过程向他们展示了越来越广阔的社会空间。现在，人类不仅在空间层面趋向全球一体化，而且将活动的空间扩展到太空，人类已经登上了月球，并尝试登临火星。在人类社会跨越和征服空间的这种伟大历史进程中，借助的主要社会形式就是组织，没有组织这种人类集合体，单靠个人的力量无法实现世界的整体化与全球化，更无法将人类的活动伸向太空。在这个历史进程中，人类社会借助的主要技术手段就是交通，交通是人类实现空间跨越的具体工具，是道路、桥梁、航道、航线、航船、各种车辆、飞机、飞船、通信、传媒等手段帮助人类实现了空间的征服与跨越。

　　交通促进人类社会由分散走向整体，由孤立走向交往。随着交往频率的加大、交往规模的扩大与交往程度的加深，人类就有了建立组织以处理一些社会问题或社会事务的必要性。因为组织作为一种合作形式，在处理人类交往事务上较个体方式更具有效率、更具有稳定性和可预期性。组织反过来又能大大促进交通的进步。因为组织为了自身的发展，需要借助一些技术手段，交通手段是组织发展需要借助的重要技术手段。因此，组织

---

　　① 　王子今：《交通与古代社会》，陕西人民教育出版社1993年版，导言第1页。

的存在又能推进交通发展。人类历史上的绝大多数重大交通工程或交通行为都是在组织的依托或支持下进行的。

在促进交通发展的组织中，有政治组织，如国家、政府机构、政治团体，它们出于政治目的或社会稳定、社会发展的目的推动交通建设；有经济组织，它们为了获取经济利益投资于交通或促进交通事业发展，这其中又分一般性的盈利性公司、企业和以交通为业的公司、企业。前者如一些跨国公司、大型企业，后者如一些运输公司、物流公司、航空公司，等等。还有社会（民间）组织①，它们往往出于社会公益的目的推动交通事业发展，这其中又分一般性的社会（民间）组织和与交通行业紧密相关的社会（民间）组织，前者如资助贫困地区修路的社会（民间）组织，后者如交通行业协会。

第一节　交通是组织的条件与手段

交通是组织达成其目标的重要工具。组织为了达成其目标，要跟外界进行人员、物资、信息、技术等方面的交流，这些交流大多需要交通作为工具。尤其在现代社会，时间就是金钱。例如出去跟其他公司谈判，需要坐车才能节省时间；自己公司的产品生产出来后，需要及时运送销售出去才能缩短资金周转的时间；要跟外地甚至外国的公司做生意，现代通信手段，如固定电话、手机、电脑、传真机等就必不可少。而且，随着现代交通技术和交通手段，如汽车、飞机、电报、电话、轮船等的快速发展，直接催生了以交通和通信为业的现代交通和通信业的诞生，而现代交通和通信业都是以组织为载体的。

国家就是一个特殊的组织。一个国家要维持正常运转，就要对构成它的各种子组织和国民实施有效控制。交通工具或交通手段是国家实施对其子组织和国民进行有效控制的主要技术支撑。具体而言，国家要借助交通手段实现其统治律令的传达；国家要借助通信手段维护国家机密和国家安全；国家要借助交通手段达成军事目标；国家要借助交通手段进行国内外必需的物资运输；国家要借助交通手段发展国民经济，等等。

---

① 这里的"社会"是与政治、经济相对的狭义"社会"。在我国，往往将这类"社会组织"称为"民间组织"。

一　交通与国家

（一）政令传达

政令畅通是国家治理有序的表现。国家的政令、法律法规、施政方针、政策等需要及时准确地向各组织和国民传达。畅通的政令需要交通手段作为支撑。"如荀子说，要想实现王制，条件之一就是修治道路，公布执行旅舍的规则。"[1]

在中国古代，为了顺利地传达政令、信息，从周朝开始就建立了邮传网络。周王朝"为使军令、政令准确迅速下达，建立了以西周首都镐京为中心的邮传网路。镐京是通信中心，京城外面有方圆千里的王畿，王畿四面共有 12 个关口，出关以后沿着大道可通达各地。王畿内有国野大路直达这些关口，道路宽阔，可以通过使车。从京城至关有五百里，在沿途设置了一些休息的处所，供使者饮食、喂马、住宿。每个关口都设有司关，得到使臣来的消息迅即报告"[2]。邮驿这种集交通、通信与运输为一体的交通制度，在后世的各个历史朝代得到了进一步的发展和完善，成为中国古代社会官方交通、通信方面最主要的制度。用于邮传的交通工具在西周时就有了"传车"，后世则多用马匹。在邮传的交通设施方面，后世也在周朝的基础上有了较大的发展。

到了当代，"一个国家的信息传输渠道、网络技术和信息传输速度如何，对于其生存和发展更是上升到了前所未有的地位，是其综合国力的重要象征和标志之一"[3]。

（二）物资运输

物资的运输对于一个国家的经济社会的正常运行是必需的。在古代社会，税负的输送、军粮的转运、物资的调拨，等等，都需要运输。在商朝，就形成了以西亳为中心的贡纳道路。京杭大运河开通后，漕运逐渐成为中国古代王朝物资运输的重要方式。元明清三朝定都北京，南方的粮食和物资通过运河北运的数量惊人，漕运甚至成为明清两朝的生命线。明朝迁都北京后，每年运往北京的漕粮数以百万石计。

<hr />

[1]　刘广生主编：《中国古代邮驿史》，人民邮电出版社 1986 年版，第 17 页。
[2]　同上书，第 13—14 页。
[3]　黎德扬等：《社会交通与社会发展》，人民交通出版社 2001 年版，第 32 页。

　　到了现代社会，由于社会分工越来越细，社会成员生活所需的绝大部分生活和生产资料都需要经过流通与交换才能满足。因此，一个国家维持正常运转所需要运输的物资就更多了。例如，1999 年，"我国货物总周转量达 40273 亿吨·千米，人均达 3356 吨·千米"。①

　　（三）军事需要

　　战争与交通密不可分。战争需要传递军情、军事信息；战争需要转运军需粮草；战争中的军队行军、执行军事任务需要交通线路和交通工具的支持，等等。在中国古代，为了及时传递军事信息，在边境或者前线每隔一定距离修筑一个烽火台，遇有敌情，士兵及时点燃烽火或狼烟，其他烽火台的士兵看到后也相继点燃烽火或狼烟，这样就可以将敌情及时地传送给军事指挥系统。中国古代军事史上有"明修栈道，暗度陈仓"的故事，表明了交通对于战争的意义。此外，战争需要大量的军需粮草，这些都需要交通运输。三国时期，蜀国丞相诸葛亮出川伐魏，远离川中，军事前线离后方太远，且路途艰难，因此多次因粮草运输不济而致伐魏大业半途而废。为了解决军粮的运输难题，诸葛亮亲自发明了一种称作"木牛流马"的运粮交通工具，既能翻山越岭，又能节省人力。古往今来，几乎任何军队行军打仗，其指挥系统都要携带必备的交通地图，而且很多军队都配备有专门的工兵部队，从事战时的架桥修路工作，这些都足以说明交通对于战争的意义。

　　（四）经济发展

　　要想富，先修路。这是中国改革开放 30 多年总结出来的宝贵经验。对于一个国家来说，要想搞好经济建设，先要解决经济发展的基础设施问题。在基础设施建设中，交通基础设施建设又是首当其冲的。经济生产所必需的资源、能源，如矿产、原材料需要交通运送；生产的产品或商品需要交通运输；发展中的经济交流需要交通支持。中国改革开放 30 年的历程告诉我们，经济的发展是沿着交通线延伸的，现代交通线路，如公路、铁路、航线、电话线、网线等，延伸到哪里，哪里的经济发展就会起飞、提速。

　　早期的欧洲，海洋航运成为各国经济发展的主要手段。迪亚士发现好望角，开辟了亚欧航线，促进了当时欧洲各国的经济崛起。哥伦布发现新

---

　　①　黎德扬等：《社会交通与社会发展》，人民交通出版社 2001 年版，第 34 页。

大陆促成了全球大航海时代的来临。新航路的开辟，使欧洲国家的海外贸易线路由地中海转移到了大西洋。从此，西方的经济发展开始步入快速道，并最终导致了资本主义制度的确立。我国目前制定的十大产业振兴规划，都与交通运输相联系。[①]

二　交通与经济组织

交通是经济组织生成的动力和持续发展的基础。社会组织的建立、正常运行和健康发展，必须利用交通作为其工具、手段和方式，因为任何社会组织都是在社会交往和社会联系过程中存在与发展的。对于一般组织而言，虽然不会像国家那样倾注大量的人力、物力、财力从事交通建设，但是交通条件和交通手段仍然是一些政治、经济与社会组织达成其目标的重要技术支持。

在中国近代，津浦铁路通车后，使得铁路沿线的经济组织得到快速发展，如津浦铁路沿线的中兴煤矿和徐州贾旺煤矿。中兴煤矿自1880年设立中兴矿局到1912年津浦和台枣铁路通车前，产量一直不高，年均只有10万吨左右。而铁路通车后，这个煤矿的产量则迅速提高，最多时达到一年80多万吨；徐州贾旺煤矿也是如此，铁路通车前，煤矿产量每年只有3万吨左右，铁路通车后则逐步增长到10万吨以上。20世纪二三十年代，铁路沿线城市还兴建起了一些工业企业，例如蚌埠、徐州的面粉厂，徐州的制革厂，宿县、徐州的打蛋厂。铁路运输对企业降低成本、扩大生产有着重要的意义。[②]

云南的滇越铁路通车后，改变了铁路沿线的经济社会面貌，兴起了一些经济组织。1909年，滇越铁路初通车，云贵总督锡良就组建了个旧锡务股份有限公司。公司聘请德国人斐劳禄为总工程师，购买西方先进设备在马格拉矿区组建矿山工厂。20世纪二三十年代，滇东南地区的工矿业因交通的便利而获得飞跃发展。[③]河口原本是一个小小的停船码头，仅有3—5户人家，滇越铁路通车后，很快发展成为拥有4000余人和20余家

---

① 梁春：《历代交通与经济发展》，《武汉晨报》2009年5月21日。

② 秦熠：《铁路与淮河流域中下游地区社会变迁（1908—1937）》，《安徽史学》2008年第3期。

③ 王玉芝、范德伟：《滇越铁路与滇东南少数民族地区工业化互动关系评述》，《红河学院学报》2010年第1期。

商店行号的小城镇。另外如碧色寨，原来仅有十几户人家，因滇越铁路与碧石铁路通车后而成为交通枢纽和云南省进出口贸易的重要中转站，法国等国的公司、洋行以及清廷、民国的邮局和税务局等机构纷纷设立。滇越铁路通车后，具有现代性质的新兴产业兴起。如电力企业石龙坝发电厂、蒙自大光、开远通明、河口汉光等电灯公司。①

北方的正太铁路和同蒲路的建成通车也改变了太原的经济格局，各类经济组织纷纷兴起。太原作为铁路重要的转运市场，堆栈业蓬勃兴起，其中规模较大的有元盛、庆泰裕、兴顺利三家，均向正太铁路租定堆栈，代客堆存并转运货物。太原的近代金融业也因铁路交通而迅速发展起来。金融企业，有晋绥地方铁路银号、绥西垦业银号、晋北盐业银号等 17 家。而且由于与通商口岸经济联系日益紧密，这一时期的银号及钱庄通汇地点以外省为主，占到 95.42%。其中，晋绥铁路地方银号是直接因铁路而成立的。正太铁路和同蒲铁路建成后，成为近代工业的助推器。1933 年 8 月，西北实业公司成立，设立四个组，其中特产组设有西北贸易商行、天镇特产经营厂、河东联运营业所；纺织组有西北毛织厂；矿业组有西北煤矿第一厂、西北炼钢厂、西河口铁矿采矿处、静乐锰矿采矿处、宁武铁矿采矿处；化工组有西北窑厂、西北洋灰厂、西北皮革制作厂、西北印刷厂、西北制纸厂、西北火柴厂、西北电化厂等。西北实业公司各工厂的兴建与铁路息息相关，工厂所需的设备均由铁路运来，部分企业直接因铁路而建。在西山开设的新式煤炭厂就因铁路而建，西北洋灰厂就是为了满足同蒲铁路对水泥的需求而兴建；西北实业公司的产品多经铁路输出，部分工业品的销售对象就是同蒲铁路。②

对于经济组织来说，人员的往来、交流，能源、原材料、产品的运输，服务的传递，信息的传输等，都需要交通手段的支撑。在当代社会，对于经济组织来说，交通手段甚至成为其实力的一个重要表征。一些大型企业的领导人不但拥有大量的豪车，出差乘坐飞机，甚至拥有自己的私人飞机；一般企业里的公务用车也档次较高；一些小企业在交通手段上往往不具备这样的条件。在通信手段方面同样如此，一些大型企业往往拥有最

---

① 杨永平、黎志刚：《滇越铁路与近代云南红河流域的社会变迁》，《昆明理工大学学报》（社科版）2011 年第 1 期。

② 李丽娜：《铁路与太原城市近代化进程：1907—1937》，《晋阳学刊》2008 年第 5 期。

先进的信息传输设备，能及时地获取或传输最新的经济信息、从事经济
交往。

　　现代跨国公司是国际经济领域的重要主体，是世界经济发展的重要影
响因素。现代社会快速发展的交通运输和通信技术为跨国公司的跨国经营
提供了重要的工具和技术保障。

　　三　交通与社会组织

　　中国古代社会，交通就与社会组织有着水乳交融的内在联系。自西周
始，古代的各个王朝就用道路的长度单位作为社会组织的名称。西周早期
就开始出现社会组织"里"。《尚书·酒诰》和《逸周书·商誓》都有
"里君"的称呼。西周晚期出现"里人"的称呼，"里君"和"里人"都
是社会组织"里"之长。历朝历代"里"的首长称呼，还分别有"里
尹"、"里正"、"里司"、"里吏"、"里长"、"里宰"、"里祭酒"、"里
胥"，等等。至明朝，还有"里甲"之制。由此可见，"里"是中国古代
社会重要的基层组织形式。"里"这种社会组织形式，并不是以其人数多
寡来划分的，而主要是以道路交通距离为标准来划分的。在古代，里同时
也是一种长度单位，而且长度单位应该是"里"的本意。《穀梁传·宣公
十五年》讲"古者三百步为里"，《孔子家语·王言解》讲"周制三百步
为里"。"里"作为社会组织，则与其人数没有太大关系，据史料记载，
"里"所辖的户数大不相同，有 25 户、50 户、72 户、80 户、100 户、900
户不等。据长沙马王堆汉墓出土的《驻军图》所示，一里多则"百八
户"，少则"十二户"。这就表明，"里"作为社会组织，并不在乎其户数
或人数，而重在其长度距离，户数可以不等，但一"里"的长度距离却
要相当。[①] 由此可见，古代社会在建立社会组织时，对道路交通是何等的
看重，甚至以道路长度为标准来组建社会组织。

　　秦汉时期，在"里"之上又设"亭"，俱为社会组织。《汉书·百官
公卿表》称：大致十里设一亭，亭有亭长。十亭设一乡，乡有三老，有
秩、啬夫、游徼。"亭"实为行人停留食宿的地方。因此，"亭"既是一
个社会组织，又是一个交通线路上的停留食宿之处，即馆驿。"亭"的长
官"亭长"因此也肩负双重使命，其一是负责社会治安、诉讼等事务，

---

　　① 王子今：《交通与古代社会》，陕西人民教育出版社 1993 年版，第 9—10 页。

其二则是负责维护交通设施，接待来往的官吏、使者。①

"里"、"亭"皆为基层社会组织。在中国古代，有的国家行政机关的命名就直接与交通有关。秦汉时，"道"是级别与规模相当于县的行政机构。"道"这种行政机构一般设在少数民族聚居区，秦代陇西郡有狄道、绵诸道等，蜀郡有僰道、严道等。到西汉时，道的建置较秦有了增加，如南郡有夷道，广汉郡有甸氐道、刚氐道、阴平道，长沙国有连道，等等。②

到唐代，将低于省一级的地方行政组织称为"道"，贞观初年全国共有十道；宋代把低于行省一级的地方行政组织称为"路"，下辖府、州；明清时期在省、府之间设监察区，称作"道"。③

进入近现代社会，由于社会分工更细，社会各部分间的联系更紧密，交通与社会组织的关系更加密切了。一些社会组织往往因交通的因素而得以建立，并发挥着重要的社会作用。

陇海铁路建成通车后，关中地区交通条件大为改善，关中地区的棉花交易也发生了变化。一个很重要的变化就是棉农合作组织的出现。陇海铁路通达关中之前，陕西的棉花贩运大半经过商人运销于郑州集散市场，再转运到上海、武汉、济南等处销售。由于铁路通车，1935年，陕西棉产改进所指导各产棉区农民组织棉产运销合作社25所，从此，棉花成熟后，有合作社进行统一收集，再直接销往上海、武汉、济南等地，少了中间商的层层盘剥，增加了棉农收入。④

正太铁路通车后，导致外地商贾云集太原，各类商号增多。在这种情势下，1907年2月，太原商务总会宣告成立。参加商会的会员共有561户，1913年增至778户。1916年，太原商务总会更名为"太原总商会"，由会董票选渠本澄为第一届会长。商会对同业公会进行整顿，促令各商号按行加入同业公会。⑤

有了滇越铁路，有了铁路产业工人，继而产生了相关的社会组织。1928年7月，中共芷村车站党支部成立。抗日战争爆发后，沿铁路前行

① 王子今：《交通与古代社会》，陕西人民教育出版社1993年版，第10页。

② 同上书，第14—15页。

③ 同上书，第18页。

④ 郭南成：《陇海铁路与民国时期陕西棉业的现代转型》，《农业考古》2011年第4期。

⑤ 李丽娜：《铁路与太原城市近代化进程：1907—1937》，《晋阳学刊》2008年第5期。

的北京大学等三校组成了西南联大，西南联大文法学院就曾落脚在滇越铁路上的蒙自。①

由于铁路通车，工商业发达，商会等社会团体组织逐渐兴起。例如在全国铁路商运会议上铜山县商会代表提出提案二件，蚌埠运输业同业公会代表提出提案六件，蚌埠淮盐运商公会代表提出提案八件，临淮镇商会代表提出提案二件。②

第二节　组织是交通的引擎与后盾

交通建设作为一种社会公共工程，其任务往往艰巨而复杂，单靠孤立的个体社会成员往往难以胜任。“愚公移山”的故事虽然给我们传递了锲而不舍的执著精神，但是这个故事本身也说明了单个个体的力量要完成移山开路这样的浩大工程是多么的不易。而组织则能够会聚众人的力量与智慧，共同完成大型的交通建设工程。古往今来，一些重大的交通工程、重大的交通事件一般都是在组织的支持或帮助下完成的。

一　国家与交通

（一）设置交通机构

交通是国家的命脉，国家为了发展交通事业，往往需要建立专门的交通管理或交通建设机构，负责交通事业的发展建设。一些政府组织、经济组织、社会组织出于组织交流、组织效率的考虑，也往往会建立本组织内部的交通机构，如车队、运输队。

在中国古代，各个王朝就很重视交通机构的设置。中国古代，公文、圣旨、军情等的传达，必须依靠驿道邮传，因而各个朝代都建立了驿站、邮驿馆舍等政令、信息传递机构。

相传，舜帝时设有 22 个大臣，其中管理交通运输的官员就有 4 人；夏朝设“车正”作为路政管理机构，掌管交通。③ 周王朝设交通管理部

---

① 杨永平、黎志刚：《滇越铁路与近代云南红河流域的社会变迁》，《昆明理工大学学报》（社科版）2011 年第 1 期。

② 秦熠：《铁路与淮河流域中下游地区社会变迁（1908—1937）》，《安徽史学》2008 年第 3 期。

③ 黎德扬等：《社会交通与社会发展》，人民交通出版社 2001 年版，第 44—45 页。

门，叫"司险"。周朝管理道路的官吏称为"涂人"。秦朝，中央由治粟内史兼管全国货运。隋朝，由户、工、兵三部分掌交通运输事宜。唐朝，设置转运使，管理全国的道路运输。元朝，在中央设置诸都统领使司，掌管全国驿站，后来改为通政院。明朝，在兵部设置车驾清吏司，管驿站，各地设递运所、水马驿、急递铺。清朝，沿袭明制，但各地驿传由省按察使兼管，下设道。

近代以来，各国对交通管理机构的设置更为重视。日本从明治时期开始在内阁下设递信省，建运输通信省，下设铁道总局、海运总局、汽车局、航空局、港湾局、递信院等机构。美国于1976年开始设立运输部。目前，其运输部下设铁路局、海事局、公路局、航空局、城市大批运输管理局、海岸警卫队、圣劳伦斯通海航道开发公司、国家公路交通安全局、科研与专项计划局等。我国在民国时期，政府设有交通部、铁道部、航空署和邮政总局。

（二）组织交通建设

设置交通机构的目的是组织交通建设。西周建立后，修筑了以都城镐京为中心，通往各诸侯国的车马大道，"周道如砥，其直如矢"[1]。秦始皇灭六国后，修筑了自都城咸阳通往全国四方的驰道：通往北方的直道，通往岭南的山道，通往西南方的秦蜀栈道和五尺道。早在春秋战国时期，我国就开始开挖运河。中国在很早的时候就开始修筑桥梁，战国时期，秦昭王在咸阳渭水上建设了一座长桥。到汉魏时期，中国古人已经开始造石拱桥。[2]

进入现代，世界各国对交通建设更为重视。世界各国政府都对交通建设进行大规模投资。美国在1806年为了开发西部地区，提供公路建设资金；1824年为改善河道和港口提供政府拨款；1840年前后，大力鼓励修建铁路：（1）从开建铁路到1871年，共赠予铁路公司土地1.79亿英亩；（2）1830—1916年的86年中，平均每年给予铁路的投资为149亿美元。[3]1993年克林顿当选总统，组建了国家"信息基础设施"特别小组，宣布

---

[1]　《诗经·小雅·大东》，《十三经》（上），燕山出版社1991年版，第320页。

[2]　黎德扬等：《社会交通与社会发展》，人民交通出版社2001年版，第41页。

[3]　蔡庆麟、刘艳琴、王玉兴：《运输经济与管理决策》，人民交通出版社1998年版，第69页。

在 15—20 年内投资 4000 亿美元建设美国信息高速公路。①

改革开放以来，我国交通建设事业快速增长。据交通运输部部长李盛霖介绍，"十一五"时期中国交通预计全社会五年共完成交通建设投资 4.5 万亿元，是"十五"的两倍多。到 2010 年底，全国公路网总里程达到 395 万公里，五年新增 60.5 万公里，其中，高速公路总里程由五年前的 4 万公里增加到 2010 年底的 7.3 万公里；全国运输航班机场达到 176 个，新增 34 个；邮路总长度达到 380 万公里，新增 40 万公里。农村公路基本实现"村村通"五年来投资规模年均增长 30%，通车总里程预计 2010 年底达到 345 万公里，新增 53.5 万公里。沿海港口通过能力 2010 年底达到 55.1 亿吨，五年新增 30 亿吨；内河水运五年总投资预计为 1000 亿元，内河航道通航里程预计 2010 年底达到 12.3 万公里，五年新增及改善 5700 公里。②

（三）支持交通行为

唐朝时，日本政府支持跟唐王朝的友好往来，多次派遣唐使到中国。据有关史料记载，从公元 630 年到 894 年间，日本曾 15 次派遣唐使出使中国。出使中国的使节，日本天皇常给予赏赐。③ 日本遣唐使乘坐的船只，也是日本政府下令监造的。④

明代郑和下西洋的壮举，就是在明朝成祖皇帝朱棣的大力支持之下才得以进行的。从 1405 年到 1433 年，郑和七次率领规模庞大的船队远航西洋，曾到达爪哇、苏门答腊、苏禄、彭亨、真腊、古里、暹罗、阿丹、天方、左法尔、忽鲁谟斯、木骨都束等三十多个国家，最远曾达非洲东海岸和红海沿岸。郑和下西洋的壮举加强了当时的中国与东南亚及非洲各国的交流。

举世闻名对现代历史产生里程碑式的影响的地理大发现，同样是在国家和政府的支持下才得以实现的。15 世纪时，葡萄牙王子亨利大力支持航海探险活动，他创办航海学校，培训海员，绘制海图，频繁地组织航海探险活动。得益于这种支持，葡萄牙的航海探险先后发现了马德拉岛、佛得角群岛，并从直布罗陀沿非洲西海岸到达几内亚湾。1473 年，葡萄牙

---

① 黎德扬等：《社会交通与社会发展》，人民交通出版社 2001 年版，第 41—42 页。
② 林红梅：《"十一五"成中国历史上交通发展最快时期》，新华网 2010 年 12 月 16 日。
③ 席龙飞：《中国造船史》，湖北教育出版社 1999 年版，第 124 页。
④ 黎德扬等：《社会交通与社会发展》，人民交通出版社 2001 年版，第 43 页。

船只驶过赤道，达到刚果河口。1487 年，葡萄牙人迪亚士的航海船队发现非洲最南端的好望角，进入印度洋。1497 年，达伽马率领的船队经非洲东岸的莫桑比克、肯尼亚，于 1498 年到达印度西南部的卡利卡特，开辟了绕过非洲进入印度洋的新航线。而美洲新大陆的发现则与西班牙王室的支持密不可分。哥伦布向西航行寻找中国和印度的远航计划得到西班牙王室的支持，1492 年他带着西班牙王室致中国皇帝的国书，率领船队经加那利群岛后向西航行，到达巴哈马群岛和古巴、海地等岛。但是，哥伦布误以为他到达的是印度，却不知他发现了一块新大陆，即美洲大陆。

（四）规范交通秩序

周朝时，就对道路的维护有了具体的规定。《礼记·月令》记载：季之月"循行国邑，周视原野，修利堤防，道达沟渎，开通道路，毋有障塞"。即是说相关负责官员要在春季的第三个月巡视和检查道路、堤防，如有损坏和障碍、沟渠被堵塞的，应修筑、疏通和排除。《国语·周语》讲："雨毕而除道，水涸而成渠"，即要在大雨过后及时排除积水和平整路面。"列树以表道"，即要在路旁植树作为道路的标记。中国历代王朝都把修护、管理道路交通作重要的政治任务。[①]

制定交通法规和发布交通行政指令是世界各国维护交通秩序的通行做法。交通行政指令包括各级交通行政管理部门发布的命令、指示、决定、通告，等等。改革开放以来，我国政府的交通立法成就显著，出台了公路法、铁路法、民用航空法等多部交通法规。

我国曾经多次颁布与修订道路安全方面的管理条例与法规，以维护交通秩序。我国目前适用的《中华人民共和国道路交通安全法》，于 2003 年 10 月 28 日第十届全国人民代表大会常务委员会第五次会议通过，2007 年和 2011 年两次修订。该"安全法"在总则中称："为了维护道路交通秩序，预防和减少交通事故，保护人身安全，保护公民、法人和其他组织的财产安全及其他合法权益，提高通行效率，制定本法。"除了制定相关的法律法规维护交通秩序，世界各国都设有维护交通秩序的专门机构。

（五）支持交通产业发展

制定交通产业政策是政府干预交通产业的主要方式。交通产业政策是交通产业发展的制度基础，好的交通产业政策可以大大促进交通产业的发

---

① 黎德扬等：《社会交通与社会发展》，人民交通出版社 2001 年版，第 45 页。

展，反之，则会桎梏交通产业的发展。

有学者将西方道路运输业的发展划分为"自由时代"、"严格管制与行政规划时代"和"开放与竞争时代"三个阶段。在这三个阶段，道路运输政策各不相同。在1800—1920年的自由时代，铁路政策主要关心铁路公司的垄断问题，产生了运价政策和反对铁路企业合并的政策。进入1921—1980年的严格管制时代，各国政府对道路运输采取的政策主要有：严格的市场准入制度，对公路客货运输企业的经营范围、线路和车队数量都实行严格的控制；由政府制定或控制运价；不赢利的公路客运由政府经营或对私有经营者实行补贴。1980年以后，西方道路运输业进入开放与竞争时代，这一时期的道路运输政策主要是关心道路运输服务质量和效益问题、环境污染问题。这一时期政府对道路运输的价格不再进行限制；开放道路运输市场，政府通过有关市场准入、安全等法规来加强对运输企业服务质量的控制；制定严格的车辆燃油消耗和废气排放标准；不赢利的客运线路采用招标制度，引入竞争机制。[①]

改革开放前，我国交通运输市场实行计划管理体制，运输市场主体只有国营一家，国家实行统一货源、统一调度、统一运价的"三统一"政策。随着经济与社会的发展，这种交通产业政策的各种弊端越来越明显，对交通运输形成约束。1982年，在党的十二大报告中明确把交通产业列为国民经济建设的战略重点之一。1984年国务院发布《关于农民个体或联户购置机动车船和拖拉机经营运输的若干规定》，允许个体运输进入市场。此后，交通部进一步提出"各部门、各行业、各地区一起干，国营、集体、个人以及各种运输工具一起上"的方针，在公路、水路运输市场实行多家经营、鼓励竞争，发展个体运输的政策。在计划体制下，交通基础设施建设的资金来源于各级财政拨款，政府是唯一的投资主体。改革开放以后，交通基建投资完全依赖财政的做法满足不了交通快速发展的需求，为此，国家出台了一系列新政策，促成了"国家投资、地方筹资、社会集资、国内贷款、利用外资"等多种资金来源并存的新格局。从1992年开始，我国较大幅度地放开交通产业的限制，在铁路、收费公路、大桥、港口、机场和大量的运输服务业等方面对外开放，国际资金进入我

---

① 寇团明：《国外道路运输政策的演变及其对我国的借鉴作用》，《国外交通运输》2001年第8期。

国的运输市场和交通基础设施的建设市场。①

二　经济组织与交通

交通事业是一种社会公共事业，在当代社会，交通建设的投资额一般都相当大。因此，作为一种投资额巨大的社会公共事业，交通建设与发展仅仅依靠国家的投资与建设往往是不够的。一方面，国家的财政支付能力有限，不可能把所有的财政收入都用于交通建设；另一方面，如果只让国家的交通部门垄断交通事业的投资与建设，没有其他社会力量与政府交通部门形成必要的竞争，这也不利于交通事业的高效、健康发展。所以除了国家之外，一些经济组织、社会组织同样也是交通投资与建设的重要主体，它们同国家一道，共同促进着交通事业的发展。

我国各省市都有交通投资集团或公司，这类国有独资型企业是从事中国交通事业投资、建设与经营的重要力量。例如，广西交通投资集团有限公司是广西壮族自治区人民政府批准成立的国有独资大型企业集团，主要从事高速公路等重大交通基础设施的投资、建设与经营；交通设施养护、维护、收费，等等。该集团公司下属有 27 家全资子公司、四家参股公司和一家控股上市公司。管理运营高速公路里程突破 1300 公里。又如，杭州市交通投资集团有限公司。该公司是杭州市政府授权经营的国有独资企业，承担杭州市交通基础设施建设项目的投资、融资、建设、运营等任务。集团公司设"一室七部"，下辖全资子企业八家，控股企业六家，参股五家，并负责管理六家改制企业。业务覆盖交通投资、高速公路营运开发、路桥航道建设、水陆运输、工程代建、工程监理咨询、场站码头经营、现代物流等方面。

除了这些国有独资型企业外，一些私营企业也是我国交通建设的重要主体。2002 年 8 月，上海久创建设管理有限公司、上海港铁建设管理有限公司揭牌成立。这两家公司将参与上海市轨道交通的建设与管理工作。由此也形成了上海市轨道交通建设管理由多家企业承包共同竞争的格局。上海市市长韩正指出，多家企业共同参与轨道交通建设管理，发挥竞争优

---

① 郑连明：《新时期交通产业政策的变革》，《中国经济史研究》1998 年第 1 期。

势，是上海市推进轨道交通健康快速发展的重要举措。①

2011 年 4 月 13 日，"中关村企业参与首都智能交通建设工作会"在北京召开。大会介绍了中关村智能交通企业的技术和产品情况。中关村有千方集团、汉王、中软集团等 200 多家企业参与智能交通的技术研发和产品开发，并在北京奥运会、上海世博会等大型活动的交通运输中发挥了重要作用。会上还成立了由千方集团、汉王、时代凌宇、北京市基础设施投资公司、北京交通大学、交通部规划研究院等 51 家单位发起的中关村智能交通产业联盟。该联盟将紧紧抓住首都以及全国在交通运输效率、交通拥堵、交通服务水平、交通安全、交通节能环保等方面对智能交通应用的需求，为北京乃至全国的智能交通建设与管理提供技术、设备和服务支持。北京市副市长苟仲文提出：首都智能交通应用单位要支持中关村企业创新产品；中关村企业要进行产品研发，共同致力于首都交通智能化建设工作。②

一些经济组织不但在国内参与交通投资与建设，还积极参与国外的交通投资、建设与管理中。2007 年 5 月 15 日，中国交通部副部长翁孟勇与土耳其公共工程与安置部部长法鲁克·欧扎克举行双边会谈。翁孟勇指出，要鼓励有实力的中国企业到土耳其去承揽大型交通基础设施建设项目，中方愿意推荐有实力的企业参与土耳其的基础设施建设。法鲁克·欧扎克表示欢迎中国企业到土耳其进行投资、建设和管理。③

马来西亚中国华侨银行主席梁炜宁在 2009 年表示，马来西亚企业投资中国的趋势增强，绿色交通领域成为马来西亚企业在中国投资的首选。梁炜宁指出，中国的产业发展趋势分为第一级城市产业与第二级城市产业。多数马来西亚发展商已在第二级城市进行发展。大连的绿色交通领域也是马来西亚公司的投资选择之一。④

三　社会组织与交通

社会组织参与交通建设。如民国时期的华洋义赈会是"1921 年由

①　杨俊、金孜华：《两家公司参与申城轨道交通建设管理》，《新民晚报》2002 年 8 月 14 日。

②　王璐：《中关村企业积极参与首都智能交通建设》，中国日报北京记者站 2011 年 4 月 13 日。

③　《交通部鼓励中国企业参与土耳其交通基础设施建设》，《中国交通报》2007 年 5 月 17 日。

④　赵中文：《马来西亚企业在华投资首选绿色交通》，《中华工商时报》2009 年 9 月 27 日。

中外人士联合组成的以从事经济活动和社会公共事务为主要工作的社会团体"。20世纪20年代，华洋义赈会采用以工代赈的形式，在中国14个省区大规模修建公路，为当时的交通事业作出了重大贡献。华洋义赈会认识到交通与救灾防灾关系密切，于是在20世纪20年代至30年代，在国内14个省先后修筑新路1993英里，修护旧路1296英里。其中西兰公路为华洋义赈会当时从事的最大交通工程。1931年，由华洋义赈会采用以工代赈的方法，组织沿线的民工修建。华洋义赈会还主持或参与修筑了安徽蚌埠到怀远，河南开封到商丘、开封到永城，湖南湘潭到宝庆，贵州安顺到贵阳到桐梓，山西临汾到蒲县、太原到汾州、晋城到运城、侯马到禹门口、运城到茅津渡，山东济南到曹州、武定到东昌，云南昆明到杨街、昆明到大板桥，甘肃兰州到河州、永靖到卖家集、会宁到清凉山，陕西三原到泾阳、泾阳到咸阳、凤翔到扶风、扶风到武功、武功到兴平、武功到乾州、乾州到醴泉到木梳湾、木梳湾到咸阳，绥远平地泉到陶林，热河凌源到滦平及河北正定、邯郸、武安，江苏镇江，江西南昌，四川三台、遂宁、壁山等地公路的修建。以上所修筑公路总长度为3824.5英里。①

社会组织提倡、践行"绿色交通"。例如，一些民间环保组织建议废止我国一些城市不利于自行车出行的规定，解决城市公共交通接驳的1千—3千米的问题，节能降耗，以利环保。2010年9月18日，民间组织自然之友发布了名为《宜居北京骑步走》的调查报告，呼吁民众用自行车代替机动车出行，回归传统绿色的交通方式，把自行车作为公共交通系统的一个补充，自行车出行需要的道路空间小，无能耗，有环保优势。然而，自行车出行在现实中面临着诸多挑战，以北京为例，北京的道路是以机动车出行为主导的，非机动车道上也安排了大量的机动车停车位，自行车出行很不安全；大量商家也占用自行车道作为停车场，可供自行车行驶的空间狭小；公交车站也对自行车出行有影响。据自然之友统计，北京市50%的路段上有公交站台设在自行车道上的情况；自行车停车车位不足，地铁一号线的多个站点都没有停车场，自行车无处停放；自行车被视为非主流的交通方式而被一些城市新区排斥在外，一些城市中的某些新区

① 薛毅：《华洋义赈会的防灾理念与公路建设实践》，《南京晓庄学院学报》2011年第2期。

道路不允许骑车或没有设置自行车道。自行车出行面临着如此之多的限制和挑战，自然之友因而呼吁北京市政和交通主管部门尽快出台规划，修订、废止不利于自行车出行的交通管理规定。

2010 年 9 月 22 日是第五届中国城市无车日，这届无车日的主题是"绿色交通·城市未来"。广州市的草根环保组织"拜客广州"负责人希望与广州近十家非政府组织一起，以众多市民夜晚骑行的方式来激发人们的绿色出行意识。9 月 22 日当晚，广州近十家本土 NGO 一起召集市民由广州市的六个地标性建筑出发，经广州绿道共同骑行至广州新地标"小蛮腰"，拼凑出一个大大的"922"字样。他们还向广州市委书记发出"一同来骑行"的邀约。广州青年志愿者协会对本次活动也非常感兴趣，愿意跟众多 NGO 一起宣传无车日，倡导绿色出行。另一个草根环保组织"齐天下"也表示：民间组织能做的十分有限，希望得到政府的支持。例如，政府机关的领导们可以带头骑自行车或者坐公交、地铁上班出行，以此引起全社会的关注、唤起全社会的绿色出行意识。[①]

中国国际民间组织合作促进会和美国环保协会于 2006 年 6 月 1 日发起了"绿色出行"倡导活动，倡导公众优先选择对于环境影响最小的出行方式。在活动的影响下，众多社会组织和公众参与到绿色出行的行列中来。民间组织对公共交通、绿色交通的倡导对北京市的公共交通决策也起了积极的影响作用。2006 年 12 月，北京市发布了《关于优先发展公共交通的意见》。2007 年 1 月 11 日，中国国际民间组织合作促进会和美国环保协会率中国大陆民间环保组织赴香港考察学习公共交通管理经验，其目的就是进一步推动绿色出行，为 2008 年北京奥运会创造良好的公共交通环境。[②]

第三节 交通政府组织

世界各国政府都设有专门的交通管理部门。我国的政府交通组织主要有交通运输部、铁道部、民用航空局、邮政局等部门，其中民用航空局和

---

① 洁新：《近十家 NGO 邀广州市领导无车日骑单车呼吁绿色出行》，中新广东网 2011 年 9 月 19 日。

② 董盟君、张灵鸽：《内地民间环保组织赴香港学习考察公共交通》，人民网 2007 年 1 月 13 日。

邮政局由交通运输部管理。

一　交通运输部

我国交通运输部下设公路局、水运局、道路运输司、搜救中心、安全监督司、政策法规司等机构；直属机构有：海事局、长江航务管理局、珠江航务管理局、中国船级社、救捞局等。各地方政府都设有相应的交通局。

交通运输部承担的主要职责：

（1）承担综合运输体系的规划协调工作，组织编制综合运输体系规划，指导交通运输枢纽规划和管理。

（2）组织拟订并监督实施公路、水路、民航等行业规划、政策和标准。组织起草法律法规草案，制定部门规章。指导公路、水路行业的体制改革工作。

（3）承担道路、水路运输市场监管责任。组织制定道路、水路运输有关政策、准入制度、技术标准和运营规范并监督实施。

（4）承担水上交通安全监管责任。

（5）负责提出公路、水路固定资产投资规模和方向、国家财政性资金安排意见，审批、核准国家规划内和年度计划规模内固定资产投资项目。拟订公路、水路有关规费政策并监督实施。

（6）承担公路、水路建设市场监管责任。拟订公路、水路工程建设相关政策、制度和技术标准并监督实施。指导交通运输基础设施管理和维护。负责港口规划和岸线使用管理工作。

（7）指导公路、水路行业安全生产和应急管理工作。组织协调国家重点物资和紧急客货运输，负责国家高速公路及重点干线路网运行监测和协调。

（8）指导交通运输信息化建设，监测分析运行情况。指导公路、水路行业环境保护和节能减排工作。

（9）负责公路、水路国际合作与外事工作。

（10）指导航运、海事、港口公安工作，管理交通直属公安队伍。①

---

① 参见中华人民共和国交通运输部网站《组织机构——交通运输部主要职责》。

二 铁道部

我国铁道部下设运输局、政策法规司、建设管理司等机构；直属机构有：哈尔滨铁路局、沈阳铁路局、北京铁路局、太原铁路局、呼和浩特铁路局、郑州铁路局、武汉铁路局、西安铁路局、济南铁路局、上海铁路局、南昌铁路局、南宁铁路局、成都铁路局、昆明铁路局、兰州铁路局、乌鲁木齐铁路局等。

铁道部的主要职责：

（1）组织拟订铁路行业发展战略、政策，拟订铁路发展规划。研究提出铁路体制改革方案及有关配套政策建议。

（2）组织起草铁路行业法律法规草案，制定部门规章并监督实施。

（3）承担铁路安全生产和运输服务质量监督管理责任。规范铁路运输市场，协调、指导合资铁路、地方铁路工作。

（4）依法监督管理铁路国有资产，管理国家铁路企业经营业绩考核工作。

（5）负责国家铁路财务工作。按规定管理铁路建设基金、国家铁路资金。依法承担铁路运价管理有关工作。

（6）承担铁路建设工程质量监督管理责任。维护铁路建设行业平等竞争秩序。

（7）研究提出国家铁路固定资产投资规模和方向、国家财政性资金安排的意见，审批、核准国家规划内和年度计划规模内固定资产投资项目。

（8）拟订铁路行业技术政策、标准和管理规程，组织重大新技术、新产品的研究和应用推广。负责铁路技术监督、环境保护和节能减排工作。

（9）负责铁路专运、特运和治安保卫工作。

（10）负责铁路行业统计、信息、应急和国防动员工作。

（11）负责国家铁路卫生防疫管理工作。

（12）负责铁路外事、国际交流合作和国际联运工作。①

---

① 参见中华人民共和国铁道部网站《组织机构》、《铁道部简介——铁道部主要职责》。

三 民用航空局

中国民用航空局下设航空安全办公室、运输司、飞行标准司、航空器适航审定司、机场司、空管行业管理办公室、政策法规司等机构；直属机构有：中国民用航空局空中交通管理局、中国民用航空华北地区管理局、东北地区管理局、华东地区管理局、中南地区管理局、西南地区管理局、西北地区管理局、新疆管理局等机构。

中国民用航空局的主要职责：

（1）提出民航行业发展战略和中长期规划、与综合运输体系相关的专项规划建议。起草相关法律法规草案、政策和标准，推进民航行业体制改革工作。

（2）承担民航飞行安全和地面安全监管责任。

（3）负责民航空中交通管理工作。

（4）承担民航空防安全监管责任。

（5）拟订民用航空器事故及事故征候标准，按规定调查处理民用航空器事故。组织协调民航突发事件应急处置，组织协调重大航空运输和通用航空任务。

（6）负责民航机场建设和安全运行的监督管理。

（7）承担航空运输和通用航空市场监管责任。

（8）拟订民航行业价格、收费政策并监督实施，提出民航行业财税等政策建议。按规定权限负责民航建设项目的投资和管理。

（9）组织民航重大科技项目开发与应用，推进信息化建设。

（10）负责民航国际合作与外事工作，维护国家航空权益。

（11）管理民航地区行政机构、直属公安机构和空中警察队伍。[1]

四 国家邮政局

中国国家邮政局下设政策法规司、普通服务司、市场监管司等机构。各地方政府都设有相应的邮政局。

国家邮政局的主要职责：

（1）拟订邮政行业的发展战略、规划、政策和标准，提出深化邮政

---

[1] 参见中国民用航空局网站《组织机构——主要职责》。

体制改革和促进邮政与交通运输统筹发展的政策建议，起草邮政行业法律法规和部门规章草案。

（2）承担邮政监管责任，推动建立覆盖城乡的邮政普遍服务体系，提出邮政行业服务价格政策和基本邮政业务价格建议，并监督执行。

（3）负责快递等邮政业务的市场准入，维护信件寄递业务专营权，依法监管邮政市场。

（4）负责监督检查机要通信工作，保障机要通信安全。

（5）负责邮政行业安全生产监管，负责邮政行业运行安全的监测、预警和应急管理，保障邮政通信与信息安全。

（6）负责邮政行业统计、经济运行分析及信息服务，依法监督邮政行业服务质量。

（7）负责纪念邮票的选题和图案审查，负责审定纪念邮票和特种邮票年度计划。

（8）代表国家参加国际邮政组织，处理政府间邮政事务，拟订邮政对外合作与交流政策并组织实施。

（9）垂直管理各省（自治区、直辖市）邮政管理局。[①]

第四节　交通经济组织

一　交通孕育了现代运输和通信组织

交通技术手段的发展孕育了现代交通运输业和通信业。从产业经济的角度看，交通运输业和通信业的主体一般是各类交通经济组织。包括各种交通运输公司，如航空公司、铁路运输公司、航运公司、公汽公司、客运公司、货运公司、通信公司、管道运输公司，等等。还有交通和通信工具研发、制造公司，包括各种交通和通信领域的研发公司、汽车制造厂、机车制造公司、飞机制造公司、造船厂，等等。交通和通信基础设施也有相应的经济主体，如铁路工程公司、路桥公司、航道公司、通信电缆公司，等等。

二　我国的交通经济组织

在计划体制时期，我国的交通组织都为国家直接经营管理，不存在私

---

① 参见中华人民共和国国家邮政局网站《组织机构——国家邮政局主要职责》。

营或民营的交通组织。随着改革开放的推行，我国的交通部门也进行了相应的体制改革，许多原来由政府直接经营的交通组织或企业开始和政府分离，甚至和管理部门相对分离。改革后，我国的交通企业有两种类型，一类是国有交通企业，一类是民营交通企业。

（一）国有交通经济组织

我国的铁道部直属中铁快运股份有限责任公司、中铁集装箱运输有限责任公司、中铁特货运输有限责任公司、中国铁道科学研究院、中国铁路建设投资公司、铁道部第三勘察设计院集团有限公司等都属于国有交通企业。下面以中铁快运股份有限责任公司为例，说明铁道部直属企业的性质与业务范围。

中铁快运股份有限责任公司，是铁道部直属的大型国有专业运输企业。公司设有18个分公司，拥有8个控股子公司。在全国600多个大中城市设有1961个营业机构。中铁快运负责全国铁路行李车和行邮、行包快运专列的经营管理。目前，在全国开行的铁路旅客列车上挂运行李车616.5对。每日定点、定线开行42列行邮、行包快运专列。开行公路干、支线运输线路80余条，覆盖全国140多个大中城市。中铁快运承担全国铁路旅客行李、中小学生课本、救灾物资等公益性运输服务。①

截至2006年，我国拥有独立航班运营代码的航空集团或公司共24个，其中营控股公司16个，如中国国际航空股份有限公司、中国东方航空股份有限公司、中国南方航空股份有限公司等；中（港）外合资公司五个；民营公司七个，如深圳航空有限责任公司。首都机场集团公司隶属于中国民用航空局，是一家大型国有企业集团。2002年12月，首都机场集团公司由原北京首都机场集团公司、北京首都国际机场股份有限公司、天津滨海国际机场、中国民航机场建设总公司、金飞民航经济发展有限公司和中国民航工程咨询公司联合组建成立。到2010年，公司全资、控股的成员企业30多家。公司在机场管理、服务、保障、建设等方面构建起一体化的发展平台。目前，公司拥有北京、天津、江西、湖北、重庆、贵州、吉林、内蒙古、黑龙江等九省（直辖市、自治区）所辖干支机场30多个，并参股沈阳、大连机场。②

① 参见中华人民共和国铁道部网站《组织机构——其他企业》。
② 参见中国民用航空局网站《组织机构——局属机构——首都机场集团》。

中国远洋运输（集团）公司，是中国大陆最大的航运企业，是我国由中央直管的特大型国有航运企业。目前，中远集团拥有和控制各类现代化商船近800艘，5600多万载重吨，远洋航线覆盖全球160多个国家和地区。中远集团在全球范围内经营着32个码头，控制各种物流车辆超过4000台，堆场249万平方米，在国内拥有含30万吨级、50万吨级的各类型船坞16座。中远集团在50多个国家和地区拥有千余家企业和分支机构。[①]

青岛远洋运输公司成立于1976年7月，是国务院批准组建的国有企业，是中国远洋运输集团下属的骨干企业之一。青远实施多元化经营战略，目前已形成劳务外派、航运关联、国际船舶管理与贸易、置业物业、高新技术及汽车服务链等五大业务板块。青远拥有全资及控股二级子公司15家，拥有好望角型、巴拿马型和灵便型3支船队，拥有和控制船舶达到40艘300万载重吨，是中远集团干散货运输业务中的重要力量。[②]

（二）民营交通经济组织

我国目前在铁路、公路、航空、航运、物流等领域都存在大量的民营交通经济组织。

航空领域，例如深圳航空有限责任公司。该公司成立于1992年11月，是主要经营航空客、货、邮运输业务的股份制航空运输企业。2005年11月，深圳航空有限责任公司完成股权转让，成为国内最大的民营控股航空公司。目前，深航共有6800多名员工，拥有44架客机和3架波音747全货机，开通国内国际航线130多条，设立了南宁、无锡、广州、常州、沈阳、郑州6个基地分公司和6个二级公司，控股常州机场、管理无锡机场，与德国汉莎合资成立了翡翠国际航空货运公司，与美国梅萨合资成立了支线航空公司，与香港合资成立了公务机公司。[③]

航运领域，例如中国民生轮船股份有限公司。2011年2月23日，全国最大的民营航运企业——中国民生轮船股份有限公司在四川宜宾港开行首班集装箱班轮。中国民生轮船股份有限公司是全国最大的民营航运企业，其水陆联运服务网络覆盖了整个西部地区，公司进出口集装箱量约占

---

① 参见百度百科《中远集团》，baike.baidu.com/view/587114.htm，2011年10月10日。

② 童研：《缔造卓越——访青岛远洋运输公司总经理杨奇云》，《中国远洋航务》2006年第5期。

③ 参见中国民用航空局网站《民航概况——航空公司概况——深圳航空有限责任公司》。

重庆口岸的 40%，占泸州口岸的 45%。①

公路运输领域，例如恩施联运集团公司。恩施联运集团公司成立于 2003 年 10 月，属于国家二级资质民营联运道路客运企业，注册资金 5135 万元，集团合并注册资金 1.2135 亿元。到 2005 年，公司下辖九个子公司和一个长轿客运分公司，拥有各种客车 533 辆，经营客车线路 98 条。

第五节　交通社会（民间）组织

根据我国《交通部社会团体管理办法》（交人劳发［2007］714 号）第二条，我国的交通社会团体（组织）"是指在交通行业中依据《条例》成立的具有社会团体法人资格，并由交通部作为业务主管单位或挂靠单位的全国性协会、学会、研究会、基金会等社会团体"。

一　交通社会组织的权利与义务

（一）主要权利

其一，开展本行业发展战略研究，制订行规行约，推动行业诚信建设，建立完善行业自律性管理约束机制，规范会员行为，协调会员内部和行业关系，维护公平竞争的市场环境，提高行业整体素质，反映行业诉求。

其二，组织学术研讨和行业标准、规范研究，开展咨询服务及科学技术推广等工作，参与本行业的技术、科研成果鉴定工作。

其三，受政府委托，承担本行业有关机构的资质初审或评定、专业技术职务任职资格初评、职业资格考试等具体工作。

其四，收集、整理、分析行业信息资料，为政府决策提供依据，为会员提供服务。

其五，组织行业培训工作，开展国内外经济技术交流与合作。②

（二）主要义务

其一，执行国家和交通部关于社团工作的方针、政策和法规，履行社

---

① 兰锋、李京枝：《全国最大民营航运企业首航万里长江第一港》，四川新闻网 2011 年 2 月 23 日。

② 《交通部社会团体管理办法》（交人劳发［2007］714 号），第九条。

团章程，围绕交通事业发展的中心任务开展工作。

其二，维护国家、行业和会员的合法权益，发挥政府与会员之间的桥梁纽带作用和促进交通事业发展的生力军作用。

其三，接受社团归口管理部门、业务管理部门、部内相关司局以及挂靠单位的指导、管理、监督、检查。

其四，按时参加民政部组织的年度检查工作。①

下面以中国交通企业管理协会为例，说明交通社会组织的性质、宗旨、职责。

中国交通企业管理协会（简称中国交通企协）就是一个交通社会团体。根据《中国交通企业管理协会章程》（2000）规定，中国交通企业管理协会"是经民政部登记注册的全国交通行业专业性社会团体。具有社会团体法人资格"。中国交通企协"是由全国交通企事业单位、各地方交通社会团体、热心企协工作的人士自愿组成的非营利的全国交通行业专业性的社会组织"。中国交通企协根据需要，可设立分会。中国交通企协的宗旨"是坚持四项基本原则，遵守宪法、法律、法规和国家政策，遵守社会道德风尚，坚持改革开放，坚持面向全国交通企事业单位，做好政府与企业、企业与企业、政府与社会之间的桥梁纽带，并对自己的行为后果承担相应的法律责任和经济责任"。②

中国交通企协的主要任务：

其一，宣传、贯彻党和国家以及交通部有关交通的各项方针、政策、法规、条例。

其二，围绕交通系统实行行业管理的要求，组织开展交通企业管理理论、方法的研究，探索具有中国特色的现代企业制度，研究和介绍国内外管理科学的理论和方法，推进交通企业管理现代化。

其三，配合交通部及各级交通主管部门的工作部署，办理委托的各项工作。依法开展自律性的行业协会活动，反映企业需求，协调同业关系。

其四，反映企业的意见和呼声，举办为企业服务的有关活动，维护企业和企业经营者的合法权益，提高经营者的素质，表彰奖励先进企业和个人。

---

① 《交通部社会团体管理办法》（交人劳发〔2007〕714号），第十条。
② 《中国交通企业管理协会章程》（2000年），第一条，第二条，第三条。

其五，开展企业经营管理咨询和学术研究，培训各类企管人员。

其六，参与制定行业性技术标准和有关管理规章、制度。

其七，收集并提供企业经营管理方面的信息，总结和交流交通系统企业管理的经验，编辑出版企业经营管理书刊资料。

其八，加强同国内外其他社会、学习团体的联系，组织参加国际交流活动。①

二 交通社会组织的现实功能

下面举例说明交通社会组织对于交通事业发展的现实功能。

2005 年 1 月，深圳市集装箱拖车运输协会会同广东省道路运输协会积极呼吁政府解决运输企业半挂车年审手续等问题。2005 年 4 月，全国 14 家协会为维护国内集装箱运输企业的正当权益发表联合声明，共同抵制马士基在中国大陆实施的歧视性收费项目。2005 年 8 月，经深圳市出租小汽车协会研究决定，作为会员单位的出租车企业都对各自企业的"的哥"实行燃油补贴，以缓解高油价压力。2005 年 9 月，在中国道路运输协会的推动和运作下，道路运输领域召开了国内规模最大、层次最高的行业性国际会议——第三届欧亚道路运输大会。②

湖南省交通企协开展的一些工作，同样对于交通行业的发展、交通管理部门的决策有着重要的影响作用。一是开展了交通领域的大量调查研究工作。例如，先后开展了"道路运输如何应对加入 WTO 的新形势"的课题调研，"费改税对交通主管部门、交通企业的影响"的调查研究，"全省交通行业非公有制经济发展的情况"专题调查研究。二是影响政府交通管理部门的决策。三是协助做好省属交通企业的改革工作。③

总之，交通社会组织是交通企业、事业组织与政府交通管理部门之间的中介，是交通企业、事业组织与交通行业之间的中介。因此，交通社会组织既能为交通企事业组织服务，又能为政府交通管理部门的决策献言献策，也能在交通企事业组织与政府交通管理部门之间充当沟通和联系的桥梁，还能为个体的交通人排忧解难。

---

① 《中国交通企业管理协会章程》（2000 年），第六条。

② 陈和琦：《发挥交通运输行业协会的 NGO 作用》，《运输经理世界》2005 年第 9 期。

③ 张志华：《为企业服务帮政府"搭桥"——访湖南省交通企业协会》，《交通企业管理》2006 年第 11 期。

第六章 交通影响下的城市化

城市是人类聚落的一种形式。与乡村相比，它是一种更高级的聚落形式，也是另一种生活方式。自工业革命以来，全球总人口中，越来越多的人通过各种各样的交通形式离开乡村进入城市。1980年全球40%的人口居住在城市中。至2000年，全世界城市居民达到总人口的58%。据联合国、世界银行等组织预测表明，到2025年，全球城市化水平将达到65%。即使对欠发达地区而言，城市化水平也将从2000年的平均水平增长到2025年的61%。当今中国社会所发生的巨变，最大特征就是城市化。

随着工业化发展，城市功能，从集聚生活、集聚消费扩展到集聚生产、集聚生活、集聚消费和集聚污染①。这从根本上改变了传统城镇的依附特征，并将城市推到了国家或地区社会经济活动的主导位置。城市功能多元化的转变带来的不仅仅是城市规模的急剧膨胀和大都市群的迅速扩张，更为重要的是，现代城市彻底改变了以往农耕时代的"寄生性"特征，成为国家和地区社会财富积累的最为重要的源泉和发生地。

影响城市化进程的因素很多。其中交通运输通过改变社会空间的通达性从而影响城市土地的利用方式、人们的生产、生活方式，进而影响城市功能结构的改变，直至地域空间结构的变化。因而，交通的发展往往对城市的形态有决定性的影响。本章的核心问题是：交通是如何改变城市的生产与生活方式，如何影响城市化进程的？下面主要从交通影响下的城市生长、城市空间形态的演变，并以武汉市的城市发展为例剖析交通发展对城市化的影响。

---

① 张雷等：《中国城镇化进程的资源环境基础》，科学出版社2009年版，第9—28页。

第一节　交通影响下的城市生长

一　城市的形成与城市化

（一）城市的形成

城市的形成与发展直接反映了人类生产和生活空间形式与方式的变迁，体现了人类文明的发展。从人类生存空间形成发展的历程看，它经历了由穴居到宅居，从逐水草而居到择地而居，从相对分散的定居到较为集中的城市集居的转变。

在这一转变的过程中，形成了部落—村庄—小镇—城市—大城市—都市圈六种生存空间形态。刘易斯·芒德福认为：城市从无到有，从简单到复杂，从低级到高级的发展历史，反映着人类社会、人类自身的同样发展过程。并且把城市各个阶段的城市形式概括为六个类型：早期城镇（e-lopes）、城镇（polls）、大城市（metropolis）、城市群（megalopolis），而且可能出现区域性城市（regional city）、城网地带（regional urbangrid）[①]。

可见，城市实质上就是人类的化身。人类社会生活与其空间结构是息息相关，如果离开人类社会的物质空间基础，就不可能真正了解人类的社会活动。城市是改造人类、提高人类的场所，人类凭借城市发展这一阶梯逐步提高自己、丰富自己，甚至达到了超越神灵的境地。这已得到研究城市的专家的广泛认同。

人是城市的主体。钱学森从系统的角度，把城市概括为：以人为主体，以空间和自然环境的合理利用为前提，以积聚经济效益和社会效益为目的，集约人口、经济、科技、文化的空间地域大系统。从这个意义上看，城市的本质体现了人与自然环境、人与人工环境、人与社会关系的互动和整合的过程[②]。

城市体现了人类文明的本质与内涵。我国城市学家宋峻岭认为：城市的本质乃是人类本质的一个延伸和物化。城市是人类自身内在品格外化而成的物质环境构造体系，是文明人类的存在形式和载体。城市状况既反映

---

①　［美］刘易斯·芒德福：《城市的形式与功能》见《国外城市科学文选》，贵州人民出版社 1984 年版，第 41 页。

②　鲍世行、顾孟潮主编：《钱学森论城市学与山水城市》，中国建筑工业出版社 1994 年版。

当地社会人群的量与质，又制约着其发展水平。

城市设计学家凯文·林奇则从六个方面对城市下定义：（1）城市是人类历史发展的必由之路；（2）城市是各种社会人群的共生体；（3）城市是物质生产和分配的地方；（4）城市是一种社会力的场；（5）城市是各种社会力量决策的产物；（6）城市是社会矛盾冲突的地方①。

从城市的结构与功能来看，城市通过它所集中的物质和文化的力量，加快了人类交往的速度，并将其产品变成可以储存和复制的形式，将人类积累下来的知识、经验和智慧一代一代地传递下去，这是城市所给予的最大功能。正如刘易斯·芒德福所言，城市从一开始就是控制的中心，而不能简单地认为是什么贸易和制造业的中心②，因此，城市内与城市间的结构关系反映着社会结构关系。一方面人类按照自身的成长特点和需求变化结构来设计城市环境；另一方面，城市环境也在改造或影响人。

总之，城市是人类满足自身生存和发展需要而创造的人工环境。人体本身是很脆弱的动物，人要维持自身的生存必须要有安全、保暖的居室，因此，城市的发展，本质上是人类"居室生活"日趋完备的过程。马克思说："城市本身表明人口、生产工具、资本、享受和需求的集中"。③ 人的需要是由人的本性所决定的。城市的本质就是人的人性、需要与环境互动和整合的结果。

（二）城市与城市化

城市化（urbanization），最早由西班牙工程师塞拉（A. Seula）1867年提出，尽管经历了一百多年的研究，仍然是一个颇具争议的概念。经济学认为城市是人类从事非农业生产活动的中心，城市化是指不同等级地区的经济结构转换过程；地理学主要研究地域与人类活动之间的关系，非常注重经济、社会、政治和文化等人文因素在地域上的分布状况；社会学强调的是人们的行为方式和生活方式由农村社区向城市社区转化的过程；人类学研究城市以社会规范为中心，城市化意味着人类生活方式的转变过程，即由乡村生活方式转为城市生活方式。我国《城市规划基本术语标准》把城市化定义为，人类的生产和生活方式由乡村型向城市型转化的

---

① 凯文·林奇：《城市意象》，方益萍等译，华夏出版社2001年版。
② 刘易斯·芒德福：《城市的形式与功能》，贵州人民出版社1984年版。
③ 《马克思恩格斯选集》第4卷，人民出版社1995年版，第530页。

过程。

可见，不同学科以及不同学者对"城市化"都有不同的理解方式。从城市化的本质来看，城市化不仅仅是"地改市"、"县改市"、"乡改镇"之类管理体制的转换，还包括城市人口比重不断提高的过程，更应该是产业结构转变、消费水平不断提高、城市文明不断发展并向广大农村渗透和传播、人的整体素质不断提高、农村人口城市化和城市现代化统一的过程。换言之，城市化不仅是"人口转移型"的城市化，还应该是"结构转换型"的城市化。因此，城市化与"人口在空间上的迁移"、"经济活动的集聚"、"社会经济结构的转变有关"。其中，"人口的转移和人口的集中"只是城市化的表现形式或重要前提；而"经济活动的集聚"则是城市化的主要内容；"社会经济结构的转变"才是城市化的实质与核心[①]。这是一种新型的城市化。

城市化水平可从数量和质量两个方面来衡量，一方面是"质"的提高，这里"质"的提高指的是原有城市化地区从一般地域向更繁华地域的转化，例如产业结构的升级、交通等基础设施的改善。另外一方面是"量"的增大。量的扩大包括城镇数量的增加和单个城市地域的扩大两方面。

目前测量城市化水平的方法，主要有三大类型。其中应用最广泛的是城市（镇）人口占总人口的百分比，即城市化水平 ⟹ 城市人口／总人口，以及引入新的城市人口统计方法：$Y = (P_2 + A_1)/P_0$，式中 Y——城市化水平；P_2——非农业人口；A_1——从事第二、三产业的农业劳动力数；P_0——总人口。此法仍将城市化等同于人口城市化，忽视了城市化过程中其他方面的变化。

其次，恩格尔指数计算模型，因恩格尔指数（Enger index，食品消费占全部收入之比重）与商品化程度（即分工水平）相关，故将城市人口定义为总人口户与（1—Engerindex）的乘积，城市化水平为 $Y = P \times (1—Engerindex)/P \times 100\%$，此法可反映在社会分工基础上的城市化的质量，具有一般的可比性；但完全脱离了空间分析，且影响城市化水平测度的因素不只是经济因素，还包括社会因素等。

---

① ［美］保罗·诺克斯、琳达·迈克卡西：《城市化》，顾朝林、杨兴柱、汤培源译，科学出版社 2009 年版。

其三，综合力度模型，运用层次分析法，采用多个指标，分为三类：①城市发展潜力指标，即人口集聚程度，以城镇人口占总人口的比重表示；②城市发展经济指标，包括 GDP、人均 GDP、第三产业占 GDP 的比重；③城市发展装备指标，其中物质装备水平如人均住房面积、万人拥有公共车辆、自来水普及率、用气普及率、集中供热面积、平均万人拥有车道长、平均万人拥有绿地面积等；另有信息装备水平，可以用地域信息化水平表示。即

$$\sum Y_t = H_t \cdot Q_t + S_t \cdot Q_t + K_t \cdot Q_t$$

式中 Y_t——城市综合力；H_t——城市化经济力；S_t——城市化潜在力；K_t——城市化装备力；Q_t——社会协同系数。协同系数采用层次分析法计算，相应的 H_t、S_t、K_t 分别为 0.38，0.33 和 0.29。此法能较全面地反映影响城市化水平的各方面因素。但所用数据需逐年进行详细统计，且存在很大的地域差别，不具有一般性。不过，在这一测量公式中，考虑到了交通对城市化的影响因素，但不足够。

城市的出现或生长是人类生存空间不断聚集或扩散的结果。城市本身的发展具有历史连续性，从产生到形成、完善，始终在不断自我调整和成长中。城市化的出现则是工业革命之后的事情，城市化可以看作是城市史上的一次革命，它们之间的关系是：城市化水平是城市本质的体现，城市化水平越高，越能体现城市的本质，城市化是城市发展的必然阶段。城市是人类的一种居住场所，无论是城市符号互动理论，集体消费与城市社会运动、城市革命论、鼓励拥有私有房运动等还是研究城市社区秩序的重建，乃至城市的重建。目的在于促进城市实现有利于人的个性和人类发展的功能。城市化侧重于城市的人口、产业、空间结构之间的关系，关注城市社会空间系统产生的生活机会分配的不平等，以及由此引发的社会冲突。两者都受包括交通等因素的影响和制约。

二 交通是城市发展的主要动力

（一）"交通是城市形成的力"

交通作为人口流、物质流、资金流、技术流等的空间载体，虽然不是影响城市群体空间结构的唯一因素，但是已经成为区域经济联系的纽带和城市群空间建构的重要载体，更是城市群空间有序发展和合理组合的关键。正如城市历史学家芒福德所言：城市的形成离不开它的动态部分，脱

离开这个动态部分，城市就不可能继续增加它的规模、范围和生产力①。他所提及的这个动态部分，就是指城市交通。城市交通是城市之间，以及城市内部的人员、物资、信息互动交流的前提，也是城市日常生活与社会生产活动的基础。只有在城市形态与城市交通之间建立一种彼此适应、相互促进的关系，才能使城市经济、社会与环境得以协调健康发展。

德国人文地理学家 F. 拉采尔曾经有过"交通是城市形成的力"的著名论断。从城市演变历史来看，它从自发生长到有机生长，主要受到三种力的作用："①主要聚居中心（即大城市）的吸引力；②现代交通干线的吸引力；③具有良好景观地区的吸引力②"。如北京、上海、伦敦、纽约等对各地的吸引力，作为大都市的城市不仅是大量人口迁移的目的地、商业资本和管理的节点、各种时尚和新闻的诞生地和国家权力的中心，而且还当仁不让地成为多种交通运输体系的全国性中心。

一个城市受到地理环境的制约或在不同方向力的作用下时，城市就在原圈层模式基础上调整和生长，从而出现如放射形、指状、带形等城市形态。生长轴受社会经济条件和人们的交流方式的改变也会产生相应的变化，如许多城市由原先沿江河生长，后又沿流量大、速度快的铁路发展，最终是沿高速公路扩展。这都需要交通运输的支持，特别是那些日常的消费用品，需要发达便捷的运输服务。

首先，由于社会各个阶层之间交流和互动的增加以及文化水平的普遍提高，对信件、书籍、杂志和报纸等文化信息产品有了更多的需求，这些信息产品的流通需要多种交通方式的协助传递。人、财、物、信息服务等在运输、中转过程中会产生人口的集中、财富的聚集和服务性商业机构的出现，这就为城市的形成和发展提供了重要的条件。

其次，随着社会的发展，社会成员流动性的增强，因就业、婚姻、生活等各方面的要求，对交通方式、交通时间等都提出了更高的要求。比如2012 年成立的武汉高铁系统对交通条件的改善提供了不少帮助。因此，城市作为人类聚落的一种形式，一般出现在各种交通线的交汇处、人员往

---

① ［美］刘易斯·芒福德：《城市发展史》，倪文彦、宋峻岭译，中国建筑工业出版社 1989 年版。

② 吴良镛：《人居环境科学导论》，中国建筑工业出版社 2001 年版。

来的集散地或货物商品的装卸处等特殊的地理区域①。

纵观人类历史，交通作为区域影响因素始终与区域社会空间结构紧密相连，成为区域经济和空间扩展的主要力量之一。交通技术水平、建设水平的提高，交通方式每一次大的突破，都将促进、推动城市空间扩展，改变城市的外部形态。中国城市发展的历史和经验也表明了这一点。

中国古代的城市大多产生于江河沿岸，既受给排水因素的影响，也是因为水路交通可以满足旅行往来、商贾贸易等需求。随着经济的发展，漕运、盐运的兴起促成了河道沿岸城市的繁荣，我国古代城市呈现出沿黄河、运河和长江三条水运主轴线展开的主要空间格局。

近代以来，铁路取代江河成为最主要的广域交通方式，由此带动了铁路沿线城市的发展。郑州、石家庄等成为新兴铁路枢纽城市，扬州、淮阴等运河沿岸的城市则发生衰落。

当代社会，产业的特殊需求使得高速公路成为最重要、最便捷、效率最高的交通方式，它和水运、铁路、航空、航海、管道运输一起构成了城市资源供给的综合交通运输网络，节约了运输时间和成本，赋予了城市更高的效率，促成了郊区化、都市连绵带等新型空间现象和空间形式的产生。正是在快捷的交通运输的推动下，资本、技术、劳动力等生产要素在全球范围内自由流动和优化配置，带动了世界经济结构和产业布局的重组分工，促进经济的全球化和城市化。交通工具和运输条件的改进不仅是生产和技术进步的结果，而且也是经济创新和产业转移在地域上的扩张过程。交通使城市有了活力，城市给了交通舒展自己的天地。

（二）现代交通发展使大量人口涌向城市成为可能

交通使人们在社会空间上的"集中"和"扩散"成为可能。社会学家卡斯特，在考察大都市的交通系统后指出，交通是连接"空间单位与社会单位"的桥梁。按照卡斯特的观点，"集体消费"够满足空间单位与社会单位之间的一致性要求。集体消费概念是指"消费过程就其性质和规模，其组织和管理只能是集体供给"②。例如住房、社会公共设施、闲暇的满足、医疗、教育等。生产单位是按领域（甚至是按国家或世界范

① 向德平：《城市社会学》，武汉大学出版社2002年版，第63页。张鸿雁：《城市·空间·人际——中外城市社会发展比较研究》，东南大学出版社2003年版，第204页。

② Manuel Castells：Theory and Ideology in urban Sociology, in pick vance（ed,），Urban Sociology，1976，p. 57、p. 75.

围）来组织的，而消费单位是在一个有空间约束的系统背景中被社会性的组织和供给的[1]，因此，空间单位与社会单位的一致也就是空间的组织与集体消费品的组织之间的一致。各种交通形式就是保证"这种一致性"的唯一纽带或桥梁。

城市发展的历史和经验表明，交通不仅决定着生产要素的流动、城镇体系的发展，还影响人口迁移的方向。我国人口迁移型城市化经历了一个发展滞缓、起伏较大、漫长而曲折的过程，大致可以分为以下四个阶段：

（1）城市化的史前阶段（1840 年以前）——古代城市发展缓慢，经历了漫长的时期。这一时期，城市内部的交通主要是依靠步行，由于受交通工具的限制，人们步行所及的范围有限，因而城市规模较小，土地使用呈高密度集聚状态，所有城市活动如工业、商业活动一般都围绕着城市核心区进行，工厂、商店和住宅等功能场所也沿着城市核心区分布。城市空间规模受到步行出行距离的限制，城市局限在半径约 2 公里 的范围内，也就是步行半小时能达到的最大距离，用地规模约为 15 平方公里。

欧美许多城市在 19 世纪仍然是密度很高的步行城市，19 世纪中叶，几乎所有美国城市都有布局紧凑的特点。它们多半位于港口或河流交叉口，其活动也集中在滨水区。当时，纽约、费城和波士顿等较大城市的活动半径不过是从城市中心向外 2 英里范围。这个距离普通人步行半个小时就可以到达，所以美国历史学家们把这一时期的城市称为步行城市[2]。

（2）城市化的启动阶段（1840—1949）——近代城市的发展。到1949 年新中国成立前夕，我国城镇人口总数为 0.57 亿，城市化水平为10.6%，比 1900 年的世界平均水平还要低 3 个百分点。这一时期，交通工具是人力车、马车、有轨电车、火车、郊区轮船混合。

人们在城市中的活动距离变大，城市的半径扩大到 8 公里左右的范围。由于铁轨的线路一般以城市中心区为结节，呈放射状分布，因此，城市开始出现沿港口码头、铁轨线路呈放射轴线扩散的雏形，城市原始的、紧凑的空间形态开始向星形转变。

（3）城市化的初级阶段（1949—1979）——计划经济体制下城市的

①　Saunders, P. Social theory and the urban question, Second edition, London：Hufchinton. 1986，p. 173.

②　孙群郎：《美国城市郊区化研究》，商务印书馆 2005 年版，第 34 页

曲折发展，期间中国城市化水平年均增长 0.28%，低于同期世界平均增长水平（0.40%）。这个阶段的中国城市发展由于受国内政治、经济动荡的影响，走过了一条蜿蜒曲折的道路，又分为正常上升时期（1949—1957）、剧烈波动时期（1958—1965）和徘徊停滞时期（1966—1978）。

这一时期主要的交通工具是公共交通、火车和轮船，城市沿公路、码头、铁路扩展。

（4）城市化的加速阶段（1979 至今）——改革开放后城市的迅速发展。改革开放给我国城市的发展注入了强大活力，城市化进程加快，我国与世界平均水平的差距正日益缩小。据国家统计部门提供的数据显示，1999 年我国城市化水平（即市镇人口占总人口的比重）为 30.9%，相当于全世界在 1959 年的平均水平。也就是说，我国城市化水平与世界的差距，已经从 1979 年时相差 64 年，缩短为 1999 年的相差 40 年。2002 年末，我国城市化水平达到了 37.66%。

由于交通工具的进步，人们克服时空距离的能力大大增强，人们对提高生活质量和减少住房费用的渴望使居住功能的郊区化大大加快，城郊居住区主要以蛙跳形式沿着高速公路向外大规模进行扩散，指状形态再次构建，随着这些郊区居住点的形成和人口分散，城市工业、商业等城市社会经济活动也伴随居住郊区化往外扩散。

公共交通主导、多种交通方式相互配合的模式是特大城市的发展方向。小汽车的普及势不可当，但捷运交通系统对城市空间发展有着诸多益处，所以，以小汽车和快速捷运交通为主要交通方式的综合交通时代已经来临。鉴于小汽车交通带来的诸多问题，尤其是威胁到城市的可持续发展这个问题，越来越多的大城市选择将捷运交通作为城市的主导交通模式。

中国改革开放 30 多年，引发了城市与乡村经济社会的双重变革，主要表现为人口由乡村向城市的流动，即人口的城市化进程。到 2010 年，有 3 亿多农村人口迁移到城市，中国城市化率是 46.59%，预计到 2016 年，我国的城市化率将达到 51%，城市生活将成为中华民族最主要的生活方式。智能交通和绿色交通将成为人们出行的主要方式。

（三）交通改变人们的生产方式

交通改变人们的生产方式，关键在于它的机动性。具体表现为三个方面：其一，交通透过改变产业布局，促进经济社会发展。在交通运输比较落后的时期，高额的运输成本制约着产业区位的选择和产业布局的调整，人们的经济社会活动难以形成专业化分工；随着交通条件的改善，使产业聚集与分工成为可能，首先是产业集聚和城市发展所需的原料、劳动力、产品等的流动必须以交通为载体，经济贸易和企业、产业、城市及地区间的交流与协作也必须以交通为纽带。

其二，快速、便捷的交通为产业和城市发展提供了低廉的运输费用、充足的资源和市场保证、高效的人才和信息交流渠道，缩短了地理、心理和时间空间，削弱了距离的影响，实现城市的分工与协作，因而交通沿线往往形成产业和城市发展带。

其三，交通便捷度不仅直接影响着产业集聚和城市空间格局，更主要的是，通过提供基础设施配套、产业沟通，创造了很多就业机会，进而促进人员流动，影响人口迁移的方向，推进城市化进程。这一点被现在的交通运输研究学者和城市学研究者不断得到证实。

王成新通过对南京都市圈的实证研究发现，交通以产业的自身推动力和连锁动力、线路的辐射集聚力和环境动力成为影响城市形态的重要因素，交通线以其关联效应成为城市发展的轴线，并总结出水运时期的单侧带状和散点状布局、陆路时期的星状或块状布局，以及综合交通时期的都市连绵带三种城市空间布局形式①。

英国学者波蒂厄斯在《运河城市》一书中详细论述了运河时代城市的发展情况，并对其中的运河沿线城市进行了专门的研究，他所谓的运河城市通常位于狭窄运河与广阔水路的交汇处，最早依赖于运河上煤炭运输和其他商品交易，其后会发展出制造业。

阿萨·勃里格斯在论述工业化时期交通运输的发展时认为，交通工具和运输条件的改进是工业化时期英国经济社会变革的重要方面，这不仅是工业革命带来的生产和技术进步的结果，而且也是经济创新和产业转移在地域上的扩张过程。"如果没有交通系统的不断改进和发展的话，那么英国就不可能从一个农业和商业社会转变为一个工业社会。"② 英国的交通运输行业变革自 18 世纪的公路和运河建设开始兴起，经过 19 世纪的铁路时代，一直延续到 20 世纪的汽车和飞机时代。在工业化时期，收费公路、

---

① 王成新、梅青、姚士谋、朱振国：《交通模式对城市空间形态影响的实证分析——以南京都市圈城市为例》，《地理与地理信息科学》2004 年第 3 期。

② ［英］阿萨·勃利格斯：《英国社会史》，陈叔平等译，中国人民大学出版社 1991 年版。

运河和铁路建设次第而兴，伴随着三者的发展，交通运输的距离越来越远，运输成本则呈下降趋势。运河和铁路满足了工业革命之后长途化、大容量的运输需求，对于区域经济发展的作用尤为明显。

张文尝的研究表明①，不同工业部门由于新技术及生产方式兴起（自发）或引入，首先在区位条件好、自然条件优越、劳动力和资本较为丰富的地区形成生长点，然后逐步成长、壮大，成为增长极。随着其发展，工业以交通干线或运输通道为发展轴，逐步形成的产业和城市高度发达的经济集聚地带。其形成、发展、演变的规律与工业化、城市化进程同步，并与社会经济的变革紧密相关。

现在，随着信息社会的到来，快捷的交通方式把作为生产要素的信息传送到人，电脑将使人从生产流水线中解放出来，以崭新的形式回归前工业时代的居住和劳动单位。人们随时随地都能工作。"远程工作"将成为最通常的工作方式。人们的居住形式不断扩散，社区也不断在扩展。人们已开始向往最适宜居住的城市。交通发展是基础，城市、社区与住宅的规划设计、建筑、设备与经营管理达到高水平。由此可见，交通发展与城市的空间结构、城市的经济结构、社会结构及城市功能是密切相关、相互依存、相互影响的。

随着社会发展到后工业时代——信息时代，社会劳动力中的大部分从事处理资讯的工作，而从事农业和工业的劳动人员降为少数。这时城市形状的变化可从美国目前发生的情况略见端倪，即在许多大城市的周围出现一圈圈的所谓"边缘城市"（Edge Cities），其中心有高层办公大楼和购物商场，在其周围的车行上班距离内，散布着居住区。资讯工作具有高科技、无污染的特性，在城市布局上无须将它们按功能分区布置，便于安排成工作—居住混合区，从而大大减少车流交通量。

（四）交通改变人们的生活方式

城市化不单纯是城市形态发生改变的过程，同时也是一个社会化过程。陈映芳认为，城市化概念所涵盖的应该包括四个层面：（1）人口生态的侧面（形态的侧面、人口的集中、空间的凝离、土地利用的功能分化等）；（2）社会结构的层面（专业分化的发达，地缘血缘关系的稀薄化，团体参加的多样化等）；（3）生活结构的层面（构成生活的诸要素，

---

① 张文尝：《工业波沿交通经济带扩散模式研究》，《地理科学进展》2000 年第 4 期。

以及这些要素件各种关联的变化，城市型生活意识、生活方式、生活目标及手段等的形成和扩散）；（4）社会意识的层面（城市型性格的形成）[1]。交通对城市化的影响，主要是通过对人们居住形态的改变来影响人们的社会关系和思想观念

交通改变人们的生活方式，首先是通过改变人们的居住、就业形式来体现的。麦肯齐以交通形式为分析工具，将美国人居住生活的历史分为三个阶段[2]：第一个阶段是以航运为主要交通形式。在这一阶段，人们主要居住在航道线附近。1850年前90%的美国人居住在密西西比河以东，45%的美国人居住在乡村。居住地的形成受自然地理条件的影响，而且不同居住地点之间基本上处在分割状态下。

第二个阶段是铁路的出现改变了美国人的居住形式。因为铁路使人们摆脱了航道的限制，人们可以迁移到更为广大的地区居住生活，铁路建设从东部向西部发展，一直达到太平洋海岸，导致了人口向西部的运动。原先荒芜的土地被开垦，新的居住社区得以形成。1870—1900年，美国新增耕地近5亿亩，这是一个农业机会增长、人口离散的时期。铁路的发展，导致了城市的增长。

第三个阶段是汽车和公路系统的出现对人们的居住生活产生了更大的影响。它在城市与城市、城市与周边乡村地区之间建立起了更为密切的联系，使人们的经济社会活动可以进入更为纵深的地区。曾将城市与周围乡村分开来的界线消失了，一种新的社区形式，即超级社区组织出现了。原来相对分割的村、镇、城市现在成为这个超级社区组织的一部分，这是一个由不同活动中心组成的复合体，它的发展造成了人口和制度的重新安排。

现在，高速公路与私人汽车的发展，更大大扩展了个人的出行自由，这是发达国家郊区化运动得以形成的重要原因之一。主要表现为内城区或市中心人口下降而近郊区人口迅速增长，工厂在级差地租的利益驱动下迁往郊区并形成新的工业区，在外围居住区出现大批商城与中心商业区抗衡等。

---

① 陈映芳：《"城市化"质疑》，《读书》2004年第2期。

② 帕克、伯吉斯、麦肯齐：《城市社会学》，宋俊峻、吴建华、王登斌译，华夏出版社1987年版，第289页。

随着信息技术的发展，许多人可以坐在居室通过信息电子网络工作；外科医生可对千里之外的患者通过机器人做手术。不但可以迅速传递各种信息、文件、设计图，而且可以如身临其境，坐在家里就可进行操演、购物、开会，进行远距离的诊断、医疗，以及从事金融、贸易、教育、科技推广等各种领域的工作。信息网络在很大程度上取代了交通出行，人们不用跑来跑去了，日常生活和工作、学习，都可以组织在一座摩天大楼之内解决。而在大楼之间，则是大片的园林、绿地、游憩、运动场地。人们可省去大量奔波、操劳的枯燥时间，生活的质量将大幅度提高。

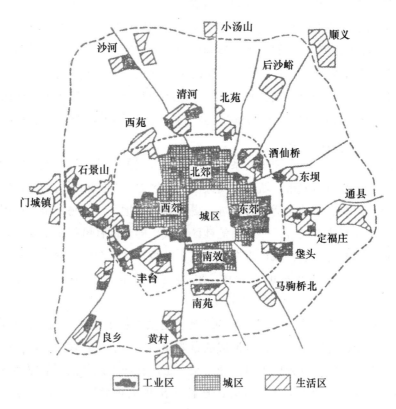

图6—1 北京分散组团模块（1958年）

资料来源：何焕章：《北京城市空间布局发展的回顾与构想》，《北京规划建设》2003年第4期。

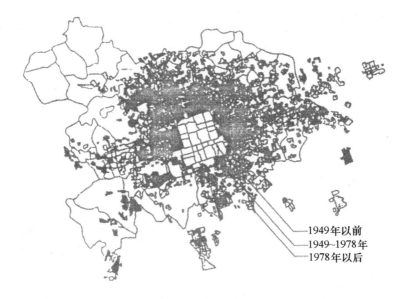

1949年以前
1949~1978年
1978年以后

图6—2　北京城区边缘区扩展

资料来源：何焕章：《北京城市空间布局发展的回顾与构想》，《北京规划建设》2003 年第 4 期。

　　在我国，以北京市为例，以 1949 年以前为第一阶段，交通形式主要人力和畜力为主的人力车和马车，人们的居住形式主要围绕在皇城根下，典型的居住形态是四合院。呈团块状。见图 6—1。1949—1978 年为第二阶段，交通形式主要是大公交和自行车，人们的社区居住形式还是四合院，但开始逐渐分散。1978 年以后为第三个阶段，改革开放以后，由于经济制度的变革，使城市社会空间结构发生了巨变。见图 6—2。一方面进行老城区改造，同时城市边缘区与外围迅速发展。建设了中央商务区（CBD）和国际商务区（IBD）、外国人居住区、研究开发基地、高质量居住区与新的制造业区。城市空间结构将从同心圆结构向沿高速公路发展的带形走廊结构转变。在城市东北方向，形成一个高收入家庭扇形居住区；在东南角形成一个低收入家庭扇形居住区；在西北角是中等收入的知识分子家庭居住区；在西南角是中等收入的技术工人居住区。城市出现了社会极化与不平衡的城市空间的增长。

　　其次交通带来的空间距离感能够塑造居民的观念，改变居民的行为。虽然空间组织不是塑造社会相互作用模式的决定因素，但它毫无疑问对于决定社会网络、朋友关系以及婚姻都是非常重要的。距离是决定城市内不同地区生活质量的重要因素，因为距离不同会形成对于机会和诸如工作地、商店、学校、诊所、公园、体育中心等服务设施的物理可达性的差异。由于对这些设施的接近程度所带来的好处很大程度上影响了人们的福利。因此，空间分割也代表了一个重要的空间特性，这个特性直接反映了城市生活的各个方面。

迪尔和沃尔奇[①]从三个方面进一步阐述：（1）社会关系中的事件是通过空间而形成的，就像位置特征影响居住地布局一样。（2）社会关系中的事件受到空间的限制，比如由于废弃的建筑环境所产生的惯性，或者物质环境便利或阻碍人们行动的程度。（3）社会关系中的事件受空间调解，就像"距离摩擦"的普遍作用促使包括日常生活方式在内的各种社会活动的发展。因此，空间不能被简单地看做是一个用于表述社会、经济和政治过程的媒介。它本身对于城市发展的模式以及城市内部不同社会群体之间关系十分重要。

总之，交通运输业的变革与当时的社会经济背景密切相关。是交通把人们的空间单位与社会单位连接起来，形成一种新的社会形态：社会空间形态。随着交通工具的发展，人们的交往形式更加便捷和越来越丰富多彩，现代生活和城市聚集或扩张的自动程度日益加快。一旦城市交通严重堵塞，城市生活便会面临瘫痪。城市的生命依赖于各种内外交流，它们就像有机体的血脉，血脉不通，新陈代谢过程就会终止。

综上所述，交通运输既是城市空间的分割器，也是城市空间的连接的纽带；它在塑造城市空间的同时，也被城市社会生活所型塑；它既是城市空间限制性因素，也是舒缓城市社会空间的调解器，他们之间存在着一个连续的双向过程。通过交通运输，城市的领地边界得以建立。

城市是社会空间的一种组织形态。用城市学家可李斯塔勒的话说："城市在空间上的结构是人类社会经济活动在空间的投影。"[②] 据此看来，由于人们生活和工作在城市空间中，他们逐渐将自己的特性施加给他们的环境，并尽其所能地改变和调整环境，使之满足他们的需要并体现他们的

---

① ［美］保罗·诺克斯、史蒂文·平奇：《城市社会地理学导论》，柴彦威、张景秋译，商务印书馆，第7页。

② 同上书，第18—19页。

价值。同时，人类自身又逐渐适应了自然环境和周围的人。

交通对城市发展的影响主要存在两种力量。其一是集聚力。主要表现为两个方面：第一是交通运输对工业生产和人民生活交通与交往需求的支持力；第二是交通营运的经济性要求城市积聚，从交通设施营运的经济性要求看，交通设施只有从充分利用中适当收费才能较快收回成本，否则会导致运力浪费，如果建设各种路网设施延伸很长，使用率很低，就必将增加投资和维护费用。换言之，交通网络本身也要求有集聚的城市形态。同时，只有城市集聚效应提供的人力、物力、财力，才能给交通设施的建设、经营和管理提供必要的条件。没有这个条件，交通网络建立不起来，城市也存在不下去。

其二是扩散力。城市的集聚达到一定程度，一般认为人口达 100 万以上时，开始出现各种"城市病"：居住拥挤、环境恶化、交通堵塞等，同时，随着社会经济、文化、科技的发展和普及，人民生活水平的提高，人民有可能采取比较分散的居住形态。这样既可以改善环境，又能保持原来必须通过集聚才能获得的高效率、高效益和生活的高质量。美国著名的建筑设计师赖特（Wright）在 1932 年就看出这种趋势。他说，随着汽车和廉价的电力遍布各地，那种把一切活动集中于城市的需要已经终结，分散住所和分散就业岗位将成为未来的趋势。现代化交通的发展，私人汽车的普及，为城市的分散布局和城乡融合创造了必要的条件。

第二节　交通影响下的城市社会空间的演变

一　城市空间结构与交通结构

（一）城市空间结构

城市空间结构是城市发展过程中，厂商和居民的各种社会经济活动在空间上的投影，是城市社会经济发展程度、阶段、内容的空间反映；城市社会经济发展必然伴随着空间结构的变化，城市空间结构既是城市社会经济运行的结构，又是城市社会经济进一步发展的基础，也是城市问题产生的根源之一。

城市空间结构是一个跨学科的研究对象。最早开始研究并建构城市空间结构概念框架的学者是 Foley 和 Webbe。根据 Foley（1964 年）的观点，城市结构的概念包括三种要素，分别是文化价值、功能活动和物质环境。

城市结构包括空间和非空间两种属性，城市结构的空间属性是指文化价值、功能活动和物质环境的空间特征；城市空间结构包括形式和过程两个方面，分别指城市结构要素的空间分布和空间作用的模式。Foley 认为，尽管每个历史时期的城市结构在很大程度上取决于前一历史时期，城市结构的演变还是显而易见的，因而有必要在城市结构的概念框架中引入第四层面，即时间层面[1]。

Webber（1964 年）在 Foley 的概念框架上，对城市结构的形式和过程两个方面进一步阐述。认为，城市空间结构的形式是指物质要素和活动要素的空间分布模式，过程则是指要素之间的相互作用，表现为各种交通流。相应地，城市空间被划分为"静态活动空间"（如建筑）和"动态活动空间"（如交通网络）[2]。

Bourne（1971 年）运用系统理论描述了城市系统的三个核心概念[3]。①城市形态（urban form）是指城市各个要素（包括物质设施、社会群体、经济活动和公共机构）的空间分布模式；②城市要素的相互作用（urban inter – action）是指城市要素之间的相互关系，使之整合成为一个功能实体；③城市空间结构（urban spatial structure）是指城市要素的空间分布和相互作用的内在机制，使各个子系统整合成为城市系统。

Harvey（1973 年）作了更为精辟和明了的论述[4]：任何城市理论必须研究空间形态（spatial form）和作为其内在机制的社会过程（social process）之间的相互关系。他认为：传统的城市研究受到社会学的方法（socialogical approach）和地理学的方法（geographical approach）之间的学科界限的束缚。社会学的城市研究仅强调社会过程，而地理学的城市研究只注重空间形态。Harvey 指出，城市研究的跨学科框架就是在社会学科的方法和地理学科的方法之间建立"交互界面"（interface）。

我们的研究是在社会学与地理学，以及后来发展起来的城市规划学等多学科之间的交互融合基础上讨论城市空间结构。我们认为，城市空间结

---

① Poley L. D. （1964）: Anapproach to metropolitan spatial strueture, in WebberM. M. etal. (eds.) ExPloration into Urban Strueture, University of Pennsylvania Press, Philadelophia.

② Webber M. M. （1964）The urbanplace and nonPlace urban realm, in Webber M. M. etal. (eds) Exploration into Urban Strueture, University of Pennsylvania Press, Philadelophia.

③ BourneL. L. S. （ed.）（1971）: Internal Strueture of the City, Oxford University Press, New-York.

④ Harvey D. （1973）: Soeial Justice and the City, Basil Blackwell, Oxford.

构包括两个方面：城市物理空间与城市社会空间。

（二）城市物理空间

城市物理空间研究对象是城市空间的物质属性（urban physical space），包括城市物质环境的空间分异及其演化过程。这包括两种研究取向。其一，城市物质形态的演变是一种双重过程[1]，包括向外扩展（outward extention）和内部重组（internal organization），分别以"增生"（aceretion）和"替代"（replacement）的方式形成新的城市形态结构。替代过程往往既是物质性的又是功能性的，特别是在城市核心地区。其二，强调对于城市物质环境的主观体验而不是客观现实，称之为感知环境。主要研究工作是分析人们的居住选择意愿。Cox（1972 年）把这个领域的研究工作划分为：城市环境的意象构成（imagery）和城市环境的合意程度（desirability）[2]。Lynch 发现，人们对于城市意象的认知模式往往具有类似的构成要素，可以概括为路径（paths）、边界（edges）、地域（districts）、节点（nodes）和地标（landmarks）等五个要素，于是就形成了共同的城市意象[3]。

（三）城市社会空间

城市社会空间主要研究领域是城市空间的社会属性（urban social space），并且与城市空间结构研究的理论发展紧密相连。早期代表性研究是：（1）Burgess（1925 年）根据芝加哥的土地利用和社会—经济构成的空间分异模式，提出了针对北美城市空间结构的同心圆模式（the concentric zone model）。居民的社会—经济构成随着与市中心距离的增大而呈上升趋势。Burgess 引用了生态学的"侵食"（invasion）和"演替"（succession）的概念来解释城市形态的同心圆模式。由于低收入的社会阶层不断向外扩展，迫使高收入的社会阶层向更为外围的地区迁移，形成了城市内部空间的演替过程。

（2）同样是建立在对于美国城市的实证研究基础上，Hoyt（1939 年）提出了城市内部空间结构的扇形模式（the sector model），社会—经济特征相类似的家庭集聚在同一扇形地带。Harris 和 Ullman（1945 年）提出

---

① Smailes A. E. （1966）：The Geography of Towns，Hutehinson，London.

② Cox K. R. （1972）：Man，Location and Behaviour：An Introduction to Human Geography，John Wiley，New York.

③ Lnych K. （1960）：The Image of the City，MIT press，Cambridge，Mass.

城市内部空间结构的多核心模式（the multiple nuelei model），表明城市土地利用是围绕着若干核心进行空间组织。上述三种典型模式只是概括了城市内部空间分异的部分特征。在此基础上，城市内部空间结构的判识和测度成为城市研究的一个重要领域。

（3）Shevky、Williams 和 Bell 开拓城市社会空间的研究领域。他们认为，作为现代城市社会的一些重要演化趋势的空间表现，城市内部空间结构可以用经济地位（economie status）、家庭类型（family tatus）和种族背景（ethnic status）三种主要特征要素的空间分异加以概括①。每个特征要素可以用一组相关的人口普查变量加以表征，根据这些变量的组合情况，将人口普查单元划分为不同的社会空间类型，据此判识城市社会空间的结构模式。北美城市具有比较相似的社会空间结构模式。经济地位的空间分异是城市内部空间结构的最重要的表征因素，其空间分布呈现为扇形模式；其次是家庭类型，其空间分布呈现为同心圆模式；然后是种族背景，其空间分布呈现为多核心模式。但是，对于北美以外的城市，这种空间结构模式就难以适用了。

20 世纪 80 年代以来，西方大城市空间结构演变的三个主要特征是城市中心的全面复兴，内城的局部更新和郊区的继续发展。"后工业化"（Post‒industrialization）转型过程，城市的商务、零售、娱乐和休闲功能日益显突，中心地区的独特建筑环境、传统历史文脉和浓郁文化氛围成为地区发展的潜力所在。城市中心地区的"中产阶级化"（gentrification）使城市中心的社会—经济构成（Socio‒economic struetere）发生变化，是西方大城市的社会空间结构重组的一个重要特征。西方大城市空间结构演化的内在机制表明了不同范畴中和不同层面上的各种社会过程之间的相互作用。与城市中心地区的复兴相比，郊区发展是由市场机制所驱导的过程，而不是政府干预所促成的②。

可见，社会过程是影响城市空间结构的内在机制，社会关系则是导致社会过程的根本动因。因此，城市空间结构研究必须建立在社会关系的构成范畴和社会过程的空间属性的理论基础上，运用社会学科和地理学科相

---

① 参见 Shevky E. and Bell W.（1955）：Social Area Analysis, Stanford University Press, Stanford, California。参见 Shevky E. and William M.（1949）：The Social Aress of Los Ageles, University of California Press, Los Angeles。

② 唐子来：《西方城市空间结构研究的理论和方法》，《城市规划汇刊》1997 年第 6 期。

结合的方法，从空间的角度来探索城市形态和城市相互作用网络在理性的组织原理下的表达方式。

（四）城市空间结构与交通结构的关系

城市空间结构与交通运输存在着密切的关系。城市社会经济的发展和城市土地利用结构，决定了城市交通需求量和城市交通的结构，以及城市交通基础设施应达到的建设水平和服务水平；反过来，城市交通系统实际的供给能力又影响和制约着城市的社会经济发展和土地利用结构。城市交通与城市土地利用和城市社会经济发展存在着密切的关系。换言之，研究交通方式的运行特征是处理城市空间尺度问题的关键，城市空间结构也反过来影响着交通方式的组成。

交通发展既塑造了城市的具体空间物质形态，也形塑了城市居民生产、生活的社会形态。

二　交通结构对城市空间结构的影响

（一）交通形式的选择决定了城市社会空间形态

不同的社会经济发展水平决定了交通形式的选择，不同交通形式选择使各个城市发展呈现出风格各异的城市社会空间结构。交通发展塑造城市的社会空间形态。以中国为例，随着经济的不断发展和人民生活水平的不断提高，我们从"自行车社会"走向"汽车社会"这一历史进步已不可逆转地到来。

改革开放前，如果说中国的交通工具有什么标志的话，那就是无处不在的自行车。其中"飞鸽"——这个牌子的自行车在中国大城市的街道上占据主导地位长达半个世纪之久。

"飞鸽"自行车诞生于1950年，世界上的"飞鸽"比其他任何机械化交通工具都多。北京和上海、武汉的街道上至今仍有它们的踪影。改革开放之前，一辆"飞鸽"自行车的价格大约是150元，大致是中国一名产业工人两个月的工资。购买自行车需要等候的时间不等，与政府关系过硬的人要等上几个月，而普通工人则要等上几年。为了跟上人们的需求，位于天津的"飞鸽"工厂在70年代末每天生产约1万辆自行车，即每年生产360万辆。工厂有1.5万名工人，每天24小时生产。然而等候购买的人仍越来越多。

改革开放之后，随着更廉价的竞争对手开始对"飞鸽"造成影响，

"飞鸽"自行车的销售开始下滑。1994年,"飞鸽"自行车的销售量不到过去的一半。现在每年仍生产80万辆自行车。但却不到最大生产量的四分之一。员工总数也从1.5万人骤减至不到600人①。

与此同时,在2003年,我国人均GDP（国内生产总值）已超过1000美元,上海、广州已超过5000美元,私人汽车已开始进入家庭。全国各地的年轻人口中掀起了"学车热",仅北京市内2003年拥有驾驶执照的人口已达200万,占北京市人口的五分之一。

从宏观层面看:2001年,我国汽车产销量只有207万辆,2010年达到1800万辆,10年翻了三番还多。个人买车成为汽车消费主流,成为汽车保有量快速增长的主要因素。截至2011年8月底,据公安部交管局发布的统计数据,全国机动车保有量达到2.19亿辆。其中,摩托车占54.12%,约为1.19亿辆;汽车保有量占机动车总量的45.88%,超过1亿辆。这是中国汽车保有量首次突破1亿辆大关,仅次于美国的2.85亿辆,位居世界第二。即使扣除农用车,中国的汽车保有量也超过日本的7000万辆,仍然是世界第二。汽车专家预计,"从现在到2020年,中国车市会迎来下一个黄金10年!"我国汽车年产销将达到3000万辆,可以预见未来5年,我国的汽车保有量将呈现"几何级别"的增长。

根据中国社会科学院社会学研究所和奔驰公司联合发布2011年《中国汽车社会发展报告》首份年度报告显示,中国汽车保有总量为7802万辆,其中私人汽车保有量6539万辆,占83.81%。其中家用轿车的保有量为3443万辆,占汽车总保有量的44.13%。以第六次人口普查数据计算,中国百户家庭拥有的汽车数量已从2001年不到2辆,增加到2010年的近15辆。

从城市发展的角度而言,北京百户居民私人汽车拥有量约60辆,成都30.7辆,西安28.6辆,深圳27.6辆,苏州25.8辆,南京25.2辆,沈阳21.4辆,广州21辆。另外浙江省城镇居民去年百户私车拥有量也达到26.43辆,山东省城镇居民19.9辆。全国667个大中型城市,还有大量二、三线城市百户居民私车拥有量也超过20辆,如唐山、温州、东莞、鄂尔多斯等。

---

① 《曾经无处不在的"飞鸽"逐渐从视线中消失》,澳大利亚《悉尼先驱晨报》2010年6月11日。

从目前发展趋势看，国家统计年鉴资料表明（见图6—3）：汽车正快速进入中国城镇地区，驶向汽车社会的城市梯队已经形成。保守估计4500万辆左右私人汽车保有量的80%积聚在城镇，以城镇6亿人口，户均规模3人来推算，则城镇每百户家庭汽车拥有量则接近20辆的水平。

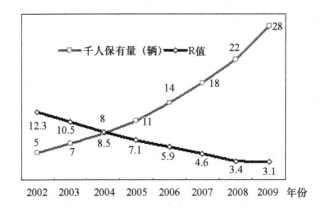

图6—3 千人家庭汽车保有量及R值走势

资料来源：中国统计年鉴，2009年致扬力NII预测。

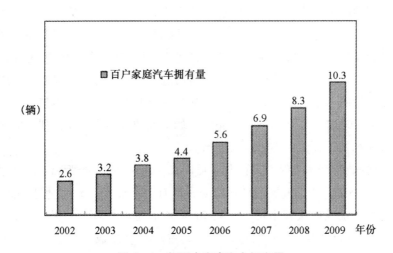

图6—4 每百户家庭汽车拥有量

资料来源：中国统计年鉴，2009年致扬力NII预测。

按照国际惯例，当每百户居民汽车拥有量达到20辆以上时，就进入汽车社会。根据这一标准，1965年定义为日本汽车社会元年，1989年为韩国汽车社会元年。根据 NTI 汽车研究在 2010 年发布的《中国汽车社会蓝皮书》建议，把 2009 年设定为中国汽车社会元年。

汽车社会（Auto Society）是工业社会和经济发展到一定阶段，特别是轿车大规模进入家庭后出现的一种社会现象。汽车社会一词来自日语的"车社会"，日本专家于 20 世纪 70 年代提出了"汽车社会"一词，20 世纪六七十年代以来，日本进入汽车普及年代后，发生了大量不同于以往时代的现象，人际关系急剧变化，社会节奏明显加快，日本专家将这种汽车普及带来的新的社会形态命名为汽车社会。在汽车社会里，汽车不仅仅是一种交通工具，它更是社会的组成部分，是人的空间属性的扩展和精神的延伸。

从"自行车社会"走向"汽车社会"的急剧转变，中国的城市社会空间也发生了天翻地覆的变化。有学者曾总结了 20 世纪 90 年代以来，我国进入快速城市化时期，中国城市形态的演变的两个特征[①]：

（1）外延跳跃成为城市增长的主要形式，表现在开发区的建设上。开发区是跳跃扩展的主要载体，我国几乎每个城市都建设了开发区，有的城市有多个，开发区面积可以与原城区相当甚至超过，对原来的城市形态产生强烈的冲击，成为城市跳跃扩展的主要载体。开发区按与城市的区位关系大致分为边缘跳跃、近郊跳跃、远郊跳跃三种。如开发区、高新区在城市的边缘扩展。就中小城市而言，在边缘扩展是城市发展较好选择，会继续扩大城市规模，又减少投资。在城市近郊跳跃特点是可以适当利用原有的基础设施和生活服务设施，同时又有一定的发展余地，能带动周边地区的发展。随着开发区功能日趋完善，如与老城区连成一片，则形成城市的带状连绵扩展或多中心团块状城市。

从我国 54 个国家级开发区与主城距离来看，有 19 个距离主城小于 5 公里，占 35%，相应发展为新城的开发区有 19 个，占 35%，保持为团块状或连绵带状或星状城市形态。有 21 个距离主城 5—20 公里，占 38%，相应发展为城市组团的开发区有 23 个，占 43%，形成组团状或组团带状城市形态。有 14 个距离主城大于 20 公里，占 27%，相应发展为独立城区的开发区有 9 个，占 17%，形成组合城市形态。

----

① 熊国平、杨东峰、于建勋：《20 世纪 90 年代以来中国城市形态演变的基本总结》，《华中建筑》2010 年第 4 期。

跳跃式扩展有两种模式：一种是通过交通干道沿市中心放射状建设新区，用地的结构比较紧凑，向多中心城市或组团城市发展。另一种是建设有生态空间分隔相对配套的新区，用绿色空间分隔，城区之间布置大容量的快速交通干道系统，向组团城市或组合城市发展，深圳、厦门、上海、苏州为跳跃式发展成功的典型实例。

（2）以产业空间为中心的新空间主导城市形态的演变。其区位选择和功能演化主导着城市形态的演变。在以经济建设为中心，以产业发展为主体的发展形势下，开发区作为20世纪90年代以来我国城市的主要产业空间和一种特殊的经济区，已成为我国经济和社会发展新的增长点，各类开发区虽然规模不同、形式多样、功能各异，但都享有特殊政策和优惠措施，因此备受各级政府的青睐。尤其是开发区的土地收益未纳入财政，可以自收自支、滚动开发等形式在财政体外循环，极大地调动了地方政府兴办开发区的"积极性"，成为新空间的主体。开发区的区位大多依托现有城市，采用成片开发新区的形式建设，国家级经济技术开发区规模从几平方公里到数十平方公里，甚至上百平方公里，日益成为城市空间扩展的主要载体，其区位选择和功能演化主导着城市形态演变。

与此同时，突出的问题是道路交通容量将趋于饱和。城市机动车数的猛增以及自行车数的不断增长已使城市道路堵塞现象日益严重。《中国汽车社会发展报告》首份年度报告显示，在汽车使用过程中，消费者感受最痛苦的事情依次是道路拥堵、油价高、停车收费高和停车难，选择比例分别达到33.1%、32.7%、8.3%和8%。

尽管许多城市拓路建桥取得了显著成就，但道路的增长远远赶不上车辆的增长。美国被称为小汽车王国，据1997年统计，美国共有1.3亿辆小汽车和70007辆其他类型的四轮交通工具（平均约1.2人一辆），美国人均能耗约占全球能耗的1/3，有的城市是完全按照私人汽车的需求设计的。其公共交通一向受到忽视，火车和公共汽车的使用在很大程度上陷于停顿。大多数城市的市中心运转不良。但最近由于油价上涨等原因，许多驾车者转向使用公共交通系统，使他们多年来都因高峰时间交通堵塞而陷于困境的情况有所好转。

我国的条件同美国自然不能相比。人口众多，城市用地紧张（人均城市建设用地只及美国的1/10左右），城市街道、广场用地比例小，人均收入低。有人做过计算，如果中国人对汽油的消耗达到美国人的水平，每天就需8000

万桶石油，超过目前全球的石油日产量（6700 万桶）；而且，中国没有足够的土地在养活本国人口的同时用于修建汽车所需的道路、高速公路和停车场。美国修建公路和停车场，每辆汽车平均需要 0.07 公顷的土地；假设中国与欧洲和日本一样，每辆汽车占用 0.02 公顷土地，当中国的汽车拥有量达到平均每两人一辆（6.4 亿辆）时，就要占用 1300 万公顷土地（大部分是耕地），相当于现有稻田面积 2300 万公顷的 57%。

因此，在"十二五"中国汽车发展规划中，"大城市病"首次被提及。在城市化进程不断加快、越来越多的农村人口不断涌入城市的时候，曾经被无限向往和憧憬的城市开始"生病"了——人口密度太大、道路严重拥堵、尾气排放超标、停车难、出行难。继上海、北京之后，2012 年贵阳市也宣布采取汽车限购措施。中国不能照西方模式发展以私人汽车为中心的交通体系。除受购买力限制外，主要是受到矿物燃料的限制和空间的限制，还有环境污染的问题。

接下来，我们要问，交通形式的选择是如何决定城市的社会空间形态？

（二）交通形式对城市空间格局演变的影响机理

交通形式的选择决定了城市的社会空间形态。其影响机理，可以从三个不同的层面来理解。

首先，从政策层面看，不同的交通政策导致了不同的空间扩展模式。汤姆逊认为，地理特征、相对可达性、建设控制和动态作用是影响城市结构的四大要素。其中，地理特征较难改变，建设控制需要强大的行政力量，相对可达性则是最活跃的要素，因而决定相对可达性的交通政策和交通条件对城市结构有着极其重要的影响[①]。如，发展小汽车的政策在交通的舒适性和灵活性上有极大的优势，但它需要以强大的城市道路系统作为支撑，对城市道路用地的需求量大，在城市空间形态上表现出用地的低密度、离心分散型的形态。以公共交通为主的交通政策在运载能力、空间占据、环保节能方面占有很大的优势，但其受到线路、站点及灵活性的限制，在城市空间形态上表现出了紧密集中，紧凑发展的形态。

其次，从经济层面看，城市的集聚效应主要来源于产业在地域上的集

---

① ［英］汤姆逊：《城市布局与城市交通》，倪文彦等译，中国建筑工业出版社 1982 年版，第 80—82 页。

中所带来的经济效益，城市空间格局演变的实质是产业地域分布和空间组织的演变，在这一演变过程中交通发挥着主导作用。交通条件正是通过影响城市各组成要素尤其是产业要素的空间分布影响城市空间格局。

产业集聚是当代城市尤其是经济功能性城市发展的基础和动力，它通过产生规模效益、降低交流成本、强化学习氛围，促进了产业的发展和产业要素的交流，从而促进了城市的发展和城市间要素的流动，因而决定了城市空间格局的演变。

国内外相关研究及我国的实践规律表明，产业集聚主要受七大要素的影响：交通特别是高速公路的便捷度、产业配套能力、劳动力和人才的可获得性、劳动力成本、远程通信便捷度、政府的相关政策及土地的可获得性和价格。这七大要素中，产业配套能力受历史惯性影响较大，人为干预周期较长，劳动力成本在区域内相对一致，政府的相关政策主要依靠行政力量，交通便捷度则能充分发挥城市产业要素集散的作用，是影响产业集聚和城市空间格局的最为灵活、最为关键的要素。具体表现在以下几个方面：

（1）交通是产业集聚和城市发展的先行条件，原料、劳动力、产品等的流动必须以交通为载体，经济贸易和企业、产业、城市及地区间的交流与协作必须以交通为纽带。

（2）快速、便捷的交通是产业集聚和城市进一步发展的保证，它为产业和城市发展提供了低廉的运输费用、充足的资源和市场保证、高效的人才和信息交流渠道，缩短了地理、心理和时间空间，削弱了距离的影响，有利于在更广阔的范围内组织产业、安排城市、实现城市的分工与协作，因而交通沿线往往形成产业和城市发展带。

（3）交通便捷度不仅直接影响着产业集聚和城市空间格局，而且通过提供基础设施配套、加强产业沟通、促进人员流动等作用影响着其他要素。交通便捷度对产业集聚和城市空间格局的影响主要表现为：交通线路走向决定着产业和城市的空间分布及发展方向，交通线路的空间组合状况决定着产业和城市的空间组织结构，主要交通方式的效率决定着产业和城市空间布局的灵活性与高效性。

当然，其他产业要素也会对城市空间格局产生影响，产业配套能力影响着区域的产业吸引力，从而影响着城市的发展规模；劳动力和人才的可获得性及成本影响着城市主导产业的选择和城市的功能格局；远程通信的便捷度增加了产业和城市空间布局的灵活性；政府的相关政策影响着产业和城市的发展方向；土地的可获得性及价格影响着产业的区位选择和城市的空间利用方式。

总之，交通既是产业和城市发展的基础，又是发展的结果。产业和城市的发展增强了各自的联系，产生了更多的物资流、人力流、经济流、信息流需求，需要有相应的交通载体与之相适应；产业和城市竞争力提升的需求，对交通的通畅性、舒适性、安全性、服务及时性、交通方式的协同性和道路等级提出更高的要求；产业辐射范围和城市腹地的扩大，促进了交通线路在地域上的推进。因而，产业和城市的发展促进了交通的发展，交通的发展又进一步激发了沿线经济的发展和人口、产业等要素的集聚，如此反复循环，使得产业和城市向交通走廊不断集中，逐渐形成了以交通走廊为依托的经济发展轴，结合分布于交通走廊上的城市，共同构成了城市空间发展的点轴格局。随着产业和城市的进一步发展、联系的进一步加强、新城市的不断产生、交通支路的不断延伸和拓展，点轴格局将进一步向网络格局演变。

再次，从社会层面看，不同的交通格局对城市居民生产与生活方式产生决定性影响。正如 Kiyoshi 和 Makoto 所言，交通格局对城市收入差异起着决定性作用，因而决定着城市的土地利用形态，从而影响着城市的空间结构[1]。主要表现在以下几个方面：交通首先是一种劳动分工。在卡斯特看来，大都会地区的交通和通信系统实际上是建立在城市与郊区之间的交通和通信系统的复杂性和重要性基础上的一种劳动分工，这一点可以从工作地点与居住地点、城市的日常节奏，以及城市的集中化中观察到。

同时，交通也导致城市社会的分化。在大都会地区，我们可以看到这样的现象，即各个公司的总部集中在某一地区，而生产和分配中心分散在其他不同的地区。工业越来越不依赖于物理的空间环境，比如原材料所在地、市场所在地，而是越来越依赖于高质量的劳动力、技术和工业环境。与此同时，行政管理和信息的作用日益加强。今天，工业越来越依赖于大都会地区相互依赖的复杂关系，而技术的发展有助于各种行动的空间重构。但是，大都会地区并不是技术进步的简单后果，它还是一种社会关系

---

① Kiyoshi K. , Makoto O. : The growth of city system with high - speed railway systems, Regional Science, 1997 (31): pp. 39 - 56.

的表现，而且"首先是一种社会关系"。卡斯特认为，大都会这一形式在空间上它产生了一个依地位将不同居住地分开的真实的分层，使之成为一个巨大的符号表现领域。同时，随着工作、居住、休闲的分离，工人阶级的意识形态被整合到统治阶级的意识形态中，追求郊区住房成为每个人的抱负，这种在居住、工作、闲暇、购物等活动之间的分离趋势加强了对交通系统的依赖，这种依赖产生了新的差别并会产生新的矛盾。

最后，交通是导致社会不平等的重要因素。主要体现在私人交通和公共交通关系上。在公共交通领域里，公共交通主要解决从家里到工作单位的交通问题。而这类日常公共交通的使用者集中在那些不能自主安排工作时间和空间的工薪阶层，结果，如同公共住房的发展维持在一个最低水平上一样，公共交通的发展也只能维持在一个最低水平上。空间流动是按大组织的工作时间表运行的，因此，公共交通的能力是根据工作地点的分布来设计，而不是根据提高城市内的流动能力来设计的。所以，公共交通成了拥挤、不舒适、压抑的同义词，人们希望从中逃离出来，寻求自主的、不受制约的私人交通。私人交通市场的"需要"由此产生，一个不可能停止下来的循环从此开始。糟糕的公共交通刺激了私人交通需求，而私人化的交通模式使城市交通系统不堪负重，并引起严重的空气污染。尽管大量的费用被投在公路建设上，但无法解决问题，而且不断增长的交通事故成为这一发展的代价。

在大都会地区，当私人轿车成为主要交通工具时，新的不平等由此产生。一方面，收入水平决定了使用这种工具的能力及其可能产生的安全问题；另一方面，由于城市至郊区的交通完全依赖于私人交通工具，那些没有私人交通工具的人完全成了"残疾人"，例如年纪大的人、青少年、病人、丈夫驾车外出上班后留在家中的主妇。卡斯特认为，对于资本主义的现有结构，对于个人主义意识形态的发展而言，私人轿车作为主要的交通工具，是不可缺少的，同时也是这个社会中最不合理的现象。因为公共交通作为一种"集体消费"受到了私人交通这个"最大需求"的限制。在卡斯特看来，发展城市公共交通是解决社会不平等的一种有效途径。

在我国，建设部门已经明确提出，城市交通以发展公共交通为主。1977年，世界规划学者共同制订的《马丘比丘宪章》已经明确指出，城区交通政策应使私人汽车从属于公共运输系统的发展。因为事实证明，城市道路是无论如何也满足不了大量私人汽车的需求的。

在城市地区是否可以完全用便捷的公共交通系统来取代私人汽车交通呢？一般来说，可设法尽可能地发展便捷的公共交通系统来解决一大部分居民出行的需求；或像荷兰的一些城市那样以自行车交通为主，汽车交通居于第二位。要经营充分便捷的公共交通系统，是需要合理的城市规划、土地利用政策、交通经营政策和必要的公共资金补贴的。

例如，巴西200万人口的库里提巴（Curitiba）市，其5条主干道中的每一条都由3条平行路组成，其中间一条是联通地方道路的两条快速公交路，其两侧各有一条进出市中心的单向高速路。土地利用法鼓励与主干道相连地区形成商业和服务设施集中的高密度开发区。乘客付费、验票和换乘都非常方便。私营公交公司的运营（采用三节大公共汽车代替地铁，以大大节省修建耗资）收入取决于运行公里数，而不取决于乘客数，这样，公交路线的经费分配在防止恶性竞争的同时取得平衡，其结果是使该市上班族的3/4（约130余万人）每天上班乘坐公共汽车，低收入居民的出行开支平均占其收入的10%。但该市仍拥有私人轿车50余万辆。

国外的经验给我们的启示是：在城市交通工具方面，可采取双管齐下的政策：一方面建设尽可能便捷的公共交通系统，包括在交通流量大的轴线上设置大容量快速交通工具，如地铁、轻轨等；另一方面，适当地限制私人汽车和自行车的数量。便捷的公共交通可以自动抑制私人车辆的使用。

三　不同交通模式下的城市社会空间形态的演化

（一）城市形态与交通结构

城市形态是城市空间结构的整体形式，是城市内部空间布局和密度的综合反映，它表现的是城市平面的和立体的形状。城市形态分为广义与狭义两种。广义的城市形态包括社会形态和物质空间形态两个主要方面。而狭义的城市形态是指城市实体所表现出来的具体空间物质形态包括城市建成区轮廓特征、城市用地空间扩展特征和道路网特征等。它既包含城市空间结构的整体形式，又是城市内部密度和空间布局的综合反映。这里所指的城市形态指广义的城市形态。

交通结构是指城市各种交通方式分担量的比例组成。它反映的是居民出行采用步行、骑车、乘坐公共交通、出租汽车等交通方式，并由这些方式分别承担出行量在总量中所占的百分比。它与城市的面积、城市布局、人口、自然地理、经济发展水平、环境要求、交通基础设施、对外交通联系等因素密切相关。

交通方式之间因运量、运输速度、适用范围等方面的差异形成不同程度的可达性，城市空间形态因此而不同。在步行和马车时代，由于交通方式落后，可达性低，所有的城市活动密集成团，彼此接近的高密度和土地的混合利用为特征城市规模较小，呈紧凑的同心圆方式演变发展。

当城市以公共交通为主时，线路站点的可达性与外围地区差别很大，人们的经济活动高密度集中于站点周围，城市空间形态呈放射形延伸。当城市以大运量公共交通为主时，其站点与枢纽设施周边的土地可达性很高，交通服务的波及范围大于常规公共交通，人们的经济活动沿交通线路更加集聚，城市空间形态可以形成线形或带形。

当城市以小汽车交通为主时，对交通站点与枢纽设施没有要求，人们开始摆脱在居住、出行等方面对公共交通的依赖，主干路、次干路与支路等城市道路沿线土地有较高的可达性，人们的经济活动围绕着纵横交错的城市道路分散开来，城市空间形态沿水平方向蔓延发展。

（二）城市空间形态的演化

从城市形态的历史过程看，中国古代的城市多以方形为本，西方古代的城市多以圆形为本。无论是中国的城市形态，还是西方的城市形态，从发展模式的角度而言，主要有三种形态发展模式：一是单中心发展模式，二是多中心发展模式，三是区域化城市形态发展模式（包括线性发展形式和星网型发展形式）。城市形态发展的规律，一般遵循从单中心发展模式向多中心发展模式演变，最后发展到区域网络化的城市形态。

1. 城市形态的单中心发展模式

主要包括三种形式，（1）单中心集中与辐射式。城市一般沿交通主干道或沿河、海岸线集中和辐射，由于交通的便捷，人口向少数几个城市集中。如1800年时，西方世界的城市没有一个超过100万人口。最大的伦敦也不到96万人，巴黎人口只有50万稍多一点。到1850年时，伦敦有居民200多万，巴黎有100多万。到1900年时，就出现了11个人口超过百万的大都市。1930年有27个。这是由于资本和金融的集中，城市里的大机器生产和各种机械装置可使资本家获得丰厚利润，城市也有了向拥挤和延伸发展的手段。到20世纪中叶，出现了一群新的大都市地区，连同其膨胀蔓延的郊区环，使大都市地区更加扩大了。其形态如图6—5所示。

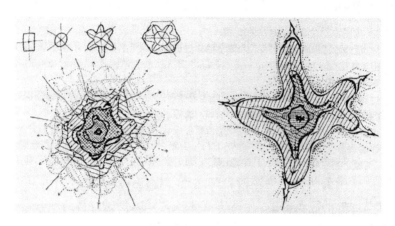

图 6—5　单中心辐射密集发展的城市形态

资料来源：波兰萨伦巴教授讲稿，转引自唐恢一《城市学》，哈尔滨工业大学出版社 2004 年版，第 85 页。

（2）单中心组团式。城市在连续密集型地发展过程中，会把一些城市的功能沿交通线路进行布局，使之成为城市的一个功能性的集合体，如武汉市的红钢城就是如此。19 世纪中叶，由于采煤、炼钢和铁路的发展，居民点从煤矿、铁矿和铁路网一带迅速发展起来。英国学者格迪斯（Patrick Geddes，1854—1932）在 20 世纪初指出，人口正在向城市集中，城市团块在扩大。他将这种扩散形成的城市团块取名"集合城市"（conurbation）。

到 20 世纪，又发展了电力网、电气化铁路，后来又有了汽车和公路。这样，城市化运动就得以到处发生，而不限于铁路网一带。在过去，由于工厂的兴起产生了许多新城市，或大大增加了原有中心的人口；现在的特点是居民点地区的扩散，基本上阻止了上述围绕中心的增长，却大大地产生了外表上无大区别的城市组织结构，它既无内部紧凑的核心，也无外部的任何边界。这样发展下去，就有全球各处都形成集合城市的危险。人们称之为"巨型城市带"（Megalopolis，也有译为巨型城市连绵区或特大城市者）。法国地理学家戈特曼（Jean Gomnann）于 1957 年以此名称形容美国东海岸自新罕布什尔到弗吉尼亚北部围绕 5 个大城市的城市连绵区。其形态如图 6—6 所示。

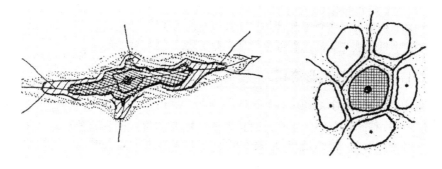

图6—6　单中心沿轴线密集、组团式的城市形态

（3）单中心卫星式，是城市组团式的进一步延伸，就会走向卫星式的发展，便捷的交通使母城与卫星城保持紧密地联系。如美国的北卡罗来纳州，本来人口分布较均衡，各城市的人口都不超过 10 万人，互相隔开，像星座一样。后来，它们日渐连成一个没有差别、无一定形式的城市团块，或如格迪斯所称的集合城市（Conurbation）。超过 10 万人口的城市不断发展起来，它们也都有郊区环。1930 年时，美国约一半人口（近 9 千万）居住在距离 10 万人口以上的城市约 30—80 公里半径的范围内；到 1950 年时，他们居住在 168 个 5 万人口以上的城市地区内。在世界其他地区也有类似趋势。1950 年时，世界总人口的 13.1% 居住在 10 万人口以上的城市内。这标志着城市从一个有机系统改变为一个机械系统，从集中性的增长变为城市功能分化的扩展。

2. 多中心的发展模式

单中心的城市发展由于是沿交通干线发展的，因此大多呈现线性体系，在发展过程中，随着功能增强，导致卫星城的独立性增强，从而形成多中心的线性城市体系。其形态如图 6—7 所示

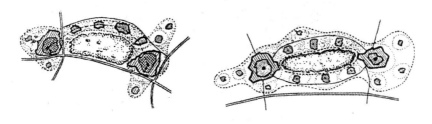

图6—7　多中心沿轴线环状线性的城市形态

3. 区域化城市形态发展模式

要使城市结构与人类的环境要求一致起来，首先要使城市单元的规模得到限制，使之更好地适应人的需要；其次，城市绿地是整个城市中不可或缺的部分，最后，城市内的各项功能，在空间上既要相互分隔，同时又要紧密联系。因此，在城市规划与设计上，城市形态就会呈现出星座式的集群，城市密集发展的地区沿主要交通线形成网络，内含城市的接点和走廊。它包括两种形态，其一是区域线性发展形式，其形态如图6—8所示；其二是星网型发展形式，其形态如图6—9所示。

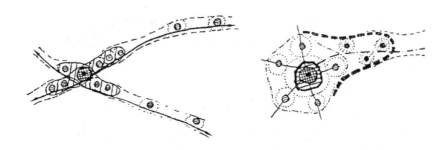

图6—8　区域线性发展形式

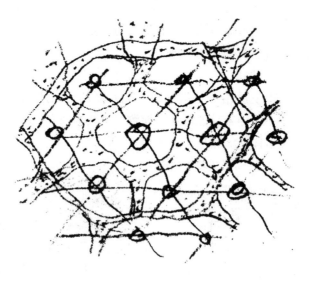

图6—9　区域星座式的城市集群

（三）不同交通模式下的城市形态演化

交通模式是指不同的交通方式（空运、海运、水运、管道运输、轨道交通、快速汽车客运和小汽车交通等）的选择。交通作为人口流、物质流、资金流、技术流等的空间载体，在实现人或物的空间位置移动的社会活动过程中，本着便捷、舒适、高效的原则，人们对不同交通方式的选择，就形成了不同的交通模式。交通模式受社会发展水平和科技发展程度的限制，不同的历史时期，不同的地理区位，具有不同的交通模式。交通模式的变革经历了从简单到复杂、从低级向高级的发展历程。

中国古代的城市大多产生于江河沿岸，呈现出沿黄河、运河和长江三条水运主轴线展开的主要空间格局。我国古代城市的兴起，既受给排水因素的影响，也是因为水路交通可以满足旅行往来、商贾贸易等需求。随着社会经济的发展，漕运、盐运促成了河道沿岸城市的繁荣。

近代以来，铁路取代江河成为最主要的广域交通方式，由此带动了铁路沿线城市的发展。武汉、郑州、石家庄等成为新兴铁路枢纽城市，扬州、淮阴等运河沿岸的城市则发生衰落。

当代社会，产业的特殊需求使得高速公路成为最重要、最便捷、效率最高的交通方式，它和水运、铁路、航空、航海、管道运输一起构成了城市资源供给的综合交通运输网络，节约了运输时间和成本，赋予了城市更高的效率，促成了郊区化、都市连绵带等新型空间现象和空间形式的产生。

因此，不同时期的交通发展状况形塑了城市的社会空间形态。交通方式的每一次变革都带来区域、城镇空间形态的显著变化。如果说互联网使世界意识实现零距离交流，交通则是实现全球物质迅速交流的关键。

交通技术的革新，改变了人们的出行方式和出行距离，由此引起了城市空间形态的变革，不同的交通方式对城市空间形态有着不同的影响。从历史上看，每一种交通工具的发展，每一次交通运输方式的革命性突破都深刻的影响着城市的发展和空间演变。从古代土路到现在的高速公路、铁路、地铁和航空航天，不同的交通模式对城市形态产生不同影响（见表6—1）。

美国地理学家亚当斯（J. Admas），按照交通方式的变革把城市形态的演变划分为四个阶段①：

---

① 张京祥：《城镇群体空间组合》，东南大学出版社2000年版。

表6—1　　　　　　　　　　交通影响城市形态发展变化阶段

发展阶段		城市主要交通模式				城市形态特征	
		主要动力	交通工具	平均速度（km/h）	交通形态	城市规模	城市形状
原始阶段	土路阶段	人力和畜力	人力车、骡马车、步行	10—20	地面	城市产生规模较小	一般呈现近似圆形布局
	水运阶段	水力和人力	木船	10—30	水面	中等规模城市出现	沿交通线呈带状单侧发展
近代阶段	海运时期	水力风力	轮船	20—70	海面	大城市出现	城市临海化布局，形成港口城市
	轨道运输	蒸汽机	火车	50—100	地面	大都市圈出现	扇形城市、星状城市
现代阶段	公路阶段	发动机	汽车	50—150	地面、高架	城市群出现	郊区化的加速与同心环状结构的再次重建
	高速运输	电力、磁力	飞机、高铁客车、地铁	100—1200	地面、地下、空中立体化	巨型化，城市连绵带出现	城市形态多核心模式的出现

资料来源：武进的《中国城市形态、结构、特征及其演变》（1990）、胡俊的《中国城市：模式与研究》（1995）、段进的《城市空间发展论》、朱喜钢的《城市空间集中与分散论》、胡序威《沿海城镇密集地区空间集聚与扩散研究》（1998）、张京祥的《城镇群体空间组合》（2000）、姚士谋等的《中国城市群》（2001）。

（1）步行马车时代（1890年前）——单核心集聚形态这一时期。城市内部的交通主要是依靠步行为主，由于受交通工具的限制，人们步行所及的范围有限，城市规模较小，土地使用呈高密度集聚状态，所有城市活动如工业、商业、住宅一般都围绕城市核心区。城市空间规模受到步行出行和距离的限制，城市局限在半径不到4平方公里内能达到的距离，也就是步行公里的1小时用地规模约为15平方公里。欧美许多城市在19世纪仍然是密度很高的步行城市，如费城在1860年人口密度达36400人/平方公里，其半径都在几公里的范围之内。

（2）电车和火车时代（1890—1920）——单核心星状放射形态。1888年美国弗吉尼亚州首次使用了有轨电车，到1905年代，城市中的铁轨马车陆续被电力街车所替代。电力街车的广泛使用使城市空间形态再次发生剧烈变化。由于电力街车的速度达到 24 公里/小时，人们一小时所能达到的距离扩大为 24 公里，这就使得城市外围的土地进入了电车的可达范围，大大刺激了外围地区特别是沿着电力街车通道周围地段的住宅建设，土地使用相应的出现了以城市中心区为汇聚点沿轨道干线方向呈串珠状发展的形态，城市呈现单核心星状放射态势，但大部分城市功能还是集中在市中心周围，城市中心仍是交通需求的主要产生和吸引源。

（3）小汽车时代（1920—1945）——同心环状形态的再次建构。对城市空间形态冲击最大、影响最深的交通技术创新，莫过于小汽车的出现和使用。小汽车作为一种灵活便捷的交通运输工具，大大降低了客流通勤成本和货物运输成本。19 世纪 20 年代，随着汽车大规模的发展，公路交通得到了快速建设，由于交通手段的发达，人们的出行距离可以扩展到十几公里乃至几十公里的范围内，这也使城市半径大大增加了，城市尺度大大突破已有范围。城市开始大规模的扩展，并进入郊区化的时代，城市用地密度较低呈松散状态，郊区生长速度明显快于城市中心地区，电力街车时代的放射道路之间的区域不断得到填充，城市同心环状结构再次建构。

（4）高速公路及环路时代（1950—现在）——多中心、分散状的形态。19 世纪 50 年代，是高速公路和环形路快速发展时期，由于交通运输工具进步，人们克服时空距离能力大大增强，居住功能的郊区化大大加快，城郊居住区主要以蛙跳式形式沿着高速公路向外大规模进行扩散，指状形态再次重构，随着这些郊区居住点的形成和人口分散，城市工业、商业等城市社会经济活动也伴随居住郊区化往外扩散，郊区中迅速成长，与城市中心区形成多中心的结构。环形高速路修建最初是为了大城市过境车流提供通道，但在相当短时间内它们成为了区际交通主干道。到 19 世纪 80 年代，这些环路显著加强了大城市郊外社区的空间可达性，在环线和出城主干道沿线及其交叉点上，一批新核心迅速成长，吸引了大量新的城市活动，逆城市化现象开始出现并日益明显。

（四）交通技术创新与城市社会空间演化的基本特征

1. 交通技术创新直接影响了城市空间扩散过程

制约城市扩展的最重要因素是空间距离，而交通技术创新改变了人们的出行方式和出行距离，使城市中心区以外的地区空间可达性大大增强，从而促使城市社会经济活动向郊区大规模的扩散，推动城市化区域在空间层面上的迅速蔓延，由此引起了城市空间形态的变革。

如1890—1920年代，是从马车时代向电车时代转变的时期，城市处于轴线扩张阶段；

1920—1960年代，小汽车大规模发展，城市处于大规模郊区化阶段，逆中心化趋势开始出现；

而1960年到2000年是区域城市发展阶段。遵循交通技术创新对城市的空间扩散规律，就可能大致预见到城市化主轴线的作用力方向。运用宏观调控的手段，能够建立起比较理想的城市发展地域结构和空间格局。

现在，随着人们对通达、有序；安全、舒适；低能耗、低污染、高品质生活的追求，绿色交通理念应该成为现代城市轨道交通网络规划的指导思想，将绿色交通理念注入城市轨道交通网络规划优化决策之中，研究城市的开发强度与交通容量和环境容量的关系，使土地使用和轨道交通系统两者协调发展。城市交通的"绿色性"，即减轻交通拥挤，减少环境污染，促进社会公平，合理利用资源。其本质是建立维持城市可持续发展的交通体系，以满足人们的交通需求，以最少的社会成本实现最大的交通效率。

从交通方式来看，绿色交通体系包括步行交通、自行车交通、常规公共交通和轨道交通。从交通工具上看，绿色交通工具包括各种低污染车辆，如双能源汽车、天然气汽车、电动汽车、氢动力车、太阳能汽车等。绿色交通还包括各种电气化交通工具，如无轨电车、有轨电车、轻轨、地铁等。

2. 城市空间扩展在交通技术创新背景下，始终遵循圆状—星状—圆状的增长循环

传统的交通技术发挥到极致时，整个城市的空间可达性因距离城市中心的远近呈现出明显的同心圆状，城市各个方向上接受中心区辐射的距离大致相同。而新技术支撑下的新型交通线牵引人口、工业、商业等城市活动向远离中心的方向发展，随着发展轴的极化及其不均匀分布，原有的圆状格局被打破，代之以星型模式。随着城市边缘区道路网的完善，主要放射线间可达性较差区域逐步得到填充，地域活动的匀质性又重新形成，城市空间形态的同心圆状结构又得以重建。交通技术创新和城市空间形态的特殊关系，使人们在进行城市规划时，寻找到了一个重要的、操作性强的

切入点。

以公共交通为主导的交通方式如步行马车时代和电力街车时代，城市形态是紧凑的，土地利用方式高强度的，而以小汽车为主导的交通方式是分散化的扩展，城市空间形态较为松散，土地利用方式也以低密度为主。

3. 以人为本的城市与交通发展

城市是人类进步的标志，是人类文明的产物，是人类的共同财富。有着五千年悠久历史的中国，创造了世界上最灿烂的城市文明，然而这对我们来说远未结束，21 世纪是中国的城市化世纪，是中国延续并创新城市文明的世纪。在城市化进程中，人，是城市的缔造者。人，是城市化的推进者。有了人，城市才会有生机，才会有活力。在城市中，人同样是一道最亮丽的风景线，而且是最值得看、最耐看的城市景观，远胜过高楼大厦本身。

同样，人，是交通工具的创造者，也是交通工具的使用者。有了人，交通才会有生机和活力。因此，规划和建造城市与交通，绝不能忽视人的存在，不能忽视人的需求，必须站在人的角度来思考城市，谋划交通，处理好人、交通与城市的关系。

在工业革命以前，传统城市的结构基本上是基于人们步行的尺度：城市规模不大，通常有相互垂直的两条或数条主要街道，城市的主要公共建筑和中心都沿这些主要街道及其交叉口布置，居民们可经常聚集在这些公共场所进行面对面的交流。交通是城市得以集聚和扩散的根本动力。一方面是促进人口、资本、物质、设备能源等各种社会力量在城市迅速集聚，另一方面，交通的发展使许多企事业单位提供的产品与服务能够迅速在城市内外得以扩散和辐射。

工业革命之后，迎来了汽车社会。对于生活富裕的人们来说，拥有私人汽车大大地扩展了个人生活的自由度，因而具有巨大的诱惑力。汽车的泛滥造成了一系列的问题：中心城区及入城通道交通堵塞，停车十分困难，空气与噪声污染；公共交通不断地被私人交通所取代（即使公共交通系统本来较发达的纽约也是如此，洛杉矶的公共交通承载量则降到了8% 以下）；在扩散的郊区，城市扩展的模式完全受汽车交通的支配：重要节点的选址完全取决于高速公路及其立交枢纽的位置，而丧失了与景观风貌等人文因素的任何关联。

正像芒福德所说的：机械的力量支配了一切。土地的浪费是惊人的：

在美国最分散的地方，办公楼、购物中心、大学、医院、公寓住宅等所需的停车场面积分别是其建筑使用面积的 0.9—1.3 倍；在飞机场等交通枢纽，巨大的停车库经常被闲置多日的汽车所占据。分散式发展比靠步行或公共交通为主的发展，多消费两倍以上的土地面积；而且这种分散发展模式使公共交通线路越来越难以规划了。现代的都市病——不断增长的密度、缩小的环境与土地资源、拥挤的空间、污染的环境、城市中心的衰败等，大多与汽车的泛滥有关。

面对私人汽车泛滥的局面，人们采取了各种各样的对策。在积极方面予以便利疏导的如：扩建或拓宽高速公路、建设中心城区高速路、采取方便车流的技术（协调红绿灯系统、设计合乘车专线、通过手机广泛传播路况信息、装置智能交通系统 GTS、设计全球定位系统 GPS 等）；减少或限制轿车使用并提高其他形式交通的对策，如减少允许中心城区雇主提供便宜停车的减税措施，或于高峰时刻在主要路口收费，鼓励共用汽车（合乘轿车）的政策，为减轻繁重的上下班交通而在高速公路中设公交线路，征收高额购车税（达300%），规定允许上路的天数，在某些城区或某些时间内禁止轿车通行或加以严格限制（如汽车排放量的限制等）。然而，这种严格的限制和负担沉重的成本也只暂时拖延了通向普遍依赖汽车的运动。

为了解决城市化进程中一系列的交通问题，世界各国专家和学者对此进行了广泛的深入研究，提出了一种以公共交通为导向的发展策略 TOD（transit oritented development）在 20 世纪 80 年代提出的，并在以后被逐渐认同。

TOD 是在城市土地日渐紧张的背景下，倡导的需求引导型的交通供给和相应的土地开发策略，它是一种以公共交通为主要交通方式，强调集约化发展，将土地利用与公共交通系统紧密结合的城市发展模式，现在已经被大多数政府官员和城市交通规划者们所接受。

比如在香港这样的人口密集、土地金贵的地区（人口 800 余万，土地 1046 平方公里），就发展了堪称世界一流的公共交通系统，其运营与控制充分应用现代科技成果，并加以严格管理。现已采取通用刷卡制乘坐公交，一张磁卡在手，即可方便地换乘各种公交工具。地铁线路可以通达域内各个中心地点；出了地铁车站，可以方便地换乘其他各种公交工具（大、小巴士、电车、缆车、渡轮等，还有近 2 万辆的士）。香港政府还采取措施抑制私人汽车交通的发展（如提高购车税、停车费、汽油费和养路费、限额领牌照等，加以停车场所奇缺）。因此，包括许多高薪阶层人士在内的大多数人口都乘坐公共交通工具上下班和出行，私家车总数不及 34 万辆，多用于周末外游和市际出行。

现在，倡导通达、有序；安全、舒适；低能耗、低污染的绿色交通理念正在深入我们城市生产与生活的各个方面。

第三节　交通发展与城市空间结构演变的实证分析：以武汉为例

一　武汉城市化进程

武汉起源于军事要塞，武汉筑城的历史，最早可追溯到 3500 年前的盘龙城[①]。后来，城市功能转变到以商贸为主，城市形态相应变化，近代武汉的形成，是受汉水改道影响，特别是近代工商化的发展使城市沿着长江和汉江带状延伸。张公堤等堤防的修设保障了城市拓展，城市出现向内陆纵深发展的态势。武汉被分割为三镇后，两江交汇的地理位置，造就了九省通衢的区位优势。"因水而兴，因商而立"，明末清初，汉口就成为当时的"四大名镇"。1929 年汉口市聚集了约 50 万人。新中国成立初期，武汉城市规模从 1953 年的 37.6 平方公里急剧增加到 1958 年的 108 平方公里，全市人口 102 万人，拉开了城市的空间框架。到 1980 年，人口增加到 400 万人。

20 世纪 90 年代以来，开发区和区级经济的蓬勃发展使城市规模加速扩大，城市建设开始跨越主城向城市地区沿主要交通干线发展，呈现蔓延式的扩张。1995 年武汉市建成区面积已达 200 平方公里，全市总人口约 710 万人。2004 年建成区规模约达到 387 平方公里。远城区的开发热点多集中在三环线周边，有与主城区逐渐融合的趋势。

根据新一轮城市总体规划，至 2020 年武汉城市建设用地规模将达到 1030 平方公里，总人口将达到 1180 万人，城镇化水平为 84%。到 2020 年，武汉将实现宜居城市、创业城市、生态城市、文化城市的发展目标。未来城市将形成"以主城区为核、多轴多心"开放式的空间布局结构，

---

① 王传雷、祁明松、李永涛：《盘龙城商代城址田野考古物探工作总结》，《江汉考古》1998 年第 3 期。

以"双快一轨"的交通走廊为支撑，沿常福、汉江、盘龙、阳逻、豹獬、纸坊方向布局6大新城组群，建设四新、鲁巷、杨春湖3个城市副中心和常福、盘龙、阳逻等6个新城组群中心。规划控制主城外围、都市发展区两个生态保护圈和大东湖、武湖、府河、龙阳湖、青菱湖、汤逊湖等六条放射型的水系生态廊道。

二　武汉城市空间形态的演变

（一）20世纪30年代之前的武汉

武昌、汉阳两城的修建基本上是遵循中国传统的城垣方形、街巷棋盘式布局的原则。四周围以高墙，方位接近正南北，以城门为入口组成格网状道路。汉口的布局则是不规则形。水路便利，武汉成为交通要埠，城市不断扩展，但受自然条件及交通技术的限制，速度比较缓慢。原先的城区局限于城墙之内，后来在城墙外又逐渐发展了街道和住宅（图6—10、6—11、6—12、6—13、6—14）。这种城区发展带有自发性，往往各自为政，因地制宜，没有统一的规划。

图6—10　武昌城图

资料来源：武汉市规划研究院：http：//www.whplan.net/。

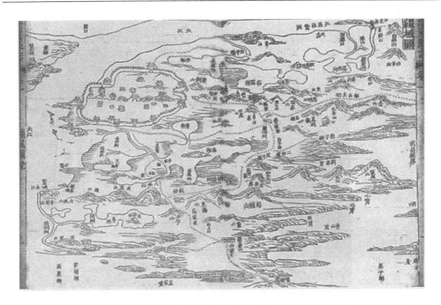

图6—11　1881年《江夏县志》刊载的江夏县图

资料来源：武汉市规划研究院：http：//www. whplan. net/。

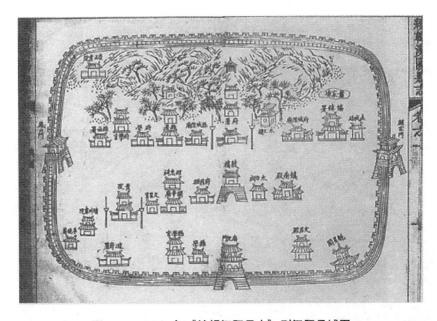

图6—12　1861年《续辑汉阳县志》刊汉阳县城图

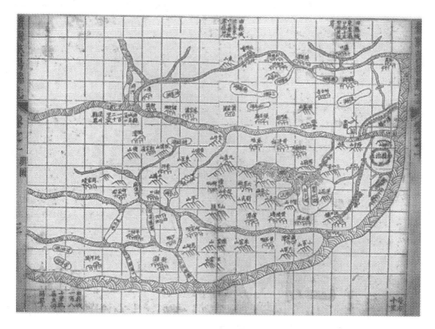

图6—13　1861年《续辑汉阳县志》刊汉阳县图

图6—14　武汉三镇合图（清）

（二）20 世纪 30 年代—1949 年之间的武汉

近代武汉三镇发展速度加快，城区扩展，城市形态也发生变化，由沿河集中向沿河、沿江、沿路多方向分散扩展。武昌向徐家棚、大东门双向扩展；汉阳也向鹦鹉洲和钟家村两面延伸；发展最快、变化最大的是汉口。汉口被辟为通商口岸后，各国商船停泊日多，沿岸建设码头等设施，岸上建设仓库、洋行。各国纷纷设立租界，形成了濒临长江、带形发展的租界区。

最初城市一般依附江河支流发展，交通方式改变和技术的进步使得活动中心转移到江河之畔，城市发展有了更广阔的空间。汉口原只是汉水之口的市镇，是沿河城市。在木船时代，商船只能在汉水运行，难以驰骋长江；到了轮船时代，洋码头代替土码头，汉口从沿河而立转入沿江延伸。

航运的发展也直接导致了汉口商埠功能的形成和扩大，商业和港口贸易兴盛，推动了沿江滩地的开发利用，在汉口沿江地段大量修筑码头和库场。商业、居住、工业等功能混杂的用地初现，城区由沿汉水分布改为向沿长江方向推进。

随着京汉铁路的通车，汉口市区建立了江岸、大智门、循礼门和玉带门等 4 个车站。车站成为人流量很大的中心和货运转运枢纽，成为城市空间结构的重要核心，对城市形态的变化起着直接的推动作用。车站附近形成新的建设区，并以若干个车站为用地发展起点，在更大范围内将城市用地连成一片，并引导城市用地的定向发展（见图 6—15）。

京汉铁路的兴建使得货运和客运很快出现了水陆联运的趋势，城市可达性增强，对外交往和联系增多，吸引了邻县及外省居民来此，1929 年汉口市聚集了约 50 万人。

长江沿岸、租界和铁路之间的地区迅速发展为汉口新兴的闹市区。近代汉口的第一批马路如大智门路、火车站前马路等均介于租界与铁路之间，呈南北走向，与铁路和租界呈垂直形状，清晰地显示出铁路兴起后引起的水陆联运对汉口城市发展的推动。铁路的出现使武汉市沿交通轴发展，改变了沿江河单一扩展的形式。

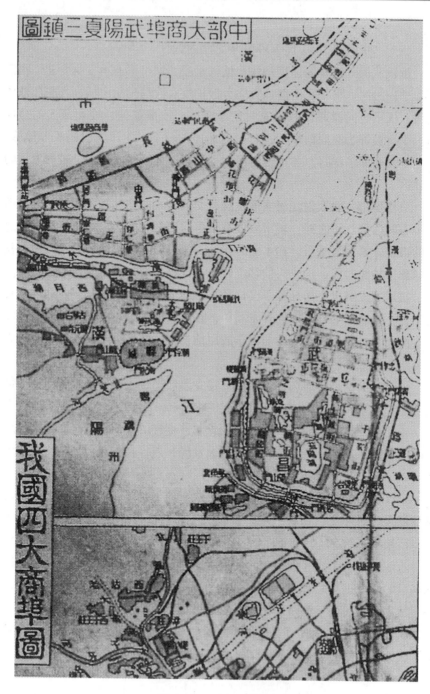

图6—15　武汉三镇图

资料来源：武汉市规划研究院：http：//www. whplan. net/。

（三）1949年—改革开放之前的武汉

新中国成立初期，武汉沿河沿江发展速度减慢。后来为配合武汉三镇分区成片建设不同性质的工业区如位于城市东北的青山重工业区，进行了规模巨大的交通建设，放射状路网逐步形成。城市沿着放射状路网向远离城市中心的方向发展，三镇有分散式的团块状发展趋势。因为各工业用地比较分散，放射性交通轴间存在较多未发展的空地。随着道路系统的逐渐完善，主要放射线间的部分改变了其可达性差的状况，不断被填充。建成区面积由解放初期的34.7平方公里增大到1980年的171.9平方公里，同期全市人口也由102万人增加到400万人，城市初具"非"字形态。

（四）改革开放之后的武汉

1982年的武汉市城市总体规划中对交通提出了新的目标：三镇之间既要有方便的交通联系，又应该有相对独立的交通系统，使三镇之间及各镇内部能组成环形交通。汉口的沿江大道、江汉路；汉阳的汉阳大道；武昌的武珞路、珞瑜路、和平大道及中南、中北路等是武汉市主城区拓展的主要伸展轴。这些道路两侧城市中相对可达性较高的地区逐渐发展为商业区。

随着主城与周边郊区、卫星镇的经济活动、社会联系日益增多，1988年的总规修订方案中提出建设环形放射状的城市交通网络。沿长江、京广铁路呈十字轴线展开，以中心城为轴心，汉丹铁路、武黄铁路、国道、汉水为放射线进行城镇布局。新的开发区域必须依靠交通轴线与中心城保持密切的联系，因而城市突破前一时期的团块集中发展，再次呈现沿轴快速发展的趋势（见图6—16）。随着城市主干道路的延伸，城市周边快速路、出口公路的建设，城市周边的农业用地随着空间可达性的改变，土地的使用方式也发生改变，成为工业或居住区用地等。到1995年武汉市建成区面积已达200平方公里，全市总人口约710万人。

1998年黄陂、新洲撤县设区，武汉市已设13个行政区。2001年建成区面积达212平方公里。城市内环线贯通，中、外环线初步成形。新洲区到市中心由原来的4小时路程缩为1小时，黄陂区到市中心由1.5小时路程缩为20分钟。1996年总规中规划的距主城15—20公里左右的阳逻、蔡甸、纸坊等七片新城也与主城联系更加紧密。武汉市交通环形＋放射"圈层式"发展格局基本形成，城市形态有同心圆式蔓延扩张的趋势。

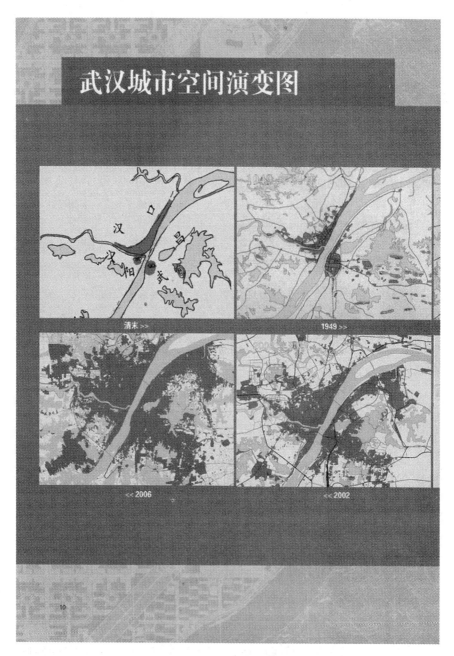

图6—16 从清代到2002年的武汉

资料来源：武汉市规划研究院：http：//www. whplan. net/。

（五）现在的武汉（2012 年）

随着武汉总体规划的更新，武汉的环射线路也随之有了最新的变化。随着新一轮武汉总体规划的修编调整，武汉的交通环线有了新的定义，原来的内环线、外环线的说法被一环、二环、三环所替代，路线也作了相应调整。

一环路：围绕三镇滨江活动区布置，主要为以生活性服务为主的城市功能区提供快速客运交通服务。一环路全长约 28 公里。二环路：布置在城市中心区外围，主要为面向区域的金融会展、商务办公、贸易咨询、商业服务等功能区提供快速客货交通服务。二环路全长 48 公里。三环路：为联系主城各大组团及客货运枢纽的快速路，同时承担主城内部货运主通道和进出主城交通集散功能。环线全长约 91 公里。

综上所述，武汉的空间结构的演变，新中国成立初期以重点建设为导向，实施跳跃式发展为主，之后较一长时间内以交通设施为轴进行轴向发展，并在各个轴间进行轴间填充，城市最终表现为一层层向外扩展，各圈层内用地混和，整个空间形态呈大饼状向外蔓延（见图 6—17）。

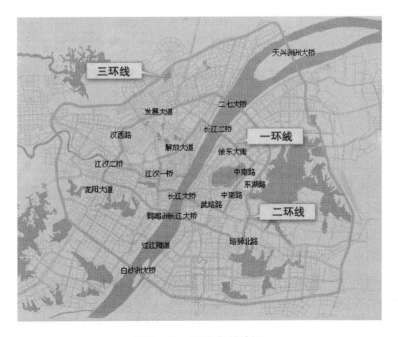

图 6—17　2012 年的武汉

图例资料来源：武汉市城乡建设发展委员会网站，http://www.whjs.gov.cn/。

汉口最初以旧城为中心在解放大道沿线向两侧填充式扩展，形成了堤角工业区和易家墩工业区，整体上形成了从沿江大道到长江、汉水间的狭长地带；接着其沿新修道路向北纵深发展，形成唐家墩工业区，呈指状发展态势。

汉阳开始主要在旧城与汉阳大道、拦江堤间相对紧凑地填充发展；接着其沿鹦鹉大道向南发展，在拦江堤和长江之间形成以鹦鹉洲工业区，同时沿汉阳大道向西发展，形成七里庙工业区，呈现"L"形的发展态势。其后汉阳沿汉阳大道继续西进，在沌口也形成了规模较大的武汉技术开发区。

武昌一方面从旧城出发，沿武珞路和民主路轴线推进，另一方面武钢等重点企业远离旧城，形成巨大的独立组团，与旧城保持了相当开阔的农业用地；接着其向东推进形成了石牌岭工业区和关山工业区，向南沿武咸公路形成白沙洲工业区，向北沿中北路形成中北路工业区，沿和平大道形成余家头工业区；随后其在现有规模基础上向周围蔓延，形成了一些和工业区配套的居住组团；其后向东发展形成了以关东、关南为主的东湖高新技术开发区，向南发展了规模较大的南湖居住区，向北填充了青山工业区与武昌旧城间的空隙。

道路交通是城市的骨骼或者是血管，是一个地方现代化水平和综合竞争力的标志，是提高居民物质文化生活水平，推进城乡一体化的基本保证。随着20世纪90年代的住房制度改革和我国现行的商品房制度，使得人们的住宅分散程度变大，并且住宅区域和工作区域趋于分离。连接大型住宅区与城市的商贸及产业链等功能区的交通走廊，就显得异常珍贵，城市交通走廊不仅影响了城市的形态，更塑造了人们生产方式与生活方式。

三 交通发展对武汉空间形态的影响①

（一）交通区位对城市发展的影响

交通区位与城市的兴起发展城市因水路交通而兴，在重要的江岸渡口，在两条通航河道交汇处，常常在两岸分别筑城。武汉则是在长江和汉水的交汇之地，逐步发展为三座城。城市一般沿河流带状发展，城市用地多沿河布置。早期的城市发展虽然受江河湖泊等自然条件的限制，呈不规

---

① 本节参考了伍新木、罗琦《交通与武汉城市空间形态变迁》，《现代城市研究》2003年第4期。

则形，但内部的城市布局与道路系统遵从棋盘式原则。

（二）交通方式、技术变化与城市发展方向的变化

交通尚不发达时，城市只能是集中式的团块状，而交通发展以后可以呈现更分散的城市形态。武汉市依其特点，可以分为水运时代、铁路和汽车时代、综合交通时代。

在水运时代，城市交通主要依靠水运，城市沿江河带状伸展；陆上交通以步行和人力车为主，道路狭窄，人的活动范围有限，工业、居住、商业混杂于城市核心区，城市紧凑集中布局；租界的设立，汽车引进武汉，市内道路状况逐渐改善，原有道路拓宽，柏油道路相继建成，城市有沿道路轴向发展趋势。

火车的出现形成了更加便捷的运输网络，城市的发展加深了沿交通轴发展的趋势，加速了人们向更广阔地区扩散的趋势，出现了专门的工业、商业和居住土地利用区。交通技术的发展，城市的水运优势被公路、铁路运输所取代，城市的形态从单一到多方向，从内聚到沿轴放射状发展。

综合交通的时代通过交通方式的变化，技术的发展改变了城市的可通达性程度，城市发展的交通轴增多，显著地加强了郊外地区的空间可达性，人口分散，就业从中心城市向外扩散，居住社区、开发区在郊外兴起。城市形态由沿河集中向沿河、沿江、沿铁路、公路多方向分散扩展，有蔓延扩展的趋势。

（三）交通规划引导城市空间形态的发展

本质上，城市空间形态的变化是城市经济发展状况的外在表现。经济发展、城市发展在空间上的表现就是城市空间形态的变化。我们研究交通与城市空间形态之间的规律，一方面研究交通发展如何引起城市空间形态的变化，另一方面探求经济发展、城市发展对交通布局的影响。

交通在城市经济活动中的作用，通过进行合理的交通建设来引导城市的发展方向，构筑理想城市空间形态。经济发展，城市发展需要与之相适应的交通发展。通过制定交通规划指导城市的交通建设从而引导城市空间形态的发展。

20世纪50年代为扩展工业区进行的交通建设使城市呈低密度连续蔓延，80年代各开发区的建设又引导城市跳跃式发展，城市形态更自由分散。城市对外经济、社会联系活动增多，交通的基本功能在逐渐发展。

1996年武汉城市总规中提出建立以武汉铁路枢纽为中心，以京广、

京九、沿江铁路等为骨干的铁路路网规划。结合京珠、沪蓉国道，修建外环公路；形成以主城为中心的环形放射状市域公路网络；各级城镇主要沿长江、汉水、京广铁路、318 国道等主要发展轴展开，呈轴射状圈层式分布格局。城市形态演变方式为沿主要交通轴线放射状扩展，随着连接放射状公路的环路的进一步建设，城市开始由内向外同心圆式连续扩展。

四 交通影响下的武汉城市发展面临的问题

两江交汇、湖泊密布、山水相间的自然地理特征，造就了武汉丰富多彩的城市空间和独特的城市格局，但是也给城市空间拓展造成了一定的限制，使得发展空间比较分散零碎，难以形成长期集聚式优化发展的充足空间，也使城市继续向外扩展面临较大的门槛。"八五"以来，武汉市机动车辆年均增长率达 11%—13%，近几年增幅更高达 20% 以上，出租车、私人小汽车增长迅速，同时多条高速、高等级公路的建设保证了随意的生活出行和较高的出行速度，城市的人口、商业、工业能够扩散到更远的地点，但仍然只是到达城市的近郊区，不足以保证在半小时至 1 小时内到达距离主城 40—100 公里的地方，所以不但没有促进城市的多核心组团模式的建设，反而加速了城市大规模向外蔓延的趋势。

而武汉市环形 + 放射圈层式的发展更突显了城市中心的重要性，城市中心区内人口密集，交通拥挤。且城市呈同心圆式向外扩展的趋势更甚。而这种发展趋势会造成城市土地的低效能开发，并加重城市旧城负担，不利于旧城更新改造的进行，带来更多的城市问题。

武汉蓝皮书显示，2010 年，武汉机动车拥有量持续增长，总量达到70.3 万辆。增长主要来自私家小汽车，2010 年底总数已达到 19.2 万辆，比上一年增长了 27.8%，比 2000 年增加了约 7 倍，武汉市已经进入小汽车家庭化的快速增长期。而武汉主城区道路里程为 2369 公里，仅比 2000年的 1332 公里增长不到一倍。比起滚滚而来的新增车流，武汉道路建设显得跟不上步伐。

在功能结构上，三镇一直未能形成完整的、有机的一体化格局，在其城市框架一直不断拉伸的状态下，各自也未能形成相对独立的功能体系。三镇都有各自的中心，但是其中没有一个成长为全市认同的中心，城市缺乏中心感。近年商贸服务业的市场化竞争明显加剧，武汉商业中心逐步向外跃迁，造成内环以内的地区重要服务功能有"空心化"倾向。

五 交通发展与武汉城市空间形态发展趋势

（一）空间重组，社会再造

从步行时代、马车时代到汽车时代，每一次交通技术创新和空间可达性变化都显著地影响着城市空间成长，塑造出多种类型的城市空间组织模式。特别是现代化交通运输方式（如高速公路、高速铁路、航空等）赋予了城市——区域以更为灵活的组织方式，产生了许多新的空间现象。武汉城市圈就是这一现象的代表。

武汉城市圈是全国资源节约型和环境友好型社会建设综合改革配套实验区（即"两型社会"），以武汉市为城市圈中心城市，黄石市为城市圈副中心城市，包括湖北9市（武汉、黄石、咸宁、黄冈、孝感、鄂州、仙桃、天门、潜江）。这9个城市其国土面积占湖北省的31%，2004年，武汉城市圈贡献了全省59.4%的GDP，65.3%的财政收入，吸纳63.4%的投资，承载62.5%的社会商品零售总额，是湖北经济实力最强的核心区域。从整体来看，依靠全国10.7%的土地，承载全国28.1%的人口，创造全国19.5%的GDP。武汉城市圈的建设目的是加快城市化步伐，拓展和完善城市空间布局和功能分区，促进区域社会经济协调发展。

武汉市作为武汉城市圈的中心城市，具有较高的首位度：武汉一市的GDP是其他8市GDP总和的96%，地方性财政收入是其他8市总和的149%，固定资产投资是其他8市总和的138%，社会商品零售额是其他8市总和的132%。如果没有现代交通的支撑，这是很难想象的。

现在，按照武汉城市圈城际铁路设计规划，从武汉到孝感线路长61公里，直达30分钟，到黄冈线路全长38公里，耗时仅28分钟。到黄石距离97公里，直达26分钟，2012年利用沪汉蓉快速客运通道，开行汉口——潜江城际列车，途经仙桃、辐射天门。规划构建覆盖武汉城市圈"1+8"主要城市和重要走廊的一体化轨道交通网络，实现城市圈内8市均能够在一小时内到达武汉市区的总体目标。

交通引领下的空间重组，带来的是区域社会经济的再造。从中国整体发展的角度考虑，中部就是中国的"腰"，只有"腰板"直了，中国这个巨人才能走得正、走得稳，中国社会经济才能协调健康发展。从微观而言，交通的条件的改善，改变了老百姓的生活：（1）速度拉近时空，步行时代，路况不好，从咸宁到武汉需要几天时间，水运时代，"千里江陵一日还",现在只需要几个小时,速度解决了距离问题。(2)便捷提高了效率,交通条件直接影响生活方式,城市中很多人成了"BMW族",先乘公共汽车(Bus)、然后换乘地铁(Metro)、出了地铁再步一段路(Walk)到达目的地,这就是"BMW",而这样的人就是"BMW族"。据统计,每天上班出行的单程时间缩短10分钟,相当于住房面积增加15平方米。(3)舒适增加了尊严,原来的挤公交挤掉了尊严,而现在的交通体系中提供航空服务已经非常简单了,大巴都可以达到航空式的标准,高铁的服务甚至比航空服务还好。所以,人们在使用交通工具的过程中增加了幸福感,增加了尊严。(4)可靠保证了规律,交通是使得人和物体产生位移,在规定的时间达到规定的地点,这个准确性和可靠性也能使大家感到幸福。可靠性是未来交通追求的目标,也是生活改善很重要的一个标准。(5)安全给予了放心,没有安全做保证,提高生活质量都无从谈起。现在的交通体系中在安全保障、人员调度等技术上有了飞跃的发展。

虽然说交通过程不是目的,如果人们透过交通工具上街、上学、购物,甚至基本的娱乐、探亲、访友。能享受到便捷、舒适、安全、可靠的交通服务,交通逐渐演变成为我们生活中的一个组成部分,并且是越来越快乐的部分。交通过程也逐渐成为生活的享受过程,一种体验生活的过程①。

(二)绿色交通将成为武汉内城运输的主导

绿色交通(Green Transport),广义上是指采用低污染,适合都市环境的运输工具,来完成社会经济活动的一种交通概念。狭义指为节省建设维护费用而建立起来的低污染,有利于城市环境多元化的协和交通运输系统。绿色交通是一个全新的理念,它与解决环境污染问题的可持续性发展概念一脉相承。它强调的是城市交通的"绿色性",即减轻交通拥挤,减少环境污染,促进社会公平,合理利用资源。其本质是建立维持城市可持续发展的交通体系,以满足人们的交通需求,以最少的社会成本实现最大的交通效率。

从城市交通规划来看,从2012年至2017年,武汉市每年都将建成开通一条地铁线。2012年,开通地铁2号线一期,从常青花园至鲁巷广场。2013年,开通地铁4号线一期,从武昌火车站至武汉火车站;2014年,

① 靳文舟:《交通与幸福》,"岭南大讲坛·文化论坛"第八十四讲,2011年6月11日。

开通地铁 4 号线二期，从汉阳黄金口至武昌首义路；2015 年，开通地铁 3 号线，从沌口至三金潭；2016 年，开通地铁 8 号线一期，从三金潭至梨园广场；2017 年，开通地铁 6 号线一期，从三角湖到东西湖区假日广场。建成 7 号线，从金银湖至南湖。这样，1 号轻轨 + 7 条地铁，线路总长 215.3 公里，将形成覆盖武汉三镇的轨道交通基本网络①。

武汉市的城市形态经历了从集中到分散再到集中、再分散的过程，从方形封闭到沿江沿河再到环形 + 放射圈层式发展，以及正在酝酿的多核心组团模式。各个时期的空间形态发展与变化都与交通发展密切相关。交通的便利促进了经济的繁荣、城市的发展，从而引起城市空间形态的变化。而城市的再发展，以及理想的空间形态的实现又需要通过交通规划来指导新的交通建设来实现。

城市，让人们生活更美好。我们有理由相信：交通不仅是让城市生活更美好的的条件，也是人们美好生活一个不可或缺的组成部分。

---

① 实例资料来源：武汉市规划研究院网站（http：//www.whplan.net/）。

第七章 交通与科技

生产力作为一种基本动力推动着社会的进步，交通与科学技术都属于生产力的范畴，因而，它们作为一种重要的社会动力推动着政治、经济、文化的进步。在人类由愚昧迈向文明的步伐中，交通与科学技术伴随着人类对自然界认识与改造的每一步，在人类认识自然、征服自然能力逐步提高的同时，社会的交通以及科学技术也得到了不断的进步。

交通和科学技术作为社会生产力，既相互推动和促进，又互相影响制约。一方面，发展科学技术并进行成果应用，可以持续转化为推动交通不断向前发展的现实交通生产力；另一方面，交通的内在需求与发展将带动相关科学技术发展、进步、革新，同时对科学技术的交流与广泛协作，推广、应用、普及科学技术成果都具有促进作用。不过，由于二者是同一层面的问题，因而他们之间的互动关系是不同于交通与政治、交通与经济和交通与文化之间的互动关系的。

一直以来，无论在理论上还是实践上，人们都认为科学技术推动交通的发展，而忽略了交通也对科技进步具有重要的推动作用。所以，从整体上把握交通和科学技术之间的相互作用与动力关系，对于交通与科学技术的发展，我国社会主义现代化建设都具有重大而深远的意义。

第一节 交通促进科技发展

无论是发展社会经济还是发展科学技术，都必须以交通为先行官。因为交通是人类活动的前提和基础，交通已经渗透到了人类活动的各个领域，如政治、文化、经济、科技等。脱离了交通，人类的科技协作与交流活动就不能正常进行，更无从谈发展了。交通对科学技术的推动作用主要体现在两个方面：（1）促使人们不断地解决科技创新中遇到的难题，研

究并开发新的技术、材料、工艺；（2）创造科学技术创新、应用以及推
广的条件。

一 交通对于发展和完善交通领域的科学技术具有促进作用

交通已经成为科技创新与进步的强大推动力之一。以道路交通为例，
道路包括公路、铁路、桥梁和隧道及信息高速公路等，是交通的物流和信
息流的重要通道，道路建设的实践和需要，对道路建设技术的进步与创新
的推动作用表现在：

第一，推动了路基路面工程技术的发展与完善。作为道路基本组成部
分的路基路面共同承受着行车载荷与大自然的侵蚀，路基结构的稳定耐
久，路面表面的平整抗滑，直接关系到道路的正常使用与服务质量。早期
的路是依赖于主要运输工具的人和牲畜经常地行走而自然形成的，天下本
无路，是人走出来的。那时尚无路基、路面概念。

随着车辆的出现，以沙、土为材料的土路已不能适应以动物为牵引的
轮式车辆的使用，因为车辙使路面破坏不能通行，从而对道路的路况，如
宽度、坡度、平整度、强度及路线布设提出了技术上的要求；也推动了路
面结构理论、路基、薄面思想的产生及路面设计、施工技术的出现和碎石
路面的产生。

随着车辆制造技术的不断改进及交通进一步发展的需要，对道路的线
型结构方面提出了新的更高要求。于是，18世纪，人们设计出采用较厚
的石头基础，在其上面铺设由较小的碎石组成的基层和由更小的石头组成
的磨耗层的道路。这种道路还微微隆起成曲线，形成路拱或石拱，以便使
雨水流走。到了19世纪初，人们在实践中开始认识到，当土壤被夯实或
压紧之后，只要保证干燥，其本身就可以承受道路的重量。于是人们在压
实的垫层上铺设碎石基层，当车辆的铁制车轮驶过后，可以把其表层的石
头碾压成连续的、较为平直的、更加不透水的表面，而且还可以节省建造
石头路基所需要的昂贵的费用。但到了20世纪初汽车出现之后，汽车的
橡胶轮胎容易毁坏这种平整的路面，于是人们采用焦油或沥青掺拌碎石，
使路面更加坚固地黏合在一起。

今天，高速公路建设的实践和需要，促使路基路面技术进一步发展与
完善。人们已经可以通过预期的交通流量确定公路的宽度、行车道数目、
出入口数目、位置，以及道路必须具备的强度。再根据科学方法和仪器，

测试出要铺道路的土壤基础，从而决定土壤应如何处理、如何压实，以使其保有良好而坚固的基础，并根据科学方法分析得出道路各层的厚度，各层使用的石块块径及所使用的其他材料，并使用压路机将各种填充材料无穷紧压，使路基渐渐成为一条长的压实的硬泥土平整带。当在路基上铺设石块时，由于铺设一层时路基常会断裂或下沉到松软的泥土上，因此，所有的道路都铺设了两层或两层以上的石头层。而对于路面（磨耗层）则改变了过去的沥青拌碎石材料，使用经过挑选并加工过的各种材料层层重叠组合在一起，以使所承受的车辆荷载均匀地分布到路基，最终保证尽量少的传递应力，使之不超过路基的承受能力，因而常采用混凝土路面或柔性路面，这些路面能使车辆在公路上平稳地快速地行驶。

第二，使特殊地段的处理技术提高，处理能力增强。交通发展的初期，由于理论水平及技术水平低下，致使道路等级低、路况差，对一些特殊地段的勘探及处理能力低，给道路造成了许多安全隐患。为了消除这些不安全因素，人们在筑路实践中不断进行探索，经验不断积累，筑路技术也极大提高。如今对特殊地段的处理能力大大加强，如软弱地基的处理，采用了换土（垫层）法，砂桩挤密法、夯实法、振动水冲法等，从而使道路在困难路段的设计施工成为可能。

第三，促进交通材料科学的发展。材料是工程结构的物质基础，材料质量的优劣、配置是否合理以及选用是否适当等，均直接影响结构物的质量。交通运输业的发展，特别是新型交通工具的不断出现，对道路和桥梁等基础设施的建筑不仅在品种上，而且对其质量上不断地提高要求，从而成为交通材料科学发展的动力之一。道路用材由最原始的天然的泥土、石头、沙砾等发展到现在的各种新型的复合型材料，每步都是在交通发展的推动下实现的。道路发展史上，建筑材料经历了由早期的天然的泥土、沙子、砾石等到使用沥青、水泥，并进一步发展为使用各种新型的高性能的道路复合材料的过程。复合材料如钢纤维混凝土、土木合成材料、水泥沥青混凝土、玻璃纤维水泥、聚合物水泥混凝土、短纤维沥青混凝土及其他各种改性沥青（即在沥青中掺加改性制剂，以改变其低温易脆、高温易变形的缺点，且兼具高温稳定性和低温抗裂性）。如橡胶类改性沥青、热塑树脂类改性沥青，纤维类改性沥青等，都是近二三十年出现的新型材料。20世纪60年代以来西欧和北美等各国对交通材料进行了积极开发，从理论研究到工程实际均取得了很大成绩。我国近十几年也开始从事这方面的研究和应用；取得了不少成果，今天已广泛地用于高速公路，城市道路和机场道路的建设等。复合材料有许多的优点，如：比强度（强度与密度之比）高，能承受高的应力，且刚性大；抗疲劳性能好，在循环应力作用下难以断裂、变形、损坏；减振能力强，行车舒适；高温性能好，有较高熔点和耐高温强度；稳定性好，抗腐蚀和磨损，服务寿命长；路面平整，摩擦系数小，极大地提高了行车速度并降低油耗，而且更美观，环保力强等。当然，复合材料并不是组成材料的简单组合，而是一种包括物理的、化学的、力学的甚至生物学的相互作用过程，它不仅涉及了物理学、化学、力学、材料科学等科学理论，还涉及各种施工工艺和技术。

第四，推动了道路勘测技术的发展。早期的道路勘测主要是靠肉眼、经验和简单仪器，由勘测人员长途跋涉，长年野外作业完成，不仅费时费力，且精确度极低。今天，人们在实践中发展出了许多勘测新技术及现代化的测量仪器设备。如摄影测量技术，包括航空摄影测量和地面立体摄影测量，是一种利用摄影手段为道路、铁路及其他工程设计收集地形、地物、地质及其他资料的新技术；遥感技术，是一种新兴的综合性探测技术，从遥远的距离来感测和研究对象，它利用飞机、卫星和其他载体，借助于光学、电子学以及电子光学等各种专门的仪器，接收遥远物体反射或发射的电磁波信息，并经过加工处理后，变成可以直接肉眼识别的图像。电磁波测量仪器，它是以普通光、微波、激光、无线电波、红外线等作为载波的测量仪器的总称，包括红外测距仪、激光经纬仪等。这些新技术、新仪器的使用，使道路的勘测更为快捷准确，为道路的设计、施工提供了确实可靠的数据依据，特别是 GPS（全球卫星定位系统）的广泛运用，使这一工作更为快捷。由于其高度自动化的特点，将逐步实现公路设计所必需的原始地形数据采集工作的自动化。

第五，推动了道路设计工作的自动化和智能化。以前的道路设计包括结构设计、工程计算、图表绘制等主要由人工完成，而设计所需的各项原始测量则由人工野外作业完成，因此，一条100公里长的道路从测量到设计，时间长达两年，这不适应道路建设发展的需要。于是，到20世纪60年代，人们开始把计算机广泛运用于公路设计。当时主要是用其来完成繁重的计算任务，如多层路面结构计算、路基稳定性分析以及桥梁结构计算、特殊工程结构物的分析计算等等。由于受到当时计算机软硬件环境的限制、所编制的程序是针对某一单项工作，以替代手工计算为目的，功能单一，缺乏系统性。从 70 年代开始，人们在公路工程设计中引入了计算机辅助设计系统，即公路 CAD。它巧妙地结合了计算机准确、迅速地处理信息的特点以及人类的创造思维能力和推理判断能力，提高了设计的速度和质量，给现代的道路设计提供了一个非常好的手段。它还有一个非常好的优点是，在设计阶段能由计算机预先显示所设计对象的最终外形结构和评价结果，让设计者在项目实施之前就能做出评价与决策。公路 CAD 技术使得公路设计方法和手段发生了根本性的变化，将设计人员从重复而烦琐、容易出错的工作中解放出来，让设计者能集中精力从事有创造性的工作。目前，由于全球定位系统（GPS）等计算机新技术的应用和立体造型技术、数字地模技术的日益成熟，许多国家开发了由计算机、航测设备、专用软件包组合在一起的系统，大大提高其自动化程度，在功能上不仅能完成诸如数据采集、建立数字地形模型（DTM）、方案选择这样的工作，还能实现全部设计文件的编制、设计图纸的绘制等工作，从而大大提高了公路工程设计的效率和质量，如美国 Louis bereger 公司的 ESPADD 系统，英国的 Moss 系统等。如今，人们借助于这些新技术以及现代化的测量仪器，一条 200 公里长的道路从测量到设计全过程仅需半年。

第六，推动了道路施工手段的变化与更新。早期的道路施工，工具简陋，主要靠人工。因此，发明新的道路施工工具，用自然力代替人力，始终是道路建设发展的方向和趋势。1856 年，贝塞麦发明了转炉钢法，钢材得到广泛应用。19 世纪中叶之后，蒸汽机、内燃机、电动机相继出现，相应的挖土、轧石、凿岩、碾压、起重、材料加工等施工专业机械也不断问世，但功能单一，作用有限。到了 20 世纪 30 年代，筑路施工向全机械化方向发展。各种大型的设备，如推土机、压路机、搅拌机、摊铺机、切缝机及灌缝机等现代化的施工工具的产生和运用，逐步实现了筑路施工一体化。路基施工中，从开挖（或爆破）、装运到卸、弃方，所有工序实现综合机械化。路面施工中，从土基整修、路面材料备料及拌制，运料到摊铺，压实成型，全采用机械化流水作业。由于新型机械的使用，大大提高了工程速度。例如，目前一组总称混凝土铺路机组的机器能以每分钟0.75 米的速度铺设钢筋混凝土路面；而一种新的、称为滑模铺路机的单机（它除了不能铺设钢筋网外，可以完成混凝土铺路机组所能完成的全部工作）由于研究出了一种新技术，即先把钢筋网安放就位，然后使机械通过并在钢筋周围浇注混凝土，从而能以每分钟大约两米的速度进行工作。新型机械的使用，还大大提高了工程质量，避免了人工施工带来的道路病症。例如，新型的摊铺机，使路面材料铺装更加均匀密实，提高了路面的工作性能及使用年限；软切缝机克服了人工切缝深度不均匀，不平整的缺点；自熔式电动灌缝机，克服了在水泥混凝土路面缩缝、胀缝、纵缝、施工缝的填缝人工灌缝深度浅、效果差，影响路面质量的缺点，实现了机械化灌缝，自控加热，熔化填缝料，灌缝饱满，黏结牢固。特别是大功率现代化机械设备的运用，从根本上改变了过去道路路线主要取决于土地的天然状态的状况，可以将整座山移走，把河谷填平，从而使线路尽可能取直。

第七，推动了桥梁和隧道建造技术的发展。桥梁和隧道是道路的重要组成部分，它使道路跨越江河，穿过高山，不受地理条件的限制而畅通无阻。早期的桥梁主要是木桥、石桥、悬桥（包括桥面直接安置在悬索上的吊桥，在单索上运行的吊篮）等，十分简陋的建造技术，水平低下。桥梁建设实践及需要推动了桥梁设计理论的不断发展，桥梁建设材料、工艺和技术的不断进步。20世纪初以来，现代桥梁建设快速的发展，许多大跨、高墩，结构新颖，施工技术先进，造型美观的新桥型，包括拱式桥、梁式桥、吊桥、斜拉桥等不断出现，如我国1957年建成的横跨长江第一桥——武汉长江大桥，1967年建成的南京长江大桥，近几年先后建成的上海南浦大桥、武汉长江公路桥等。20世纪90年代以来，桥梁跨径日益增大，全世界上千米的超大跨桥梁已有近10座。桥梁跨径是衡量一个国家的综合国力，桥梁科技水平的重要标志之一。随着桥跨增大，桥梁设计理论、设计方法、施工技术不断进步。目前，许多高新技术已运用到桥梁建设中，如桥梁CAD技术，包括结构分析、图形制作、结构优化、工程数据库、专家系统应用软件等。随着新技术革命的深入，未来的桥梁将进一步向长大、新型结构、新型材料及智能化方向发展，未来的造桥技术也将面向更多的学科，更宽广的领域，向自动化、智能化方向发展。

第八，推动了道路检修技术的发展。以前，道路检修靠人工进行，技术落后、费时长、效率低，往往要长时间关闭交通而影响运输。如今，道路检修已由人工检修向自动化检修方向发展。道路检修过程中，开发出了许多高新技术，如雷达技术，它利用电磁波在有耗介质中的传播特性，由发射天线向地下发出电磁波，当遇到不均匀的地下介质后，若介电常数存在差异时，介质便会发生反射，接收天线接收反射信号后并记录下来，生成雷达剖面图，借助于资料的处理便可得到所需的结果。它具有对道路可进行连续无损检测，高精度、高效率的优点。不仅能在检测中得到准确的面层和基层厚度变化情况，为道路检修提供可靠参数，同时可以通过改变天线频率来检测基层以下地基土内存在的病害隐患，这对于及时发现，尽早处理，确保道路营运安全，具有非常大的作用。由于道路检修技术系统的突破性进展，对道路质量的监测、评估和病害的分析及损坏的修复更快捷，使道路养护更加科学、合理和经济。

第九，科技进步还促进了道路理论的产生、发展和完善。早期的道路因生活的需要，人们在同一线路往返的次数多了而自然走出来的土路，无所谓道路理论。随着以动物为牵引的轮式车辖辘的出现，对道路提出了技术要求，道路结构理论，路基路面思想相应产生，并在实践中不断发展和完善。20世纪，快速交通的需要，推动了交通工程学这一新兴学科的建立。交通工程学既融进了以往的道路理论，又增加了新的内容，从而使之具有了全新的内涵。以交通工程学理论为指导，人们建成了高速度、大交通量、造价经济且对于车辆和旅客都安全的道路，这就是现代高速公路。它有限定的入口和最安全的管理，设有专门的车道，以便车辆驶出公路时可减速，驶入公路时可以加速；尽量减少急弯或陡坡，以使车辆在不减速的情况下连续行驶；而且两旁设有美丽的景观，以避免因长时间行车单调而造成对安全的隐患。交通工程学作为一门新兴学科，对实施道路规划，提高道路通行能力，减少交通事故等均有重大意义，为高速公路的建立和发展奠定了理论基础。

第十，促进了信息传输技术的发展和完善。大交通还包括通信，即信息的流通或传输，而信息的流通依赖于信息通道，正是信息通道建设实践和信息快速传输需要，促进信息传输技术的发展和进步。

早期的信息传输是通过邮递员将邮件从一个地方传递到另一个地方，费时费力。后来贝尔发明了电话，电话成为信息传输的重要工具。电话从有线电话到无线电话（电报）再发展到移动电话，信息传输愈来愈方便和快捷。今天，人们将计算机单机联网，使信息资源共享，实现计算机远程通信乃至全球通信：从而使人类进入了网络时代，网络成为信息传输的主通道。网络由电话网（有线电话网和移动电话网）到有线电视网，由专用信息网到数字综合业务网，由内部网、区域网到国际网（如国际互联网），网络技术不断进步。

由于国际互联网络只是应用了现有的线路设施，因而存在极大的缺陷：普通用户与小网之间的通信由电话线实现，小网之间的通信才经过光纤或卫星通信实现。由于网络用户的不断增加，使得网络空间显得越来越狭窄，犹如一个设施不完善、路面狭窄的道路系统，汽车在不断增加，道路越来越挤，越来越塞车严重，给用户带来很大的不方便。为解决互联网络通道拥挤、实现信息高速传输的需要，推进了"信息高速公路"的建设。"信息高速公路"不是国际互联网络的简单地延伸和扩展，而是一项综合性的总体工程，既包括信息通道（公路），又包括"公路"上跑的车（多媒体信息），还包括多种车的车库（多媒体服务器）和管理监控机构（管理监控服务器）。关键在于高速：一是超高速计算机（每秒运行万亿次）；二是网路带宽化；三是多媒体数字化；四是高速光纤网，信息传递要达 Cbps（即每秒 10 亿比特的传输速比率）级。另外，随着国际互联网络的发展，特别是信息高速公路建设进程的加快，网上污染也愈来愈严重，如网上信息垃圾与信息骚扰、网上黄毒、网上自我宣泄、网上剽窃、网上造假（发布虚假信息）、网上恐怖活动、网络黑客等。为了扼制网上污染，保护网络及信息传输的安全，促使人们开发网上安全技术与保密技术，设置网上"过滤器"，为黑客及有害信息的侵入设置障碍。因此，"信息高速公路"的建设必将推动多媒体技术、声像信号数字化技术、数字光纤通信技术、网络安全技术等高新技术的发展。

二　交通促进与交通相关领域科技的进步

交通发展的客观需要，作为主要的动力，推动着与交通相关的其他科学技术及工艺的全面进步与完善。实体交通中以汽车为例，道路交通的发展是推动汽车技术发展的主要因素。以高速公路的启动和发展为标志的我国公路网等级的提高，就对汽车的高速性能提出要求。城市交通拥挤及环境污染要求人们在环保方面，如汽车尾气排放、噪声、电波污染等作出越来越严格的规定，并发展相应技术。作为社会能源消耗的一个方面，车用能源的节约和多样化也引起社会公众的广泛关注等，所有这些要求促使汽车的各项技术功能，包括动力性、操作稳定性、燃料经济性、舒适性、制动性、可靠性以及环保性等不断地改进与优化。

（一）汽车安全技术方面

现代交通工具特别要求有良好的安全性能。安全性已成为各种交通工具的首要指标。保证乘员安全交通的需要，推动了人们从被动安全技术到主动安全技术的研究，促进了从安全带技术的推广普及到车辆的纵向和侧向防碰撞系统技术的开发和完善。

（二）节能和多种燃料技术方面

节约能源的需要推动了汽车节能技术及多种燃料技术的研究与开发。如：由于高速车辆的空气阻力消耗功率比例大，以中档轿车为例，如果空气阻力减小30%，油耗将降低10%。为此，人们从车身各个细部的研究来减小车辆的空气阻力，开发了各种导流技术。由于减轻车辆质量可以有效地降低油耗，于是人们一方面通过结构优化技术的开发来减轻车辆自重（装备质量）；另一方面，通过发展轻材料生产技术的研究来大幅度降低自重等。

由于世界石油资源有限，为了发展汽车运输，人们还积极探讨、开发多种燃料的应用技术，研制、试验和开发了诸如太阳能电池汽车、电动汽车、液化石油气汽车、压缩天然气汽车以及甲醇燃料汽车等。

（三）汽车用材的生产工艺与技术方面

为适应汽车产业飞速发展的需要，生产众多性能优异的新型多功能汽车用材，国外先进企业除了建立和完善现代化的生产监测、控制系统之外，还研究和开发了多种生产工艺与技术。如为了严格控制钢板成分，提高钢的纯净度，开发了新型特效冶金生产工艺方法（包括铁水预脱硫、氧气顶底复合吹炼、真空脱气、炉外精炼等技术）；为了生产出性能优异、精度高、板型好的汽车用材的主体薄板，发展了将连铸连轧、控轧控冷技术与计算机在线控制厚度、张力、宽度、温度、板型技术相结合的工艺方法；为了进一步提高薄板综合性能，开发了连续退火技术和全氢退火技术等；为了提高冷轧薄板表面质量，开发了表面形貌加工技术与方法（如轧辊表面激光织构化法、轧辊表面电火花放电织构化法、工作辊电子束打毛法等）；而汽车用薄板向高品质，多功能方向发展的需要又推动了新型烘烤硬化工艺和镀层技术及工艺的不断改进、发展和完善等。

（四）汽车环保技术方面

随着汽车的发展与普及，汽车对环境的破坏越来越严重，仅燃料的污染就令人触目惊心。2005年国家环保总局局长周生贤在天津全国大气污染防治工作会议上报告，大气污染问题在中国各大城市依然突出，该年对

全国 522 个城市进行了监测，其中达到国家环境空气质量一级标准的仅有
4.2% 的城市，达到二级标准的城市占 56.1%，还有 39.7% 的城市处于中
度或重度污染中。大城市空气污染的一个重要来源是机动车尾气排放，其
中占总量 50% 的是氮氧化物排放量，而 85% 的排放是一氧化碳。为了实
现交通与环境协调发展，减轻或降低车辆对环境的破坏，人们开展了汽车
环保专项技术的开发与研究。如排气净化，开发了电控发动机技术，并进
一步开发发动机在全部负荷范围内净化技术，特别是在发动机动态的负荷
或转速变化条件下使混合气体成分保持在"窗口"范围内的技术；在柴
油机中开发了适应瞬时工况控制和调节喷油量，减少炭烟形成和微粒排放
的技术，现正研究废气过滤系统的应用技术等。为了减少车辆在高速行驶
时轮胎的噪声污染，又促使人们不断地研究和开发低噪声轮胎。

（五）汽车运输装备技术方面

为了充分发挥汽车运输优势，提高运输效率和效益，必须调整车型结
构，提高专门车和柴油车的比重，大力发展装卸机械化设备和维修设备，
实现车辆诊断仪表化和通信手段高技术化。交通运输发展的这种客观趋势
和要求，推动着大型柴油机、专门车和半挂车及高效实用的装卸机具的研
制、开发及相关技术的发展与完善，推动着汽车诊断技术的开发、车载通
信技术的发展及汽车电子技术的进步等。

（六）汽车舒适性技术方面

过去，汽车的舒适性主要是指乘坐的舒适性，而今天，建设丰富多彩
的现代生活的需要，使这一概念的内涵发生了变化，不仅包括乘坐的舒
适，还包括漂亮的外观，豪华的内饰及绝佳的性能等。拥有一款外观漂
亮、性能绝佳的汽车已成为一种现代生活的时尚。它高贵典雅的流线型，
明显适中的色调，豪华的车内装饰本身就是一种气派的象征。21 世纪在
人类消费新观念的推动下，汽车发展的总体趋势是轻量化、电子化（自
动化、智能化）、小型化、系列化、模块化和个性化。当前世界上各大汽
车集团都在着手汽车零部件通用化程度的提高，尽可能地使底盘数量和品
种减少，基于模块化的设计思想以及平台战略，实现利用成本较低和总成
本较少而生产车型系列多样化的目的。为减轻汽车车身的重量，需要推动
发达国家的主要汽车公司和材料专用公司尽可能用现代新型材料开发轻质
材料汽车。随着汽车电子技术的高速发展和电子产品装车率的不断提高，
汽车的电子化由各种分散独立的电子装置，如发动机上的有关环境、安

全、传动方面以及监测、通信、信息显示等的各种电子装置正逐步转向集中，形成一个整车电子系统，即传感器、微处理器及执行元件都由中央计算机集中控制。汽车的自动化、智能化程度不断提高，将成为机电一体化的高科技智能产品。此外，随着汽车市场竞争的日趋激烈，人们对汽车的外观造型及内部装饰越来越追求个性化、时尚化，其款式新颖性存在的时间逐渐变短。于是，一些大型的汽车厂商便利用 CAD、CAM、CAE、CAS 等计算机辅助设计技术来提高设计质量，实现车身造型在技术与功能上的和谐统一。从内部装饰方面来看，一些大型的汽车厂商在汽车内饰的设计过程中，其重视的角度不仅体现在功能性要求，更体现在外形风格与内饰的协调性以及内部装饰在整体上的个性化和统一性。与以往相比，各公司更重视应用人体工程学的研究成果来提高汽车乘坐的舒适性，在内饰设计上更强调驾驶人员和乘客的心理、生理和个性等要求，在驾驶环境上更讲究利用内饰材料的质感和色彩来创造宜人气氛。

三 交通促进交通管理的科学化、现代化和智能化

早期的交通工具极为简单，不过是马车和人力车，车辆少、体积小、速度慢、运量低，根本不可能出现交通堵塞、混乱的局面。因而，那时的交通不存在问题，也无须管理。但当今世界上，如果对交通不进行管理，其可能造成的严重后果我们不难想象。即使在中小城镇，同样要进行交通管理。过去那种由交通警察对交通运输的直接管理的方法，已远不能满足交通运输发展的需要。今天，无论是陆上、水上、空中运输，都必须借助于现代化的科学管理，使交通管理合理化、规范化、标准化，以促使其面向现代化发展。

随着社会经济的发展、城市化进程及汽车普及的不断加快，导致道路车辆拥挤、交通事故频发，交通环境不断恶化，交通阻塞现象日趋严重。交通拥堵问题已成为世界性的难题。解决交通拥堵问题的直接办法是修建更多的道路，扩建路网规模，提高路网通行能力。但无论哪座城市或哪一个国家，可供修建的道路空间毕竟是有限的，建设资金的筹措也十分困难，同时，由于交通系统是一个十分复杂的大系统，单独从车辆方面考虑或单独从道路方面考虑抑或单独从人（驾驶人）方面考虑，都很难从根本上解决问题。此外，能源和环境方面的问题也已日益突出。在此背景下，一种新的现代运输管理与建设的思想应运而生，即从系统的观点出

发，把车辆、道路和人（驾驶人）三者综合起来进行考虑，将各种高新技术运用于整个交通运输管理体系，系统地解决道路交通问题，这就是智能交通系统。它的产生和发展不断推动交通管理的科学化、现代化进程。现代化的交通管理促进了交通运输生产的发展和交通运输经济效益、社会效益的提高。

第二节　科技进步带动交通发展

人们的社会政治、经济、文化活动及交往的需要是交通进步的内在驱动力。一定社会的交通状况总是与该社会人们的需要一致并受其制约的。社会需要的规模和水平达到什么程度，社会的交通也会相应地发展到什么程度。但人们的社会需要是受社会历史条件，特别是受社会生产力状况制约的。在生产力、需要和交通三者的关系链中，社会的生产力状况决定人们的社会需要状况，并最终决定社会的交通状况。作为生产力的科学技术已经走在现代社会生产的前面，正在主导和超前社会生产的发展，并成为第一生产力，从而成为发展交通的首要推动力。在人类社会历史上，在科学技术革命的推动下，交通的发展经历了三次质的飞跃。第一次科学革命始于哥白尼的天文学革命，直到以牛顿、伽利略为代表的经典力学体系的建立。第一次技术革命则以 18 世纪中叶纺织机械的革新为起点，以蒸汽机的发明和广泛运用为标志，基本特征是工业生产从手工工具转变为机械化生产。这次科技革命导致了交通的第一次质的飞跃。1807 年，美国人富尔顿制造了世界上第一艘蒸汽时代蒸汽船"克莱蒙特号"。1826—1830 年 9 月，矿工出身的乔治·史蒂文森制成第一台载客火车"火箭"号，从而迎来了交通运输的"蒸汽"时代，实现了以蒸汽机为动力，即机械力代替自然力的革命性变革。第二次科学革命是从 19 世纪中叶开始，以电力技术为主导，铁技术、化工技术、内燃机技术等技术的全面发展是其特征，其标志是生物进化论、化学原子论和电磁理论的提出，其带头学科有电磁学、热力学、生物学、化学等学科，其内容是电磁学、数学、光学、热力学、生物学、生理学、地质学、近代化学等学科的产生和发展。第二次技术革命导致了交通的第二次质的飞跃。1844 年，美国的莫尔斯发明了有线电报。1876 年，美国的贝尔发明电话。1895 年，意大利的发明家马可尼和俄国科学家波波夫发明了无线电通信。这些技术发明为交通发展提供了有力的通信工具。19 世纪末，内燃机的发明，为各种类型的交通工具提供了新动力，使汽车、船舶、机车等相关部门迅速兴起，而电力技术的发展和广泛应用进一步推动交通走向"电气"时代。第三次科学革命（即现代科学革命）发生在 19 世纪末 20 世纪初，以物理学革命（相对论、量子力学的产生）为先导，以分子生物学、现代宇宙学、软科学、系统科学的产生为重要内容，以思维科学、社会科学和自然科学相互渗透形成交叉学科为特征。第三次技术革命（即现代技术革命）则是从 20 世纪 40 年代开始的，主要标志是以空间技术、原子能和电子计算机的广泛应用，主要内容是空间技术、信息技术、新能源技术、新材料技术、微电子技术等高新技术群的兴起和发展。交通的第三次质的飞跃由第三次科技革命引发，由此交通进入"智能化、信息化"时代。因而，交通的发展离不开科学技术的进步。

一　科学技术是促进交通基础设施建设发展的动力

交通通道（如道路、航道、管道）以及信号通信、导航设施等是交通的基础设施，其建设都是以科技为依托，随科技进步而发展的。以通信、信号、导航设施建设为例：通信、信号、导航设施是交通基础设施中不可缺少的组成部分。交通愈发展，通信、信号、导航设施的作用也就愈大，特别是现代信息交通更是直接依托通信设施。但通信、信号、导航设施的进步与完善又以科学技术发展为动力。

第一，科学技术发展推动交通通信设施的发展。广义的通信也叫信息交通，与传统的实体交通不同，它传递的是信息。信息不是物质，但信息的传递和接收却依赖于物质。从信息传递载体及信息技术的发展来看，历史上发生了五次信息革命。第一次是语言（有声语言）的产生。语言是交流思想的工具，利用声波传递信息；第二次是文字（书面语言）的创造。文字是语言表达的工具，也是语言的延伸，使信息可以脱离人体而存在更久，且不受声波局限，传递得更远，从而扩大了人类思想交流的时空；第三次是造纸和印刷术的发明，使信息可以大量储存和传播；第四次是电信、广播和电视的出现，导致了海陆空立体通信的电信时代的出现。信息的传递无论是在时间的速度上，还是在空间的广度上，都大大超过了以往任何时代；第五次是计算机通信的出现，它不仅可以实现远程的快速传递信息，而且可以快速处理信息。人类的通信，自古代的"烽火驿站"

到电报、电话、广播电视，都是信息传递方式的改变。与此不同，第五次信息革命即计算机在通信中的运用，不仅改变了信息的传递方式，还增加了处理信息的功能，因而也改变了信息的处理方式。人类历史上的信息处理一直是人脑的专利，没有一种工具能处理信息。计算机的出现才改变了历史，使交通通信出现了一次真正意义上质的飞跃：既能处理数值信息，也能处理非数值信息（如文字、图像等），其特点是快速、精确。以计算机通信技术在航空通信中的运用为例，早期，飞机在空中飞行，与地面几乎无通信可言。第二次世界大战之后，随着计算机技术、卫星通信，特别是数据通信技术的发展及应用，现代航空通信才应运而生。它以数据通信为特点，有卫星覆盖全球，航空电信网在飞机与地面、自动化系统之间提供全球联系，包括低速数据到高速数据与话音。随着科学技术的进一步发展，未来航空通信系统中，全球航空通信网（ATN）将综合各种通信媒体，包括航空移动卫星业务（AMS），超高频数据链及二次监视雷达模式数据链。ATN包括三类子网：机载航空电子设备网；空地通信于网（包知AMSS子网、VHF子网和SSRS模式子网）；地面通信子网。这样，除了世界上高交通密度地区之外，在所有地区内，未来航空通信系统将逐渐采用卫星作航空移动通信，包括数据和话音通信，卫星通信将在世界上绝大多数地区内提供通信服务。

第二，科学技术的发展促进交通信号设施的发展与完善。以铁路信号为例，铁路信号设备是保证火车安全运行的重要装置。1905年，英国工程师皮特应用轨道电路（trackcircuit）技术绘制成大站的所有火车线路的轨道示意图（trackdiagram），在限定区域内所有火车的运行情况，如使轨道电路短路，均可在信号装置上由信号灯的颜色和亮度显示出来。这是铁路交通史上的重要发明。1906年，英国制成有声响的驾驶室信号装置并在1947年标准化。第一次世界大战期间，美国和英国先后出现色灯信号，第二次世界大战之后在欧洲推广，并将各种操作纳入光信号系统之中。从20世纪50年代开始，美国用晶体管电路取代电—机械分级开关，可同时将信息送到各执行机构，为后来计算机控制创造了条件。但总体上来说，还只是处于铁路信号技术发展的第一阶段即传统阶段，铁路信号设备主要由信号机、轨道电路和转辙机等单项机具组成。60年代中期以后，一些工业发达国家相继采用计算机调度列车运行，开始实行列车运行自动化，铁路信号技术由第一阶段发展到第二阶段，即电子化或微机化阶段。一方面，以继电技术为基础的信号设备发展到以微机为主体，如微机调度集中、联锁和无线电子闭塞以及列车和编组站自动控制系统等；另一方面，由完成诸如联锁、闭塞等单一功能向以运输业务为主体的多功能综合系统发展。随着信号传输、处理和决策等科学技术发展，一些国家进一步开发和应用集列车运行管理，列车运行调度，列车运行控制为一体的先进列车控制技术，如 ATCS 先进列车控制系统。ARES 先进铁路电子系统和 AS-TREE 列车实时控制自动化系统等，采用了微机技术、卫星通信、传感技术和数据处理技术等把监测、控制、通信、指挥融为一体，综合了迄今为止各种信号设备的功能，铁路信号技术进一步由电子化向智能化方向发展。过去，人们曾在电影《红灯记》中所见李玉和手提红灯发信号的时代早已一去不复返了。

第三，科学技术的进步还推进了交通定位、导航设施的发展。水上运输，无论是河运还是海运，对定位导航设施都具有极大的依赖性。定位导航就是确定船舶每时刻的位置，引导船舶按预定航线航行。早期的船舶定位导航设施主要是水上和岸边的灯塔、航标、路标、重要建筑或特殊地理特征等，定向主要靠北极星、日月的位置和磁罗盘。人们根据船舶航向和航速，定时在海图上标出位置，但因强风和海流，定位导航误差很大，经验在其中起着重要的作用。20 世纪 20 年代初，陀螺仪问世并用于船舶定位、定向、导航，随之取代磁罗盘，这是导航设施发展中的一次技术进步。第一次世界大战期间，法国物理学家郎之万发明声呐，利用超声波探测船舶、水中障碍物及水深。1935 年，英国科学家沃森·瓦特发明了雷达，即通过发射和接收无线电波来完成搜索和探测任务的设备，英文名字叫 RADAR，原意是"无线电侦察和测距"。雷达是战争的需要以及 1880 年以来科学技术进步的结果。第二次世界大战期间雷达用于远洋航行的舰船上，使之能在雾中和夜间及恶劣气候条件下观测障碍物和舰船，因而成为军舰和火炮的耳朵和眼睛在战争中大显神威。雷达的问世使人类的航海、航空和海战、空战等活动从冒险变成科学。这期间还出现了无线电双曲线导航系统。雷达和无线电导航，是导航技术发展中的一次质的飞跃。但由于无线电的信号特征和导航台的位置分布，精确定位导航仍受种种限制。随着通信技术，特别是卫星通信技术的发展，60 年代又产生了卫星定位系统，即 Global Positioning System，简称 GPS。卫星定位是利用人造地球卫星进行定位导航。卫星定位系统是美国继阿波罗登月和航天飞机计划之后的第三个庞大计划，1959 年美国霍布金斯大学应用物理实验室研制成功子午仪卫星定位系统，由 4—5 颗卫星组成的导航网在全球范围内绘出的定位信息，只是断续的二维坐标定位信息，不能进行连续导航，而且不能得出空间的三维（纬度、经度、高度）定位信息。1975 年，美国国防部开始研制一种新的第二代卫星定位系统，可在全球范围内全天候地连续提供高精度的海上、陆上和空中的位置、速度和时间信息。并有很好的抗干扰和保密性能。美国把建成 GPS 作为无线电导航领域进入 21 世纪的重要标志。GPS 定位与一般地面无线电导航定位的原理基本相同，它只不过是把电波的地面发射台搬上了卫星而已。地面电台的位置精确，根据电波长波规律，需先测定定位的目标本身的相对位置，所设定的电台越多，分布越合理，则目标定位就越准确。由于人造卫星严格地按轨道运行，任何时刻的位置都是十分准确的，因此接收卫星上的电波同样可以为目标定位、导航。以往利用地面天线发射用于定位的电波时，因受到电波传送距离的限制，无法覆盖整个地球，而且还会受到其他电波的干扰，雨、雾等恶劣天气状况也会对其造成影响。GPS 由 24 颗卫星组成，它发射的定位信号能覆盖全球，在地球的任何一点都能接收到信号。此外，卫星发射的超高频的微波信号，不易受气候影响和其他电波干扰，所以精度很高。即使在十分恶劣的气候条件下，GPS 也能为船舶的顺利航行提供保证，避免发生触礁和碰撞等灾难性事故。

与水上运输一样，空中运输也极大地依赖于导航设施，其发展是一个不断科学技术化的过程。早期的运输机飞行高度低、速度慢、航程短，其导航主要靠目测和地面与高山上设置的航标和灯塔以及用航空磁罗盘定向，通过沿途的标志判断航向和计算航程。20 世纪 20 年代初，无线电通信技术被运用于航空事业，出现了无线电自动导航系统。30 年代后期，又出现了自动驾驶仪控制飞机的飞行。第二次世界大战期间，由于空战的需要及制造雷达技术条件的成熟，又出现了雷达导航。随着计算机技术在航空中的运用，又出现了计算机导航。今天，无线电、雷达和计算机导航已广泛地运用于空中运输，加上仪表控制飞行技术的进步，特别是全球卫星定位系统的运用，极大地提高了飞机在夜间和云雾天气飞行和着陆的能力。因此，如果说早期导航设施科技含量低的话，那么，今天导航设施已完全科学技术化了。

二 科技进步是交通工具性能提高的动力

交通工具的性能，无论是速度的提高、安全性的增强，还是体积和重量的变化，都是以科技进步为动力的。实体交通中以汽车的提速为例。人类历史上，人们一直在探索和寻找各种方法以使交通工具的速度更快，运量更大，行程更远。但千百年来，人们唯一能做到的是，在陆上利用那些身体强壮、行动快捷的动物驮运，如马、牛或骆驼，但驮运量极其有限。大约5500年前，在如今伊拉克的地方，人们发明了车轮。随着车轮的发明，最早出现的运输工具是以动物牵引为动力的二轮单马车和四轮马车，使运量有了增加，速度加快。又过了很长一段时间，人们琢磨出如何制造发动机来驱动机器。1765年，瓦特发明了蒸汽机。1769年，法国人N. L.屈尼奥制造了第一部依靠自身动力运行的车辆——蒸汽动力牵引车。不过，当这种车辆在200年前被首次发明出来后，效果并不太理想，原因是在又脏又吵的蒸汽机驱动下，这种车辆行驶速度慢，而且常常出故障。随着蒸汽机技术上的不断改进与完善，到1875年，第一辆蒸汽车在奥地利诞生，其功率为14.7千瓦，可载8人，负重3.5吨。到了19世纪80年代，蒸汽车已广泛使用。1923年，道伯制造的快速四缸蒸汽车，最大速度可达174公里/小时。直到20世纪30年代后期，蒸汽车才在激烈的竞争中被淘汰。

由于蒸汽机在广泛的应用中其固有的缺陷不断暴露，如热效率低、结构笨重、体积庞大、操作不便、运行不够安全等，因而不能适应急剧发展的交通运输对动力的要求。在此背景下，探求一种比蒸汽机性能更优越的新型动力机械，日益成为交通发展的迫切要求了。而蒸汽机近百年的发展，促进了冶金、机械制造等工业的发展，为内燃机的诞生奠定了物质基础；蒸汽机基础上发展起来的热力学为内燃机准备了理论基础。蒸汽机的发展过程中，改进、完善了的活塞、活塞环、轴承、气阀及曲柄连杆机构结构基础；19世纪60年代，大型油田的开发为内燃机提供了充足的有效的燃料。于是人们很快就将早期的蒸汽发动机发展成为功率更强大、性能更可靠的内燃机。内燃机的发展经历了二冲程内燃机（煤气机）、四冲程往复活塞式内燃机（煤气机）到现代的四冲程往复式汽油机的过程，转速不断加快，从而为交通工具提供了功率大、重量轻、体积小、效率高的新型动力机。1885年，德国工程师戴姆勒和本茨二人以汽油机为动力分

别独立制成了最早的供实用的汽油发动机三轮小客车，其最高时速达 20
公里/小时。至 1895 年，由于汽油机的质量不断改善，同时发明和采用了
变速器、离合器、万向轴和充气轮胎，使汽车轻便耐用，速度提高。1908
年，美国人亨利·福特采用当时的各种先进技术，生产出了时速可达 64
公里/小时的 T 型发动机小客车，是以前汽车最大时速的 3 倍多。

　　第二次世界大战前夕，随着科技的进步，汽车速度进一步提高，高速
汽车开始出现，并在 50 年代之后得到了较大的发展。其中普通式高速汽
车最大速度为 120—150 公里/小时，而气垫式汽车最大设计速度为 240—
250 公里/小时。由于利用气垫将车体托离地面 10—20 毫米，速度更快，
80 年代初，其最大设计速度达 400 公里/小时以上，处于试验阶段。在以
内燃机作动力的汽车发展过程中，人们还尝试着把喷气式飞机和火箭的推
进技术应用到汽车上，使其速度极大提高。如 1970 年 10 月 23 日，美国
人 C. 加贝利奇驾驶一辆名叫"蓝色火焰"的火箭动力汽车创造了 1001.5
公里/小时的世界纪录；而 1983 年 10 月 4 日，英国人 R. 诺布尔驾驶"冲
刺 2"喷气式汽车创下了 1019.5 公里/小时的世界最高纪录。

　　从汽车速度的发展史中，我们不难发现，其速度的每一步提高都离不
开科学技术的支撑。其实汽车的提速史就是一部汽车发动机技术的进步
史。发动机功率的大小不仅决定着汽车性能的好坏，速度的高低，而且发
动机技术还决定着整个汽车工业的发展。

第三节　科技进步带动交通的社会化

一　科技进步促进了交通方式的发展与完善

　　人类自有经济活动以来，就出现了交通活动。在远古时代，人们便在
丛林中踏出了路，最原始的交通方式是肩负、手提和独木舟，这一时期的
交通规模和水平极低，完全依赖自然力。到 18 世纪末，蒸汽机的发明引
发了工业革命，使交通进入了以机器应用为标志的新时代，即工业文明时
代。在科技发展的推动下，工业文明时代的交通也不断地发生着变化，大
致经历了五个阶段或时期。

　　第一阶段，即 18 世纪至 19 世纪上半叶，以水运方式为主的时期。西
方国家为了发展，为了寻求更多的土地和财富，要求交通方式的改变。
1807 年，随着世界上第一艘蒸汽船的诞生，航运技术得到了极大提高，

古老的水运被赋予了新的活力。西方国家的航海家们纷纷探险，甚至进行海外殖民掠夺，从而使这一时期的交通量、运输速度实现了一个飞跃。一直到铁路大规模兴建之前，水上交通与以人力、畜力为主要动力的其他陆上交通工具相比，无论运输能力、运输成本和方便程度等方面都有着得天独厚的优势，成为这一时期的主要交通方式。因此，早期的资本主义国家工业多沿通航水道设厂，使得工业布局受当时水运的发展影响很大，而且由于地理因素的限制（远隔重洋），国与国之间的贸易往来完全依赖于海上运输。这一时期水运方式在运输业发展中起着主导作用，也为第一次工业革命提供了运输保障，为资本主义国家的初步发展提供了基础条件。

第二阶段，即19世纪30年代到20世纪20年代，以铁路运输为主的时期。1825年，世界第一条铁路（英国的斯托克顿至达灵顿）的修建，标志铁路时代的开始。随着蒸汽机的推广应用，各国为了弥补水运因受地理条件限制的不足，开始纷纷修建铁路。在已进入和即将进入工业化的国家，铁路得到了全面发展。截至19世纪末，全世界铁路总长已达65万多公里，到第一次世界大战前夕增加到110万多公里，至20世纪20年代，再增至127万多公里，至此，工业化国家的铁路网已经基本形成。由于铁路能够高速大量地运送旅客和货物，在长达一个世纪里几乎垄断了陆上交通，因而极大地改变了交通业的面貌，使工业生产有了更广阔的天地，逐渐摆脱了对水上交通的依赖，为工业布局深入内陆腹地创造了条件。铁路也因此而成为当时工业高速发展的先导，极大地促进了西方国家工业化的进程，成为这一时期交通方式的标志。

第三阶段，从20世纪30年代至50年代，是公路、航空、管道，三种交通方式迅速崛起的时期。从20世纪30年代开始，公路、航空和管道三种交通方式相继发展起来，并与铁路交通方式展开了激烈的竞争。以汽车作为交通工具的公路交通发展较晚。直到第一次世界大战前，还仅仅只是铁路、水运的一种辅助交通方式，承担部分短途客货分流的任务。到第一次世界大战结束后，由于一些发达资本主义国家把军事工业转为民用工业，使得汽车生产得以迅速发展。随着公路网规模的扩大，质量的提高，特别是大载重量专用货车、集装箱运输，各种设备完善的长途客车和高等级公路的发展，使公路交通机动灵活、迅速方便的优势得以发挥，不仅成为短途运输的主力，而且在中长途运输中，也开始与铁路，水运一争高下，致使铁路短途运量大为下降。第二次世界大战之后，随着发达国家完善的公路网的建成，特别是高速公路网的兴建，进一步促进了公路交通的快速发展，在各种交通方式中，公路运输客、货运量与周转量所占的比重越来越大，而铁路则成下降的趋势。

在工业的巨大发展及科技进步推动下，人们的时间观念、价值观念日益增强，而航空技术的巨大进步正好适应了这种变化。由于航空交通迅速、及时的优势，不仅在旅客运输特别是长途旅客运输方面占有重要地位，而且在货运方面也得到迅速发展。

第四阶段，管道交通虽然早在 1865 年就出现了（美国为开发宾夕法尼亚州油田，铺设了世界上第一条管道直径 50 毫米，长约 9 千米，日输油量 120 吨的熟铁原油管道），但由于管材、管子的连接方法、施工机械和油气增压设备等方面存在的技术上的问题，直到第二次世界大战前，管道交通仍处于初始阶段。在第二次世界大战期间及之后，随着管道交通技术上的突破，如电动离心泵、压缩机的投入使用，以及有启停程序的自控设施的建成，促进了管道交通的发展。由于管道交通成本低、输送方便、连续性好等原因，加上世界石油和天然气广泛开采，各国特别是产油（气）国，开始大量兴建油气管道，使管道交通方式在能源运输方面占据越来越重要的地位。

第五阶段，多种交通方式协调发展的综合交通体系时期。20 世纪 50 年代以来，随着交通运输的发展，工业时代的五种交通方式各自的优势和技术经济特性以及存在的不足充分显露出来，而且它们之间相互影响、相互制约。为了减少因处于无政府状态下的竞争而造成的巨大浪费和损失，需要有预见地、有计划地进行综合考虑，协调各种交通方式间的关系，构成一个现代化的综合交通体系。随着电力机车的发展，特别是输电技术的进步和输电线路的改进，电气化里程不断增加，高速铁路也开始兴建，使铁路网的质量有所改善，在一定程度上缓解了铁路运输的困难。铁路网逐渐稳定，并在其合理范围还有一定发展。公路、航空和管道由于能较好地适应现代交通的需要而继续稳定上升发展。水运则一直在自己的范围内稳步成长，世界经济的发展和多边贸易的扩展也给海运注入了新的活力。总之，五种交通方式有各自的交通运输线路、各自的交通运输工具及各自的技术经济特点和合理使用范围，既相互竞争，又相辅相成协调发展，形成布局合理、连接贯通的综合交通体系，使各种交通方式的优势在综合交通运输中得到充分发挥。特别是 20 世纪 60 年代后期"运输通道"概念

（即客货流密集地带，由一种或多种交通运输方式提供客、货运输服务，它实质上是综合交通运输的一种具体表现方式）的提出，世界上许多国家，特别是发展中国家运用"运输通道"理论来有效地规划和建设自己的交通体系，从而促进了实体交通综合运输的发展。

20 世纪中叶，随着系统论、控制论和信息论的出现，以及信息技术、微电子技术等高新技术群的产生，把人类推进了信息时代，其特征是利用计算机快速远距离地传递和处理信息。信息交通一跃而成为与传统的实体交通并驾齐驱甚至更加重要的交通方式。

二　科技进步促进了交通运输布局的合理化

交通运输的布局是指交通运输业内部，不同交通运输方式的合理分工，交通运输线路的合理搭配，运输网的紧密联结。在科技进步的推动下，交通运输布局不断地发生着变化。

科技进步对变通运输布局的影响主要表现在两个方面：（1）直接影响。科学技术通过物化为新的交通运输工具，提高运输设备装备性能，从而改变了交通运输的布局。例如：因为科技进步，有蒸汽机、内燃机和喷气发动机等的发明，才有了轮船、火车、汽车、飞机等交通工具的诞生和广泛运用，才有世界范围内交通运输布局向综合交通体系发展的可能。科技进步不断地改变着各种交通方式的技术经济特征和合理使用范围，新技术的不断开发和应用，可能给运量比重下降的某种交通方式带来转机，如高速铁路新技术的应用使铁路在日本、法国等少数发达国家出现了复兴的局面，而常温超导材料研究的突破，并在船舶推进动力和铁路牵引动力等方面的应用，则可能导致交通运输布局和结构的大调整。（2）间接影响。交通运输业是国民经济的一个有机组成部分，应根据经济结构、生产布局和各种交通运输工具的技术经济特征合理进行交通运输布局，取长补短，充分发挥各种交通运输方式的优势，最大限度地节省运输费用和交通运输建设投资，构成一个统一的综合运输网，而科技进步可以影响经济结构和生产布局进而影响交通运输布局。经济结构是一个国家或地区的产业结构、产品结构等。产业结构是社会劳动在不同领域的分布，第一产业是农业和原材料生产行业，第二产业是工业、建筑业，第三产业是商业和饮食业。不同的产业对交通运输的需求，无论在数量上和质量上都有较大差别。随着产业结构的变化，经济的发展对交通运输的需求必然发生变化。

产品结构是指经济的物质产品比重，不同产品对交通运输的依赖程度不同，<u>重工业产品比轻工业产品需要更大的运输量</u>，因此，物质产品结构的变化也影响交通运输布局、结构的变化。在现代科学技术高速发展的推动下，社会经济结构发生着深刻的变化，产业结构中，第一、二产业比重下降，第三产业发展迅速，其产值和从业人数在发达国家已接近或超过一半。产品结构向小批量多品种、短小轻薄化和高技术化方向发展，使得客货运结构发生了改变，消费性旅游的比重增长，生产性旅行比重下降①。实体交通的布局为适应交通运输需求的这种变化，出现了铁路交通在客货周转量中相对比重逐渐下降的态势，公路交通后来居上，发展迅速，高居前列，水运优势得到充分发挥和优先利用，民航和管道逐渐成为长途客运和油、气运输的主力。加上信息交通的发展，使得各种交通方式相得益彰，协调发展，促进了统一的大交通格局形成。

总之，科技的进步不断改变着交通的布局，推动着交通向纵深发展。在空间上，由原来的以单一的地面交通向立体式的水陆空及信息交通方向发展：如管道交通可以深入海底畅通无阻，海底隧道消除了大海的天然阻隔；航空航天技术的发展，使人脱离地球引力，进入太空遨游，使太空不再遥远；在性能上也较以前更为精良。信息交通则使信息能够实现全球实时共享，现代科技已经把交通推向了全方位发展的阶段，使其布局愈趋合理，从而给人们提供了舒适、快捷、便利的交通方式和手段，满足人们物质的精神的需求。

三 科技进步提高交通管理效能

交通管理就是对人的交通行为的管理，通过控制交通参与者的交通行为，实现安全、高效、快速、通畅的目标。在不同的历史时期，交通运输的布局是不同的，从而，相应的管理水平与手段及其难度亦会有不同的要求。这归根结底是由科技进步引起的，并且管理的不断完善需要科技进步不断地为其提供新的解决方案。当今，交通管理运用现代科学技术，大大提高了交通管理的效能。主要表现在以下几个方面：

---

① 芦斌：《交通行业经济发展需要科技创新》，《科技经济市场》2006年第11期；付国峰：《科技进步对交通行业经济发展的影响》，《黑龙江科技信息》2010年第8期；李艳梅：《浅谈科技进步对交通运输业经济发展的作用》，《黑龙江科技信息》2011年第16期。

（一）交通管理应用计算机使其科学化水平大大提高

首先，使交通流得到更加优化。各类道路交通流向被从系统工程的角度进行了系统合理的规划与设计，根据不同道路的实际交通负荷水平实施有效控制，从而提高了道路通行能力。其次，使道路得到科学合理的使用，针对交通流向、流量的分布特点，对区控道路的交通渠化加强研究和实施，提高了渠化路口的通行能力，使交通秩序得到优化，交通事故减少。

（二）使用电视系统，能更快捷地获取交通信息，使管理更趋方便、直观

第一，通过对道路状况及交通流量的监视，能及时掌握交通阻滞状况，找到阻滞原因。第二，计算机确认信号的辅助手段可以通过信号显示终端进行直观确认来实现。第三，计算机考察、试验、调整各交通方案可以依据交通流量调查来实现。第四，交通指挥中心的应变能力借助于地图板的辅导显示得到提高。第五，对特种车辆的监视，保证了其安全畅通。第六，可以配合其他公安业务工作，如提供现场信息等。如 2010 年上海世博会期间，上海市形成了"常态各司其职"、"应急集中办公"两种交通运输保障指挥体系，该体系依托上海世博期间交通信息服务应用平台，重点突出公共交通运力保障，统一指挥和综合协调轨道交通、专线巴士、旅游巴士、出租汽车等交通运输资源，从而保障了整个世博园区内外的交通路畅通、安全和实时交通信息的发布，实现园内外交通的衔接和时空均衡。

（三）交通模拟技术在交通管理中的运用，有利于提高交通规划、组织和管理研究的效益

各种交通现象如交通流和交通事故等能利用交通仿真模型进行动态逼真的模拟，深入地分析行人、驾驶人、车辆、道路及交通流的交通特性，从而有效地进行交通规划、组织、管理、能源节约及合理化物质运输流量等方面的研究，而且可以避免周期较长的交通调查和现场实验，用很小的代价获得各种数据，对多种交通现象再现，从而对交通问题在大范围、深层次上进行研究。

（四）全球定位系统及其他高科技的应用，使交通管理向智能化方向发展，出现了智能交通系统，传统的管理方式被更深刻地改变。

智能交通系统 ITS（Intelligent Transport Systems）将通信、信息、计

算机和控制技术及其他一些现代技术在交通运输领域集成应用，实行人—车—路三位一体，建立起实时、准确、高效的运输管理系统并全方位发挥作用，实现对运输工具的服务和对运输网络的现代化管理。智能交通系统一般包括行人帮助系统、安全驾驶系统、智能导航系统、交通管理系统、公路高效管理系统、运输车辆管理系统和公共交通管理系统以及车辆紧急支援系统等。具体地说，运用先进的传感技术、信息采集与传输技术、计算机数据库和数据处理技术、通信广播、电视、GPS、GIS 等电子信息技术，将运输线路、运输工具、管理者与驾驶者有机地结合起来。从而使运输工具凭借自身的智能在运输线上安全、自由地行驶，智能系统为驾驶人提供精准的运输线路，帮助交通运输管理人员实时了解运输线路上运输工具的行驶情况，从而实现了运输工具、运输线路、人的和谐统一、密切结合，极大地提高了运输效率和管理效能。

四　科技进步促使交通从业人员素质的提高和交通管理体制的变化

如上所述，随着现代科学技术的发展，交通由以某种交通方式为主的时代，进入水运、铁路、公路、航空、管道五种实体交通方式及信息交通方式协调发展的大交通时代。客货运输的全过程不是由单独的某种交通方式独立承担的，通常要通过两种或两种以上的实体交通方式并配合相应的信息流动才能最终完成，这就要求运输过程中各种交通方式协调配合，合理布局，接通连贯，使整个海陆空运输网及信息交通网（国际互联网）的能力充分发挥，达到最优效益。而且现代科学技术，特别是电子技术的发展，带来了全球范围内的产业革命即信息革命，国与国之间的距离缩短，联系更紧。各国相互投资，产品联合制造，跨国公司遍布全球，除少数国家外，都必须相互依赖，才能生存和发展，世界经济趋于一体化。与此同时，世界各国强调科学技术的力量，采用世界上最先进的技术，从交通基础设施到交通工具及通信等统一标准，从而导致世界交通系统的一体化。因此，在现代科技发展的大背景下，适应大交通时代的客观要求以及世界交通系统一体化的发展趋势，特别是我国加入 WTO 后，交通管理体制的改革势在必行。交通管理体制改革的最终目的是要建立全国统一、开放、竞争、有序的实体交通市场和信息交通市场，建立和完善交通市场的竞争机制，允许外国企业参与中国交通市场竞争。

科技的进步还推动着交通从业人员素质的优化和交通人才质量的提

高。这是因为，现代交通是集信息、通信、控制和计算机技术等高新技术于一体的。与之相适应，交通从业人员也应该是掌握经济学、法学、管理学、数学、系统科学、计算机科学及交通运输工程学等现代科学和技术的综合性人才，否则不能适应交通发展和交通管理系统化、科学化及信息化的要求。未来世界范围内的竞争主要是科学技术的竞争和民族素质的竞争。科技是推动交通发展的动力，关键是人才。没有足够数量的、具有现代科学知识、掌握专业技能的多层次的、各类交通专门人才，交通的现代化发展是不可能的。任何先进的科技，只有通过人才，才能转化为现实的生产力。交通新技术的开发靠人才，交通现代化管理靠人才，对国外交通先进技术的引进、消化、吸收、发展离不开人才。在交通发展中，人才是最重要的，因此，在交通管理体制改革的同时，建立一支高素质的交通从业人员（包括交通管理人员）队伍，必将推动我国交通业的深入发展并与世界交通业接轨。

第四节　交通发展是科技进步的重要标志

一　交通发展为科技进步创造条件

交通发展与科技进步息息相关，不仅是推动科技进步的强大动力，而且为科技进步创造了必要的条件。表现在：

（一）促进经济发展，为科技进步提供强有力的经济后盾

交通是国民经济的命脉，在联系生产和消费、城乡、工农业中起到纽带作用，率先推动社会经济的发展。在现代化大生产条件下，无论是新经济区的开发，还是现有企业的生产，上马新项目，都必须具备相应的交通和通信条件。否则在空间上就无法实现设备和原材料及产品的移动，信息也不能通畅，企业的生产运作就无从谈起。而且一个地区交通和通信状况在较大的程度上影响着该地区投资环境的好坏，因此发展经济应以交通的发展为前提和基础。事实上，早期水路和铁路运输的发展，就为资本主义工业化的生产发展开辟了道路。19 世纪美国西部的开发，20 世纪日本和亚洲"四小龙"外向型经济的腾飞，都是以优先发展交通和通信为前提的。改革开放后，我国经济的发展也是以交通和通信的发展为基础的。经济的发展不仅使已有科技成果的应用扩大了，催生了新的科技成果，更重要的是提供了科技发展所需的信息和资金。

（二）促进资源开发，为科技进步提供综合保障

交通是开发资源，联合城乡，发展横向联合，实现生产力合理布局的纽带；科技的进步有待于资源的开发，经济发达区的形成，这些又都有待于交通的先行。例如，我国东部交通系统较为发达，由此带动了整个东部的科技和经济的发展；而西部地区相对落后，尽管西部有很多科技和经济发展所需要的资源，但由于交通运输不发达，资源开发受到限制，致使科技至今较东部有差距。

（三）超越了时间的限制，缩短了世界的距离，使大规模的科学研究与协作成为可能

科学研究在早期，以个人为单位，单独、孤立地开展，人与人之间较少联系，不存在地区与地区、国家与国家之间的交流与合作。尽管有多方面的原因，但落后的交通和通信仍然是制约因素之一。一方面，科学技术的传播受到落后的交通制约，例如，中国的"四大发明"，由陆路传入欧洲就经过了几百年。另一方面，科学家跨越空间距离的交流与协作也被落后的交通限制了，进而科技的进步被设置了重重关卡。

我们可以想象一下，当古希腊的自然哲学家写一封信，将它寄到中国（如果可以话）的技师手中，约其一同研究木料和石料在建筑上的工艺问题，恐怕没有 10 年他们是见不了面的。

随着交通的发展，今天，几天或者十几天就能完成一个世界性的研讨会。甚至不需要与会者身体空间位置移动，坐在电脑前，通过国际互联网就可以直接的讨论科技问题。空间界限已被高度发达的交通和通信突破了，世界的距离也缩短了，地球已变成了一个"地球村"，人们不再受一个小圈子所局限，彼此间只存在有形的距离，早已不再有无形的远近，从而为大规模的科学技术协作提供了条件。例如，美国的"阿波罗"登月计划，集合起了全国两万多家公司，八十多个科研机构和二百多所大学总共四十多万人参加，离开了交通和通信这一基础是根本就不可能的。而欧洲的尤里卡计划，之所以能跨越信息技术、生物技术、激光技术、通信技术等九大领域，八百多个项目，集俄罗斯、英、德、法、意、荷、斯洛文尼亚等二十多个国家，3500 多个企业（公司）和科研机构共同协作，大规模作战，不能不说是得益于便利的交通和通信。总之，跨地区、跨国界、跨洲际的大规模的科研协作的实现离不开现代化的交通和通信。而正是这种协作创造了单个人、地区或国家所不具有的整体能力，在这种协作

中诞生了许多重大的科技成果。

（四）交通的发展还为科技进步创造了优越的硬件环境

我们可以想象一下，美国硅谷的高科技公司，如果路途遥远，原材料供应不上，或者远离公路、交通和通信不便，公司还能发展吗？硅谷的高科技公司之所以能在 218 号公路的两旁如雨后春笋般冒出来，交通和通信的便利应该说是决定性的因素。我们还可以想象一下，若美国被切断了海上和空中运输及信息交通，或者整个世界都不曾出现过海上、空中运输与信息通信，美国还能在世界各地耀武扬威，对民族国家横加干涉吗？当然美国的高科技产品也不可能进入世界各地，人们也不可能坐在电视或电脑前了解美国国内所发生的事件。我们更不能想象，没有便利的陆、海、空及信息交通，外国公司愿意到中国来投资办厂。由此不难得出结论，正是发达的交通为科技进步创造了优越的硬件环境，提供了不可缺少的物质保障。事实上正是因为我国东部交通和通信系统较为发达，因此带动了整个东部经济乃至科技的发展，相反西部交通落后使得资源开发受到限制，经济和科技的发展至今仍落后于东部。

（五）交通的发展不仅开阔了人的眼界，还拓宽了人的活动范围，使科学研究向更大的范围扩展成为可能

早期水平极端低下的交通，使人们的眼界狭窄，活动范围极其有限，科技成长也只能在一个极其狭小的空间里。比如在早期，我们的祖先错误地认为只有东亚和西伯利亚，自己生活在世界的中间，更不知道世界的另一端还有美洲和非洲；随着交通的发展，特别是船舶的出现和进步，为洲际之间的联系提供了可能。可以说，哥伦布的地理大发现是离不开当时大型帆船的出现的，否则至少要晚上几百年。而地理大发现，改变了人们对自然科学的认识，促使人们开始对天文、地理、海洋进行新的探索。

正是交通的发展，特别是宇宙航空业的出现，"嫦娥奔月"已不再是梦想或神话。人类借助宇宙飞船可以进行月球探险，对其进行实地考察和研究。1969 年 7 月 20 日，人类在太空中第一次见到地球之后，才认识到地球上生物世界的脆弱性。人类到达月球，看到地球只是颗小行星。人类这种眼界的扩大，对自己和所能做的事情的概念有着深刻的影响。通过登月飞行，人们获得了有关月球的大量资料，这些资料对于研究月球的年龄、结构等问题都是非常重要的。正是科学家们通过对月球岩石样品的分析，得出了月球有近 50 亿年历史的结论，它的年龄与地球差不多，甚至

比地球还要长。由于有了对月球的了解，科学家们将设法直接利用月球，在上面建立科学实验室，这样就可以在没有空气的环境中和几乎失重的状态下进行多种科学研究和实验。登月飞行的实践，已经使人们获得了许多有关太空的知识，为后来太空站、太空实验室、航天飞机的发展打下了坚实的基础。1990年4月24日，美国利用"发现号"航天飞机将哈勃望远镜送入轨道，用于测量天体亮度和位置，研究天体起源，探测太阳系、银河系与河外星系。航天飞机的诞生和发展，正在推动人们去认识和研究太空。

（六）交通进步有利于国际交往，促进科技的引进与创新

交通使当今世界国与国之间的联系更加密切，任何一个国家的生存和发展离不开周围世界。科技是无国界的，是全世界人民的共同财富。每一个民族或国家既有自己的短处，也有自己的长处，应该取长补短、互相学习。便利的交通为国家之间的科技引进、吸收、创新创造了良好的条件。

二　交通发展扩大了科技应用

交通及通信业的发展为科技的应用提供了广阔的市场及应用前景。表现在以下方面。

（一）提供了以信息生产和工业生产为载体的科技市场

交通业的发展，一方面，把工业生产作为纽带，提供广泛的应用载体给科学技术。如港口、铁路、车站、桥梁、公路、隧道、机场等交通基础设施和枢纽的大规模建设，为建筑业科技提供了应用场所；采矿与冶金科技在各种运输机械对金属的需求下迅猛发展；为了解决运输业巨大的能源消耗，煤炭和石油科技的应用以及新能源技术的开发和应用得到了促进；机械加工科技运用的新领域在运输工具的大量生产和改进下开辟出来了。另一方面，以信息生产为纽带，提供了计算机、多媒体技术及网络技术等高新技术的应用舞台。

（二）提供了成熟科技包括尖端科技的巨大市场

国民经济建设要依靠科学技术，运用现代技术及设备，改变粗放的经营方式，由外延转向内涵扩大再生产，从量的增加到质的转化，实现集约化发展。交通业同样要依赖科技，运用先进的技术装备和现代化的经营管理方针来发展大交通网，因而就必须扩大科技在交通中的运用。以道路交通的发展为例：随着时代和交通的发展，信息网络服务已成为主枢纽生存

的重要手段。在我国，公路交通几乎都是跨地区、跨省市的，因而就有了网络共建的需求和条件。无论从行业管理的角度出发还是从交通业在经济上竞争的实际需要出发，建成跨地区和跨省、市的主枢纽信息系统成为网络的条件已日趋成熟。目前，许多城市的公路主枢纽建设和主体客货站场的建设已经完成。同时，高速公路和高等级公路建设速度也在加快，公路上的交通环境也在不断改进，这些条件极大地缩短了两地公路主枢纽站场之间的运输距离，不仅为今后客货运输的发展提供了条件，更为实现公路主枢纽之间的网络共建打下了良好的基础，因而也就使信息技术和网络技术等有了充分的用武之地。目前，我国进行西部大开发，交通运输要先行，这种客观的需要必将为交通科技寻找到自己的"婆家"。今日的交通涉及面越来越广，范围越来越大，且向着高安全性、多样化、高智能化、高精度方向发展，技术愈加尖端而复杂，因而为新工艺和材料、高科技等在造船、汽车、铁路、飞机、航空航天及通信中的应用提供了更为可观的前景和巨大的市场。仅小汽车就具有电脑控制点火、防抱死制动系统、全球定位、安全气囊、车上诊断系统等复杂装置。这些不同的需要给科技提供了更加广阔的活动空间。

总之，交通与科技作为矛盾的双方，它们相互影响、相互促进、相互渗透、相互包含，"你中有我，我中有你"，在矛盾运动中螺旋式上升。对于交通与科技的关系，我们不妨这样来认识：如果把世界比喻为人体，各个国家、地区、城市、企业和机构是它的组织器官和细胞，那么交通运输就是血管。一方面，它用来传递科技、人才、资金等各种养分到人体各个组织器官和细胞，另一方面，它的通畅又必须由科技养护、支撑和保证。

第八章　交通与经济

交通体系与社会经济变迁密切相关，人员的流动和货物的位移是这种变迁的核心；交通基础设施越是发达的地方，人们参与市场和获取资源的经济机会就越多。工业革命以来一直到21世纪，交通体系已经成为国际间、区域间和地区间经济活动的基础，在经济发展和社会进步中具有十分重要的地位和作用。

经济功能是交通的最直接的、最基本的功能；交通对社会经济发展起着积极作用的同时，也带来一些负面影响比如交通拥挤、交通事故以及机动性鸿沟等。

本章主要就交通的社会经济功能以及交通与经济的互动关系来进行探讨。

第一节　交通的社会经济功能

一　交通是社会经济活动的重要组成部分

自从有了人类文明以来，交通就是人类最基本的社会经济活动。人是社会的人，社会是人的社会。没有人与人之间的交往，没有货物的流通，就不会有人类的发展和进步。交通是人类交往的基本方式，是社会生存与发展的基础和前提。

从世界交通运输体系的发展过程和发展阶段，可以看出交通与经济的相互关系。自从有人类以来，交通就成为人们生活的不可或缺的组成部分。现代交通诞生于18世纪末19世纪初。两百多年来，交通运输体系发展日新月异。铁路、公路、航空、管道等相继出现，水运也因动力装置变革而空前活跃，五种现代运输方式的产生和发展，极大地改变了人们的生活方式，为社会经济发展提供了强有力的基础保障。

现代意义上的交通概念应该包括两个大的层面，一是"运输"交通，旨在实现人、货位移；二是"信息"交通，旨在实现信息传播。交通经济是国民经济、地区经济和世界经济的重要内容，交通又是经济发展的基础。马克思曾经指出，19 世纪的交通运输革命，"只有 19 世纪下半叶的工业革命才能与之相比"①。未来经济学家朱利安·西蒙指出，作为不发达国家经济发展的条件，交通运输有多方面的重要作用："如果经济发展的关键因素只有一个，那么它不是文化，也不是制度和心理特征，而是交通运输和通讯系统。"② 研究交通的经济意义及与经济发展的相互作用机理，对于制定现代化经济发展战略具有十分重要的意义。

（一）交通使社会经济活动的成为可能 马克思主义认为，生产、交换、分配、消费是人类最基本的实践活动。社会经济活动是由生产、交换、分配和消费组成，这是一个统一的有机整体。交通是这些社会经济活动联系的桥梁和纽带。没有交通，一切社会经济活动就不可能进行。马克思在《资本论》中详细论述了交通运输与资本主义生产和流通的关系，提出了非常丰富而深刻的思想和理论。"要使商品实际进行流通，就要有运输工具"，即"需要车辆、马匹、道路等"③。在这里交通运输被作为了交换的必要手段。另一方面，例如在印加国，虽然社会产品不作为商品流通，也不通过物物交换来进行分配，但是运输业还是起着重要的作用。无论一个国家的社会发展状况、经济水平如何，都不能离开交通。交通是社会经济存在的基本形式。交通继续了生产过程，连接了交换、分配和消费活动，交通本身就是创造价值的过程。

（二）交通是国民经济体系中一个独立的生产部门 马克思将商品运输分为两大类：一类是生产过程中的运输，另一类是流通领域中的运输。马克思认为流通领域中的货物运输是物质生产过程的"追加"和"延长"这一本质。"物质的使用价值只是在它的消费中实现，并且它的消费可能就会使位置发生变化，从而使运输工业的追加生产过程成为必要。"④ 货物运输使物品的使用价值得以实现。作为生产过程的运输所投入的劳动手段和劳动力（不变资本和可变资本）会将价值转移和追加到所运输的商品中去，使商品通过运输而

---

　　① 《马克思恩格斯全集》第 3 卷，人民出版社 1972 年版，第 344—345 页。

　　② ［美］朱利安·西蒙：《没有极限的增长》，江南、喜明等译，四川人民出版社 1985 年版，第 186 页。

　　③ 《马克思恩格斯全集》第 46 卷上册，人民出版社 1979 年版，第 142—143 页。

　　④ 马克思：《资本论》，郭大力、王亚南译，人民出版社 1964 年版，第 145 页。

实现价值增值。"投在运输工业上的生产资本，会部分地由运输工具的价值转移，部分地由运输劳动的价值追加，而把价值加到被运输的产品中去。"① 总而言之，"运输工业形成了一个独立的生产部门，从而形成生产资本的一个特殊的投资领域"。② 由此可见，运输业是独立的物质生产部门，运输业的发展是社会经济发展的重要内容。

（三）交通的进步促进了经济的发展交通运输通过影响市场、分工，从而推动生产力和经济发展的思想，是由英国著名古典经济学家亚当·斯密（Adam Smith，1723—1790）提出来的。"分工起因于交换能力，因此分工的程度要受交换能力大小的限制，换言之，要受市场广狭的限制"，由于良好的道路、运河或可通航的河流可减少运输费用、开拓更大的市场、推动劳动分工，于是"一切改良中，以交通改良为最有效"③。斯密强调优先发展交通，同时强调交通与经济协调匹配发展，一个国家的运输及贸易规模要受经济发展水平的限制。马克思继承了斯密的交通与经济发展理论，同时又超越了其理论。马克思认为，交通被看作是交往的一个方面，也是交往的物质条件；交通在资本主义条件下开辟了世界市场；交通扩大市场范围促进分工，而分工和生产力的发展又推动交通的发展。

（四）交通与社会经济存在互动关系一方面，交通促进经济发展、刺激经济的增长。交通借助现代社会工业的力量，不断扩大和提高自身的质量和水平，使其成为现代社会的生存基础。同时，交通以其自身的发展产生的巨大需求作为强有力的杠杆，推动了现代工业的进一步发展，使交通成为带动社会经济发展的火车头，现代工业发展的先驱。另一方面，社会经济的发展也促进了交通的更新和发达。现代社会经济体系中，交通业与煤炭工业、石油业、钢铁业、建筑业、机械制造业等一起构成国民经济的支柱产业。

关于交通促进世界的融合和社会经济的发展，马克思恩格斯也有过精辟的论述："美洲的发现、绕过非洲的航行，给新兴的资产阶级开辟了新的活动场所。东印度和中国的市场、美洲的殖民化、对殖民地的贸易、交换手段和一般等价物商品的增加、使商业、航海业和工业空前高涨。""大

① 马克思：《资本论》，郭大力、王亚南译，人民出版社1964年版，第145页。
② 同上书，第147页。
③ ［英］亚当·斯密：《国民财富的性质和原因的研究》上卷，郭大力、王亚南译，商务印书馆1982年版，第1页。

工业建立了由美洲的发现所准备好的世界市场。世界市场使商业、航海业和陆路交通得到了巨大的发展。这种发展又反过来促进了工业的发展，同时，工业、商业、航海业和铁路愈是扩展，资产阶级也愈是发展，愈是增加自己的资本，愈是把中世纪遗留下来的一切阶级都排挤到后面去。"① 世界市场的开拓，交通的发展，使一切国家的生产和消费都成为世界性的了，过去那种地方的和民族的自给自足和闭关自守的状态，被世界性的各方面的相互往来和依赖所代替。物质生产是这样，精神生产也是如此。"资产阶级凭借生产工具的迅速改进、交通极其便利和商品价格低廉，迫使一切民族采用资产阶级的生产方式。"② 通过马克思恩格斯对资本主义时代交通和经济的相互推动机理，我们可以明确地得出结论：交通是社会经济的重要组成部分。

（五）交通运输是国民经济中的先行产业交通体系虽然不直接参加生产过程，但在连接各行业、各地区、各部门的经济和生产中起到了举足轻重的作用。正是交通的连接作用，使各地区、各部门、各行业的生产联系成为国民经济的统一整体。特别是在市场经济和全球经济一体化趋势下，交通更是社会经济发展的前提和载体。树立全国性的、世界性的大交通观念是社会进步、经济发展的必然要求。

交通的发达，还促进了人的流动，加强了人际之间的交往和国家之间的交流，促进了民族的融合，推动了文化的传播、社会的进步和世界文明的进一步发展。

二　交通的不同经济形态：各种交通运输方式及其特点

交通方式是交通体系的基本组成部分，它们为人员和货物的机动性提供基本的支持方法和工具。按照交通的工具和基础设施的不同，交通具有不同的经济形态，即不同的交通运输方式：水路、公路、铁路、航运、管道等。不同的交通方式是随着不同的社会发展逐步发展起来的，是与当时的生产力水平相适应的。

工业革命以前的时期，由于生产力水平不高，经济不发达，交通主要是靠水路的轮船和陆路的车马，交通工具落后也限制了经济的发展。与车

---

① 《马克思恩格斯全集》第1卷，人民出版社1972年版，第252页
② 同上书，第254—255页。

马比较，水路运输占有比较优势。轮船帮助欧洲人游弋到了新大陆，帮助他们完成了资本的原始积累。产业革命开始后，商品运输日益增加，为适应煤炭运输的需要，水路运输日益占主导地位。首先，英国开始了开凿运河的热潮，形成了全国性的水路运输网。此后，美国也开始了水运的高潮，运河网与五大湖及密西西比河连通，形成了近代化的水路运输系统。

蒸汽机的发明，使铁路在19世纪成为推动经济发展的骨干和中坚力量，极大了改变了世界的面貌；铁路运输极大地刺激了钢铁工业、采掘业的发展，促进了资本主义经济的繁荣。20世纪的两次世界大战之后，高速公路和航空运输与铁路展开了激烈的竞争，并促进了第三产业的发展。由于汽车和飞机作为先进的交通工具，不仅带来了经济的飞速发展，也改变了人们的生活方式，使人们的生活更加便利和惬意。现代社会中，各种交通方式都还有其存在的生命力，以其自身的特点相互补充、相互联系，共同构成了现代化的综合交通运输体系。

水路运输是最古老的运输方式，其主要特点是：载运量大，运输成本低，劳动生产力比较高，运输线路长，站点多，覆盖面广，比较适合于大宗的、对时间性要求不强的货物。由于这些特点，水路交通在现代交通体系中仍具有很强的生命力，远洋运输在国际贸易运输中还处于主导地位。但是，水路交通也有速度慢、受地理条件限制和气候因素影响较大等不利因素。现代水路交通发展趋势是在强调综合物流的系统观念下，拓展港口功能，发挥港口集疏运作用，建立以港口物流为中心的，与铁路、公路、航空等多种交通方式优化组合的多式联运系统。

铁路交通是一种适于担负远距离的大宗客、货运输的重要运输方式，它克服了水路交通受地理因素限制等缺陷，具有速度快、效率高、安全性强等优点。但同时也受站点的限制，具有投资大等缺点。目前高速铁路是铁路现代化发展的趋势之一。

公路交通传统上是水路、铁路、航空的辅助运输方式，主要功能是"送达"，为其他运输方式承担短途客货分流任务。公路交通的特点是：灵活性强，运输方便。随着高速公路的建设和发展，公路交通的通过能力大大加强，其通过功能和送达功能日臻完善。从公路交通的客货运量和周转量来看，公路交通量已经远远超过了其他交通方式。这些充分说明，公路交通日益成为全能的运输方式，在国民经济和社会发展中发挥着越来越重要的作用。

航空运输最大的特点是速度快。一般来说，它适合 1000 公里以上的长途运输。现代喷气式客机，速度达到 800—900 公里/小时，比汽车、火车快 5—10 倍，比轮船快 20—30 倍。距离越长，快速的特点越显著。航空运输还可以把地面上任何距离的两个地方连接起来，可以不受时间和线路的限制，从投资成本上来看也比铁路要低。这些特点也是航空业在现代交通体系中占据优势的主要原因。

管道运输是利用管道输送气体、液体和粉状固体的一种运输方式，其运输形式是靠物体在管道内顺着压力方向循序移动实现的，和其他运输方式的重要区别在于，管道设备是静止不动的。管道运输的主要优点是，由于采用密封设备，在运输过程中可避免散失、丢失等损失，也不存在其他运输设备本身在运输过程中消耗动力所形成的无效运输问题。另外，运输量大，适合于量大且连续不断运送的物资。

随着现代经济的发展，人们越来越认识到各种交通方式各自的优点和缺点：每种交通方式都有其存在的空间，但也有其不足。为了减少各种运输方式之间的不适当竞争造成的损失和浪费，使各种运输方式之间扬长避短、相互配合，有必要重视各种运输方式的综合利用和协调发展，构建现代化的综合交通运输体系。随着电子信息技术和互联网的发展，现代综合交通运输体系更进一步地向一体化、自动化和智能化方向发展。

三 交通的经济功能

交通在社会经济发展中起着至关重要的作用，对国民经济有着深远的影响。这种影响主要体现在两个方面：直接影响是便利的交通扩大了市场范围，节约了时间和生产流通成本；间接影响是商品价格的降低给人们带来了实惠，增进了人们生活的多样化和社会经济福利。

经济功能是交通最基本的、最主要的功能。市场经济越发达，商品交换越发展，市场范围越扩大，交通运输的经济功能也将发挥得越充分。交通的经济功能具体来说主要是通过交通对社会分工、生产、商品流通、城市化等方面的影响表现出来的。

（一）交通与社会分工交通对经济发展的基本作用就在于它可以促进一国范围内的社会分工和生产专业化的发展。一部经济史就是社会分工不断发展和深化的历史。交通通过对分工、市场的影响从而推动经济和生产力的发展的理论最早是由英国经济学亚当·斯密在他的名著《国民财富的性质和原因的研究》（1776）中提出来的。斯密认为，"分工起因于交换能力，因此，分工的程度要受交换能力大小的限制，换言之，要受市场广狭的限制。"由于良好的交通可以减少运输费用，开拓更广阔的市场，推动劳动分工，于是"一切改良中，以交通改良为最有效"①。斯密强调，要发展制造业，就要大力发展远洋航运业，拓展国外市场，这充分说明分工是要依靠交通来支撑的。马克思也提出过一系列分工的范畴，如一般分工、特殊分工、个别分工、地域分工、国际分工，等等②。不同的地区，由于气候、资源、文化等造成的劳动者技能的不同，其生产力也是不同的；是交通按照市场经济的需求，利用比较优势，合理配置资源。有分工就有交换的需要，就离不开交通；交通对推进社会分工以及国际分工的发展和深化起着决定性的作用。在分工基础上产生的专业化生产，可以极大地提高劳动生产率，专业化生产的不断发展又将推进产业结构的升级换代和经济发展水平的提高。

（二）交通与社会生产交通业本身就是社会经济中的重要组成部分，是物质生产部门。交通的基本含义是改变人和物体的空间和位置，按照需要运到物质展示价值的地方。是交通使物质和人的移动显示了其使用价值和价值，是交通在一定时间内更动物质和人的位置，使物质和人有了价值。而在这个运输的过程中，运输中的劳动本身也创造了价值。"商品一到达目的地，它的使用价值所发生的这个变化也就消失，这个变化只表现为商品的交换价值提高了，商品变贵了。虽然在这里，实在劳动在使用价值上没有留下一点痕迹，可是这个劳动已经实现在这个物质产品的交换价值中。"③快捷便利的现代交通促进了社会生产，减少了经济损失，创造了更多的价值，促进了现代化的经济发展。

（三）交通与现代工业交通借助于现代工业的力量不断提高其发展速度和质量，以适应现代工业发展的步伐，而其自身也成为现代经济的支柱产业；同时，交通的发展推动了现代工业的进一步发展，使自身成为现代工业的先驱。工业革命以来，交通形态的不断更新，轮船、火车、汽车和飞机等交通工具不断地改变着交通运输网络，其结果是促进了现代工业更

---

① ［英］亚当·斯密：《国民财富的性质和原因研究》上卷，郭大力、王亚南译，商务印书馆1982年版，第3页。

② 马克思：《资本论》第1卷，人民出版社1975年版，第389—392页。

③ 《马克思恩格斯全集》第26卷，第1册，人民出版社1972年版，第445页。

快地发展起来：铁路、公路、港口、机场等运输基础设施的大规模修建，推动了建筑业的前进。交通的进步，便利了采掘业的发展，而交通的巨大能源消耗又刺激了煤炭、石油及电力等能源和动力工业的迅速发展；交通工具的更新，刺激了制造业的发展，等等。一个国家的工业化程度是该国经济发展水平的重要标志之一。现代交通的发展带动了一大批现代工业的发展，扩大了社会的经济发展规模和提高了社会的工业化水平。

在社会再生产过程中，生产以交通运输为起点，又以交通运输为终点。交通是联系生产和消费的桥梁和纽带，贯穿于生产和流通的全过程。没有交通就不会有物质资料的生产和再生产，交通在其过程中共同创造了全社会的物质财富。

四　交通的社会功能

交通在推动经济发展的同时，也极大地促进了社会的进步。

第一，交通发展推动了社区化和城市化的进程，并且是导致"逆城市化"现象出现的一个重要因素。

自古以来，交通条件就是一个社区兴盛和发展的重要因素。"交通之一大好处，是它构成一个分配中心所在地的最基本、最重要的原因。甚至可以说，交通条件是这类中心形成的唯一原因。由于某个原因或者某些原因，有一个地点最便于周围多数人的聚拢，因而人们自然地选择这个地点来进行交换、贸易。"①村镇、集市、乡村店铺等常常处于道路的十字交叉口或者是两三条河流、峡谷的交汇处。在平原地带，城镇则会在它的中心地带，而在土地肥沃、人口稠密的平原上的道路或者铁路的交接会合处，则几乎必定会形成城镇。②同样，铁路和轮船运输是发展、开辟新的通商贸易区的决定性因素，其作用毫不次于政府的政策。

工业革命促成了近代城市的兴起和发展，许多近代城市都打上了工业化城市的烙印。在工业革命后期，许多国家的城市化和工业化是同步进行的。与此相应的是城市交通的不断发展。"现代交通运输事业发展越来越快，成本越来越低廉，这些条件都促进了大城市的发展。这些大城市能把

---

①　Joseph Russell Smith. Industrial and Commercial Geography, Henry Holt and Company, 1913, p. 841.

②　［美］帕克、伯吉斯、麦肯齐：《城市社会学》，宋俊岭等译，华夏出版社1987年版，第68页。

广大范围内的廉价原料集中起来，并将商业和制造业分布到空前广泛的范围中去。"① 现代城市交通以四通八达的网路，崭新的路面建设和先进的交通工具使城市的面貌焕然一新，有力地促进了城市经济的发展。

在西方国家城市发展过程中，城市的发展一般都要经历两个阶段：从小到大，由分散到集中，达到某一种极限后又朝反方向变化。随着经济的飞速发展，特别是公路、轻轨列车的迅速发展，引起人们居住习惯的变化，部分城市居民开始纷纷由市内移居郊外。这就形成了新的分散型城市，美国的地理学家贝里（B. J. L. Berry）用"逆城市化"（counter-urbanization，即城市人口向乡村居民点和小城镇回流的现象）来解释这种城市发展现象，也有的学者提出"离心型"城市化和"市郊化"的概念②。除了大城市发展达到某种极限并带来种种弊端促使城市人口外流外，其中现代技术发展带来的汽车和公路的发展是一个非常重要的因素。

传统城市的最初膨胀主要源于工业化时代人口的增长、都市的繁荣、较好的医疗条件、移民和因传统农业经济的萎缩而涌入都市的工人潮；而由城市核心向郊区的运动则是由于扩张了的交通与铁路、公路带来的便利。当然，最具决定性的因素是汽车。在美国，最剧烈的城市增长发生于二战以后，并由于1956年联邦立法资助的、洲际高速公路的建设而进一步加剧。在1940年，平均每五人拥有一辆小汽车，今天我们正在迅速达到与人口相同数目的汽车。

第二，交通发展与城市化一起，影响并改变了人们的生活方式。

古往今来，交通对人们的生活方式产生了巨大的影响。由于各国经济发展水平不同，人们参与交通活动的行为方式也有很大区别。在经济发达国家，私家汽车代替公共交通成为人们出行的主要工具。"人们普遍认为，汽车改变了我们城市的形态，改变了家庭所有制和零售贸易方式，松弛了家庭联系。"③美国著名未来学家托夫勒（Alvin Toffler）笔下"新游牧民族"的生活方式，其实是现代交通的产物。其典型行为特征是："每逢星期五下午四点半，便有一位经理登上直升机，飞到约翰·肯尼迪机

①　［美］帕克、伯吉斯、麦肯齐：《城市社会学》，宋俊岭等译，华夏出版社1987年版，第69页。

②　朱慕唐、张海宁、王伯言：《西方城市经济学》，中国财政经济出版社1988年版，第29页。

③　黎德扬等：《社会交通与社会发展》，人民交通出版社2001年版，第208页。

场，再转乘环球公司的喷气机。1 小时 10 分钟后，它快步走出俄亥俄州哥伦布机场的终点大楼。又过 30 分钟，他到了目的地——他的家。他每星期在曼哈顿一家旅馆住四个晚上，其他三晚和妻子、儿女住在 500 英里以外的哥伦布市。如此一年奔波，路程足足有 5 万英里，但他认为这是东西方两个世界中最好的生活。"① 与他的行为方式相似，不少人的工作和生活与现代交通相互依存。这种大规模、大范围、经常性的人口流动，是在现代交通条件下普遍的社会现象。这种迁移不是一般意义上的搬家，也不仅是单纯的生活方式翻新，而是现代交通和通信手段造就的崭新生活方式。② 在工业化阶段，人们为了更加接近工作地点而选择居住在城市中心，至少是离工作地点不远的地区。汽车的普及使得居住与工作地点的距离不再成为问题，越来越多的人选择生活在不那么拥挤、喧闹的郊区或者卫星城，而驾车几十分钟去城区上班或者购物。在美国，由于城市交通的发展，汽车的普及，从 20 年代起使典型的中产阶级家庭、50 年代起使典型的工人阶级家庭的生活方式发生了根本变化。

第三，交通是社会生活的必要条件，更是现代人实现自身价值的重要中介。

衣、食、住、行是人类生活的四大要素。行，即交通。现代社会由于经济文化十分发达，社会交往十分活跃，因此，社会生活须臾离不开交通。城乡居民不管是上班、上学、购物、旅游观光、探亲访友，还是参加各种经济、社会、文体活动，都需要交通的服务，以至于交通本身也成了现代活动的有机组成部分。交通为密切人与人的交往带来了方便，也给城乡居民的各种出行活动提供了必要的条件。在很大程度上，交通系统的性质决定了人们的生活方式和生活质量。城乡间地理重组加强了城乡联系，交通的发达不仅改变了城乡居民的居住条件，也丰富了人们的休闲生活。因此可以说，社会交通是现代人生活必不可少的前提条件。

另一方面，现代人借助社会交通实现的高流动性，是现代社会生活的重要特征之一。现代社会人们之所以频频外出，或工作、学习，或旅游、购物、社会交往等，几乎都是为了一个共同的目的：去实现一个现代人生

---

① ［美］阿尔温·托夫勒：《未来的冲击》，蔡伸章译，中信出版社 2006 年版，第 70—71 页。

② 黎德扬等：《社会交通与社会发展》，人民交通出版社 2001 年版，第 208 页。

存和发展的价值。人类活动离不开社会交通。在美国，私人汽车已成为谋生和更好地生活所不可缺少的手段，据统计有85%的美国人自己开车上下班。在中国，随着近年交通的飞速发展和人民生活水平的提高，私人小汽车开始进入家庭，正在改变着中国人传统的工作和生活方式，市区工作、市郊居住或市内居住、市郊工作的现象也日渐增多。这些都足以表明，社会交通是现代人实现自身价值过程中的重要中介。

第二节 交通对社会生产力布局的影响

一 交通的供给和需求

从市场经济的角度看，交通是由供给和需求两大领域构成。从总量上来看，供给和需求问题是交通运输业与经济社会发展的关系问题，交通需求来自经济和社会的发展，交通供给则是由交通运输业本身来提供的。通过市场配置各种资源，使交通业的发展适应经济社会发展，寻求交通供给和需求的平衡，这是交通运输业追求的永恒主题。在交通需求和交通供给关系中，需求是供给的前提和基础，供给根据需求的产生而产生，并且随着需求的增长而增长。如图8—1所示。

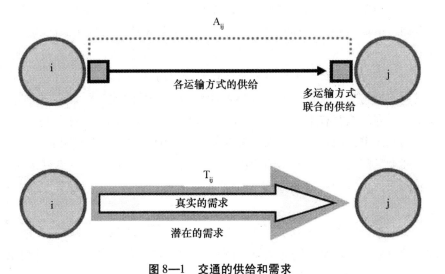

图8—1 交通的供给和需求

图 8—1 中，A_{ij} 表示交通的供给，对于在区域 i 和 j 之间的人员和物品位移，交通供给包含交通基础设施能力、交通方式、交通组织以及交通从一种方式向另一种方式的转换（即多式联运和综合交通体系），等等。T_{ij} 表示交通的需求，包括潜在的交通需求和真实的交通需求；交通需求是引致需求，它是由人类的社会经济活动引导出来的需要。

需求是经济学中经常使用的一个概念，简单地说，需求是有支付能力的需要。交通需求是指旅客或货主对交通供给者提出的有支付能力的、而交通供给者可以为其实现的空间位移需求。因此，现实的交通需求应具备两个基本的必要条件：一是有实现空间位移的欲望和需要；二是这种欲望能够实现。两者缺一不可。

对每一个具体的交通需求来讲，一般包括：一是流量，即交通需求量，指交通需求的规模大小和数量的多少，常以货运（吨）和客运量（人、人次）来表示；二是流向，即货物或旅客空间位移的地理走向；三是流程，即交通需求的距离，指货物或旅客进行空间位移的起点和终点；四是流时，即交通需求的时间，指起运的时间和到达的时间，以及两者间的时间长度。对交通总需求来讲，还有一个需求量的构成问题，它反映的是对各种运输方式的需求之间的数量关系和比例，以及对各层次运输服务质量的需求和需求量的比例关系。

从范围上分，交通需求分为个别需求、局部需求和总需求。个别需求是指特定的旅客或货主所提出的运输需求，因个别旅客或货物各自的特点而不同：从货运来看，有的货物因需要严格的运输质量管理而保证其自身安全，如石油天然气、化学品、危险物品等；有的货物则需要运费低廉，如煤炭、木材、矿石、粮食等；有的在时间上有严格要求，如鲜活、易腐烂变质的货物等；旅客一般要求尽可能快地到达目的地，而且要求舒适、安全。不同的旅客有不同的出行目的，对交通运输服务有着不同的要求。

局部需求是指不同地区因经济发展水平上的不同而产生不同的运输需求，或者是因自然条件等不同原因而产生的对某种运输方式的不同需求。如我国东部发达地区对交通需求量就大，西部地区的运输需求量就相对较小。

交通总需求是从全社会、整个国家宏观经济的角度来考察的交通需求，即对旅客运输与货物运输整体所提出的需求，是性质不同和具体要求不同的所有个别需求与局部需求的总和。

运输需求还可以从性质上分生产性需求和消费性需求，交通需求有以下特征：广泛性、派生性、多样性、时空特定性、部分可替代性等。影响交通客运需求的因素有：市场经济的发展程度；居民收入水平的提高；人口及其分布状况；经济体制的制约；相关运输线路的开通和运价的变动；交通网的发达程度与汽车拥有量等。影响交通货物运输需求的因素有：自然条件、资源状况与生产力布局；经济规模与发展水平；产业结构与产品结构；人口增长与分布；经济体制与经济政策；运输网的布局、结构与质量等。

交通供给是指交通运输生产者在特定的时间内，在各种可能的运输价格水平上，愿意并能够提供的运输产品或服务。供给在市场经济中的实现须具有两个相互关联的条件：一是运输生产者有出售运输产品或提供运输服务的愿望；二是运输生产者有提供某种运输产品或运输服务的能力。

交通供给从范围可分为个别供给、局部供给和总供给。个别供给是指特定的运输生产者所能提供的运输条件。局部供给是指某个地区的运输生产者所能提供的运输条件，或者是某种运输方式所能够提供的运输供给。总供给是指从全社会、整个国民经济角度来考察的运输供给。可以说是个别供给和局部供给的总和。

供给从地域上可以分为区域内的供给，区域间的供给，为客货通过所提供的供给；按性质来分，可以分为生产性供给和消费性供给。

交通供给由三部分构成：一是交通基础设施，如铁路、公路、航道、管道等运输线路等及车站、机场、港口等运输场站，这些运输基础设施是运输设备借以运行的载体，是运输供给的物质基础；二是运输设备，如车辆、船舶、飞机等能够在一定线路上运行，并能够在站、港、场等合适的地点停靠的运输工具；三是运输组织，即将运输设备和交通基础设施等硬件有机地结合协调起来。只有这三者的结合才能形成现实的交通运输供给能力。

交通供给具有整体性、一定的公共性、时空特定性及其差异性、部分可替代性等特点。影响交通供给的因素有许多，主要有经济发展水平（这是影响交通供给的决定性因素）、政治和军事因素、技术因素，等等。

二　交通对社会经济空间分布的影响

社会经济活动总是在一定的空间范围内实现的。随着技术的进步，特别是交通运输工具的改进和发展，经济活动的空间不断被拓展，大大促进了经济的发展。经济空间分布既是经济发展的起点，又是经济发展的结果。从经济发展的起点看，经济发展的空间布局对经济发展的影响是基础性的。社会经济空间布局除了受制于经济地理因素和国家或地区的发展战略及政策因素外，在很大程度上是一个空间运输状况的概念。资源基地分布的形成，工农业布局的形成，中心城市的形成，都与运输枢纽、运输网络、运输通道以及运输能力、运输速度、运输效率密切相关。

一定的资源和生存空间在不同水平的交通运输系统支持下，其可承受的经济总量是不同的，交通运输支持系统越强，经济规模也就越大。这是因为地理位置的经济可通达性一旦提高，就可以促使其资源和空间得到充分利用；对社会来说，则可以将各地的资源和空间更大程度地吸引到全社会的经济循环中来。因此，现代化的综合交通运输网络可以改变传统的经济地理概念，扭转自然禀赋规定的资源分配状况，使缺少资源的国家和地区处于使用资源的优越地位。以我国来讲，沿海与内陆，东部和西部经济发展水平很不均衡，各地的资源禀赋也有很大差异，我们必须建设并完善我国的综合交通运输体系，以促进社会经济资源的合理配置，实现东西联动，缩小地区发展差异。

历史上的交通主要是起源于政治需求，但是今天却是经济的力量使交通成为一种现代产业。任何社会经济现象的起源因果是外源的，发展因果一定是内因的。经济的巨大发展靠的是规模经济和技术增值。只有交通运输的支持才能使工业生产规模扩大，直至达到规模经济的效果。通过交通的输送和吸引功能，能将集中散布在一定地域范围内的各种生产要素聚集到各种产业工厂的生产线上。

交通运输使经济活动的范围越来越大，促进了社会分工的不断深化。现代经济在某种程度上就是把越来越多的物资用更快的速度和更节省的方式投入空间运动，以保证商品的生产和消费能够在总成本最低的地方进行。从经济发展的空间分布变化来看，工业化是按照点——轴——集聚带的顺序逐渐演化的，即大工业首先聚集在个别城市，然后沿交通干线和其他重要基础设施轴线发展，继而向周围地区放射扩散，经过一定时间的开发建设，在一个国家内形成若干人口、各类城市、工业和经济活动密集的重要带状集聚区——产业带。产业带的形成是经济较为发达的空间结构标志。近代及现代运输业的发展促使大工业的经济系统全面形成，特别是构筑了全国的能源供给系统，使得各个地区煤炭、石油、电力的输送问题得到解决。交通运输系统越发达，能够发挥地区优势的生产专业化就越有可能。随着交通运输业的发展，对一部分产业来讲，那些临近原料供应地的地区优势同那些资本雄厚、劳力技能先进的地区优势相比较，前者就逐渐失去了自己的竞争能力。

正因为交通对社会经济空间分布的基础作用，一切经济处于快速发展阶段的国家和地区都把发展交通运输业列为经济建设的重点。我国从改革开放以来，都把发展交通作为经济建设的战略重点，交通业日益成为我国社会经济发展中的重要支柱产业之一。

三　交通枢纽、城市化和区域经济发展

交通的发展推动了城市化的进程。城市是具有一定规模的非农业人口聚居的地区，是社会生产力发展到一定阶段的产物。城市的根本特征在于它的集中性，城市是以聚集经济效益为目的，具有集约人口、集约经济以及集约科学文化的空间地域系统。城市经济是一种以工商业为主体的密集型经济，能节约空间和时间，创造比农村经济高许多倍的经济效益。城市化是一种经济过程，人口和经济活动之所以向城市集中，是由于集聚经济和规模经济发挥作用的结果。经济发展必然带来城市化水平的提高，而城市化的提高也无疑会加速经济的增长。同时，城市化对区域经济发展也起了强有力的推进作用。交通运输和通信技术的革新是城市产生和城市化发展的重要动力。德国人文地理学家 F. 拉采尔（F. Ratzel，1844—1904）曾说过"交通是促使城市形成的力"的论断。从巴比伦、开封、孟菲斯等世界上最早形成的城市到现在的纽约、伦敦和东京等国际化城市，没有一个不是发达的交通网支撑起来的。

首先，交通运输系统是城市发展的生命线。

如果说农村是一个广阔的面，城市则是这个面上的点。这个点自然就成为一定区域范围内的政治、经济、科技、文化、教育、信息中心，成为区域社会经济发展的基础，城市的发展主导着经济的增长和社会的文明。

城市是社会劳动分工和商品经济发展的产物。古代的城市多在大道的交会点、内河和沿海航运的起讫点或水陆交通交接点上兴起，近代的大城市则无不同近代交通事业的发展共生。城市化带动交通运输网的形成和发展，交通设施的完善又促进了城市的扩大和繁荣。许多城市因为交通和转

运的需要而产生，被定性为交通枢纽城市。

在铁路问世之前，大城市一般都是位于水上运输便利的地方，如中国古代的洛阳、开封等都是在黄河边上。随着现代交通的发展，沿海、沿江、沿河城市即港口城市发展也很快。港为城用、城以港兴。世界上许多著名大都市，都是以港口作为主要依托而获得在工业、贸易、金融、信息、运输等产业的大发展。通过港口城市，一是可以利用其作为交通枢纽的便利，连接本地与外地市场、国内与国外市场；二是利用港口城市强大的内辐射功能（通过集疏运系统连接内陆地区）和外辐射功能（通过海上航线连接海外市场），从而增加城市的辐射功能。此外，还可以利用港口城市作为资金往来的汇集地，创造便利的融资条件；利用大城市的集散性，在庞大的客流和物流的基础上，形成充沛和流畅的信息流，强化城市信息中心的功能。海上交通的发展，有利于港口城市的工业化发展。世界上港口工业的发展在 20 世纪 60 年代达到高峰，出现了"港口工业化"现象，如美国、英国、法国、荷兰等国家都先后实现了"港口工业化"。海上交通的发展还可以大力促进其他交通方式和相关产业的发展。

铁路、公路出现以后，这些更为有效和节省的陆运方式带来内陆城市的极大发展，带动了内陆地区大规模集中生产和进一步的地区劳动分工，进而带来了贸易规模的增加和贸易活动的频繁，这就必然要求在某些地点建立贸易中心和运输中心，集中发挥储存、包装、加工、营销、融资、保险以及与运输有关的一些活动。第一，陆上交通干线的建设和运营必然不仅使原有城市规模的扩大和职能的多样化，而且很容易在沿线的区域、门户、重要资源中心等相对优越的区位点形成新的城市。第二，陆上交通干线对城市的发展及城市间的联系等有着强大的导向和控制作用，这是一种线状的影响，即城市或城市群往往沿交通干线呈串状分布，并使相互间产生多种联系。第三，陆上交通干线会影响区域集市发展，决定城市对外交通口岸，影响功能分区，促成城市在空间拓展上沿交通干线的主要方向呈带状发展。第四，陆上交通干线通过刺激新城市的出现和使老城市升级等促进城市化的进程。

现代化城市是一种经济活动过度密集、同周围地区联系极为密切、科学文化居于领先地位的国家或区域经济、文化和政治中心。交通与住宅、环境被列为现代大城市的三大问题。随着城市的发展，货物进出量的增加，运进能源、原材料、建材和居民日常用品，运出产品和垃圾；城市的旅客流动也不断上升。因此，要维持城市的正常运转，促进城市的发展，必须有一个运能大、速度快、布局合理的对外交通系统。就城市内部的交通而言，如何完善城市道路网络，采用经济方便的交通运输工具，已经成为保证城市生产、方便居民生活的前提条件。

交通是区域开发和生产发展的前提，交通布局的展开要走在区域开发之前。在资本主义发展的早期，铁路建设促进并带动了世界工业化发展，这是一种自发的交通先行。到了现代，国土的合理开发，引导私人资本投资落后地区发展工业，国家就需要大力开展交通建设和其他基础设施的建设。国家为了发展区域经济，不仅对原有的交通基础设施进行技术改造，而且大力进行高速公路、高速铁路、大型港口码头的建设和河流航道的整治。如日本战后三次国土综合开发计划，都是将交通条件的改善作为地域开发的主要手段而先行发展的。

其次，城市交通与城市布局的关系。

城市的功能分区和用地布局，反映了工业企业、仓库、车站码头、各项公共建筑和居住区等城市物质要素，它们之间的人、货物有着千丝万缕的联系，需要进行不断的流动，以便保证城市生产和居民生活正常进行。体现在城市内和城镇间各物质要素中，人和货物移动的动态轨迹构成了城市交通网。

城市交通实际上是由城市对外交通和对内交通两大系统组成。城市对外交通是指城市与城市范围以外的运输所产生的交通，包括航空、铁路、公路、水运等交通。城市对外交通常设的相应设施有：航空站（机场）；铁路客运站和货运站、铁路线路及配套的运输设施；公路场站、各级公路（高速公路、国道、省道、县道、乡村公路等）；水运客货码头及航道配套设施。城市无论大小都是所在地区的经济、政治、文化活动中心，与周围地区进行着大量的人口、物资和信息的交流。城市对内交通是指城市范围内的运输所产生的交通，或称为城市各种用地之间的人和物的流动。这些流动都是从城市的一个地点到达另一个地点，经过城市的用地而进行的，主要是在城市道路上进行，也包括城市铁路和船运（如地铁和有水域的轮渡）。城市交通系统由城市道路系统、城市运输系统和城市交通管理系统组成。城市交通布局必须服从于城市的总体布局，一个不合理的总体规划布局，必然带来不合理的道路交通布局。为保证城市交通布局高效合理，并与城市总体布局协调适应，城市规划布局应该注意：（1）城市布局尽量紧凑；（2）工厂区（污染范围以外）与大量机关集中区附近，必须有生活居住区，以免在上下班时间形成大量的车流和客流的拥堵；（3）商业服务区、文化娱乐场所、绿地公园不宜过分集中；（4）道路交通系统稀密适度，干支分明，运输、排水、管线敷设等功能明确，通信、日照、市容要求应得到满足，以便疏通线路，排除干扰。市内交通要同市郊公路有效衔接，过境道路不得同城市交通混杂在一起。

城市交通布局又会对城市交通和城市总体布局有很大影响。道路系统是城市用地规划的骨架；各项用地的布置有赖于道路来连接和区分；城市平面图中的市中心、车站、港口以及郊区小城客流和车流的渠道，道路和公路的经济性能和技术标准等是城市交通组织的重要物质条件和城市规划所必须考虑的要素。

四　政府对交通的管制

虽然现代市场经济强调经济的自由发展，但交通作为最重要的基础产业之一，离不开政府的支持与管制。

（一）交通体系建设更需要政府的支持

政府行为在交通业的发展中起着极其重要的作用。可以这样说，没有适度的政府行为，交通业就不会得到迅速的发展，甚至会影响整个社会经济的发展。这是因为：

首先，交通业是重要的基础产业。交通业的正常发展和运行对整个国民经济和社会生活的正常运转有着极其重要的影响，现代交通网络的形成，大大降低了经济和社会发展过程的人、物位移成本。而且交通基础设施的建设和运营会影响到资源和地区的开发、国家的政治统一、国防力量的增强和社会福利的增加等诸多方面。交通运输还可以作为政府影响其他经济活动的政策工具，许多国家都把交通作为推动国民经济和社会发展的重要手段之一，比如美国就有1/3的国民财富都是用在交通上的。

交通是一个国家国民经济发展的大动脉，直接影响着社会和经济的发展；但是交通网络的建设又是一项耗时、耗资、利润率低的工程，私人资本不太情愿在这个领域进行投资。这样，政府就需要从经济社会发展的全局出发，利用手中掌握的财政收入，投资于交通网络建设，为整个社会经济的发展保驾护航。

其次，交通业是一个垄断和竞争都很特殊的行业。交通业具有资本密集型的特点，规模经济十分显著，大型、特大型的运输企业一方面有助于降低运输成本，另一方面又很容易形成垄断，再加上区域经济开发的渐进性和自然地理条件的限制，很容易出现不公平交易和恶性竞争的风险。为了保护公众的利益，交通业迫切需要政府行为的介入进行反垄断。例如美国的铁路网很完善，曾经几乎垄断了所有的陆上运输，但是二战前后受到公路、航空的竞争，大批铁路公司破产、倒闭，先后有近 1/3 的铁路线被拆除，这种竞争带来了资源的浪费，又影响了整个交通系统的正常运转，甚至会带来整个社会的动荡。1970 年美国联邦政府通过了"铁路客运法"（RPSA），成立了美国国家铁路客运公司（National Railroad Passenger Corporation of the USA，简称美国国铁或美铁，常用商标为 Amtrak），建立了美国铁路客运中心路网。

交通运输市场具有特殊性，不像一般商品市场那样具备现成的公开信息渠道，那么，交通运输市场的自发调节作用较难充分发挥，这就需要在客观上有一个权威性机构规定所有的公共运输业者必须把其经营的运输线路、班次、时刻表、运价等重要信息都以法定的形式公诸于众。政府行为的介入，在一定程度上保证了运输市场竞争的公开性、公平性。

最后，交通运输业存在外部效应（Externality）。运输业的外部效应是指运输经济活动所造成的他人或社会的额外负担或额外好处，而这种额外的负担或好处也是不便于通过市场价格的形式来加以补偿或回报的。比如，客运中乘客时常负担的拥挤成本，运输工具的运行带来的噪声、废气污染，运送油品时的泄漏事故及燃料的泄漏所造成的生态环境破坏，以及交通堵塞、交通事故等。这就在客观上需要政府行为的介入，以便通过政府的干预和调节，使各种运输方式在平等的基础上进行竞争，并保证消费者及公众利益不受侵犯，使外部效应内部化、明晰化。

运输业的外部效益也是十分明显的，其主要表现是为临近基础设施的一些企业等提供"搭便车"（Free Rider）的机会，并且在区域经济、地区开发、国防等方面发挥十分重要的作用。政府在这个方面的作用是通过税收或立法的形式贯彻"谁受益、谁负担"的原则，使外部效益内部化、明晰化。

实践证明，交通运输业作为一个特殊的行业，政府的干预和调节是必要的。

（二）政府对交通运输业的管制

政府对交通运输的管制（Regulation，又称规制），是指政府为实现其特定的经济和社会目标，针对交通运输业的特殊性而实施的一种特殊有效的管理；政府管制可以分为经济管制和非经济管制，非经济管制又称社会管制。

经济管制是指政府为实现一定经济目标而对交通运输业实施的管制，其基本出发点是控制垄断行为及不正当竞争，因此政府的经济管制包括对垄断的管制和对竞争的管制。

（1）政府对垄断的控制。交通运输业很容易形成垄断。这是因为：一是由于自然条件的限制、区域经济开发的渐进性造成个别或局部市场中只有一种运输方式或者个别运输企业从事某一条运输线路、某一种货物的运输，由于该运输企业是唯一的运输供给者，于是便形成该运输企业对某种运输、某条运输线路，或某种货物运输的独家垄断；二是由几家大的运输企业达成协议，组成"卡特尔"（Cartel），规定垄断价格，瓜分市场，从而形成"寡头垄断"（Oligopoly）；三是政府通过法律、法令规定只允许某一运输企业从事某种特殊的运输活动（如军事运输），在这种情况下，受到法律保护的运输企业实际上成为特定运输活动的垄断者，带有官方垄断的性质；四是某种运输方式的技术经济特点所形成的垄断。在上面四种垄断中，对运输市场上的公平竞争危害最大的当属"独家垄断"（Monopoly）和"寡头垄断"。在各种运输方式中，铁路运输和管道运输一般被认为是最容易形成独家垄断的运输方式。在交通运输业非常发达的美国，政府对垄断的控制，从19世纪60—70年代的格兰其法令（《铁路公司非法行为取缔法》），1887年开始实行的"商务管制法"，1903年通过的爱尔金法（《反回扣法》），到1906年的哈布恩法，政府的管制权力不断得到加强，并且从对铁路垄断的管制权力扩大到有关附属业务和其他运输方式，如捷运公司、卧车公司、终点服务和仓储业务。寡头垄断就是少数大企业对交通运输市场的垄断。寡头垄断企业凭借其雄厚的经济实力，联合起来，操纵市场，控制运价，追逐"超额利润"，排挤同行业中的竞争者，往往会损害货主、旅客及其他承运人的利益，严重地违背公平竞争的原则，因而是反垄断、维护公平竞争的主要方面。政府的主要任务就是"反垄断"，维护公平竞争，保护货主、旅客和其他承运人的利益。

（2）政府对竞争的管制。对交通运输业竞争的管制主要有：一是对不同运输方式之间的竞争进行管制，其基本出发点是避免恶性甚至毁灭性竞争的发生。各种运输方式都是综合交通运输体系的一部分，并且各有其特殊的和内在的优点，政府的责任是保护各种运输方式的优点，通过有控制的竞争来保证交通运输体系的统一和完整。二是对企业间的竞争进行管制。各种运输方式内部各个企业之间的竞争也很重要，各企业的竞争能更好地促进交通运输业的发展，更好地满足交通运输的需求，更好地提高运输服务水平和质量。但是，过度竞争也会有其负面的影响。通过政府对交通运输企业的管制，一方面允许运输消费者在运输企业的适度竞争中有所选择，但又不应造成社会资源的浪费，更不应该存在不可靠的运输服务对公众和工作人员安全造成的威胁。

政府对交通运输竞争的管制，可以通过两个方面的措施来实现：一是对市场准入方面的控制。任何运输企业进入市场经营，必须经过运输管理机关批准，并规定其在指定的运输线路经营和运送指定的货物或旅客。二是对运价尤其是最低运价的控制，目的就是为了规范某一运输方式内的竞争、规范限制不同运输方式间的竞争及保留每种运输方式的内在优势，以便使每种运输方式中的大部分运输企业的劳动消耗都能得到补偿，以避免毁灭性竞争的发生。政府控制最低运价可以避免运输资源的极大浪费，对各种运输方式起到保护作用，有利于综合交通运输体系的建立和完善。

此外，对垄断进行管制的措施，如运价必须公正合理，禁止不正当优惠和歧视，反对差别待遇，反回扣等措施，在某些情况，也可以起到限制不正当竞争的作用。

还有一种方式是国家直接经营运输业。由于交通运输业是关系国计民生的重要基础产业，无论是社会主义的市场经济还是资本主义的市场经济，许多国家都对铁路、航空等实行了不同程度的国有化，铁路公司、公路公司、航空公司等成为国有或者国营。这些国有国营的铁路、航空、海运、公路中的大型企业，成为国家交通运输业中的骨干企业，在整个国民经济生活中成为贯彻国家方针政策、调节经济生活的有力工具，因而也就成为政府对交通运输业进行管制的重要对象之一。

（3）政府对交通运输业的社会管制。社会管制是指政府为实现一定的社会目标对交通运输业所进行的管制。交通运输业是一个能够带来外部成本的产业，为了维持社会和公众的利益，保护人类的生存环境，保证人民群众的生命和财产安全等，各国政府及有关国际组织都对交通运输业实行了社会管制。

（4）政府对城市交通拥堵的管制。随着各国城市化进程的加快，城市里的交通拥堵问题日趋严重。由于拥堵，增加了人们的出行时间，提高了人们生产和生活活动的成本，降低了城市的功能；由于拥堵，破坏了整个交通运输的功能，降低了交通运输效率，从而引起运输资源的严重浪费；由于拥堵，增加了交通运输过程中的能源消耗，增大了位移的成本；由于拥堵，增大了空气的被污染程度和噪声的水平，严重破坏了城市的生存环境。造成拥堵的原因既有交通不发达的限制，也有社会和居民素质方面的原因。这就要求政府想尽各种办法加强社会管制以解决交通拥挤问题。

交通运输业的发展在推动经济社会发展和进步的同时，因为交通工具的高度使用也为人类的生存环境带来不少消极的影响，比如，交通对环境的污染。因此各国政府及国际组织都在试图强化这个方面的管制，以保存和改善人类的生存环境。交通运输业对环境的污染主要有三大方面：空气污染、水污染、噪声污染。为提高环境质量，各国政府一般要进行以下几项管制措施：强化对汽车引擎的检查、维护或重新修置，控制废气排放标准；使用气体燃料，改善交通车流；对小汽车限制使用；公共运输的改良，鼓励共用中小汽车；采用"绿色税制"；制定有关法律法令，等等。

（5）政府对交通安全的管制。对交通安全的管制也是国家对交通运输业实行社会管制的一个十分重要的方面。铁路公路交通事故、空难事故、海难事故等都给人们的生命和财产安全带来巨大的威胁。为了减少交通事故，除了对交通运输工具的设计制造制定相应的安全技术标准外，各国都对运输工具的运行作出了各种规定，如对飞机在不良气象条件下进行飞行的管制；汽车、船舶要在规定的道路和航道上按照规定的方向行驶；对运输工具的安全性能定期进行检测；禁止运输工具超载运行；禁止驾驶人员酒后驾车、超速行驶等，以保证运输工具的安全运行。

另外，对特种货物运输还有特殊的安全管制。如1992年我国公安部、铁道部、交通部等联合发布的《关于运输烟花爆竹的规定》指出：违反规定者，公安机关可没收其烟花爆竹，并依据治安条例等予以处罚；构成犯罪的，依法追究其刑事责任。

第三节　交通在全球经济一体化过程中的作用

一　经济全球化和区域经济一体化趋势

20 世纪 90 年代以来，世界经济全球化（Economic Globalization）的进程明显加快。所谓世界经济全球化是指商品及生产要素跨越国界自由流动，资源在全球范围或地区范围内优化组合、统一配置，从而使全球经济形成一个不可分割的有机整体的发展进程。它不仅是一种现实状态也是一个不断深化的过程，是国际经济发展的一种必然趋势。在世界经济全球化和区域经济一体化的趋势大潮中，国际分工日益深入和细密化，国与国之间的经济联系不断深化，合作越来越频繁，依存度越来越高。这种全球化的经济运作形式需要世界范围内的现代交通体系作为支撑。

从历史的角度来看，宽泛意义的经济全球化活动，从 19 世纪初的古典资本主义时期就开始了。初始阶段主要表现为货物在国际间流动；随着货物流动的全球化，金融的全球化也成为一个重要趋势。金融的全球化实际就是资本的全球流动。

19 世纪初的古典资本主义时期，由蒸汽机发明开始引起的工业革命，轮船、火车的使用开拓了世界市场，开始了以航海贸易和跨国贸易为主要内容的商业革命。航海和跨国贸易是资本主义市场独有的特征，世界市场成为资本主义生产发展的必要条件，这个时期主要是商品的输出，即货物的流动。19 世纪末 20 世纪初，资本主义国家开始了资本的输出，在殖民地国家投资建厂，企业的经济运行开始以市场占有率为目的。第二次世界大战结束后，发展为跨国公司（Transnational Corporation，又称多国公司 Multinational Enterprise）占主导地位、资本自由流动和金融全球化的世界市场。以跨国公司为基本经济单位引起世界范围内的经济循环，这是当今经济全球化的一个主要特征。信息技术的革命和发展，使世界范围内的经济运行有了高效率经济流动的支撑：资本不分国界，以光速在全球流动。

21 世纪是真正意义上的经济全球化的世纪，没有一个民族、一个国家可以独立于全球经济之外而封闭地发展。资本正日益成为国际资本，在经济全球化趋势下，跨国公司按照自身经济利益的要求在有利可图的地方寻找资源和市场，进行投资、生产和销售。信息和互联网技术成为经济全球化的技术支撑，信息交通逐渐与运输交通并驾齐驱，二者共同构成了现代交通体系。

概括起来，世界经济全球化和区域经济一体化趋势表现在：

（一）国际贸易加速增长，且自由化程度更高、范围更大

世界经济全球化的发展趋势下，世界商品贸易的增长率已远远超过了世界生产增长率，这充分反映了世界贸易自由程度在提高。贸易自由化表现为从传统的商品领域扩大到技术、金融等服务领域。随着信息交通的迅猛发展，使国际贸易更加方便、更加快捷。

（二）生产活动的全球化

经济全球化的一个主要特点是分工和交换日益深入、细密和国际化，生产力逐渐超出国家界限，生产过程也逐渐全球化、国际化了。资源配置和生产要素组合越来越跨越国界和地区界限，在世界范围内流动。跨国公司正是分工国际化和生产全球化的必然产物。跨国公司出现后，便需要在全球范围内建立生产网络，选择最佳生产地点和有利的销售市场。

（三）世界市场的全球化

市场化是指随着生产力的发展以及社会分工的深入，越来越多的分散在全球各国的国内市场、区域市场都先后与世界市场接轨，世界市场的容量和范围不断扩大，结构和层次不断升级和优化，市场细分体系越来越复杂，最后形成一个统一的、无所不包的全球大市场。这种市场体系是一个包括多种形式和特点、多种要素和矛盾的多元化多层次的统一体。

（四）投资的国际化和金融的全球化

随着生产的社会化和分工的国际化，资本也日益超出国界，在国际间流动，国际投资也迅速增加。正是由于信息交通系统的发展，遍布世界各地的金融市场和金融机构紧密地联系在一起，使全球的资金调拨和资金融通可以在瞬间完成，从而使全世界的金融中心和金融机构连接成为一个全时区、全方位的国际金融市场。

（五）区域经济一体化向纵深发展

区域经济是指地理位置相邻近的国家、地区之间，资本、技术、劳动力、信息、劳务和产品在一定区域内自由流动，从而形成区域间的经济循环体系。随着世界经济全球化的发展，区域经济一体化趋势日益强化，并出现了区域经济集团相互渗透相互融合的趋势。

随着全球化经济浪潮的推进，国际经济活动的障碍减少了，世界经济的整体性增强了，世界市场的力量正冲击着各国的经济疆界。经济全球化

和区域经济一体化的发展趋势表明：世界每一个国家都应当使本国经济融合在世界经济之中。

二　现代交通加速了全球经济一体化的进程

经济全球化和区域经济一体化的发展趋势不断对交通的发展提出了新的要求，交通发展的现代化、全球化越来越成为现代经济发展的重要基础和根本。很明显，现代交通体系在世界经济一体化发展中起着非常关键的作用。

交通的发展促进了世界经济的发展，加快了世界经济发展的步伐。15世纪末和16世纪初的地理大发现以前，世界各国各地区还相当封闭，世界范围内的统一市场还没有形成。地理大发现开始了航海史上新的一页，海上交通把美洲、大洋洲、亚洲和非洲的许多区域与欧洲原有的市场联系起来，经济贸易中心由地中海开始向大西洋沿岸转移。18世纪中后期的工业革命带来了交通的发展，交通的发展又促进了资本主义生产的发展。工业革命带来了轮船的更新和铁路的发展，这就为资本主义生产所迫切需要的原料在世界范围内流动和开拓世界范围内的市场提供了前提条件，大大降低了交易的成本。铁路是连接港口和腹地的重要运输方式，而轮船又把世界各国的铁路系统连接成为一个国际的交通运输网。交通运输每前进一步都大大地推动了世界经济的发展。世界工业生产、世界市场贸易成倍增长，国际贸易的结构和地理分布迅速变化，资本输出输入、技术贸易和其他无形贸易也都发展起来。到19世纪末，世界工业和世界交通的发展，促使了历史上第一次世界各国都联系起来的统一的世界市场。也可以这样说，19世纪末世界统一市场的形成，是铁路和轮船运输的发展把整个世界联系起来了。

20世纪以来，特别是二战后，新的国际分工体系和世界经济发展新格局需要一个更加完整、效率更高的世界交通网。二战后，发达国家内部由铁路、高速公路、内河运输、海运、国内航空和管道运输组成的综合性现代立体交通运输网很快形成，一些发展中国家和新兴的工业国家和地区也相继改善或大体建成类似的交通运输体系。各国在发展国内运输的基础上，运输网络不断向国际延伸，逐渐发展成为跨区域、跨国乃至遍及世界范围内的交通运输网。这个时期把世界各国经济联系在一起的是超级油轮、大型散装货轮、高速集装箱轮、大型喷气式飞机、国际甚至洲际铁路和高速公路系统。此外，港口、机场的装卸已经专业化和机械化，导航和运行控制调度等也已实现自动化，国际多式联运体系又把多种运输方式有机连接成为一体。二战后，国际运输业是沿着大型化、高速化、专门化和自动化方向发展的。新式大型船舶和快速运输设备的制造和使用，进一步加快了运输速度，提高了运输效率，降低了运输费用，从而促进和推动了国际分工体系的进一步扩大和深化、国际贸易的迅猛增长、世界经济一体化的浪潮高涨。

世界经济全球化和区域经济一体化的发展趋势要求不断克服空间距离的障碍，要求在世界范围内不断开拓和优化适宜的交通运输环境。在这种需求下，现代经济对国际交通运输业的依赖越来越强。现代交通运输技术基本克服了地理距离带给国际交往的限制。在某种程度上说，由于现代交通的发展使世界不断缩小，交通的概念已经超出了传统的理解，交通不仅包括运输交通还包括信息交通，现代运输工具和通信手段的高速度、大能量，从根本上改变了传统的空间经济地理概念，把整个世界紧密地联系在一起，给现代国际分工与国际贸易提供了空间更大的世界舞台。因此可以说，现代交通更加速了世界经济全球化和区域经济一体化的发展速度。

三　世界交通之未来

交通伴随着人类文明的进步而发展，交通既是人类文明发展的必要条件又是充分条件。纵观交通运输业的发展历史，依次经过了水路运输阶段，铁路运输阶段，公路、航空和管道运输阶段，以及综合运输阶段。从交通发展的方向可以看出，速度越来越快，效率越来越高，人类生活的空间越来越小。可以预见，未来的交通将会向更快速、更高效、更便捷、更舒适的方向发展。

（一）社会经济发展对未来交通的要求

高速化、大型化、专业化要求。高速化就是提高交通运输工具的运行速度，缩短交通运输时间，增加通过能力。交通的高速化是现代交通运输追求的重要目标（在某种意义上也是首要目标）。高速公路、高速铁路和超音速飞机的发展就是这种趋势的体现。大型化就是扩大运输工具的装载量，在轮船方面表现最为明显，目前世界最大的油轮达 50 万—60 万吨级，货运卡车也日趋大型化。专业化主要指交通运输工具的专门化，不同的货物运用不同的运输工具，有利于集中装卸和技术改革；集装箱具有简化包装、运输途中无须倒装、减少装卸时间、减少货损和提高送达速度的优点，是公路、铁路、水运等运输方式联运的良好工具；集装箱是交通运输专业化最突出的体现。

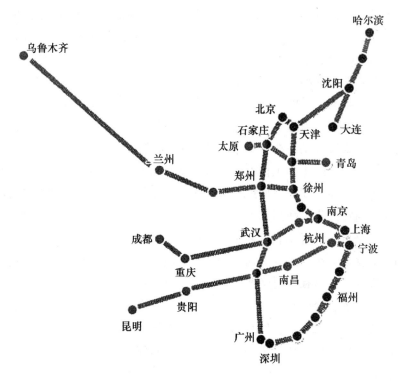

图8—2 我国高速铁路网（规划）示意图

资料来源：铁道部。

安全要求。安全是人类生存的基本需要，交通的发展必须首先满足人类的安全需要才有发展的必要性。影响安全的因素很多，首先是人为因素，在使用交通工具时的麻痹大意是主要原因，交通参与者文明程度低，驾驶员和行人交通文明意识比较淡薄，人为的人车混流、人货混载、逆向行车等不遵守交通法规的现象屡屡出现。其次是管理问题，缺乏一系列综合性交通管理法规，管理力度不够。最后是交通工具的技术含量低，性能达不到要求，制造交通工具的材料满足不了现代交通的需要。

要提高未来交通的安全性，应该运用高科技手段和现代管理技术进行管理。首先，交通运输部门要逐步采用信息技术来进行数据处理和信息传递，运用先进的计算机组成信息系统或网络进行管理，高速化、自动化、信息化、智能化是交通发展的目标。运用现代卫星通信系统、全球定位系统（Global Positioning System，GPS）导航监视、控制系统和信号设施，极大地提高运输信息处理和传递的及时性、准确性和经济性，保证交通运行的安全和提高运行效率。其次，现代人们生活的高效率要求交通的高速化、安全化，交通工具的性能是保证交通安全的主要条件，这就对交通工具的性能和材料提出了更高的要求。例如汽车正在向轻量化方向发展，可是汽车的自重与能量的利用以及排放有着密切的关系，汽车的轻量化会导致交通工具的安全风险加大，这就要求在选择新型材料时，在考虑轻量化的同时利用高科技手段在汽车的操纵性和制动性上下工夫，以弥补由于轻量化带来的安全隐患。飞机不仅要求有良好的技术性能和机动性，更要求安全可靠、生命周期长、使用经济和维护方便等特点；航空材料必须向高比强度、高比刚度、耐高温、抗疲劳以及抗震、隐身方向发展。同时，加强交通安全意识教育，制定系统的交通法规，统一交通管理，降低管理成本和提高管理效率，提高交通管理部门的决策水平，使经济效益和社会效益得以提高，也是社会对交通发展提出的安全性要求。

环境要求。交通是经济发展的命脉，是社会文明发展的基础，人类要发展就要大力发展交通。但是交通在给人类带来便利和舒适的同时，也产生了诸多负面效应，严重影响了人们生存的自然环境和社会环境。交通环境保护日益成为整个社会环境保护的重要组成部分。

交通对环境的污染主要有以下几个方面：交通工具运行时产生的灰尘；各种燃料燃烧排出的废气；装卸散装货物产生的粉尘；运行产生的噪声和振动；电气化铁路电磁辐射干扰强度的增加；清洗装载工具以及燃料的泄漏对水体的污染；装载工具中的各种化学物品、有毒物质的残留废弃物和旅客抛弃的垃圾、排泄物；以及交通基础设施建设过程中的污染性和非污染性破坏等等，概括来讲就是噪声影响、大气影响、工程地质水文环境影响、生态影响等。

交通对环境的影响需要我们从以下几个方面去改善：一是要加大力度对广大人民群众进行交通法规教育，提高公民的环保意识；二是严格控制交通工具对环境的污染程度，制定排气、排污标准和噪声标准；三是鼓励技术创新，发展高效能、低污染、低能耗的交通运输工具，对技术含量较低的交通工具采取强制报废措施；四是政府要加大交通运输基础设施的投资力度，多修一些新公路、新铁路、新港口、新机场、新管道等来扩大和完善综合交通运输网络体系；五是在合理利用土地、全面对工程进行环境评估的基础上考虑交通运输线的走向和空间位置。

节约能源的要求。能源是指可以产生能量的物质资源，是人类社会活动的物质基础，是从事物质资源生产的原动力，也是人类可持续发展的重要保障。交通运输的发展离不开能源，能源是交通工具的"粮食"，离开能源整个世界便会停止活动，交通也会瘫痪。

未来交通能源的发展路线有以下发展趋势：首先要大力发展新能源和清洁能源，尽量减少化石能源污染排放，减轻环境污染；其次要大力发展替代能源技术，建立可持续发展的能源体系；还有就是要鼓励人们多用耗能较少的交通方式，出行主要以搭乘公共汽车、地铁等公共交通工具，改善交通基础设施质量，这样不但可以缓解交通拥挤状况，还能节约能源，减少尾气的排放和污染。

（二）未来交通的发展方向

交通作为社会生活和经济建设的重要组成部分，随着社会和时代的发展，人们对交通运输提出了新要求——快速、安全、舒适、环保。未来交通的发展趋势是：交通运输系统朝着智能化方向迈进；交通方式从现实交通向信息交通、虚拟交通转变；交通的范围也从地面向海底、向太空延伸；交通体系向综合交通运输方向发展。

（1）交通系统的智能化发展。未来的交通将沿着环保、节能、安全和快速的智能型方向发展，这是未来社会对交通发展的必然要求。以汽车为例，所谓智能交通系统（Intelligent Transportation System，ITS）是把公路和交通工具结合起来考虑，运用计算机、现代通信和电子控制等当代众多高新科技，对有关交通信息进行实时采集、传输和处理，有效地提高交通运输效率，保障交通安全，也使现有的交通设施得到充分利用，这是今后国内外交通运输系统努力的方向。

随着世界城市化的进展和汽车的普及，不论是在发达国家还是在发展中国家，交通拥堵加剧、交通事故频发、交通环境恶化等问题变得日趋严重。同时，由于交通堵塞而并发引起的总体资源浪费、排放物对环境的污染等问题更是难以计算。传统上，解决交通拥堵的直接办法是建设更多的道路交通设施，提高路网的通行能力；但是，无论哪个国家的大城市，可供修建道路的空间总是有限的，而且建设资金筹措也是面临的一大困难。交通系统是一个相当复杂的大系统，单独从车辆方面考虑或单独从道路方面考虑，都不能从根本上解决问题。此外，能源和环境问题的严重性也日益为人们所认识。因此，从系统的观点出发，把车辆和道路综合起来考虑，着眼于充分利用现有的道路交通设施，在不大兴土木新建更多的道路设施的前提下，着重提高运行效率，以节约大量的建设资金和时间，从而运用各种高新技术来系统解决交通问题就成为必然的事情。

智能交通系统是指将先进的信息技术、数据通信传输技术、电子控制技术及计算机处理技术等综合运用于整个交通运输管理体系，通过对交通信息的实时采集、传输和处理，借助各种科技手段和设备，对各种交通情况进行协调和处理，建立起一种实时、准确、高效的综合交通运输管理体系，从而使交通设施得以充分利用并能够提高交通效率和安全，最终使交通运输服务和管理智能化，实现交通运输的集约式发展。

智能交通系统的研究内容大致包括：高速公路数据库；交通控制与引导系统；电子收费系统（不停车收费系统）；交通运输管理系统；交通信息服务系统；交通安全保障系统；交通通信系统等。这些系统可以缓解交通阻塞，提高路面通行能力；可以减少交通事故，提高安全水平；可以缓解环境污染等。

智能交通系统的目标和功能是：提高道路畅通能力；提高运输网络通行能力；降低交通运输对环境的污染程度并节约能源；提高交通运输生产效率和经济效益。智能交通系统不是单纯依靠建设更多的道路基础设施、消耗大量资源来实现这些目标和功能的，而是在现有或较完善的设施基础上，将先进的计算机技术、通信技术、信息技术、控制技术、互联网技术等有机地结合起来，综合运用于整个交通运输系统，以便实现上述目标和功能。

智能交通是新一代交通运输系统，通过智能交通系统技术的研究开发和应用，将现在各自独立存在的车辆状态过渡到车辆和道路的融合，进一步将机动车辆和其他交通手段融合逐渐使交通系统化。从车辆方面看，其发展方向首先是开发能够从道路设施接收交通信息的信息车辆，然后随着控制技术的发展，逐步开发凝聚高度控制技术的安全车辆，之后实现车辆自动驾驶。智能交通系统的最终目的是建立快速、准时、安全、便捷和舒适的交通运输体系，以保证交通和社会经济的可持续发展，建立与人类生存环境相协调的良好的交通运输体系。

目前智能交通系统的发展特点是：智能交通系统正从初创时期向发展期过渡，离成熟期还比较远；目前智能交通系统仍以信息技术为主，真正的智能技术含量较少；智能交通系统理论研究仍不完善；智能交通系统的产品开发还不成熟，应用面仍较窄；智能交通系统的标准化有待进一步研究确定。但是智能交通系统是交通运输现代化的必然产物，它的实现必将大大改观交通运输系统的面貌，对促进社会进步、经济发展将起着极其重要的作用，是 21 世纪交通运输发展的必由之路。

（2）交通方式从现实走向信息和虚拟。长期以来运输交通占据着交通的支配地位，信息交通最初是依附于运输交通，在人、货位移的时候，运输交通同时完成了信息交通的功能；随着电子工业的发展，信息交通成为一个独立的交通门类，有线通信、无线通信、广播、电视、计算机网络的建立和发展，使信息的绝大部分能够摆脱运输系统而有了专门的交通体系。信息系统从而与运输交通一起组成一个现代交通体系。

当代的社会是信息社会，当代的经济是信息经济。互联网、现代通信技术和信息产业的发展不仅带来了交通方式的革命，也意味着人类社会一个崭新时代的到来。在当代社会，"信息"日益成为人类生存和发展最基本、最主要的资源，它使现代社会的面貌为之革新。

首先是生产方式、交易和商贸方式的革新。电子信息技术在生产系统中的应用，导致了现代生产方式的出现，一方面是低能耗、低物耗、环保、高效、高附加值的生产方式和产品属性；另一方面是智能化、自动化、网络化、多样化、个性化的生产工艺标准和服务水平。

信息技术突破了时间和空间的限制，企业依靠信息高速公路处理世界范围内的业务，带来了经济生产的全球化，使全球的生产和贸易紧密地联系在一起；信息技术还带来了商贸方式的变革：人们可以网上购物，以非常便捷的方式满足商家和顾客的需要。

信息交通的发展改变了人们的工作方式、生活方式和交往方式。信息技术的应用将会使办公方式由集中走向分散，节省时间，节省办公用房开支，减少交通运输流量，从此居家办公成为可能；信息高速公路丰富了人们的休闲时间，丰富了人们的文化生活；通过信息网，借助多媒体计算机，可以实现远距离医疗、远距离教学。

信息交通的虚拟性是交通发展的必然趋势，信息交通对运输交通的影响有两个方面：一是替代作用，二是促进作用。

信息交通对运输交通的替代是部分替代。这一替代作用在后运输化时期最为明显。后运输化时代是与发达国家经济发展进入"后工业化"时期相伴随的。世界经济发生了深刻的变化，以计算机、通信、航天、生物工程等为标志的现代高新技术突飞猛进的发展，发达国家经济结构也转向高新技术产业和服务业。一方面信息本身商品化，信息交易日益重要；另一方面，信息交通作为交易的方式和手段也日益发展。从 20 世纪 70—80 年代开始，在发达国家，运输交通作为经济基础结构的重要性有所下降，经济的增长已经从主要依赖对初级原料的加工，转向不断提高加工层次以获得更大的附加值，转向更多地依赖深加工、依赖技术和信息。因此，对信息进行收集、加工和传递的信息产业的重要性逐渐超过了为完成有形物质空间位移的运输业。这一时期，发达国家货物运输总量停止增长，甚至出现连续下降的情况。信息运输的替代作用进一步减少了客、货运输数量的增长。这种替代作用表现在：商务旅行部分为信息交通替代；劳务的运输由于避免或减少了盲目性也被部分替代；货物运输由于信息交通而避免了曲线运输和多次交易运输等。信息交通对运输交通的部分替代最终是节约了劳动时间，提高了经济效率和效益。

信息交通对运输交通的促进作用主要由于信息交通开拓了更为广阔的市场空间、市场容量和市场范围，因此，货物和人员的有效运输又获得了增长的条件。信息交通的发展使乡村和城市之间、国内地区之间、国内与国外之间在市场信息上能够实现大范围和高速度的传递，生产要素和商品的有效交易迅速发展，运输交通随之有了更大的发展余地。

当今的时代是以知识和智力为基础的信息社会。信息技术、信息产业、信息技术成为科技、经济、社会发展的主导因素，信息技术一方面推动各国信息经济的形成和发展，另一方面，通过对传统的国家市场的突破和对全球市场结构的孕育，开创了世界范围的信息经济，使发展中国家的经济发展可以直接利用现代运输交通和现代信息交通。交通发展的信息化和虚拟化正在以不可抵挡的趋势向我们走来。

（3）综合交通运输体系。20 世纪 60 年代以来，发达国家的交通进入了新的发展阶段即综合运输体系发展阶段；未来的交通运输体系是以智能交通为基础的综合交通运输体系。我国从"十五"计划开始的纲要中，就明确提出了建立健全畅通、安全、便捷的现代综合交通运输体系的任务。这既是世界交通发展的普遍趋势，也是在市场经济条件下交通发展的必然选择。

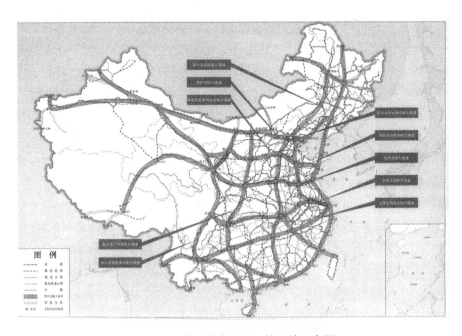

图8—3 我国综合交通运输系统示意图

资料来源：国家发展和改革委员会。

近代资本主义诞生以来的世界交通发展历程充分反映了社会生产力发展的趋势和要求。在以水运为主的阶段，资本主义处于资本原始积累时期，新兴的资产阶级为了开拓世界市场，使水运业特别是航海业首先得到巨大发展。在工业化进程中，第二产业（制造业）迅速发展，以原材料为主的大宗散货运输需求迅速增长，最适合这种运输需求同时速度又有大幅度提升的铁路运输必然成为最主要的运输方式。随着工业化进程的完成，产业结构开始从第二产业为主向第三产业为主过渡，价值高、品种多、批量小、时效快、门到门的运输需求迅速增长，导致高速公路运输迅速崛起，取代了铁路运输成为最主要的运输方式。进入20世纪后半叶，随着对环境保护和合理利用各种资源的日益关注，发展综合交通运输体系成为现代交通发展的普遍趋势。

综合交通运输体系是各种运输方式在社会化的运输范围内和统一的运

输过程中，按照其技术特点组成分工协作、优势互补、连接贯通、布局合理的交通运输综合体系。综合运输体系大致由三个系统组成：一是具有一定技术装备的综合交通运输网及其结合部系统，这是综合交通运输体系的物质基础。系统的布局要合理协调，运输环节要相互衔接，技术装备要配套，运输网络要四通八达。二是综合交通运输生产系统，即各种运输的联合运输系统。这个系统要实现运输高效率，经济高效益，服务高质量，充分体现各种运输方式的综合利用优越性。三是综合交通运输体系的组织、管理和协调系统。这个系统要有利于宏观管理、统筹规划和组织协调。这三个方面构成了综合交通运输体系生产能力的主要因素。

每一种运输方式都有其特定的运输线路和运输装备，形成各自的技术运营特点、经济性能和合理使用范围。铁路运输量大、费用低、连续性强、正常性好，可全天候运行，且安全性好，适合于中长距离和大宗货物的运输；公路运输机动灵活、通用性强、时效性好、能实现"门到门"运输，适合于中、短途运输；水路运输能力大、投资省、费用低、占地少，在我国特别是沿海和长江，既是国内运输的干线，又是国际运输的重要口岸，在对外贸易、吸引外资和技术引进方面具有明显的优势，适合于运送大宗、散装和集装箱货物等；航空运输速度快、舒适性好，是大城市间、不同国家和地区间长途客运的重要力量，在国际交流和对外开放中，都不能缺少航空运输；管道运输能力大、占地少、成本低、无污染，是石油、天然气运输的最佳方式。

市场经济最根本的要求就是通过市场来优化各种资源的配置。要满足运输市场需求，一个基本前提就是要允许人们在不同的运输方式之间作出选择。而在市场经济条件下发展综合交通运输体系的主要目的就是更好地满足货主和旅客的运输需求；基本前提是各种运输方式都要具有比较充裕的能力，是货主和旅客有可能在不通运输方式中做出选择。坚持以市场需求为导向，货主和旅客是自主选择不同运输方式的主体。鼓励各种运输方式之间的竞争，通过竞争提高效率，改进服务，更好地满足货主和旅客的运输需求。既要坚持宜水则水，宜陆则陆，各展其长的原则，更要注重各种运输方式之间的相互衔接，使不同运输方式形成有机的整体。

不同的运输方式有其最适合的运输种类，相互之间不可能完全替代。石油天然气的陆上运输，最适合的方式仍是管道；时间要求较快的长距离大宗散货运输，最适合的方式仍是铁路；时间要求不紧迫的大宗散货运输，最适合的方式仍是水运；跨洋运输的货物，最适合的方式仍是海运；国际长途客运，最适合的方式仍是航空；门到门的运输，最适合的方式仍是公路。发展由不同的运输方式共同组成的综合交通运输大通道本身也是发展综合交通运输体系的一种方式。

未来综合交通运输系统，首先要与国民经济体系相适应，适用范围大；其次必须运用以现代先进交通工具为主，保证大量的运输任务能安全、低成本地实现；最后必须形成四通八达的网络。

加强综合交通运输体系建设是当代交通发展的新趋势、新方向。当今交通运输业的发展，一是随着世界新技术革命的发展，交通运输广泛采用新技术，实现交通运输装备的现代化；二是随着运输方式的多样化，运输过程的统一化，各种运输方式朝着分工协作、协调配合、建立综合交通运输一体化的方向发展。这两种趋势结合起来，成为当代交通运输业发展的新方向，并正在改变着交通运输业的面貌。在我国，大力发展综合交通运输体系，是在社会主义市场经济条件下在交通领域促进先进生产力发展的具体体现。加快综合交通运输体系建设作为发展交通运输的途径和方向，既是我国社会经济发展的迫切需求，也符合世界交通发展的趋势，必将使我国交通运输业发生广泛而深刻的变化。

在国民经济和社会发展以及交通运输技术不断进步的条件下，综合利用和发展各种运输方式的问题，日益受到各国政府和市场的重视。在发展综合交通运输体系过程中，要注意研究如何随着运输需求的变化，充分发挥各种运输方式的技术经济优势，合理配置，协调发展，力求达到最合理地满足运输需求、保证运输安全、合理利用资源、保护环境等目标。重视综合交通运输体系建设，把现代交通的五种运输方式有机结合，优势互补，协调发展，以适应不同方面、不同层次、多样化的运输需求，是各国政府和民众面临的新课题。从发展综合交通运输体系入手，再加上发展智能交通，并考虑可持续发展的需要，必定可以使 21 世纪的交通再上一个新台阶，从而更好地满足新世纪国民经济和社会发展的需求。

第九章　交通与社会文化

交通本身就是社会文化的一部分，它是社会文化的产物，也是社会文化的体现。同时，作为社会文化一部分的交通，对整个社会文化的发展和传播也有至关重要的影响。而且，交通品级不同，社会文化发展程度也不同；交通的类型不同，社会文化传播的深度和广度也不相同。当然，文化的差异，也反过来影响到交通的发展及其社会文化功能。本章将对此进行一些讨论。

第一节　交通是社会文化的组成部分

一　社会文化

文化既是人类学的重要概念，又是社会学重要概念。固然人类学研究人种及其生理心理现象，不能不浓墨重彩于人类文化问题；社会学研究人类社会组织及其运动，也离不开对文化的考察。社会是人类的组织方式，包括所有人类生存所必需的制度性安排，而一切制度性安排，都产生于人群自身，是人群在一定价值标准下的一种"契约"。这种价值标准以及据此缔结的"契约"，就是文化的重要内容。

许多社会学家和人类学家把"文化"定义为由一个社会或一个族群共同承认的价值观和意义体系，包括使这些价值观和意义具体化的物质实体。任何一个文化体中，人们都有共同的好、坏、对、错标准，而且这些标准是后天形成的。"人不像蜜蜂生来就有内在的社会行为那样生来就有文化，相反，我们通过观察和受到别的成员的教育而学到我们社会的文化。"① 这些我们学

---

① ［美］戴维·波普诺:《社会学》（上），刘云德、王戈译，辽宁人民出版社1987年版，第97页。

到的东西首先包括语言、象征性符号系统、价值判断，等等。

人类文化最早的迹象大约可以追溯到三百万年以前，因为价值观和意义不可能以化石的形式保存下来，我们今天只能根据那些被保存下来的物质碎片的相关信息来推断那时的文化状况。例如那时已经有了借助工具胜于不用工具的观念。这也说明，以价值观和意义体系为核心的社会文化，完全有可能"外化"为物的东西。

价值观和意义体系（或曰"精神文化"）所外化的东西，包含两个层面：一是所谓"物质文化"，如上面提到的人造"工具"，以及其他一切随历史发展而产生的实际的和艺术的人造生产和生活设施，它们本身虽是"物"，却反映了制造者的"心"。二是所谓"制度文化"，即社会规范，如社会的经济制度、政治制度、文化制度、婚姻家庭制度、宗教制度，等等。例如一夫一妻、家长制之成为中国传统婚姻家庭制度，就是因为人们感觉到只有这样才能维护整个传统社会的稳定。所以，制度文化也集中体现出社会精神文化的内涵。

虽然物质文化和制度文化都是精神文化的外化，但在实际社会生活中，却有着各自不同的独立领域，所以，通常人们谈文化都清楚地将它解释为社会或族群"价值观"、"制度规范"和"生产生活设施"的总和。

二　文化产生于一定环境下人类智性和社会性的结合

文化只有人类才有，"把我们人类和黑猩猩以及自然界中我们的另一个'近亲'大猩猩区别开来的最重要的特性就是文化"[1]。人类为何能产生文化？这不能不涉及"人性"的考察。

"人之初，性本善"，这是从道德立场来考察人性。以道德论人性，是第二层次的问题。第一层次的问题是，何谓"善"（善本体，而非善行的标准）？人何以能善（善根，而非善性）？祖先的性善说没有追问到这一层，所以碰到一个"人之初，性本恶"的命题，就成为不解的难题。其实，人性的第一层次，就自然属性而言，是动物性；就本质属性来说是智性和社会性。社会性产生善，智性产生善的自觉追求，而所谓"恶"，基本的根源就在于人的动物性，但动物性不是仅仅产生恶，在智性和社会

---

[1]　［美］戴维·波普诺：《社会学》（上），刘云德、王戈译，辽宁人民出版社1987年版，第97页。

性的作用下，它也是善的原始动力。

道德命题产生于人的智性和社会性对于动物性的平衡，包含道德命题的整个人类文化，也同样如此。大体说来，智性为动物性需要的满足提供一个有效的方式，社会性则要求这种方式限定在合适的范围之内。当然，另一方面，社会性的道德律，也需要智性的支持，只有在智性支持下的道德律才能发挥自律作用。在文化的创造过程中，动物性是原始冲动，智性和社会性是真正的源泉和创造力量。正是由于动物性、智性和社会性的结合，才有了人类的文化。但是，仅仅对人性考察，只能解释人可以有文化，却不足以解释何以不同的族群和社会有着不同的文化。要解释这一问题，还要注意到文化创造的环境。

每种文化都适应于特定的自然和社会条件。文化生态学家们已经使我们了解到具体文化形成的特定自然条件，包括气候、地形、植被、动物分布、人口状况等这些人群生存的生理条件。生活在阿拉斯加的爱斯基摩人，会创造出捕捉海豹和北极熊的文化；出海捕鱼为生的南海人群，会产生保佑渔民安全归来的巫术和宗教仪式；而生活在一个气候温暖、土地肥沃的环境中的居民，最有可能发展出一种高度发达的农业文化。

除了自然条件，还有社会条件。社会条件包括既有的文化倾向和基础，以及与别种文化的联系情况等。因为文化总是既有传承性，又有传播性的。既有的文化愈成熟，传承性愈强；与别种文化联系愈经常愈紧密，传播和受传播的可能性愈大。比如中国是以儒家文化为主导的，在春秋战国时期结胎以后，历三千年，代代相承，即使"蛮族"频频入主中原，亦从未断绝。同时，这一东方世界最发达最稳定的文化，由于其联系的便利性，很快在整个东亚、东北亚、东南亚地区传播。这就使得中国和东方文化传统与其他文化相比，自有其特点。

当然，无论自然条件还是社会条件，都有其复杂性，对于一个社群全体成员所产生的影响，并非决然一样，并非每个社会只有一个公认的单一文化。在公认文化系统之下，还有可能出现若干"亚文化"。亚文化之间，具有一些共同文化要素之下的特性因素，也有冲突与交流的问题。

自然和社会环境总在不断变化中。这就使得人类社会与这些环境之间的关系，必然不断发生变化，必然出现人类学家和社会学家所说的"文化变迁"。文化变迁可以由两种基本方式来推动，一种产生于某一文化的内部，一种产生于外来文化的影响。内部文化变动可能是由于多种亚文化之间的冲突导致的，这些内部冲突所达成的新平衡，常常表现为"革新"——产生新的观念、规范以及生产生活设施。如20世纪60年代流行于纽约同性恋者中间的迪斯科亚文化，到70年代发展成为整个美国社会的主流文化之一；也有可能是由于技术的发展所造成，如原子能利用技术的出现，导致社会生产和生活结构发生变化。得自外来文化影响的文化变迁，人类学家倾向于叫做"文化潜移"。贸易、旅行、战争扩张都可以引起文化潜移，这种文化变迁或许是单向的，或许是双向的，或许是自觉实现的，或许是被迫实现的，具体情形千差万别。

无论文化的原创或文化的变迁，都离不开交通因素的巨大作用。交通既是文化创造和变迁的重要环境因素，又是创造和变迁中的重要文化成分。

三　交通适应人类社会性不断扩大的要求而产生

交通问题起源于人类克服空间障碍的实践。《辞源》对交通的定义是"凡减少或排除因地域距离而发生困难者，皆为交通"。这一定义相当深刻地揭示了交通与人的内在相关，说明了交通作为人类超越地域间隔的方式，本身就是一种文化。交通是创造和变迁中的重要文化成分，因此，文化的起源因素也必然是交通的起源因素，即人的动物性、社会性、智性。

地球上的生存资源并不集中于某一特定地域，随着人口数量的增多，人类的分布势必分散。考古证明，现代人所居住的每一块土地都曾有过早期先民生活的遗迹。地域距离、地理屏障难免成为制约和困扰人们扩大社会交往的客观现实因素。这一对矛盾的解决方案不外乎两种可能：要么人类牺牲掉广泛交往的要求，"老死不相往来"；要么人类设法超越空间距离，克服地理屏障以享受"不亦乐乎"（"有朋自远方来不亦乐乎"）的境界。这可以说是基于动物性对交通产生的本能需要。西方古典经济学家亚当·斯密将交换看作全部经济学的基础。斯密认为，人的自私本性驱使每个人都追逐最大限度的欲望满足，而个人的能力是有限的，无法生产出自己需要的全部产品。要用有限的个人能力去实现无限的个人欲望，只能靠"互通有无，物物交换和互相交易"。因为人们从交换中得到的利益，比自己用同量劳动生产的要多。既然交换所得的比较利益大"这就鼓励大家各自委身于一种特定业务，使他们在各自的业务上磨炼和发挥各自的天赋资质或才能"①，这样社会分工就出现了。社会分工能极大地提高劳动生产率，所以分工的范围越来越大，程度越来越深。马克思对斯密在分析交换和分工中的唯心主义倾向进行了批评，但这却并不影响他对斯密关于"交换所得的比较利益大"和"分工提高劳动生产率"等论断的继承和发扬。这些论断在经济学上意义重大，对于分析交通文化的动因同样重要，因为超越地域范围正是分工细化和交换经常化的合乎逻辑的发展。

马克思说"人是一切社会关系的总和"，人与其他一切动物的显著区别，即在于人不能脱离群体而存在，人是社会的动物。社会性的人，需要交往，需要交流，需要相互帮扶，这就使得克服空间障碍的交通，成为只能发展不能抑制的活动。而且人类在个人生活的基础上又开创出政治生活空间。迄今为止，作为政治生活的核心和根本的一切国家政权，无论其文明程度如何，都具有民族和阶级的双重性质。反映到国家的职能上，一方面掌握国家统治权的阶级要竭尽全力维护其统治地位，另一方面，又要站在民族的立场上尽可能地维护民族生活的安全和秩序。这样发展交通就成为国家政治生活的重要前提。没有交通，山重水复，天高皇帝远，政令难通行；信息不灵通，民生疾苦不了解，社会无法有效地建设；民族隔绝，国家安全随时可能受到威胁；而一旦狼烟四起，常言道"兵马未动，粮草先行"，没有交通条件，后果不可想象。中国传统大一统的专制政治，历经数千年，在其延续和推进过程中，交通充当了至关重要的角色。先有秦始皇的"车同轨"，后有汉驰道、唐贡路、元驿道、清官路的相继发展，这些交通设施是统一国家的经络，是王权政令畅达的保证，是国家物资调配的主渠道。历代王朝为巩固统治而征战，更视交通为关键性因素。所以发展交通是进行官与民、国与国之间有效沟通的迫切需要，是人类政治生活展开之必然。因而，社会性是交通产生的真正必要条件。

而交通发展的充分条件则是人的智性。莎士比亚借哈姆雷特之口歌颂道"人是多么了不起的一件作品！"人之"了不起"，不在于其形体的高大与机敏，就形体而论，人类无优势可言。古希腊诗人阿拉克里翁说，"自然赋予牛以尖角，马以双蹄，野兔以快腿，而赋予人以思想"，只有

① ［英］亚当·斯密：《国民财富的性质和原因的研究》上卷，郭大力、王亚兰译，商务印书馆1972年版，第15页。

思想才是人类值得自豪的东西。人类以其特有的能动性，选择了克服地理屏障，创造和发展了交通事业。

第二节　社会文化原创和内部发展中的交通条件

一　天然交通条件与早期文化创造

交通创造文明的功能源于它对人的视野、思想、交往、行为空间的延伸。文明是人创造的，交通本身并不直接创造文明，但由于它能够增强人类创造文明的能力，也就间接地创造了文明。这个功能历史上已经有过一再的显现。为什么人类早期文明都发源于假舟楫之便的大江大河流域？为什么沿海平原地带的文明水准，普遍高于封闭的内陆山区？除了土壤等因素，不能不用得天独厚的交通条件来解释。天然交通条件影响到早期轴心文化的产生。

古代文明的创制中，对于天然交通条件的依赖性往往较强，这与我们的先民支配自然的能力较低是有联系的。

中华文明发祥于黄河流域，东临大海。黄河水系不仅为中国先民提供了肥沃的土地，也提供了创造文明不可或缺的天然交通条件。学者指出中国早期文献《禹贡》已经描述了一幅完整的中华九州水上交通图：冀州东西南三面临黄河，境内有汾水、衡漳、卫水，或流西南，或流东南，皆入于黄河。冀州为京师所在，天下交通的中心，各州贡赋的总汇；兖州西北临黄河，东南临济水；境内有雍水、沮水、漯水，贡赋由济水、漯水转入黄河，向西南航行直达冀州；青州东临大海，西北至泰山，境内有潍水、淄水、汶水、济水，贡赋从汶水入济水，折入黄河，达冀州；徐州东临大海，南临淮水，境内有沂水、泗水，贡赋从淮泗入黄河，达冀州；扬州东为大海，北为淮水，境内有三江、震泽，贡赋沿江入海而北折，入淮泗，转入黄河，达冀州；荆州北至荆山，南达衡山之南，境内有长江及其支流汉水、沱水、潜水，贡赋由江沱潜汉，经过洛水转入黄河，达冀州；豫州南至荆山，北临黄河，境内有伊水、洛水、涧水、荥水、波水，贡赋由洛水入黄河，达冀州；梁州东至华山，西据黑水，境内有沱水、潜水、桓水、沔水，贡赋由潜水，经过沔水，入于渭水横渡黄河，而达冀州；雍州东临黄河，西据黑水，境内有泾水、沣水，西北境的贡赋由积石山下，沿黄河直到龙门山下，和东南境的贡赋会于渭河，入黄河之口，渡过黄河东岸，达于冀州。①

《禹贡》的描述，虽带有相当明显的想象成分，但仍然能够从一个侧面反映中国地理面貌与社会文明创造发展的关系。中国西面为山，东面朝海，自西向东有很多河流，沟通和融合着我们的先民。正是在这种沟通和融合中，中华文明得以创立和发展。殷墟出土的古物中，有当地不可能出产的朋、贝。朋和贝都来自海边，据专家考证，当时已经有了货币的功能。古籍中的"朋来之思"之类的记载，汉字构造中与财富有关的字都离不开"贝"，都说明一方面中国商品交易活动起源很早，另一方面这些交易活动得益于中国较好的内陆交通条件。

交通对古代文化的创制，还可以举古希腊作为例证。

希腊位于巴尔干半岛南部，三面临海：地中海，爱琴海，爱奥尼亚海。海岸线长 12500 多公里。正是这种优越的地理条件，在古代沿河沿海经济勃兴的年代，使古希腊创造出辉煌的业绩。早在 3000 多年前，古希腊先民就曾创造"爱琴文化"。公元前 8 世纪到 6 世纪，古希腊成为工商业发达的城邦国家，创造出灿烂的城市文化。据历史记载，当时希腊境内有大小城邦小国 200 多个。其中，濒临地中海的雅典，是最大的城邦国家。城邦人口杂居，各色人等之间的文化交流对城邦文化产生了极其深远的影响。据有关史料，雅典全盛时期，奴隶人口约 36.5 万，自由民总数约 9 万人，外国侨民和已被释放的奴隶为 4.5 万人。其中奴隶有相当部分是战俘，即外族人。显而易见，人口杂居情况是很突出的。同时商贸活动十分兴盛，加强了雅典人与外邦人之间的思想文化交流。正是这种人口流动和人口杂居，为古希腊科学文化发展创造了特殊的环境和条件，使古希腊创造出欧洲乃至世界最灿烂辉煌的科学文化。当时，古希腊在物理学、天文学、气象学、哲学、伦理学、政治学、法学、历史学、医学等诸多领域，都获得历史性重大发展并对欧洲乃至世界文明的发展产生深远的影响。

有无天然交通条件影响着一个民族早期的文明成就，同时，天然交通条件的类型，对一个民族的文明或文化类型也是有重大影响的。就上举两例来说，中华文化与希腊文化，由于生发的交通类型不同，文化就呈现明显的类型差异。

---

① 白寿彝：《中国交通史》，上海书店 1984 年影印本，第 49—51 页。

　　希腊的天然交通环境为海洋型交通。无论希腊半岛、克里特岛、爱琴海诸岛，还是小亚细亚半岛西海岸地带，都是海陆交错、山峦重叠，景象与东方大河流域各国很不相同。这些地方，不仅在农作物生长方面不及大河流域，而且区域内交通环境也不具先天优势，但由于都具有很好的外部交通条件，反而通过对外贸易带动了经济作物的生产和加工，以及内部交通的发展，并在此基础上，创造出别具特色的海洋型文化。

　　相比而言，中华民族的地理空间，处于亚欧大陆的东部，属于一种内部交通条件较好，而外部交通受阻的交通类型。这一方面使得中华民族内部文化成就斐然，另一方面，又造成了中华民族故步自封的民族意识。学者认为，中华民族数千年生于斯、长于斯、创造文化于斯的地理空间有两大特点。一是"它的领域广大，腹里纵深，回旋天地开阔，地形、地貌、气候条件繁复多样"[1]，这种恢弘为造就一种恢弘的文化准备了舞台；一是它"位于地球上最辽阔的大陆——亚欧大陆的东侧，其东南濒临最浩瀚的大洋——太平洋，北部、西北部则深居亚欧大陆的中心"，是一个"右高原，左大海"的大陆—海岸型国度，具有明显的"负陆面海"特征。[2]"负陆面海"虽非中国所独有，但中国东面所临的"海"是难以横渡的"大瀛海"，北面、西北面、西南面所负的"陆"是难以穿行的戈壁沙漠、盐原雪山、高峰峻岭。这就造成了外部交通的不便。与外部世界相对隔离，其文化又长期高于周边地区，这使得华人在长达数千年的时段养成一种"世界中心"意识。

　　由于古代华夏族及后来的汉族多建都于黄河南北，"外薄四海"处在"四夷"之中，故自称"中国"，与"四方"对称。三千多年前的殷人便以自己的居处为中（中商），将中商的左右前后分为东西南北。此后，先秦典籍进一步完善这种"中国"观念，如："皇天既付中国民越厥疆土于先王"，"惠此中国，以绥四方"等。华人自古还以王城居于六合（东南西北上下）中心，认为王城中轴线即为天下中轴线，由此，华人自认为中国占据世界主体。明末来华的意大利耶稣会士利玛窦说："中国人认为

---

　　① 冯天瑜、何晓明、周积民：《中华文化史》上册，上海人民出版社1990年版，第34—页。

　　② 同上书，第50页。

他们的辽阔领土的范围实际上是与宇宙的边缘接壤的。"① 利玛窦的这一概括，大体符合古代中国人疆域地理观念的实际。战国以降，中国人的"九州"观、"天下"观、"四海"观在渐次扩大，但直至19世纪中叶以前，一直把自己的国度看作世界的主体和"天朝上国"，外域不过罗列着若干"蕞尔小国"、"蛮夷之邦"。这种见解在中国古人绘制的世界地图上体现得十分鲜明。

　　中国人自认处于"世界中心"，还由地理位置上扩展到文化上。汉代扬雄在界定"中国"这一概念时，便兼顾文化和地域两层含意："或曰，孰为中国？曰，王政之所加，七赋之所养，中于天地者为中国"。这就把"中国"视作文明的渊薮，世界的中心。此类意识在中国人心目里几乎是毋庸置疑的。明朝的永乐皇帝热衷远航，其出发点也不外乎"居中夏而治四方"的观念，自认"帝王居中，抚驭万国，当如天地之大，无不覆载"。古代中原人一向以"声明文物之邦"、"礼义之邦"自居，甚而认定，"人而无礼，虽能言，不亦禽兽之心乎！"在他们看来，一切不知"礼"的外域人都算不上真正的人，理应如众星拱月、百川归海般地聚向中华帝国。"万国来朝"正是自认居于世界文化中心的华人的理想境界；"是以声名，洋溢乎中国，施及蛮貊"，表明华人乐于以文化布道者身份，将教化充溢于中国，进而扩及野蛮无文化的四面八方。

二　人造交通与社会文化自身发展

　　古代文明创制在很大程度上依赖于天然交通条件，现代文明的创制中，人造交通条件的意义越来越重要。更多的情况是，交通作为人类文明发展的结果，以自身的文明去创制更丰富多样的文明。

　　人类历史进入现代，文明的推动力不再依赖于天然的环境，交通仍然在为新文明的创造继续发挥着作用。交通对于物质生活和产业结构之意义不言而喻，即使在深层文化的创造方面也举足轻重。例如，城市化和跨国移民，不能不说是现代交通发展的重大成果，经济社会一体化和地球村概念的形成，现代交通也功不可没。另外，现代交通的发展，还在广泛而深刻地摧毁着传统的社会等级秩序和家族化结构，塑造着开放、健全的社会

---

① ［意］利玛窦、金尼阁：《中国札记》上册，何高济、王遵仲、李申译，中华书局1963年版，第63页。

心理。

可以以汽车与美国现代文明的关系作一个说明。一部介绍汽车文化的书描述道：人们常说汽车是"改变世界的机器"，它改变了美国。汽车不仅改变了美国的经济结构、城乡格局，而且完全融入城乡人民的日常生活，成为和食品、衣服一类的生活必需品。汽车的普及促成了美国城市的离散，郊区的繁荣和乡村的相对集中，而这种城乡间的重新布局反过来又刺激了汽车的需求，改变了人们的生活方式。

汽车的普及，从20世纪20年代起使典型的中产阶级家庭、从50年代起使典型的工人阶级家庭的生活方式发生了根本变化。城乡间地理重组加强了城乡联系，都市化和大规模生产的商品市场也改变了家务活动和消费习惯。人们可以在郊区或乡村小镇方便地得到各种商品和服务，包括仪器、衣服、教育、保健和娱乐等。1930年有关面包消费的研究表明，75%的乡村居民、60%主妇开车购买成品面包。汽车结束了乡村与世隔绝的生活，由于乡村中小学有了校车，可以接送学生，住在偏僻地区的儿童可以和城里的孩子一样接受统一的基础教育。同时，农民的医疗条件和娱乐机会也大为改善。对农民来说，汽车意味着娱乐和外出旅行机会的增加。在马车时代，农民不得不小心地分配用马的时间，顾虑去较远的城镇是否会影响第二天牲口干活。汽车却不会感到疲劳。汽车使农民有可能享受以前只有城里人才能享受的种种方便和舒适。

汽车增加了人们地理上流动的可能性。妇女驾车日益普及，汽车把妇女从家庭的小圈子中解放出来，她们不再成天在家中自制食品、衣物，而是开车到超级市场购物。私人小轿车比其他公共交通工具，如电车、火车，更容易被妇女接受。有了它们，甚至最胆小的妇女也敢单独出门。她们有可能独自去看电影、会朋友、送孩子上学，一些富裕的妇女甚至在没有亲属陪伴的情况下结伴做全国旅行。汽车扩大了性别之间的社会联系，拓宽了妇女的生活圈子，使妇女在娱乐、恋爱和离家工作方面有了新的机会。

一旦未婚男女开车出去玩代替了传统的在家里或在电话中谈情说爱，一旦星期天人们驱车度假代替去教堂做礼拜，汽车无疑会引起关于家庭和宗教信仰的感情冲突。虽然从理论上说汽车使家庭成员可以在一起度过休闲时光，但实际上20世纪20年代美国的离婚率日益上升，父母与儿女的冲突也达到新的高度。汽车由于增加了人们的流动性，使家庭联系变得松散，并且减少了父母对孩子的权威。

社会学家大卫·刘易斯研究过汽车对求爱的影响，他说汽车从汽车时代开始就起到一种浪漫的作用。社会学家注意到汽车提供日益增加的流动性，导致更多的远亲繁殖，并逐渐改良美国的人种。但汽车也确实影响了传统的家庭生活，怂恿卖淫，以致有人指责汽车是"有轮子的妓院"。

汽车的普及改变了人们的居住条件，也丰富了人们的休闲生活。在城市工作的人不再住在拥挤嘈杂的市区，而是搬到宽敞安静的郊区，开车上下班。休息时间的活动范围和选择可能性也大大增加。他们可以去附近的影院、商场，也可以去较远处的健身房、高尔夫球场。随着工业化追求效率而带来的工作紧张程度的提高，休闲对人们也日益重要。劳动时间的缩短和工资的提高又为丰富的休闲生活带来可能，而汽车革命则使这种可能性变为现实。在现代美国人休闲生活中最为典型的是驾车到国家公园等风景点旅行度假。设立国家公园是美国人自认为对世界文明的一大贡献。它既可以保护自然野生生物，又体现了一种民主精神，因为它向普通百姓开放。1872 年 3 月 1 日，美国国会通过法令建立了第一个国家公园——黄石公园。以后国家公园就成为公众的休闲娱乐的重要场所。1976 年，作为庆祝美国独立 200 周年的一个部分，全美国家公园系统的 293 个单位就接待了 2.76 亿参观者。现在全美的国家公园每年大约要接待游客 3 亿多人。远离大城市的国家公园的兴旺发达主要应归功于汽车普及化和全国高速公路网的建成。

汽车的普及使美国人的生活方式发生重大变化。正如 1933 年总统委员会对美国当时生活变化的调查报告中所说："可能没有一个深远重要的发明会传播得这么迅速，会这样快发挥其影响、渗透到民族文化中，甚至改变思想和语言习惯。"

美国文化中重要的价值：年轻、自由、成功和财产，以及性和力量，常常可以体现在人和汽车的关系之中，正如在一部美国电影中所表现的那样："假如你没有车，你在这个国家一文不值。"汽车成为衡量成功与失败的标准和象征。汽车是人们普遍的关于征服时间和空间距离的梦想的实现，也是所谓的"美国梦"的主要内容，即向往机会和成功，向往活动的自由和运动的自由。汽车象征着对富裕和自由的追求。它给人们以无限的地理流动的可能性。开车旅行，人们可以自己选择路线、时间和速度，既不受天气的限制，也不受航班车次、运营线路的约束，充分体现了个人自由。人们相信，它按照个人内在的自然本性而不是按外在的社会属性来发展自己。一位美国作家曾这样描述这种行动自由的感受："无论你把车子开到哪里，一切都有由你来决定，是调转车头，还是继续前行。你可以充分行使你的行动权，你决定着何时停车、何时加速、何时改道行驶。汽车大大增强了你是自己心灵主宰的感觉，这多痛快，没有其他东西比得上。"①

汽车也体现了美国人所崇尚的开拓精神。人们常常说美国人自由豪放，喜欢我行我素。驾着汽车在高速公路上飞驰，确实使人感到一种力量和控制的惬意。也有人说："美国人自由和奔放的意识无不直接源自驾车的快感。"②

汽车作为一种交通工具具有"方便、灵活、随意"的优点，大大缩短了空间距离，节约了人们的时间。私人小汽车完全能与个人的种种活动紧密合拍，十分方便，因此大大提高了工作效率，加快了生活的节奏。20世纪，"效率"已成为美国人的信条。

阿尔温·托夫勒在《未来的冲击》中说，社会地位的解放与地理位置的解放是紧密相连的。轿车作为现代交通工具，推翻了地理距离这个限制人们自由的"暴君"，使人们精神上得到新的激励和满足。丹尼尔·贝尔在《资本主义文化矛盾》一书中，借一位西部人士的话说，这个国家变化的原因就是四个字母：A—U—T—O（汽车）！现在，Internet 交通时代已经来临，这种交通方式将对人类文明带来什么，学者们正予以密切关注。

三　交通与文化各层次的创制发展

交通的发展，在三种意义上创制着物质文化。其一，交通设施本身就是一种物质文化；其二，交通带动相关产业的发展；其三，交通提升着社会生产的能力，加速物质文化发展进程。这里仅以第二层意义为例，说明交通对物质文化的创制。

还在遥远的周代，中国的交通线上就开始存在庐舍候馆，《周礼·地

① 以上引述见曹南燕、刘立群《汽车文化》，山东教育出版社1996年版，第85—105页。
② 同上。

官·司徒》说"凡国野之道,十里有庐,庐有饮食;三十里有宿,宿有路室,路事有委;五十里有市,市有候馆,候馆有积。"庐舍候馆是官办的交通服务设施,除此以外,还有私人旅馆出现,称"逆旅"。据《史记·齐世家》记载,当年姜尚被分封于齐国时,先是一程一程按部就班地前往上任,后来途中有位逆旅主人对他说:机会难得而易失,你这么慢腾腾地走,哪年哪月才能到达封地呢?姜尚听了,很受启发,便晓行夜宿,兼程而进,及时赶到了齐都。

今天,随着公路交通的革命,交通线上的现代"庐舍候馆"也相当繁盛。发达国家汽车的普及,引起了汽车餐馆、汽车旅馆、汽车影院的诞生和发展。20世纪20—30年代,成千上万的汽车快餐店出现在美国路边。家里有了汽车,人们经常地全家外出到餐馆吃饭。到60年代中期,全美国大约有35000个汽车小餐馆,汽车最为普及的加利福尼亚州和得克萨斯州为数最多。[1] 与此同时,为汽车旅游者服务的方便简朴的汽车旅馆也发展起来。汽车旅馆最初是30年代末作为"美国汽车者协会"为方便它的会员旅行而开设的住宿服务,后来发展为全国性的住宿服务系统。像著名的假日旅馆不仅在美国到处可见,在美国以外的许多地区也有它的分店。汽车旅馆的普及又使更多的人加入汽车度假的行列。一些商人迎合开车者的需要还开设了汽车影院。1933年6月第一家汽车影院在新泽西开业。汽车影院一般在郊外,它包括一块特大银幕、一间放映室、供应饮料快餐的小店、洗手间和一排排停车的空地。人们可以在汽车中与家人一起看电影,即不用衣着过分讲究,也不用担心家里有小孩无人照看。汽车影院在50年代达到顶峰时期全国有4063个,后来由于家庭电视的普及而逐渐衰落。[2]

无论是古代的庐舍候馆还是现代的汽车影院,都不过是随交通而起的新兴产业的例证,除此而外,商业、旅游业、机车制造业、石油加工业等众多新兴产业都与交通发展深度相关,这足以说明,交通在社会物质文化的创制中,是扮演着积极角色的。

交通在婚姻家庭制度、社会政治经济制度的创制和变易中,也发挥着重要作用。

---

① 曹南燕、刘立群:《汽车文化》,山东教育出版社1996年版,第91—92页。
② 同上书,第92页。

　　根据社会学家的研究，交通状况与婚姻家庭制度有密切的关系。在中国一些交通闭塞的山区，通婚的范围十分狭小，近亲结婚司空见惯，并且"亲上加亲"受到社会习俗的鼓励。婚姻稳定，离婚被视为不光彩、不道德的事情。家庭对于子女的监管权利和所承担的义务，都大大高于交通条件较好的平原和城市地区。而在交通发达地区，婚姻家庭制度往往比较松弛。尤其在发达国家，汽车的普及有损于家长对于子女的监管和权威。未成年子女开车约会，可以完全摆脱父母约束，以致有关部门收到大量关于年轻人酒后开快车，或者情侣们约会时将汽车停在昏暗的街道的投诉。发达国家离婚率很高，单亲家庭的比重与日俱增，虽有多种因素，但至少可以说，交通因素是其中之一。

　　就社会政治经济制度而言，自然经济、商品经济，民主政治、独裁政治，与交通条件的优劣都有一定的对应关系。不能想象，在一个交通闭塞的国家，会孕育一个健全的商品经济秩序，一个健康的民主政治结构。交通促进市场化、民主化的主要机理在于，资源的流动性，信息和机遇的拓展，个人价值的不断加强，社会生活的复杂化，使人治格局下的各种"权力游戏"不得不向"规则游戏"转化。为"数字化"披上新文明神圣袈裟的"天使"尼葛洛庞帝写了一本名为《数字化生存》的书，书中将 Internet 所代表的全新交通方式描述为一种新文化、新文明，认为这种交通方式不仅可以使发展中国家跨越很多阶段，如运输方面、生产制造方面、库存方面都可以跨越一些传统方式，可以减少城乡差别，减少中间人盘剥，可以让国家的概念变得不那么重要，使人们能更好地自己掌握自己的命运。对于一般意义上的交通来说，这种描述亦不失其价值，只是程度不同而已。

　　发达的交通，不但创造物质文化、制度文化，而且创造精神文化。精神文化自身发展所需要的思维刺激和创造泉源都依赖交通。人的思想是一道精选的风景，当个体与个体频繁交流时，这道风景便交映生辉。事实证明，人们交往的地域空间越广阔，视野便愈开阔，思想交流的品质便更高。思想存于人体之中，要实现不同地域人们之间的思想交流、感情交流，自然有赖于交通。比如中国春秋战国时代，车、桥、船等技术方面十分可观，诸子周游列国，百姓自由交往，积极参与社会文化活动，形成中国历史上少有的百家争鸣的局面，大大促进了各地之间的文化交流，促进了思想文化的发展，创造了中国思想文化发展的辉煌时期。又如唐代有众多的著名诗人、文学家、书法家，文化成就在历代首屈一指。这种空前繁荣的文化现象，与发达的交通条件有着内在的关系。最突出之点就是便捷的交通为文人学者之间的思想文化交流提供了基本条件。发达便捷的交通不仅为文人学者的提供良好条件，能促进其相互交往，而且使他们在旅途中有良好的心情和感受，有良好的精神状态。这后一个方面，对文化创造力而言，不乏其重要性。唐代诗仙李白的诗篇《早发白帝城》在一定程度上反映了这种关系。"朝辞白帝彩云间，千里江陵一日还。两岸猿声啼不住，轻舟已过万重山。"这里写了他个人在便捷的交通条件下快速旅行的欢愉心境，也从一个侧面反映了便捷的交通对人们精神文化生活的影响。

第三节　交通水准与社会文化发展程度

文化的程度即人类生活方式改进的程度，它可以用经济发展和人民生活水平、社会制度和人民权利状况、思想道德和人民开化程度等标准去衡量。交通作为文化的一部分，其发展程度直接反映社会文化的整体程度。

交通发展程度有两个标准，一是看社会成员的交通参与度，二是看交通手段的种类和层次。

就前者而言，一个足迹不出方圆三十里的群落，只能处在一种贫乏愚昧的文化氛围之中。中国改革开放以前，大众交通参与度都不高，很多人从来没有坐过汽车，坐过火车、飞机的人更少，这种状况正好与中国社会文化的境遇相应。改革开放以后，经济活了，社会活了，民众的交通参与度大幅提高。据估计，80 年代初，中国上海、天津两市居民人均年出行次数还不足 3 次，到 90 年代初（1990 年资料）全国人均年出行已达 6.78次。当然，与分处第一、第二世界的美、日相比，90 年代前中国的交通参与度还较低，1990 年中国人均出行距离为 494 公里，而 1987 年美国为12522 公里，1986 年日本为 7208 公里。① 交通参与度的差距反映出了社会综合发展程度的差距。

就交通手段种类和层次而言，与其文化发展程度的关系更为直接。最低级文化状态下的交通，主要依赖于步行，渐次而有骑行、畜力车行

---

① 黄先耀、刘庆珍：《交通与社会》，大连海事大学出版社 1995 年版，第 11 页。

（历史上人力车、人力船的出现大致同步）、机动车行（汽车、轮船、飞机等），现在已经开始进入"信息行"的时代。未来学家断言，随着信息化时代的到来，人类文化将再一次发生深刻的革命，人类社会生活在整体上将发生重大变化。20 世纪 20 年代，胡适在寻找中西两种文明差异的奥秘时，说过这样的一段话：人是一种制造器具的动物，文明的进步就是基于器具的进步，东方文明是建立在人力上面的，而西方文明是建筑在机械力上面的，所以东西文明的区别，就在于所用器具的不同。简而言之，东方文明是人力车文明，西方文明是汽车文明。① 胡适把汽车和人力车描述成两个文明时代的标志是有道理的，而今天，信息高速公路的开辟，又昭示了一个新文明时代的来临。

第四节　交通与社会文化传播

一　交通传播文化的功能

文化具有社群性，不同的民族、不同的群落可以有大异其趣的文化。文化也具有传播性，不同群落和民族可以相互借鉴彼此的文化成就，而这种文化传播离开了交通则完全不可想象。

交通的发展参与带动经济发展，有助于缩小不同地区间物质文化的差距，加强社会物质文明建设，同时也有助于缩小精神文化的差距，促进社会精神文明建设。前者本书已有章节作了专门论述，本章着重讨论后者。

交通的发展，使人们的活动范围变大，出行距离加大，出行次数增加，社交范围逐步拓宽。人们的社会交往，不再局限于传统的地缘关系及初级社会群体的层面，而逐渐朝有利于个人发展的更广泛的方位转化。社会交往范围的扩大，使人见多识广，信息灵通，变得聪明敏感，不仅有助于各种务实活动的开展，而且促使人的思想和观念发生根本性的转变。随着交通的发展，人们与外界的接触和联系越来越频繁，与之相应的是，心灵也变得越来越宽容、开放，心理承受能力增强，对自己和社会有了更多的认识和理解，对异质文化的相容性变大。不同文化的相互接触，可能会产生某种程度的文化冲突，但在冲突之后发生的常常是文化适应，即不同

---

① 胡适：《东西文化之比较》，罗荣渠编《从西化到现代化——五四以来有关中国文化趋向和发展道路论争文选》，北京大学出版社 1990 年版，第 200—201 页。

文化的相互接触、相互影响，在相互吸收对方文化的某种要素的同时，在一定程度上改变了自己原来的文化模式。这种不同文化之间的交流与学习，往往导致文化内部结构的变化，文化的相容性增加，文化模式变得愈加开放。

在现实生活中，往往会发现，越是交通落后地区，与外界的联系越少，人们的观念越保守，思想越封闭，对异质文化的抵触、冲突越大，越不容易接受新生事物。相反，那些得益于现代交通手段的发达、追逐商品经济的大潮、扬帆起航寻找新天地、新出路的人们，不仅在经济上懂得了自立，而且在心理上日趋成熟。地方的、家庭的约束力减弱、长期被压抑的个性得到解放，自主意识加强，传统观念淡化。"外面的世界很精彩，外面的世界很无奈"，在经受诸多外界风风雨雨的洗礼之后，不仅学会了新的生活方式，而且有了新的思维方式，形成了新价值取向。所以，交通的发展，既为人们提供了更多的施展才能的机遇，有利于个性的发展、价值的实现，也为人们创造出更多的接触外界的机会，使人学会了观察与思考、比较和选择，有助于唤起人们的求新意识、竞争欲望和奋发进取的向上精神；能够使人变得思想开化、眼光远大，加速实现观念更新与认识深化，有助于普通大众素质的提高，有利于新文化的再造和精神文化差距的缩小。

对于交通传播文化的功能，过去学者们谈得并不少。翻开任何一本通史性著述，都会有讨论交通状况与文化交流的专章。不过，就笔者所知，大多数著述重点解析的是器物文化之交流，如"丝绸之路"、"茶叶之路"、"香料之路"等，至于制度文化和精神文化，虽也有所论及，像印度佛教东传、日本大化革新等，但强调的程度远不及器物。事实上，交通对文化传播的功能是全方位的，制度文化和精神文化的传播不及器物文化直接和快捷，却比器物文化传播的意义更深刻、更久远。"新航路"的开辟所形成的近代世界体系，很清楚地说明了这一点。

二　交通与文化传播深度的研究：三个个案的比较

交通传播文化，由于文化类型和发展程度不同，交通所起的传播作用在深度上是有差别的。为了分析的方便，我们把程度相当的文明之间的文化交流视为 A—A 型，程度不同的文明之间的文化交流视为 A—B 型或B—A 型，并以下面三位著名学者的个案研究——季羡林对中印文化交流的研究，夏应元对中日文化交流的研究，罗荣渠对中美文化交流的研究为例作出说明。

（一）Ａ—Ａ型：中印交通的开辟与文化交流的过程

中国和印度是东方的两个文明古国，很早两国就发生了文化交流的关系。汉代，以新疆一带一些少数民族为媒介，印度的佛教传入中国。唐代，延续了千余年的中印文化交流的活动，从各方面来看，都达到了高潮。唐帝国在当时的世界上不仅最强盛，而且非常开放，首都长安是世界上最大的都会，几乎成为世界上政治、经济和文化的中心。在这样的情况下，中印交通也达到了空前的频繁程度。季羡林指出：

从中印交通活动的内容上来看，包括的范围非常广泛：有政治，有经济，有宗教，有艺术，有科技，有贸易，等等。其中影响最大的是宗教方面的活动：一是译经，一是取经。中国的译经活动，到了唐代，已经有了五六百年的历史。印度来华的僧徒，当时西北边疆一些小国的僧徒，还有中国土生土长的僧徒，都参加到这个活动中来。他们翻译了大量的佛经，达到了汗牛充栋的程度。唐代的玄奘、义净等名僧将译经工作推进到一个高峰。比译经更有意义、影响也更大的是取经活动。从汉末到唐代，一直不断有中国僧徒跋山涉水不远万里到印度（"西天"）去取经。到了唐代，这种取经活动也达到了高潮。贡献最突出的是玄奘和义净。玄奘年幼出家，627 年冒万死而赴天竺；645 年回到长安，奉太宗之命，于弘福寺译经。他从印度携回来佛教经论 657 部，645—664 年，共译经论 75 部。他的重要贡献不仅在于他的译经，更在于他的游记《大唐西域记》。这部书被全世界研究印度历史和宗教的学者视同瑰宝。义净 37 岁从广州出发，经海路抵印度。经 25 年，695 年回到洛阳，带回来了梵本经论近四百部。他组织译场，共译经 56 部。义净著述有《大唐西域求法高僧传》和《南海寄归内法传》。在如此频繁往来的情况下，中印两方面的文化相互影响既广泛又深刻。

首先是印度佛教对中国文化发生重大影响。佛教传入中国以后，发展迅速，影响遍及全国。佛教传入中国，为中国增添了一个新宗教，为中国文化加添了一种新文化，对中国传统文化发生了深刻影响。到了唐代前后，佛教形成了许多存在时间长短不一的宗派。最值得一提的是中国化成分最多的禅宗。因为能投合中国士大夫的口味，延续时间最长，一直到宋代，还余音袅袅。所谓中国化，有两层意思：一是佛教教义传到中国来以后，加入了中国的思想成分。佛教在中国形成的许多宗派，都或多或少做了佛教教义中国化的工作，禅宗中国化程度最深，寿命最长；法相宗印度色彩最浓，中国化最少，其寿命也最短。中国化的第二层意思，是把佛教的一些传说从印度搬到中国来。中国许多名山都成了佛教圣地，有的地方传说，释迦牟尼亲身到过那里，比如云南的白族、傣族地区。有的地方传说，某个印度阿罗汉或者菩萨到过那里，或者就生在那里。佛教几个著名的大菩萨都住在中国，最著名的是五台山的文殊菩萨、峨眉山的普贤菩萨、南海普陀山的观音菩萨等等。这种中国化，与教义无关；但从中可见，佛教在中国已经扎下了根子了。

随着佛教的传播，印度文化也大量涌入中国。传入中国的印度文化，内容是多种多样的，包括声韵学、文学、艺术、医药、天文历算、科技、物产、社会生活等诸多方面。例如文学，在六朝以前，中国已经受到了印度的影响。从南北朝起，印度的寓言、童话和小故事大量涌入中国。从六朝到隋，中国产生了一个特殊的文学品种，这就是鬼神志怪的故事。最著名的有张华的《博物志》、王嘉的《拾遗记》、干宝的《搜神记》、陶潜的《搜神后记》等等。在这些书里面有很多奇闻逸事、幽明报应和鬼怪故事。很多故事都与佛教有直接的关系。到了唐代，印度文学继续对中国文学发挥着影响。唐代最有特征的文学体裁是传奇文。印度文学对新兴的传奇文的影响，表现在两个方面：一是形式，二是内容。在形式方面的影响可以以王度的《古镜记》为例加以说明。它以一面古镜为线索，叙述了几个互不相干的小故事，用古镜贯穿起来。这种结构形式在印度古典文学颇为流行，比如流传全世界的《五卷书》就是如此。从内容方面来看，印度影响更为明显。比如黄粱梦的故事（如沈既济的《枕中记》）、魂游的故事（如李公佐的《南柯太守传》等篇）、灵魂出窍的故事（如陈玄佑的《离魂记》）、借尸还魂的故事（如张读的《宣室志》）、幽婚的故事（如戴君孚的《广异记》）、龙女故事（如柳宗元的《谪龙说》）、杜子春的故事（李复言《续玄怪录》）等，既有中国自己的创造，又有深刻的印度文化影响。

印度的天文、算术知识也随着佛典传入中国。现存汉译大藏经中有一些天文著作，可以为证。中国古代讲天文的有三家：盖天、浑天、宣夜。浑天之说，兴起较晚。它主张，天地之初，状如鸡卵，其外环水。中国三国至晋初学者常乐道之。这种学说来自印度，它同婆罗门的金胎说似有关系。印度古代数法有十进、百进、倍进、百百千进诸法。其中百进和倍进随着佛典的翻译传入中国。这两种数法的影响，在许多中国数学典籍中都可以找到，如《数术记遗》、《五经算术》、《孙子算经》书都是在佛典的影响下写成的。唐初编纂的《隋书·经籍志》里面列举了一长串印度天文历算的书籍：《婆罗门天文经》、《婆罗门揭伽仙人天文说》、《婆罗门天文》、《摩登伽经说星图》、《婆罗门阴阳算历》、《婆罗门算法》、《婆罗门算经》等。

在科技方面，中印两国的交流也是源远流长的。以制糖术为例，中国用蔗汁熬糖，大概从六朝时期就能制造砂糖。到了唐代，可能是因为发现当时印度制糖技术更高明，太宗派人去印度学习，结果却是"色味愈西域远甚"。中国的制糖术又前进了一步。

在印度文化深刻影响中国的同时，中国文化也在影响着印度。

首先是丝。中国是世界上最早养蚕缫丝的国家，这是我们伟大祖国对世界人民一个极其重要的贡献。蚕丝很早就传出了中国，传到世界上许多国家，其中包括印度。传播的道路就是"丝绸之路"。在桥胝厘耶的《政事论》（Arthasa – stra）中有 cinapatta 这个字，意思是"产生在中国的成捆的丝"。梵文里还有 cinamsuka 这个字，意思是"中国衣服，丝衣服"。这些同丝有关联的字都有 cina（中国）这个字眼儿，说明丝是来自中国的。

其次是纸。在古代印度，书写资料有时候用木板和竹片，更多的是用贝叶，是一种桦树皮。师徒授受，全靠口传。105 年蔡伦发明了以树皮、麻头、破布和渔网造纸的方法，很快传播开来。经过西域，中国纸和造纸术逐渐传到了印度本土。

再次是钢。中国是全世界知道和生产钢铁比较早的地方，战国时期炼钢的技术已经相当发展。到了西汉，中国的冶铁技术愈来愈精。中国的钢传到了印度。梵文中有许多字表示钢的意思，其中之一是 cinaja，这个字的意思是"支那生"，也就是出产在中国。9 世纪的阿拉伯旅行家伊本苦尔巴在游记中记载着，在克什米尔有一座用中国铁建成的观象台，坚不可摧。

同时中国的精神文化也传入印度，产生了积极的影响。玄奘翻译佛的同时，也将老子《道德经》翻译成梵文，向印度介绍。佛教的倒流也说明中国文化影响了印度。《佛祖历代通载》卷十三讲，永嘉玄觉禅师"著

《证道歌》一篇。梵僧传归天竺，彼皆钦仰，目为东土大乘经。"《宋高僧传》卷二十七《含光传》讲，"湛然与光相见，问西域传法之事，光云：'有一国僧，体解空宗。'问及智者教法，梵僧云：'曾闻此教定邪正，晓偏圆，明止观，功推第一。'再三嘱光：'或因缘重至，为翻唐为梵附来，某愿受持。'屡屡握手叮嘱。"这些例子，可以看出中国佛教倒流印度的情况。①

到了中国宋代，也就是公元 10—11 世纪，在印度，婆罗门教（印度教）早已抬头，伊斯兰教也逐渐传入，佛教逐渐消亡，主要通过佛教而进行的中印文化交流也不再出现。但是，中印文化交流并没有停止，而是换了另一种方式。此时，海上交通日益昌盛，商业和外交方面的交往日益开展，直至近现代。

（二）A—B 型：中日交通的开辟与文化交流的过程

至清末以前的大部分时期，由于中国的政治，经济和文化发展水平，总的来说在世界的东方居于领先地位，成为世界文明中心之一。因而对周围国家，包括日本在内的文化产生深刻影响。

日本是与中国隔海相望的近邻，具有与中国进行频繁文化交流的特殊条件。因而，中日两国间的文化交流，其年代之长，影响方面之广，影响之深刻程度，在世界各国的文化交流史上也是罕见的。夏应元指出：

中国与日本的关系，可以追溯到遥远的史前时期。早期的中日文化交流，大部分情况下，日本来中国都经对马、壹岐到朝鲜半岛，沿海岸北上，转道辽东，然后南下，到达当时中国的首都。交流的方式，除两国正式使节往还外，大量的中国移民（渡来人）经朝鲜半岛到日本，所起的传播中国文化的作用很大。当时日本生产力水平很低，中国先进生产技术，例如，在水稻、纺织、制铁等方面，对日本的传播占有特别突出的地位。

到了中国的隋代，日本进入大部分时间由圣德太子任摄政的飞鸟时代。日本一方面继续通过朝鲜半岛和渡来人，汲取中国文化，同时又派遣隋使和留学人员主动直接从中国学习文化。进入唐代，中国成了法制比较完备，经济繁荣，文化发达的国家，吸引着各国人士纷纷前来进行经济文

---

① 本案例资料节录自季羡林《中印智慧的汇流》，周一良主编《中外文化交流史》，河南人民出版社 1987 年版，第 154—168 页。

化交流。当时日本正处在氏族制和部民制社会末期危机四伏的年代，迫切需要寻找国家的出路，大唐的先进制度和昌明的文化，对于日本有很大的吸引力。于是日本朝廷不断派遣"遣唐使"去学习。这成为以后约两百年间日本的基本国策，从603年至834年共派出遣唐使19次。

遣唐使船队的规模日益扩大，体制完备，形成长期沿用的大规模的文化、外交使团。由初期的200多人扩大到550人左右，分乘四艘船，由过去的北路改走南路，即从九州的筑紫起航，到平户、五岛列岛待顺风时横断东海，到长江口登陆；或走南岛路，即从九州出发，沿西岸南下，经多衬（今种子岛）、夜久岛（屋久岛）、奄美大岛，折向西北，横断东海，到达长江口岸。使团由朝廷任命通晓经史或精通唐朝情况的官吏为大使、副使，到唐后一般要朝见皇帝、进献贡物、参观文物名所及藏书情况、习学经典、延聘去日人才等。此外，还负责向唐朝介绍日本的留学生（僧）。

在唐期间大部分留学生被安排入国子监、太学等官方学校读书，也有少数人延聘私人为师。这些留学生一般在唐停留二三十年之久，对中国文化濡染甚深。一般在学成后，随遣唐使返国，以在中国学来的东西为国效力。其中在716年随第七次遣唐使入唐的吉备真备在唐共学习达17年之久，钻研了儒家五经、三史、明法（律令格式）、天文、历学、兵事、建筑等各种实用之学。734年携带《唐礼》、《乐书要录》、《太衍历经》等近两百卷书籍返国，初任大学助教，后又任东宫学士，为皇太子讲授《礼记》、《汉书》，把盛唐的新学问介绍到日本。750年一度被任命为遣唐副使来唐。归国后，又任大宰大贰等军政国职，把唐的兵法用之于日本。后来，讨平藤原仲麻吕叛乱，最后升任右大臣。他还曾与精通刑法的大和长冈一起，删订律令。他代表了大多数返国效力的类型。

比留学生来唐人数更多的是学问僧，他们入唐的主要目的是为求佛法。入唐后，主要活动是朝拜圣迹，寻师求法，参加寺院的各种佛事活动，抄写或购买经卷、佛面、佛具等佛事器物。通过他们的入唐活动，将唐代佛教各宗派介绍到日本。他们在唐期间，也与中国文人相交往，把儒家经书、文集带回日本。除了长期在唐的留学生（僧）之外，到了中后期"请益生"、"请益僧"逐步占优势。他们大多是在某些领域已有相当造诣的人，例如最澄、空海、圆仁等，只在唐停留一两年时间，以便专就某些疑难问题索取解答。中后期请益生（僧）的出现，反映日本整个文化水平的明显进步。

通过长达两百多年十几次的遣唐使团的大批官员、工匠、留学生、学问僧等人的来往，使日本在各个方面都大量摄取唐文化，在各领域内发生了全面而深刻的影响。

隋唐两代，对日本历史影响最大的首推大化革新。革新是在中国儒家思想影响下进行的，当645年日本通过宫廷政变，建立起大化新政权之后，以隋唐的法式为模式实施了一系列改革措施。唐朝中央官制大体上是三省（中书省、尚书省、门下省）、六部（尚书省辖吏、户、礼、兵、刑、工六部）、一台（御史台）。日本仿唐制，设二官（神祇官、太政官）、八省（太政官辖中务、式部、治部、民部、大藏、兵部、刑部、宫内八省）、一台（弹正台），与唐大同小异。地方官制，依照唐的道、州、县，日本设国、郡、里三级，以地方的有力豪族充任行政长官。在土地制度方面，日本效仿唐的均田法，班田收授法。其实施手续、程序、方法等细节，至少在条文上有1/3与唐的均田法完全相同。但也有些地方，虽然吸取了唐令的原则，但根据日本的国情加以增删或改变。学制方面唐朝在中央设礼部统辖下的国子监，下辖国子学、太学、四门小学、律学、书学、算学六学，地方亦设学校。日本也仿此做法，在中央，设式部掌管下的大学寮，内设明经、纪传、明法、算道四道（即四科），地方上各国设国学。所学习的课程也如唐代一样，分为大经（《礼记》、《左传》）、中经（《毛诗》、《周礼》、《仪礼》）、小经（《易经》、《尚书》、《公羊传》、《穀梁传》）。同唐一样，也把《老经》、《论语》列为必读之书。

不仅在政府组织、典章制度等方面明显受到唐的影响，而且在意识形态的各个领域里，也受唐文化影响很深。

首先是中国的儒学。日本效仿唐朝的榜样，从701年起开始祭孔。735年吉备真备自唐归来，效唐制整顿礼节，祭孔规模更大。不久，又效唐的做法，追尊孔子为文宣王。757年，敕语中强调孝为"百行之本"，"令天下家藏孝经一本，精勤诵习"。令地方官推荐孝子，对不孝者要加以流放。在意识形态领域中，另一个与中国有密切关系的是佛教。进入奈良朝代之后，由于与唐的交往，把唐的六个宗派，通过朝鲜半岛及中日僧人的来往，介绍到日本（是为"奈良六宗"）。其中著名律宗僧人鉴真去日本，对中日文化交流作了很大贡献。平安时代最澄、空海分别由唐传入天台、真言宗。奈良、平安佛教的各宗派，都具有为"镇护国家"的国家色彩，以此为巩固当时的律令制国家服务，这与当时的中国佛教不同。

其次，古代日本的修史与中国史书的传入和影响密不可分。8 世纪初，为给业已建成的以天皇为中心的中央集权的统一国家的合理性制造舆论根据，在中国史书启迪之下，撰修了《日本书纪》。其后，又陆续撰修了《续日本纪》、《日本后纪》、《续日本后纪》、《文德天皇实录》、《三代实录》等史书（合称《六国史》）。这些史书在形式上参考中国的《春秋》、《左传》、《汉纪》、《后汉纪》等编年体史书，采取编年体。在思想内容上，借用了中国史书中许多宣扬皇帝圣明的文字，充分贯穿了天皇一家万世一系的思想。同时，也表达了儒家的"德治"思想。例如，其中记载每遇天灾人祸天皇就下"罪己诏"。

再次，就文学而言，唐代很重视文章诗赋，日本朝廷也效仿，使得汉文学在日本贵族中盛行。贵族中涌现了不少汉诗人，到 751 年编成第一部汉诗集《怀风藻》，共收 64 家 100 首诗，其中五言八句、侍宴从驾的诗居多，也有的诗咏美人，叙闺情，以月雪梅菊酒为题材，充满着中国文人的情趣，贯穿着儒、佛、道三教的思想。到平安时代，出现了奉敕命编造的三部汉诗集——《凌云集》、《文华秀丽集》、《经国集》，大部分是五言、七言、律诗和绝句。除汉诗一个系统之外，和歌也受到中国文学的影响。例如，日本最古的和歌集《万叶集》受到了六朝、初唐、盛唐的诗歌及《文选》、《毛诗》等作品的影响。

在这一时期日本的科技、文化艺术的各个领域，也都普遍受到唐朝的影响。例如，在宫城建筑上，过去日本因国家机器简单，往往一代一迁，大化革新后建成中央集权的律令国家，并在唐的影响下，正式营建永久性首都，仿照长安的一整套布局建造了平城京（今奈良）及其后规模更大的平安京（今京都），成为奈良、平安时代的首都。在绘画方面，当时主要是佛教画和装饰画。其中，如正仓院保存的鸟毛立女屏风画、药师寺藏的吉祥天画像，都与唐代风格极其相似。在工艺品方面，在保存至今的正仓院许多手工艺品遗物中，可看出当时学习唐技法所达到的高度水平。书法，本是中国汉字独特的艺术，自从王羲之父子及欧阳询等人的书法传入日本后，风靡一时，竞相临摹。号称"三笔"（桔逸势、空海、嵯峨天皇）的出现，反映当时书法所达到的最高水平及已深得唐人三昧的情况。其他如音乐、舞蹈、衣、食、住、生活习俗等，都在统治阶级的倡导下，深受唐的影响，形成全面唐化的局面。

唐亡后，中国再次进入分裂时期，五代十国，宋辽夏金，这一时期中国与日本的正式往来一方面继续维持（尤其是僧侣之间），一方面受到阻碍。不过自9世纪后半叶起，中国私人商船开始去日本贸易，自12世纪起，日本商人开始来中国贸易，私人贸易活动为两国文化交流注入活力。1279年元灭南宋，统一中国。在此前后，元世祖曾在1274年、1281年两次派兵侵日，都以失败告终。此后，日本商船仍不断来元，双方僧侣也常有往来。明清之际，中日相继锁国，贸易往来减少，但文人和僧侣仍然保持着交流关系，佛教、绘画、医术、儒学等多方面继续影响日本。

总的说来，从唐末到清末之九百年间，中日文化交流没有像唐代那样全面移植中国的政治制度，而交流的主要内容多偏重于意识形态领域，科技领域。这一时期中国文化对日本的影响，不像过去主要及于国家事务（政府制度、包括为它服务的宗教）及上层统治阶级的生活圈子内，而是逐步深入渗透到日本边远地方和社会中下层人民。这种现象，一方面符合文化传播的由上及下，由浅入深的普遍规律；另一方面，也与商人、庶民势力的抬头有关。这一时期不比隋唐，日本文化远较中国文化落后原始，一遇中国文化，立即全盘接受。镰仓时代之后，既经历过奈良、平安时代的全面"唐化"，又经历了平安中后期消化、吸收而形成"国风文化"的时期，具备了一定的文化基础和民族特点，因而，再接触中国宋代以后的新文化，必然出现与自有文化基础发生冲突、磨合、筛选、融化、有限吸收的过程。①

（三）B—A型：美中交通的开辟与文化交流的过程

中国与美国的交往，是世界上一个历史最悠久的古国与一个年轻而朝气蓬勃的国家之间的交往，是东方古文明与新兴的资本主义文明之间的接触。

罗荣渠研究指出，中美两国之间的交往，始于美国独立之初。1776—1781年，著名的英国探险家柯克在最后一次太平洋探险航行中，随船有两名美国海员到达广州。1784年8月，由纽约商人筹资护送一艘商船，带着美国国会颁发的证明，第一次航行到达中国的广州，这艘美国商船取名为"中国皇后"号。"中国皇后"号是中美关系的纪元，由此而开辟了

---

① 本案例资料节录自夏应元《相互影响两千年的中日文化交流》，周一良主编《中外文化交流史》，河南人民出版社1987年版，第311—341页。

美国对华航线。

最早来到中国的美国人都是商人、冒险家和海员，一方面他们对中国的兴趣只是做生意，另一方面他们的知识水平也限制了他们对中国古老文化的认识。19世纪30年代，继商人和海员之后，美国传教士来到中国。美国人开始较多地接触中国人和了解中国正是从传教士开始的。

传教士的文化水平比商人、海员高，为了在中国传教，注意了解中国风土人情，研究中国的社会政治状况。1830年美国传教士裨治文到达广州，在那里学习中文，并于1832年在澳门创办《中国丛报》（*Chinese Repository*，一译《澳门月报》）。这个刊物除刊载教会消息外，还介绍中国的政治、法律、文学、历史和风俗等给西方人。接着一批后来发挥重要作用的传教士卫三畏、伯驾、勃朗夫妇等人相继来华，或办印刷所，或开医院，开始其传教事业。1848年，卫三畏出版了学术著作《中国总论》（*The Middle Kingdom*），廓清了过去西方人有关中国的一些荒诞的道听途说，承认中国文化在异教文化中达到很高的地位，但又认为中国文明是一种停滞的文明，在更加优越的欧洲基督教文明的输入和影响下，将出现政治和社会制度的革命性变革。卫三畏回国后，任教于耶鲁大学，其子卫斐烈、赖德烈等人继之，由此开始了美国的中国学研究。

中国虽然也早有人漂洋过海或接触来华的美国商人，却几乎没有人关心过美国这个国家。据现在所知，最早到达美洲的中国人是木工与海员，时间比"中国皇后"号通中国晚四五年。一直到鸦片战争前后，即美国商船来广州通商已半个世纪之久，中国人只知道海外有"花旗夷人"，至于"花旗"的地理位置和历史沿革，属于哪个"部落"，皆茫无所知。林则徐到广东之后主持编译《四洲志》，其后魏源扩编为《海国图志》，才依据美国来华传教士裨治文用中文撰写的《美理哥合省国志略》，第一次开眼认识了哥伦布发现的新大陆和华盛顿创立的没有君王的北美共和国。

美国在中国的传教事业在西方各国中居领先地位。早在1810年，美国就建立"美国海外宣道理事会"，并在1830年首次派遣传教士来中国寻找传播福音的机会。此后浸礼会、圣公会、美以美会等都相继建立海外传教机构，都向中国派传教士。从1830年到1848年，各国新教派到中国的传教士共计98人，其中美国占73人，占西方各国新传教士总人数2/3以上。

传教士在中国事实上起双重作用：主要职能是使中国人皈依基督教，

附带也传播西方的知识与文化。美国国内教会组织的首脑最初认为教会的任务是传播福音，他们并不赞同海外宣教把过多精力与财力花在传播知识方面。在华教士们也是抱着打破中国人的闭塞、宣扬西方文明的优越而搞一点启蒙知识教育，以吸引听众的。学校、印刷所、医院，都不过是传教的工具，但它们争取的对象是没有受教育机会的贫苦下层群众，因此较易发挥影响。

1834 年 12 月，在华英美传教士及部分商人组成"中国益知学会"。这个机构编印通俗宗教宣传品外，还编译印行各种西方历史、地理、农学、医学书籍，向中国人介绍西方知识。传教士还创办教会学校、教会医院。教会学校是中国最早的西式学校，不单传授英文，同时也传授一些不同于中国旧学及八股文的最初步的实用科学知识。教会于 1842 年在宁波首创女学，开中国妇女入学风气之先。教会医院则向中国人介绍西医，并翻译西方医学书籍，训练西医人才。到 1850 年澳门、香港加上通商的五个口岸，每个城市都至少有一所美国传教士开设的西式医院。

传教士还做了其他一些改进中国文化的工作。如 1847 年厦门的教会与部分中国妇女合办"反缠足协会"，也开改革社会陋习风气之先。又如由于印刷汉文《圣经》的需要，传教士首先把现代西方铅活字印刷术传到中国。

美国在中国的传教事业和教会办学，到 19 世纪后期开始有较大发展。鸦片战争之后，美国人通过 1844 年的望厦条约取得了在通商口岸设立礼拜堂的权利，但未规定传教自由。1868 年中美签订"蒲安臣条约"，清政府接受了自由移民与优待美国人在中国办学的条款，传教也受到保护，从此打开了美国传教士自由无阻地进入中国内地传教与办学的道路。这是美国教会在华大发展的时期，在这阶段无论是传教、办学校、办慈善事业等方面，美国都居西方国家之首位。

美国教会在中国办的学校，最初规模很小，层次较低，只相当于小学校或中学水平。80 年代以后，办学重点才逐步转向高等学校。1879 年圣公会在上海建立约翰书院；1882 年长老会在山东建立广文学堂；1888 年美以美会在北京建立汇文大学；1889 年公理会等在河北通州建立华北协和大学。这些学校一般都是由普通教会学校增添课程设置和设备而试办的高等教育，除英语和宗教课外，还开设有关西方科学与医学方面的课程。它们完全不同于中国传统学塾的西式学堂，是西方文明的传导者。到 20

世纪 20 年代中期，美国在华创办教会大学进入鼎盛时期。许多原先的教会书院合并扩建而为大学，最重要的有东吴大学、文华大学、岭南大学、圣约翰大学、华北协和女大、沪江大学、金陵大学、之江大学、华西协和大学、华中大学、湘雅医学院、华南女大、金陵女子文理学院、协和大学、燕京大学、协和医学院等。这些大学遍布中国各沿海大城市并深入武昌、长沙、成都等内地。它们把一系列西方的新学科介绍到中国。例如，金陵大学和岭南大学创设的农学院对现代农业科学技术的推广与对水稻、小麦等品种的研究；湘雅医学院、齐鲁大学和华西协和大学的医学院等对西医学人才的培养；北京协和医学院在战前一直是亚洲最大最完备的医学教育中心；一些教会医学校还首先在中国讲授护士学并培养护士；燕京大学是社会学和新闻学领域的先驱；武昌华中大学首先开设图书馆学课程，并在中国小型图书馆中推广修订杜威分类法；还有商业、工商管理、西方历史、西方文学、拉丁文等课程，大都是教会学校首先设置或具有特色的。

传教士在中国教育改革中也发挥着重要作用。19 世纪 60 年代由洋务派发动的"自强运动"揭开了中国现代化运动的序幕。为了学习西方语文，翻译西书，1862 年北京开办同文馆，这是第一所外国语学校，也是近代中国的教育改革的开始。同文馆聘请西人开办英文、俄文、法文等班，最初是一种实验性质。到 1868 年算学馆成立，才逐渐向一所高等学校过渡。1869 年美国传教士丁韪良出任同文馆总教习，学校逐渐变成设有实用科学课程的学校。同文馆引进的新课程主要有算学、化学、国际公法、医学生理、天文、物理，多由传教士任教。继京师同文馆之后，在上海（1863 年）与广州（1864 年）设立同文馆，都是西人教授外文。

1881 年，长老会传教士狄考文发表《振兴学校论》，批评中国人古训至上，所学范围太狭，建议广设普通学校、职业学校、大学、女学，并把士、农、工、商全纳于学。另一位监理会传教士林乐知，主张中国应改革科举并兴新学，先在现有书院设天文、舆地、格致、船政、法学等科。在这样一种气氛中，1896 年孙家鼐呈奏议复开办京师大学堂。1898 年 8 月京师大学堂建立，丁韪良被聘任为西学总教习。1902 年，同文馆并入设京师大学堂，1912 年京师大学堂改名北京大学。中国自办的北洋大学堂、南洋公学等大学，最初也多是聘请美国人主其事。

一方面西方传教士来华布道，传播西学；一方面中国学子也漂洋过海，主动学习西洋新学。从 19 世纪中叶开始，中国留学生遍及欧美和日本，尤以留美学生的影响与作用最大。

中国最早在美国接受正规教育并获取学士学位的人是容闳。容闳回国后提出选派青少年出洋赴美国留学的教育计划，几经周折，终于在 1872 年至 1875 年间付诸实现。第一批留学生初定 120 名，年龄在 10—15 岁，分为四批，每批 30 人，赴美国学习。曾国藩、李鸿章的奏折称这次选送幼童出洋留学"属中华创始之举，抑亦古来未有之事"。

这批最早的留美学生被安排学习军事、船政、路矿、机工等，原定以十五年为期，后因多种原因，被清政府提前召回（1881 年）。除詹天佑等二人毕业于耶鲁大学外，其余学生全未完成学业。这批被召回的留美学生经过考核，成绩良好，分派到船政局、机器局、电报局等处任用，成为中国近代工业与技术方面的第一批专家。他们后来在中国的造船、铁路、采矿、机器制造、电报以及外交事务等方面发挥了重要作用，并开创向西方学习风气之先。

中国派遣留学生的新高潮出现在 20 世纪初。1907 年，北洋大学第一班学生未待毕业就全部送出国留学。第二班同此。两班共送出国 48 人，其中 44 人派往美国，随之而来的是用庚子赔款选送的留美学生。原定自退款第一年起，头五年中每年选派百名学生留美。从 1909 年至 1911 年三年中，实际共考选 180 名 20 岁以下男生。这是继百名幼童赴美之后中国大宗派遣留美学生的开始。

在容闳的时代，即洋务运动时期，中国学习西方主要是通过传教士，关心的主要的兵工技艺。到严复的时代，即维新运动时期，学习西方是通过传教士和少数早期留学回来的了解西学的人。这时对西方的科技知识的介绍开始上升到理论层次，对西方在"朝廷政教"方面的长处也多少有所认识。到胡适的时代，即清末民初之时，学习西方的主力转到大批出洋的留学生身上。他们亲自接触到一个广阔的新世界，开始对中国的落后状态有了真切的认识，并怀着极大的热情理解西方的历史与文化。这样，几千年来的专制体制和儒学道统才在他们的眼前彻底动摇了，开始崩溃了。只是在这时，中国知识分子对西方的认识才提高到一个新水平。他们成为西方近代新文化的传播者和中国近代文化的启蒙者。在"五四"新文化运动中，以胡适为代表的留美学生作出了重要的贡献。

近代中国从西方输入的新文化，内容丰富，包罗极广。以上所述，仅限于美国影响较大的一些方面：如传教，办教会学校，促进中国新制学校的建立与教育改革，接受大批中国学生出国留学等等。罗荣渠指出，美国的这些活动，不像其他西方国家在中国销售洋货、办工厂、修铁路那样获利丰厚，但它们对中国的现代化运动与未来的潜在影响却要深远得多。同西方国家一样，美国也通过它的对华贸易与资本输出等活动来争夺的中国市场，但在文化领域内的活动所争取到的中国市场，却比其他西方列强更为成功。由于美国对中国的文化交流形成了一种特殊联系纽带，从而这个国家在近现代中国政治中扮演着特殊的重要作用。①

（四）三大类型交通与文化交流过程观察的基本结论

三位历史学家对中印、中日、中美文化交流的研究表明，无论 A—A（或 B—B）型还是 A—B 型、B—A 型的文明间之交通，都可以实现物质、制度、精神各层面的文化交流，而且这种交流总体上是双向的、渐进的。但这并不是说，所有的文明，都是按同等程度和方式进行交流的。大致来讲，A—A（或 B—B）型的文化交流往往以物质或精神的交流为主导，如中印文化交流中，最引人注目的是印度佛教的中传，与此同时，中国的精神文明也有西传。物质文化交流是有的，但意义不太突出。制度层面的交流，至今没有发现明显证据。A—B 型、B—A 型的文明间之交通往往带来全面的文明输出，但输出大多表现为单向的态势。如古代中日文化的交流，主要表现为日本全面学习中国文化；近代中美文化交流，主要表现为中国全面学习美国文化。当然，全面学习不等于全面照搬，日本全面学习了中国文化，尤其是制度文化，但日本并未"中国化"；同样，美国文化对中国有全面影响，但是，中国近代也没有选择"美国道路"。

三　交通与文明传播的广度

（一）传统陆路交通与文明传播的局限性

传统的陆路交通，例如丝绸之路，在文明的传播历史上，曾经起到过举足轻重的作用。但是，它的局限性也是毋庸置疑的。这首先表现在传统陆路交通传播文明的速度较慢；其次是不稳定，文明传播时盛时衰；再次是它以物质文明传播为主，而精神文明、制度文明的交流带有自发性质，

---

① 本案例资料节录自罗荣渠《美国和西方资产阶级新文化输入中国》，周一良主编《中外文化交流史》，河南人民出版社 1987 年版，第 631—665 页。

不像新航路开辟后出现的西方文明的"自觉"传播；另外，传统陆路交通实现的文化传播，在范围上是有限的，很难实现一种全球性的传播和交流。

北京大学陈炎教授对丝绸之路从陆上向海上的转移进行了深入研究，在其著作《海上丝绸之路与中外文化交流》里，认为陆上丝绸之路的衰落，除了具体的历史原因外，还有其自身难以克服的种种致命弱点。这些弱点包括：

第一，陆上丝路只能通达毗连邻国，再向远运，便要穿过一连串的国家和民族，如果其中有一个国家和民族发生了变乱，或有任何一个国家为了垄断丝绸贸易而操纵了这条丝路，就会影响全线的畅通。而这样的变故或因战乱而使丝路中断的情况，在历史上是屡见不鲜的。

第二，陆上丝路位于中国西北，地处内陆，只能向西运输商品，而中国传统的外销商品，如丝绸、瓷器、茶叶等的产区都在东南沿海。陆路西运，远离商品产区，既不经济，又不方便。何况对于环太平洋各国，陆上丝路是无法到达的。

第三，陆上丝路的自然条件十分恶劣，要越过葱岭和戈壁沙漠，风沙弥漫，行程艰巨，又只能靠骆驼运输，运输量有限，而且时间久，运费高。

第四，随着商品生产和商业活动的发展，商品外运与日俱增，尤其像瓷器等较重且易破损的商品，陆上运输就难以承担。因此，陆上丝路已不能适应日益繁荣的商品经济和商品运输发展的需要。这是陆路运输转向海路的关键。①

陆路交通在今天仍然是重要的交通形式，这要归功于科学技术的革命，归功于汽车、火车等先进交通工具的出现和高等级公路、铁路的建成。但即使如此，陆路交通在文明传播方面的局限性依然存在。

（二）新航路的开辟是文明传播全球化的序幕

新航路的开辟促成了世界文化交流网的形成，从而开辟了人类文明传播和发展的新纪元。

开辟新航路就是西欧人开辟的直驶东方的远洋航行路线。新航路的开辟大致包括三个内容：由葡萄牙人达·伽马1497—1498年实现的直驶印

---

① 陈炎：《海上丝绸之路与中外文化交流》，北京大学出版社1996年版，第19—20页。

度的航行；由意大利人哥伦布 1492 年完成的发现美洲大陆的航行；葡萄牙人麦哲伦 1519—1522 年进行的绕地球一周的航行。

新航路的开辟引起了欧洲的"商业革命"，同时引发了欧洲对全世界的殖民扩张，世界近代历史也由此开端。西方的早期航海冒险活动，虽然伴随者残暴的殖民活动，但是另一方面也推动了世界各国的文化交流，促进了世界文化交流网的形成。有学者认为，是近代西方殖民主义用火和剑推动了太平洋地区一体化。西方殖民主义行为，从政治和经济角度讲，是野蛮的赤裸裸的侵略和掠夺；然而从文化发展的意义上说，它促进了全球文化的多方面、深层次的交流，开创了世界各国、各民族文化大交流的时代。在客观上极大地促进了人类文化在世界各国的快速发展。世界文化交流网络的主线，就是密布于大洋上的航海线。在近代世界文化发展过程中，海洋事业曾发挥传播文化的主渠道的作用。当然，在近代海洋事业不断开拓的同时，也伴随着一轮又一轮的技术革命。

近代以来，交通发展对人类文化传播所作出的最大贡献，首先在于它实现了全球范围内经久不息的移民活动，因而从根本上改变了世界各国的人口结构和社会文化状况。

据阿萨·勃里格斯的研究，1850—1880 年，英国有 300 万人到海外去寻求新生活，其中 2/3 是到美国。1851 年，殖民当局公开了此前在维多利亚地区发现金矿的秘密。大批移民，主要是下层贫苦移民，从英国和欧洲各地，以后还有亚洲，涌入澳大利亚，形成了澳大利亚近代史上第二次自由移民的高潮。结果，在 1851 年至 1861 年的 10 年中，澳大利亚移民的人口激增 3 倍，超过 100 万人。从 1840 年到辛亥革命，短短的几十年间，以华工为主的华侨，背井离乡前往海外者，高达数百万人。其中，仅 1847—1874 年，被骗到东南亚、美洲和大洋洲的契约华工就多达上百万人。在欧亚两洲人口大量迁移的同时，贩运非洲黑人的罪恶行径也在肆无忌惮地进行。据美国黑人历史学家 W. 酝波依斯的估计，贩运的非洲黑奴规模 16 世纪为 90 万人，17 世纪 275 万人，18 世纪 700 万人，19 世纪 400 万人，四个世纪共约 1500 万人。如此大规模的国际人口迁移所带来的文化影响是深刻而长久的。它的直接后果突出表现为种族和文化的大融合。这个大融合虽然是一个充满苦难和血泪的过程，但是，从人类文化发展角度看，它客观上大大促进了世界文明发展的进程，实现了文化发展上的历史性突破。这种发展的物质基础，就是地理大发现以来迅速发展的世界航海业。

移民和人口流动，是一座社会文化大"熔炉"，各民族文化在这座大熔炉里融化，最后熔炼出"全球意识"、"一体化"等现代思想意识。现代世界文化交流的形式很多，仅就各种各样的、定期或不定期举行的跨国会议来说，自 17 世纪意大利诞生第一个自然科学专门学会以来，到现在已超过 1000 个，这些学会每年召开几千次学术会议。美国一国参加这种学术会议的科学家，1961—1976 年就达 7 万多人次。这种国际性会议、讨论会和学术座谈会，对科学文化的发展无疑产生了极其重要的影响作用。许多重要思想观点，都是在这些会议上形成或得到有效传播的。

国际文化交流网的形成，标志着文化传播方面一个全新时代的到来。在交通不便、关山阻隔的古代，许多人不知除本国之外还有何国；不知茫茫水天之外还有何物。现代交通发展，彻底改变了这种状况。当人们乘上喷气式客机在空中飞翔，几乎在一天之内就可以绕地球一周时，他们才发现地球原来这么小，就像一个村庄。地球村、一体化观念是经济一体化的反映，而经济一体化则是现代交通运输发展的结果——当然还有其他因素起作用。未来学家约翰·奈斯比特曾说："首先在经济上推动美国前进的两大发明为电报（后来是电话）和铁路。同样，使地球变成全球经济村的两项重大发明为喷气机和通讯卫星。"[1] 交通推动经济一体化，经济一体化产生新思想新观念，而新思想新观念一旦形成，又反过来指导一体化运动。

（三）互联网：文化传播村落化渐成现实

现代信息交通的发展，尤其是国际互联网络的触角深入千家万户，终于使得"地球村"渐成现实。中国虽然还是一个发展中的落后国家，但国际互联网络也得到了快节奏的延伸。

1994 年 4 月 20 日，"中关村地区教育与科研示范网络"（NCFC）与美国 NSFnet 实现直接联网。从此中国被国际上正式承认为有 Internet 的国家。

1994 年 5 月 21 日，中国科学院计算机网络信息中心完成了国家顶级域名（CN）服务器的设置，改变了中国 CN 顶级域名服务器一直放在国

---

① ［美］约翰·奈斯比特：《大趋势》，孙道章译，中国社会科学出版社 1984 年，第 57 页。

外的历史。

1994 年 9 月，中国公用计算机互联网（CHINANET）的建设启动。

1995 年 1 月，中国电信开始向社会提供 Internet 接入服务。

1996 年 12 月，中国公众多媒体通信网（169 网）全面启动。

1997 年 11 月，中国互联网络信息中心（CNNIC）发布了第一次《中国 Internet 发展状况统计报告》。截至 1997 年 10 月 31 日，中国共有上网计算机 29.9 万台，上网用户 62 万人，CN 下注册的域名 4066 个，WWW 站点 1500 个，国际出口带宽 18.64Mbps。

1998 年 7 月，中国互联网络信息中心（CNNIC）发布了第 2 次《中国 Internet 发展状况统计报告》。截至 1998 年 6 月 30 日，中国共有上网计算机 54.2 万台，上网用户 117.5 万人，CN 下注册的域名 9415 个，WWW 站点 3700 个，国际出口带宽 84.64Mbps。

1999 年 1 月，中国互联网络信息中心（CNNIC）发布了第 3 次《中国 Internet 发展状况统计报告》。截至 1998 年 12 月 31 日，中国共有上网计算机 74.7 万台，上网用户 210 万，CN 下注册的域口 18396 个，WWW 站点 5300 个，国际出口带宽 143.256Mbps。

进入 21 世纪，互联网更加突飞猛进。根据中国政府发布的《中国互联网状况》白皮书，到 2009 年底，中国基础电信企业互联网宽带接入端口已达 1.36 亿个，互联网国际出口带宽达 866367Gbps，拥有 7 条登陆海缆、20 条陆缆，总容量超过 1600Gb。中国 99.3% 的乡镇和 91.5% 的行政村接通了互联网，96.0% 的乡镇接通了宽带。2009 年 1 月，中国政府开始发放第三代移动通信（3G）牌照，目前 3G 网络已基本覆盖全国。移动互联网正快速发展，互联网将惠及更广泛的人群。中国网民人数达到 3.84 亿，比 1997 年增长了 618 倍，年均增长 3195 万人，互联网普及率达到 28.9%，超过世界平均水平。中国境内网站达 323 万个，比 1997 年增长了 2152 倍。中国拥有 IPv4 地址约 2.3 亿个，已成为世界第二大 IPv4 地址拥有国。中国使用宽带上网的网民达到 3.46 亿人，使用手机上网的网民达到 2.33 亿人。中国网民上网方式已从最初以拨号上网为主，发展到以宽带和手机上网为主。中国互联网发展与普及水平居发展中国家前列。可以看出，地球村的时代真的来临了。地球村时代的文化传播，无论从范围还是深度上，都将是前所未有的。

四　社会文化类型与交通发展

交通对文化（文明）的创制、传播意义重大，同时文化对交通发展也存在强大制约。不同类型的社会文化，对于同样的交通条件，往往会采取不同的态度，或积极推进，或消极利用，或干脆抑制。这一点，以郑和与哥伦布远航为例作说明。

1405 年，郑和率领庞大的船队从江苏省浏河口的刘家港出发，远航"西洋"即中国南海以西的海洋及近海各地。他所率领的舰队弘舸连轴，巨航接舻，大者可载物千吨以上，"长四十四丈四尺，阔一十八丈"，"篷帆锚舵，非二三百人莫能举动"。人数约在 2.7 万以上。从 1405 年到 1433 年，郑和于 28 年中七下西洋，每到一地，他将"锦绮纱罗绫绢等物，赐诸国王"。诸国也"各具方物及异兽珍禽等件，……附随宝舟赴京朝贡"。由此造成"三十余国，泥首燕都"，"梯山航海而进贡"的盛大气象。与此同时，大批华人借郑和下西洋的推动力移居东南亚各地，形成一次海外移民的高潮。明朝在东南亚的影响因此达到了最高峰。他们的旗帜飘扬在整个东南亚和印度洋，清楚地显示了帝国的政治和军事优势。

然而，明仁宗即位之后，户部尚书夏原吉便向新君建议"罢西洋取宝船"。仁宗随即下诏："下西洋诸番国宝船悉毕停止，如已在福建太仓等处安泊者，俱回南京，将带去货物仍于内府该库交收。"宣德年间，尽管明宣宗再次派郑和"历忽鲁模斯等十七国而还"。但自此以后，不仅下洋巨舶不再建造，连下西洋档案也被焚毁。郑和远航的壮举成为绝响。

当中国远航船队的帆影在海面上消失，大西洋上却扬起了西方人远航的风帆。欧洲人完成开辟新航路的远航，不仅在时间上（1492—1522 年）迟于郑和下西洋，而且在船只的规模与出航的人数上也远不及郑和船队。然而，这一系列"不及"并不妨碍哥伦布、达·伽马和麦哲伦完成划时代的业绩："由于我们航海家的勇敢，大洋被横渡了，新岛屿被发现了，印度的一些僻远隐蔽的地方，揭露出来了。西方大洲，即所谓新世界，为我们祖先不知的，现已大部明了了。"① 曾经在航海上占有多方面优势的中国人不仅未能完成地理大发现，而且连在南洋的优势也保持未久，后来的西方人却以他们的远航"给我们一个新地球"。后人读史至此，每每不

---

① ［英］贝尔纳：《历史上的科学》，科学出版社 1981 年版，第 230 页。

免欷歔感叹。①

梁启超以富于情感的笔调表达自己的感受说:"郑君之初航,与哥伦布发现亚美利加以前六十余年,当维嘉达哥马发现印度新航路以前七十余年,顾何以哥氏、维氏之绩,能使全世界划然开一新纪元,而郑君之烈随郑君之没以俱逝。中国国民中稍食其赐,亦几希焉。则哥伦布以后有无量数之维嘉达哥马;而我则郑和以后,竟无第二之郑和。噫嘻,是岂郑君之罪也?!"② 郑和下西洋成为中国人难以忘怀的历史遗憾。

历史活动的直接动力首先是需要或利益。郑和下西洋的规模和航海水平虽然在当时世无其匹,但这次远航既无向海外做殖民征服的意图,也不是为了开拓海外贸易,而是从侄儿手中夺取皇位的明成祖朱棣企图通过"宣威海外"以示正朔的一种努力,诚所谓"振纲常以布中外,敷文德以及四方","耀兵异域,示中国富强"。随郑和远航的马欢在《纪行诗》中说:"皇华使者承天敕,宣布纶音往夷域。"明白表示这是一次以"宣布纶音"为主要目标的御用的政治远航。当然,正如《剑桥中国明代史》所指出:明成祖"进行这些航实际上有很多理由:寻宝——郑和的船只叫'宝船';显示他的权力和财富;了解帖木儿的和其他西亚蒙古人的计划;扩大朝贡制度;满足他的虚荣心和他对荣誉的渴求;以及使用他的宦官队伍"。但这些理由仍然同中国社会经济发展的内在要求没有必然的联系。一旦帝王的意图改变或兴趣转移,郑和的远航活动自然颓然而逝,无声无息。

与郑和下西洋的历史驱动力不同,哥伦布等人之所以百折不挠、孜孜以向东方,是因为在他们的背后有着生产力的要求和经济的动力:15世纪下半叶,资本主义生产方式在欧洲逐渐发展起来,旧的货币流通额已不再能容纳西欧商品流通量,于是,一股热炽的"黄金渴望"风靡欧洲,自马可·波罗以来就被神秘渲染的东方,也自然引起冒险家们的强烈向往,据说,那里"富庶无比","金、银、珍宝与香料,所在皆是"。然而,金帐汗国的崩溃、土耳其的扩张、阿拉伯人的垄断,使欧洲与近东的贸易在15世纪末陷入困境。为此,西欧各国急亟要求开辟通往东方的新

① 以上引述见周积明《鸦片战争前中国现代化的三次延误》,《天津社会科学》1995年第1期。

② 梁启超:《祖国航海大家郑和传》,《饮冰室合集》专集5。

航路，以便直接深入其艳羡已久的远东财富之源。哥伦布、达·伽马和麦哲伦的航海就是在这样的大背景下迭相出现，它们所表现的，是初生的资本主义生产方式渴求原始积累的巨大利欲冲动，而这样一种"生产的利害关系的影响"，是远较任何政治意图或帝王欲望更为持久、坚韧的驱动力。

历史比较往往有如环环相扣的连环套，一个环节解开了，新的问题又出现了。西方航海者为了寻找财富与开辟新航道冒险犯难、前后相承，中国的郑和七次下西洋为什么除却宣扬国威招徕远人以及广泛搜求海外珍奇外，对于发展海外贸易与追寻财富一无兴趣？答案必须从大陆—海岸民族的生活环境、生活方式和观念世界的特征中去追寻。

中国是一个古老的农业国，自春秋战国始，逐渐形成以小农经营为主体的单一农业经济结构，在这种经济结构中，由于农业本身生产最必要的生活产品，较长的农业生产周期又为农民提供了大量闲暇从事家庭副业和手工业，其结果造成千万个自给自足的经济单位，以此经济构造为基础，中国完全可以在相对封闭的情况下解决自我生存问题。诚然，中国历代也有海外贸易的活动，但这些活动都以输入奢侈品、输出手工制品为主，如汉代的海外输入，"多犀象、玳瑁、珠玑"。唐代"外国之货日至，珠香象犀玳瑁奇物溢于中国"。元代"宝石珍珠输入之多，竟至不可思议"。而这些奢侈品都与民众的经济生活少有联系。也正是立足于这样的经济结构上，明代专制统治者才得以在主持七下西洋的盛大航海活动时，把扩大政治声誉及追求奢侈品的要求放在首要地位，其后又可以毫不犹豫地中止远洋航海，甚至长期厉行闭关自守的海禁政策。

农业型自然经济的根深蒂固也造就了中国人特有的海洋观。中国虽然有漫长的海岸线，但中国文化的基本倾向是重陆轻海，先河后海。对于发展海洋事业少有兴趣。在文人骚客的笔下，有关大海的吟咏，大致不出"海客谈瀛洲，烟涛微茫信难求"的范围，视大海为神秘莫测之乡。他们全力描写的是"大漠孤烟直，长河落日圆"、"黄河远上白云间，一片孤城万仞山"的内陆壮观景象。郑和下西洋乃至近代以前的海洋事业无以从文化心态上获得大规模展开的动力。

第十章　交通与社会的可持续发展

可持续发展是我国经济和社会发展的基本国策，交通发展面临资源占用、生态平衡、自然保护、工程环境影响、债务和社会负担等问题。本章分析影响交通可持续发展的基本因素，探索实现交通与社会可持续发展的措施。

第一节　社会可持续发展条件下的交通

一　可持续发展的基本观念

"可持续发展"（Sustainable Development）是 20 世纪 80 年代提出的一个新概念。1987 年世界环境与发展委员会在关于人类未来的报告《我们共同的未来》（*Our Common Future*，又称布伦特兰报告 Brundtland Report）中第一次阐述了可持续发展的概念，得到了国际社会的广泛共识。

可持续发展是指既满足现代人的需要，又不损害后代人需求的发展。换句话说，就是指经济、社会、资源和环境保护协调发展，它们是一个密不可分的系统，既要达到发展经济的目的，又要保护好人类赖以生存的大气、淡水、海洋、土地和森林等自然资源和环境，使子孙后代能够持续发展和安居乐业。可持续发展与环境保护既有联系，又不等同。环境保护是可持续发展的重要方面。可持续发展的核心是发展，但要求在严格控制人口数量、提高人口素质和保护环境、资源持续利用的前提下推动经济和社会的发展。

图 10—1　全球可持续发展五大要点①

资料来源：新华网。

可持续发展是人类对传统发展模式反思后的创新。面对人口急剧增加、资源过度消耗、环境污染、生态破坏等问题，人类社会物质财富究竟应该怎样增长，增长到什么程度，才能使社会可持续性发展，已成为各国政府和社会经济学界思考的一个重大课题。发展，作为满足人类不断的需要，也受到地球资源的限制。可持续发展应是既满足当代人的需要又不危及后代人需要的发展。

我国人均自然资源占有量是很低的：人均耕地面积1.5亩，仅为世界人均耕地占有量的1/3；人均森林面积为世界人均水平的11.3%；人均草地面积低于世界人均水平的1/2；人均淡水量不到世界人均水平的1/4；已探明的煤炭、石油、天然气等重要资源的储量都达不到世界人均水

---

① http：//www.china.com.cn/economic/txt/2002－09/10/content_5201981.htm.

平。但我国人口却在不断增长（预计到 21 世纪中叶，人口将达到 16 亿），环境在不断恶化，干旱的气候、严重的荒漠化、日趋逼近的环境承载能力，已影响到我们的生存和发展。在我国西北地区，人们随处可见贫瘠的土地、荒凉的戈壁滩，这些在很大程度上是社会经济无序发展与资源环境严重破坏的结果。因此，可持续发展思想是我国 21 世纪发展的基本国策。

可持续发展战略包括自然资源的可持续利用、环境保护、消费模式的转变、能源的合理节约利用、清洁生产、消除贫困、人口控制等内容。可持续发展追求的是经济、社会、生态三者的持续协调发展，其中经济持续发展是条件，生态持续发展是基础，社会持续发展是目的。当然，一切自然条件的优劣、资源的多少都是相对于人的需求而言的，不考虑人的需求，资源的多寡余缺、生物的盛衰生灭、环境的好坏都是无价值的评价。人类保护环境，利用资源，说到底还是人的生活需要。

交通作为经济和社会发展的重要基础，是人们出行和一切社会经济活动的必要条件，与可持续发展有着密切联系。可持续的自然资源利用、能源的消耗、清洁生产、消费模式转变、环境保护和消除贫困都与交通基础设施建设、运输装备使用、运输组织管理有关。有限的土地和能源资源，人们对环境和生活质量的不断要求，都迫使传统的交通运输在满足不断增长的交通需求上不断创新，以合理利用资源，改善交通运营管理，提高交通效率和效益。

二　交通发展对资源和环境的影响

交通运输业的发展，既有对资源合理利用、环境改善的一面，但又大量消耗能源和对生态环境造成破坏、给人民生命财产带来危险的一面。分析和认识交通的这些正面和负面影响，在今后的发展战略和规划中予以重视，是十分必要的。

（一）对土地的占用

交通基础设施建设中，公路和铁路是占地最多的。根据我国交通部 1999 年负责编制、建设部和国土资源部联合批准发布的《公路建设项目用地指标》的标准，高速公路（四车道）每公里平均占地 8 公顷（每公顷 15 亩），一、二、三、四级公路平均分别为 7 公顷、3.2 公顷、2.6 公顷和 2.3 公顷。铁路复线每公里占地面积相当于四级公路。

根据交通运输部和铁道部网站的数据，截至 2011 年底，全国公路网总里程已达到 410.6 万公里，其中高速公路通车里程达到 8.5 万公里，居世界第二位；全国铁路营业里程达到 9.3 万公里，居世界第二位，其中高速铁路运营里程达 9779 公里，居世界第一位。按此估算，公路和铁路建设占地约在 1460 万公顷（21900 万亩）以上，约为全国耕地面积的 11%（当然，部分公路并不占用耕地，有些是在荒山、荒丘甚至沙漠上）。到 2050 年，如果按达到目前西方发达国家人均拥有的汽车量（每百人 55 辆）、每百公里公路的通车量（每百公里 5000 辆）、全国人口控制在 16 亿人计算，公路里程需要达到 1760 万公里，是现在的 4.4 倍，公路占用土地将超过 4500 万公顷（45 万平方公里），约为耕地面积的 32%，这显然是不可取的。

公路除自身占用土地外，在建设中还要取土石方毁坏土地、施工临时占用土地以及毁坏林木、植被等问题，如位于长白山区的吉林省江源县松树镇，一条 8 公里的乡公路占去林地 5.9 公顷，毁坏树木 3.9 万株，使森林资源遭到破坏。

当然，公路在占用土地的同时，也对国土资源开发带来益处，可以诱导大量新的资本在其沿线投入，形成高速公路产业带，调整产业和人口的分布；能够提高周边区域土地资源开发利用价值。在荒原、沙漠上，为保护公路而采取的固沙、绿化等措施也大大改善了当地的生态环境。如内蒙古自治区伊克昭盟的锡乌穿沙公路，在穿越库布其沙漠 50 多公里的公路两侧设置了沙障 5 万亩；在 100 多公里沿线两侧种树种草，打井喷灌，增加了植被。

（二）对能源的消耗

无论是汽车运输还是船舶运输，所消耗的能源主要是石油，属不可再生资源。就我国能源消耗（包括石油、天然气、煤炭、电力消耗）总量来说，交通运输业占 4.6%；但在石油方面，公路、水运所占比重超过 25%。

2010 年，我国三大类成品油消费 2.46 亿吨，比前一年增长 12%。全国汽油消费全年大约 7118 万吨（增长 7%），基本上是汽车消费；柴油全年消费约 15729 万吨（增长 13%），汽车消费 51%，为 8000 万吨。2010 年全年成品油产量 2.52 亿吨，其中汽车消费成品油 1.5 亿吨以上，约占 60%。这样算来，2010 年全国汽车相当于消耗原油 3 亿吨。

据专家测算，到2020年，我国交通运输需求总量将是目前的2.5—3倍，交通运输能力需再提高两倍以上。如果按照目前的油耗水平，到2015年，全年汽车年成品油消耗将达到2.25亿吨，按照60%的成品油率，年消耗原油3.75亿吨，年排放二氧化碳在9.375亿—11.25亿吨；到2020年，全年汽车年成品油消耗将达到3亿吨，按照60%的成品油率，年消耗原油5亿吨，年排放二氧化碳在12.5亿—15亿吨；到2025—2030年，全年汽车年成品油消耗将达到4.5亿吨，按照60%的成品油率，年消耗原油7.5亿吨，年排放二氧化碳在18.25亿—22.5亿吨，相当于2010年美国交通运输二氧化碳排放的总量。

截至2011年8月底，全国机动车保有量达到2.19亿辆；其中汽车保有量首次突破1亿辆大关，占机动车总量的45.88%。公路客货营运车辆运载能力持续增长。2010年底，全国拥有公路营运汽车1133.32万辆（其中载货汽车1050.19万辆，载客汽车83.13万辆）。

从全世界范围来看，千人汽车保有量为120辆。而我国目前千人汽车保有量只有54辆，不到世界平均水平的一半。过去5年，中国新增1亿吨炼油能力，全部被新增的3500万辆汽车吞噬掉。如果中国千人汽车保有量达到美国目前的水平（790辆），全世界的石油都供应不起！

我国作为一个新兴汽车大国，从2009年开始已经成为世界最大的汽车生产国和第一大新车市场，汽车保有量近年来迅速增长。虽然我国千人汽车保有量还不到世界平均水平的一半，但是由汽车迅速增加带来的交通拥堵和大气污染已经到了十分严重的地步。几乎所有的大城市都存在着严重的交通拥堵；由于汽车尾气排放带来的空气污染，已经成为许多大城市的主要污染源。

（三）对其他资源的消耗

公路、水运基础设施和汽车、船舶还需要大量的钢铁、水泥、砂石、沥青、电子元件、通信器材、橡胶等原材料，而铁矿石、沥青、橡胶等资源国内供给不足，也需要大量进口。

（四）对日常生活环境的影响

公路对环境的影响主要是汽车尾气和噪声；船舶的水污染和运输事故造成的跑、冒、滴、漏；港口装卸的粉尘和化学品、污水等；飞机的噪声也很严重。

——汽车排放的主要污染物是一氧化碳、碳氢化合物、氮氧化物和铅微粒等，这些物质对人类和生物造成的危害相当严重。由于我国汽车性能普遍较差，许多没有安装尾气处理装置，排放浓度超过标准好几倍，汽车尾气排放是城市大气污染的主要来源之一。

——交通噪声是城市噪声的主要来源，几乎占了 80%，大量的噪声对人们的身心健康产生极大的危害。从对 44 个国控网络城市的噪声监测发现，交通干线道路两侧区域超标率达 82.2%。

——船舶对水域也有污染，其中石油是主要污染物之一。石油装卸过程中的失误或者由于海难、海损等引起的溢油事故，对内河和海洋会造成严重污染。此外，石油污染还来自船舶机舱中机械设备使用的燃料油、润滑油的泄漏以及压舱水和洗舱水等。据统计，船舶作业污染的比例大致如下：压舱水、洗舱水占 70%，海上事故占 18%，码头停靠及装卸作业等占 12%。

——港口对环境造成的污染主要是装卸过程中产生的粉尘（包括煤炭、矿石、散粮等），其中以煤粉尘量最大，此外还有在港口水域发生的溢油、化学品事故等造成的污染损害。虽然一些主要港口已采用了先进的污染物接收处理系统，但从整体上看接收处理能力仍然严重不足。

（五）对生态环境的影响

公路和铁路的修建对生态的影响主要是对动物的分离与阻隔作用，从而使动物的生活环境受限，不利于生物多样性的保护；道路的修通对自然保护区和珍稀资源保护构成潜在威胁；山区修路会引发塌方滑坡，埋压植被；等等；水运船舶对水质的污染，可导致水中动物死亡，闸坝工程影响回游鱼类的繁殖和生存。

（六）对人身安全的威胁

安全是人类最基本的需求，实现安全性高的交通运输是可持续发展战略的基本条件。交通运输安全包括两个方面：一是人身安全，二是货物安全。

我国近年来交通事故十分频繁，年均超过 50 万起，因交通事故死亡人数年均超过 10 万人，已经连续 10 余年位居世界第一。2010 年，中国汽车保有量约占世界汽车保有量的 3%，但交通事故死亡人数却占世界的 16%。交通事故的主要原因是：从业人员素质低、违章操作、酒后驾车、超载、车船老旧、整体技术状况差、管理水平低下。

专栏 10—1　我国近年来最惨烈的交通事故

中国政府网报道：2011 年 7 月 23 日晚上 20 点 30 分左右，北京南站开往福州站的 D301 次动车组列车运行至甬温线上海铁路局管内永嘉站至温州南站间温州市双屿路段时，与前行的杭州站开往福州南站的 D3115 次动车组列车发生追尾事故，导致后车四节车厢从高架桥上侧翻坠落。这次事故造成 40 人（包括 3 名外籍人士）死亡，约 200 人受伤。2011 年 12 月 28 日，国务院召开常务会议，认定为一起设计缺陷、把关不严、应急处置不力等因素造成的责任事故。

新华网延安 2012 年 8 月 26 日电（记者石志勇）：2012 年 8 月 26 日凌晨，位于陕西省延安市安塞县境内的包茂高速安塞服务区附近发生一起特大交通事故，一辆满载旅客的双层卧铺客车与一辆运送甲醇的重型罐车发生追尾碰撞，随即燃起的大火导致客车上 36 人死亡，3 人受重伤，死者尸骸完全无法辨认。记者 26 日下午在事故现场看到，大客车的车头在与罐车尾部撞击后已完全变形，车身只剩下一副"车架子"，可以想象事发时火势的凶猛和车内乘客无法逃生的惨状！

三　交通可持续发展的内涵

交通建设与经济发展水平、国土面积、人口和资源有着密切关系。世界各国的国情不同，发展交通的战略模式也不相同。为实现社会经济可持续发展目标，交通可持续发展战略要研究的是：（1）交通要达到的目标或服务水平与资源、环境的限制因素、交通设施能力的协调；（2）交通运输业按什么方式发展，才能既保证自身可持续发展而又不妨碍其他行业可持续发展；（3）交通如何既有效地利用资源，降低成本，又要减轻交通对人类健康的负面影响。

（一）交通可持续发展的基本要求

根据可持续发展的基本含义，交通可持续发展可简单概括为：交通在满足社会发展对其需求的同时，保证自身发展和整个社会可持续发展要求的实现。具体可以概括如下：

（1）交通基础设施、运输装备及运输管理等方面的供给能力与经济发展对交通的需求相平衡；

（2）有限资源的充分利用和追求单位资源利用率的高效运输，包括节约利用土地和不可再生的资源，提高交通系统总体效率；

（3）不断改变消费模式以减少交通对不可再生资源的消耗，以及开发可替代资源，保证可持续发展；

（4）消除交通对自然环境和生态环境的破坏，并积极促进环境的改善；

（5）促进交通设施在全社会成员之间公平分配，为消除贫困、减少贫困地区人们对自然环境的破坏起促进作用；

（6）加强运输的宏观管理，提高交通运输系统的社会经济效益和财务效益，保证可持续发展所需要的资金。

（二）交通运输的可持续发展观

人类社会的现代化在迅速提高人们工作与生活效率的同时也大大加剧了人类与生态、环境之间的相互冲突。源于当代科技迅猛发展所造成的各种社会、经济、交通、环境等问题，迫切需要人们自觉地改变传统观念，探索科学的途径，创造全新的技术，以对全球和子孙后代负责的精神约束自己，探索一条使人类社会经济活动与自然环境和谐共存、协调发展的道路，即可持续发展之路。

交通运输作为一个国家经济的基础，其可持续发展的能力直接影响了经济持续稳定健康的发展。一方面，只有建立发达的交通运输网络才能有效推动市场经济发展；另一方面，随着经济的增长，运输量的扩大，交通运输的社会成本越来越高，给能源、环境带来的压力已到了不可忽视的地步，直接影响人们的生活质量。交通运输可持续发展问题是涉及交通运输发展与人类社会发展的长远利益关系的宏观经济问题。这一问题的研究，对于从人类社会长远发展的观点上完善交通运输理论、交通发展规划和交通建设项目评估有着重要的理论意义。尤其是对我国这样的发展中大国，如何借鉴发达国家交通发展的经验和教训，结合我国人均交通资源占有率低的基本国情，研究制定我国交通可持续发展战略将显得尤为重要。自20世纪90年代以来，我国政府已将可持续发展纳入了议事日程，并明确了可持续发展的行动纲领，从"十五"到"十二五"的综合交通发展规划都将此作为交通运输发展的约束条件之一，系统地研究交通的可持续发展，将有助于我们更好地把握交通运输发展的方向。

随着人类社会对可持续发展的关注和面临生存压力的增大，可持续发展的概念被迅速应用到交通运输领域中来，对交通运输提出了新的要求。

应该意识到，可持续的交通系统意味着人员和货物交通运输应以环境、社会和经济方面可持续的方式来进行。

（三）交通运输可持续发展的评价体系

交通运输可持续发展的关键是"服务于社会经济发展的能力与保护环境和维持生活质量的能力之间取得适当的平衡"，实现交通运输的可持续发展必须实现交通运输的"发展、持续和协调"。之所以强调"发展"，是因为只有发展，交通运输才能更好地服务于社会经济；有人认为可持续发展就是不强调经济（包括交通）增长和财富的积累，有时甚至把可持续发展视同停止向自然取得资源，以维持生态环境的质量，这是与可持续发展理论的本质背道而驰的。之所以强调"持续"，是因为交通运输发展中消耗大量资源，对环境产生不利影响，只有使交通运输的发展与环境之间保持平衡，才有可能使交通运输长期发展下去；同时，交通运输是服务于社会经济系统的，只有其自身发展带有超前性，才能更好地服务于社会经济。之所以强调"协调"，是因为交通运输本身的发展并不是最终目的，它必须服从于社会、经济发展的总体目标，只有与社会经济发展的总体要求相适应相协调，交通运输的发展才有价值；同时只有交通运输内部实现协调才能利于交通运输的发展。因此，只有当交通运输实现发展、持续、协调才能得到真正的可持续发展。

限于篇幅，下面仅对交通运输可持续发展的评价指标体系作一概念描述，不作评价模型分析。

（1）发展。对交通运输发展的评价分为数量指标和质量指标，主要是表征交通运输的现实水平。数量指标主要把握交通运输量的概念，表达一个国家或地区交通运输具有的"机动性"（Mobility）。质量指标是对交通运输设施质量情况和交通运输服务质量的把握。希望通过这些指标客观描述交通运输的发展状况。这些指标的横向比较或纵向比较，便能够体现出动态的概念。

（2）持续。持续性的描述主要强调的是交通运输对环境的影响、资源利用情况以及自身的超前性。交通运输利用各种资源，可以选择能源消耗、清洁能源的比重及报废交通工具的回收利用进行表征；交通运输对环境影响也是多方面的，主要选择交通运输的排放物进行表征；对于交通运输的超前性，选择交通运输的增长速度与国民经济增长速度的比值及用于交通运输的投资占国民经济总投资的比例来表征。

（3）协调。协调性指标主要是定性指标。对于交通运输内部的协调性，主要选择结构优化和市场机制的完善进行表征；对于交通运输与社会经济的协调性，主要选择交通运输与社会、经济、政府行为的协调进行表征。这些指标的含义如下：

运输结构的优化。运输结构是指运输部门内外部相互联系的各个方面和环节的有机比例和构成，分为宏观、中观和微观三个层次。宏观层次运输结构是从国民经济的整体考察运输系统的运输能力与运输需求的适应程度，以及为了建立适应性运输系统而应有的生产要素投入比例和运输系统产出比例。中观层次的运输结构是从运输系统内部考察各种运输方式的构成，以及为了实现合理分工所需的比例关系，如各种运输方式的路网规模与地区分布、运输能力比例、实际完成的客货运量按运输方式类别、距离类别的比例等。微观层次的运输结构是从每种运输方式内部的各个环节考察其构成比例，如运输线路与运载工具的比例、点（站、场、港）与线的能力协调等。运输结构的优化是要真正按照各种运输方式的特点和优势来发展运输业，使各种运输方式扬长避短，既有分工又有协作，既有竞争又有配合，建立一个以提高运输效率、节约运力为核心的资源节约型、环境友好型综合交通运输系统，达到整体最优化，促进交通运输系统的持续发展，从而促进社会经济的持续发展。

市场机制的完善。运输企业的产品是劳务商品，必须按照市场经济的原则等价交换、公平竞争；运输能力是一种社会资源，必须利用市场机制优化配置，提高效益。一个完善的运输市场可以满足人们的运输需求，调节运力，解决运输供求矛盾。通过市场竞争，可以调整各种运输方式在市场中应该占有的合理份额，有利于促进运输企业加强经营管理，改善服务质量，提高经济和社会效益。

与经济发展的协调。交通运输系统是一个国家或地区的经济系统与外部进行交流的主要途径，交通运输系统的协调发展能够增强经济系统对内外环境反应的灵敏程度，推动经济的发展，而经济的发展，又将促进交通运输的持续发展。

经济系统的发展因其交通运输状况的改变而呈现出不同的特点。在一定发展阶段，交通运输系统状况的改善将诱发经济系统发展状态的突变。一般说来，在经济起步阶段，交通先行将有助于打破区域经济的闭塞状态，促进区域资源的开发，提高物流系统的运转效率，加强区域内外的分工与协作，扩大经济辐射范围；在经济起飞阶段，交通经济带基本形成并完善，运输系统逐渐成为经济产业结构调整的"催化剂"；在信息化时代，运输系统的发展趋向于提高服务水平、强化时间效益和完善路网规模，达到与区域经济系统协同发展的目的。

经济的发展也会对交通运输的发展产生重要影响，主要体现在经济系统为交通运输提供必要的发展条件。经济的发展，不但能在能源利用、资金供给、土地征用等方面为交通发展提供便利，而且能带来其他的支持条件，如政策支持、税收支持、技术人才支持以及运输市场支持等许多方面。此外，经济发展方向的演变、产业结构的变动和生产布局的调整等诸多变化，也都将对交通运输的发展产生重要的影响。交通运输要保持可持续发展的势头，就必须考虑这些外在因素，并力求和它们形成一种持续的协调发展机制。

与社会发展的协调。社会发展对交通运输提出了更高的要求，为了更好地满足社会需求，实现交通运输与社会之间的协调发展，交通运输业应根据社会发展过程中不断出现的新问题、新要求，积极转变观念，调整自身的发展方向。

与政府行为的协调。交通运输业的发展要受到政府行为的制约。合理的政府行为有利于实现交通运输系统内部及其与外部系统之间的协调，促进运输系统的持续发展；反之，交通发展则易受到阻碍。

一个国家或地区的总体发展规划是其发展蓝图。在很大程度上，将决定交通运输系统在未来多年内的发展态势甚至于具体项目的具体布局，运输系统和政府规划部门之间的协调工作是十分关键的。运输系统需要做好的工作，就是根据总体发展规划，在资源、环境的承载能力范围内，制定相应的交通运输可持续发展规划。不合理的交通运输发展规划也会阻碍社会可持续发展目标的实现，并且对运输系统自身的发展造成不利影响。

社会经济发展方向将大大影响交通运输发展方式的选择。为实现一定的经济及交通发展方向（经济增长方向、环保方向、节能方向、大交通容量方向等），政府可以通过财政、税收、投资、价格等经济手段及行政手段来调整或控制运输系统发展的方向。

对于协调的五个指标主要是定性指标，指标值的获得可以通过咨询专家获得或直接由专家研究给出。

四　当前交通可持续发展面临的主要问题

（一）交通基础设施总体规模不能满足社会经济发展的需要

改革开放以来，我国的交通运输业有了长足的进步；但我国现有的交通基础设施总体规模仍然较小，不能很好地满足经济社会发展对交通运输不断增长的需求。我国按国土面积和人口数量计算的运输网络密度，不仅远远落后于欧美日本等经济发达国家，就是与印度、巴西等发展中国家相比，也存在较大差距。交通基础设施的缺乏，特别是在主要运输通道上客货运输能力严重不足，将对国民经济的健康发展产生不利影响。

（二）交通运输业的发展尚不能满足人民生活水平提高的需要

随着经济的发展，居民的收入水平将不断提高。居民收入水平的提高将带来居民消费行为和消费方式的变化。在收入水平很低时，居民家庭将把他们的收入主要花费在食物和衣着等一些生活必需品上。随着收入的增加，用于许多食物项目上的开支将增加，人们吃得更好。其食物结构将从以廉价的含大量碳水化合物的食品为主转向以昂贵的肉类、水果、可口的蔬菜等食品为主。然而，随着收入水平的进一步提高，总支出中用于食物支出的比重将下降。在收入达到很高的水平时，用于旅游、娱乐和一些奢侈品项目上的支出比重将增加。由于经济条件越来越好和闲暇时间越来越多，出外旅游将成为人们经常性的消费，人们对旅游服务质量的要求也会越来越高。在信息化时代，每周例行的短途往返（从家里至办公地点，或从家里至超级市场选购生活用品）的次数将相对减少，但是人们参加特定目的的长途旅行的次数可能会比以前任何时候都多。我国交通系统的构造必须满足居民出外旅游在数量上和质量上的需要。

居民出外旅行，要求运输方式快捷、舒适、安全、环保。然而，我国的交通运输业还不能完全满足这些要求：高速公路的安全性有待提高，高速铁路的比重不大，民用航空业还不发达，运输服务质量亟待提高等。城市公共交通系统不够发达，路网密度不高，布局不够合理，轨道交通网尚未形成，城镇居民的工作和生活出行尚有诸多的不便。

（三）交通运输设施的区域布局不利于地区之间的协调发展

我国是发展中的社会主义国家，又是一个多民族的国家。从长远的观点来看，只有各地区之间实现了协调发展，国家的安全和社会的稳定才能得以保证。

目前，我国东部地区交通比较发达，而中西部地区特别是西部地区交通比较落后。中西部地区的发展受到了落后的交通运输的严重制约。而中西部地区地域广大，资源丰富，西部地区又是少数民族聚居的地区，他们的发展具有重要的战略意义，是国家安全之所系。

（四）交通运输业的能耗高、污染严重，不符合可持续发展的要求

在过去很长的一个时期内，交通运输的快速增长是以较严重的资源破坏和环境污染为代价的。随着我国国民经济的持续快速增长，以及交通运输与国民经济密不可分关系加强，今后相当长的一段时间内，交通运输的大发展是必然的趋势；若按照目前的交通运输现状延续发展，势必对资源和环境造成更加严重的影响。

目前，城市交通运输业的发展所带来的污染已经严重地破坏了居民的生存环境。机动车排放的尾气是城市空气污染的主要来源之一，严重危害着城市居民的生产生活环境。城市化的急剧发展使得汽车的使用量每年以10％以上的速度增加，城市中的颗粒物和SO_2有相当一部分是由汽车排放的。汽车排污也是城市空气中含铅量增加的一个重要来源。交通管理的落后使交通混乱，车辆平均速度低，更加重了这种破坏性。例如北京的汽车保有量只有洛杉矶的1/10，但是排污量却几乎相当。

（五）较低的交通运输技术和装备水平影响着运输效率的提高

我国在发展交通运输技术和装备的过程中，走了一条立足本国同时积极引进国外先进技术和装备的路子。虽然改革开放后，随着我国经济实力的不断增强，在引进国外先进技术和装备方面有了较大发展，但从总体上讲，我国交通运输的技术装备水平上仍与发达国家有较大差距。如铁路在货运重载、客运高速、自动化管理等方面，目前仍处于起步阶段；公路的许多重要路段混合交通仍较严重，汽车专用公路仅占公路总里程的1％，等外公路高达20％以上；内河航道基本上处于自然状态，高等级深水航道比重很小，能通行300吨级船舶的五级以上航道里程仅占12.3％；大部分港口装卸设备及工艺落后、效率低，发达国家已极少采用的件杂货物运输方式在我国港口仍普遍存在；民航航空管制、通信导航技术及装备落后已不适应民航的发展；交通运输工具则是先进与落后并存，且技术落后、状态较差的车辆、船舶居多数。技术状况的参差不齐和运力结构的不合理，既严重影响了运输效率的提高，又浪费了大量能源，还造成了严重的环境污染。

（六）各种运输方式的分工不尽合理，市场竞争不规范，不利于比较优势的发挥

改革开放以来，我国各种运输方式均得到不同程度发展，综合利用和发展各种运输方式问题日益受到重视，从而为充分发挥各种运输方式的技术经济优势和功能、实现各种运输方式合理分工和协调发展、力求达到最经济合理地满足运输需求、为保证运输安全、合理利用资源、保护环境等目标创造了有利条件。

世界各国在发展综合运输体系方面，都是根据本国的自然地理、经济和社会发展、技术进步等条件，制定运输发展政策，促进各种运输方式的合理分工和协调发展。但是，许多国家也走过一些弯路，如美国就出现了在高速公路和民用航空大发展之后，铁路运输竞争能力下降而导致大规模拆除铁路的交通运输发展历程。交通运输市场的自由竞争有其合理的一面，但所造成的资源浪费也是不可避免的。不过无论其交通运输的发展过程如何，有一点可以肯定，各种运输方式的合理分工和协调发展是综合运输体系的核心问题，也是交通运输发展的客观要求。

从我国交通运输结构情况看，公路运输和民用航空运输所占比重上升较快，这与我国经济发展、产业结构的变化紧密相关。经济越发达，产业结构中第二、三产业的比重逐渐增长，对高质量、高效率客货运输的需求越高，公路运输以其机动灵活和门到门运输的优势，在公路状况和车辆装备水平提高的前提下，其承担的运输量必然增长；民航则因其快速、安全的运输也在经济高速发展过程中占有一席之地。这种发展趋势与发达国家运输发展规律基本相吻合的。但是，由于我国在较长一段时期内对综合交通运输体系在国民经济发展中的地位与作用认识不足，过分依赖铁路运输，使得交通运输的发展严重滞后，交通结构极端不合理。我国目前的运输结构是在运能严重短缺的状况下形成的，各种运输方式在分工上只能通过"走得了"来实现。铁路运输因价格偏低，承运了大量的短途运输。目前，铁路客货平均运距为383公里和772公里；公路运输因道路状况较差，车辆技术水平不高，长期只能承担大量的超短途运输，公路客货运输的平均运距只有55公里和56公里。由于这种运输分工的不合理，在市场经济条件下，其市场竞争往往表现为不是通过提高服务来占领市场份额，而是满足大量并不适合其运输经济合理性的运输需求，市场范围交叉严重，在同类客货源上进行盲目竞争，使得各种运输方式合理分工无法真正

实现。同时，分工的不明确，也妨碍各种运输方式通过取长补短进行协作，其结果是一方面运输短缺，不能很好地适应经济社会发展对运输的需求；另一方面，各种运输方式又不能充分发挥出潜能，发挥其在综合运输系统中的优势。交通运输要从"走得了"转变为"走得快"、"走得好"、"走得安全"，还有很长的路要走。

（七）交通运输业承担着过多的社会责任，不利于其自身的发展壮大

交通运输业不仅是国民经济的基础产业，而且是关联度极高的产业，不仅实现着商品和人员的跨地域流动，而且承担着协调产业布局、带动经济落后地区发展、带动上下游产业发展的任务。我国的交通运输还承担着国家大量重点物资、紧急调运物资、救灾物资、国防以及国土开发的运输任务，在支援国家重点经济建设、增强抵御与救治自然灾害能力、保证国家稳定、加强国防边防、巩固国家的政治统一等方面发挥着极大的作用。交通运输业绝大部分属于国有资产，能够满足社会和国家的急需，是应尽的责任，但是这些社会公益性的活动淹没在了经营性活动中，二者界限不清，交通运输运营单位得不到应有的补偿。有时某一铁路线路本身就是国土规划型的或社会目标型的，在相当长的时期内不可能有经济效益，其费用却要由其他经营型铁路的收益来承担，这是很不合理的。国家以双重目标要求交通运输企业，既要实现社会目标又要完成经营目标，这就导致对某些运输方式的定性模糊，市场主体地位不明确，在市场上表现为成本提高，利润微薄，甚至亏损，缺乏竞争力。

（八）政企不分，阻碍了交通运输业的健康发展

在交通运输领域，普遍地存在着政企不分的体制性问题，铁路运输系统更为明显。铁道部依然掌握着全路的主要生产、经营、投资、分配权力，既有铁路行业管理的职能，又有从事生产经营的职能；既代表国家行使国有资产的监督管理权，又有资产经营权；既是行业法规、条例的制定者，又是这些法规和条例的执行者，而被赋予法人地位的铁路局和铁路分局成为虚拟法人，既不具备法人财产权，也不具备完整的生产经营权，使铁路运输企业无法转型为规范的市场主体和法人主体，独立地面对市场配置运输资源。由于国家对铁路运输实行价格管制，这种价格既非来自市场供求状况，亦非来自企业自身的成本状况，铁路运输企业无法通过产品价格获取自身的正常经济收益。

铁路系统政企不分的主要根源之一是国家对铁路运输业的严格管制，

由于铁路运价等的制定权尚未成为铁路运输企业的当然权力，在这种框架内即使铁道部与铁路运输企业实行政企分开，铁路运输企业也不可能成为市场主体。通过国家——铁道部——铁路运输企业三者之间的关系实现国家对运输业的严格管制，严重制约铁路运输业的发展。市场经济国家交通运输业的发展，都经历了由国家对铁路部门实施严格管制到逐步放松管制的过程。因此必须改革我国铁路的运价形成机制，建立在宏观调控下由市场进行定价的新的价格机制，使运输企业走向市场，按市场需求特点组织和安排运输，在市场中提高营利能力。

以上问题反映在可持续发展内涵上，主要表现在交通供给能力不能满足社会经济对交通的需求；综合运输效率低，单位资源的利用率低。这种粗放型发展模式，在有限资源的条件下满足不了交通可持续发展。

五　我国交通可持续发展战略

要解决上述问题，从现在起，就要加快结构调整，研究制定交通可持续发展战略，倡导绿色交通，构建综合交通运输体系。

（一）构建综合交通运输体系

按照适度超前原则，统筹各种运输方式发展，基本建成国家高速铁路网和高速公路网，初步形成网络设施配套衔接、技术装备先进适用、运输服务安全高效的综合交通运输体系。

（1）完善区际交通网络。加快铁路客运专线、区际干线、煤运通道建设，发展高速铁路，形成快速客运网，强化重载货运网。完善国家公路网规划，加快国家高速公路网剩余路段、瓶颈路段建设，加强国道省道干线公路改扩建。大力推进长江等内河高等级航道建设，推动内河运输船舶标准化和港口规模化发展。完善煤炭、石油、铁矿石、集装箱等运输系统，提升沿海地区港口群现代化水平。完善以国际枢纽机场和干线机场为骨干、支线机场为补充的航空网络，积极推动通用航空发展，改革空域管理体制，提高空域资源配置使用效率。

（2）建设城际快速网络。适应城市群发展需要，以轨道交通和高速公路为骨干，以国道省道干线公路为补充，推进城市群内多层次城际快速交通网络建设。建成京津冀、长江三角洲、珠江三角洲、中三角、成渝等大城市群城际交通网络，推进重点开发区域城市群的城际干线建设。

（3）优先发展公共交通。实施公共交通优先发展战略，大力发展城市公共交通系统，提高公共交通出行分担比例。科学制定城市轨道交通技术路线，规范建设标准，有序推进轻轨、地铁、有轨电车等城市轨道交通网络建设。积极发展地面快速公交系统，提高线网密度和站点覆盖率。规范发展城市出租车业，合理引导私人机动车出行，倡导非机动方式出行。优化换乘中心功能和布局，提高出行效率。统筹城乡公共交通一体化发展。

（4）提高运输服务水平。按照客运"零距离换乘"、货运"无缝化衔接"的要求，加强铁路、公路、港口、机场、城市公共交通的有机衔接，加快综合交通枢纽建设。推广先进装备技术应用，提高交通运输信息化水平。优化运输组织，创新服务方式，推进客票一体联程、货物多式联运。大力发展节能环保的运输工具和运输方式。积极发展公路甩挂运输。加强安全管理，保障运输安全。

（二）在交通结构调整中注意做好的几项工作

交通结构调整是交通可持续发展的重要措施，当前重点还要抓好以下几方面工作，以促进交通可持续发展。

1. 在公路建设中要把高速公路作为优先发展的重点

在当今世界，高速公路的发展程度已经成为衡量一个国家发达程度的重要指标之一。首先，高速公路通行能力大，车辆行驶速度快，可以充分发挥公路运输灵活、迅速、可靠、"门到门"的优点。其次，高速公路极大地改善了交通条件和服务质量，便捷、舒适、安全。各种运输方式的高效运行均需要高速公路为其高速集散，高速公路是建立高效综合运输体系的最重要基础。最后，高速公路的建设带动了沿线经济增长，促进了地区经济的繁荣；改善了投资环境，并可促使沿线土地升值，具有巨大的社会经济效益。

高速公路不仅对实现国民经济可持续发展有巨大作用，而且其自身也是适合可持续发展原则的，体现出资源利用的效率和保护环境的要求。具体有以下几方面：

在土地利用方面，一条四车道高速公路每公里占地为90—120亩，通过能力为40000辆，而一条二级公路占地为40—70亩，通行能力仅为5000辆。综合比较，以同样的占地面积，每公里高速公路可承担的交通量是二级路的4倍左右。因此，优先发展高速公路可以合理和节约使用土地资源。同时，在高速公路的规划、设计和建设中，还可以通过合理选线、架设桥梁、建设隧道，在有条件的地方进行土地复垦等措施来减少耕地占用，保护土地资源。

在能源消耗方面，高速公路要比普通公路明显降低。我国普通公路由于技术等级低，混合交通严重，车辆平均行驶速度一般只有20—30公里，而当车辆时速低于40公里时油耗较高。高速公路由于路面平整，路况好，封闭运行，车速可明显提高。目前我国高速公路的平均时速可达到80—100公里，车辆的油耗要比普通公路节约20%以上，而且轮胎和机械的损耗也降低很多。

在环境保护方面，车辆在低速行驶特别是交通堵塞时，由于燃料燃烧不充分，造成的大气污染最为严重。高速公路对大气造成的污染明显低于普通公路，从而有利于保护自然环境，并将安全、高效、经济、美观融为一体。

2. 大力发展安全高效的高速铁路网络

与其他运输方式相比，高速铁路有明显优势：

速度快。高速铁路的试验速度已经超过500公里/小时，最高运行时速可达300公里。目前小汽车最高构造速度仅200多公里/小时，高速公路一般限速100—120公里/小时。飞机比高速列车快，但机场一般远离市区，火车站则在市中心。考虑往来机场和登记时间，在300—1000公里范围内，人们选择高速列车比选择飞机出行更实惠。

运量大。一条高速公路一年最大客运量不会超过1000万人次；而据日本统计，一条高速铁路一年客运量已达到1.5亿人次。

全天候运行。高速铁路由计算机控制运行，它根据车内信号行车，而不是根据地面信号，风雨雪雾等恶劣天气对它的运行基本没有影响。列车按规定时刻到发与运行，规律性很强。这是飞机、汽车及其他旅客交通工具所不能及的。

安全可靠。据日本统计，每10亿人公里死亡人数，既有铁路为2人，汽车19人，飞机为16人。2011年我国高速铁路虽然出了甬温线特别重大铁路交通事故，但主要是管理问题，而不是高速铁路本身的技术问题。

能耗低。研究表明，若以普通铁路每人公里消耗能源为1单位，则高速铁路为1.3，公共汽车为1.5，小汽车为8.8，飞机为9.8。

污染少。电气化高速铁路没有粉尘、煤烟和其他废气污染；虽然建造电厂也有污染，但如果拿这个发电厂的排污与公路、航空运输的排污比较，国外的研究资料显示是1∶3∶4。日本还有个统计数字，如果没有新干线，每年要多排放1.5万吨二氧化碳，相当于东京郊外工厂排放量的总和。

占地少。与四车道的高速公路相比，高速铁路的用地只有高速公路的一半。

乘坐舒适。高速铁路活动空间大，旅客卧、坐、行都比其他运输方式舒适。

经济效益高。日本东海道新干线总投资为3800亿日元，由于投入运营后客流迅速增长，正式投入运营的第7年便全部收回了投资。

3. 要充分发挥内河航运的优势

发展内河航运的优势在于：运量大，不像铁路和公路那样受线路通行能力的限制，尤其适合于特长、特大、特重的设备和大宗散货运输；能耗低，每吨公里油耗仅为铁路的1/3；投资省，渠化航道每公里投资仅为新建铁路的1/5到1/3；占地少，主要利用天然航道，基本不占用耕地。

有一定自然条件的西方发达国家十分重视内河航运。美国内河航运完成的货运量约占总运量的20%，运输费用仅占2%。在荷兰，随着公路运输交通阻塞严重，空气污染，政府在20世纪90年代开始采取了鼓励内河航运的政策，加大政府对内河航道投资力度，为利用航运的企业提供资金补助等措施。

我国的内河航运自然条件十分优越，长江水系覆盖全国16个省市，加上南方的珠江水系、北方的黑龙江水系和贯通南北的京杭大运河，流域面积超过半个中国，且几大水系直通海洋，但我国优越的内河航运条件未得到充分利用。因此，应当充分发挥内河航运的优势，首先要加快开发建设长江、珠江、京杭运河的航道和港口，提高通航标准和运输能力，同时坚持水资源的综合利用，在有条件的地方推广"航电结合、以电养航"的有效方式。国家在考虑产业布局时，也应充分考虑沿江设厂，发展沿江产业带。

4. 要重视港站主枢纽的建设

沿海港口在对外贸易中具有独特的不可替代的作用。随着我国改革开放的逐步深入和扩大，从可持续发展的角度考虑，必须更加充分地利用国外资源，特别是不可再生的资源。因此要加快建设大型油、矿接卸码头。

在沿海港口发展中还需要注意的是老港区和老码头的改造。经过50

年的发展，我国港口总体布局已经大体形成。但一些老港区在带动了城市发展的同时，却也极大地限制了自身的发展。许多老港区位于城市中心或繁华地带，港口后方被城市蚕食得越来越小，集疏运也极为不便，加剧了城市交通堵塞，同时又对城市造成噪声和粉尘等污染。把城市的黄金地带用于港口装卸，从土地利用价值上来说也是不合理的。因此，从可持续发展的角度来看，合理的选择应当是跳出老港区，到新的合适地点如河口处发展。老港区除发展客运外，应逐步关闭装卸作业，发展带有水上特色的旅游业和进行土地开发，所筹集的资金用于发展新港口。

道路（包括公路和铁路）主枢纽站场是实现旅客和货物集散、中转等生产服务活动的基础设施。现代化的道路运输应是集现代化的道路条件、运输车辆、站场设施和管理手段为一体的系统。随着高速公路和高速铁路的发展和成网，建设现代化的道路主枢纽站场也愈发迫切，这对于保证道路交通可持续发展有重要意义。目前我国城市间的专业运输车辆实载率只有47%—48%，其他运输车辆的实载率更低，而国外平均达到80%—90%，甚至达到100%。实载率每上升1%，仅燃耗就将下降0.5%。因此，通过道路主枢纽建设，加强信息沟通，发展甩挂运输和多式联运，并逐步向物流中心或配载中心的方向发展，将会有效地提高运输车辆实载率。

此外，还要加强运输组织，特别是要大力发展公共交通。我国是一个人口大国，在资源十分有限的条件下，只能以发展公共交通为主，这对于提高公路利用率、降低燃耗、减少污染、提高公路运输自身效益和社会效益都具有十分重要的作用。

5. 要尽快调整现有车辆结构，开发新车型和新燃料

我国现有公路运输车辆技术结构不合理，货物运输基本由4—5吨的中型车完成，造成运输成本高、超载严重等不合理现象。5吨车装上15—20吨的货物，时速只有20公里左右，不仅对路面造成极大损害，而且污染严重，还极易发生交通事故。因此，在车辆结构调整方面，首先要大力发展大吨位车辆或汽车列车进行城市间干线公路直达运输，发展小型车辆进行城市内的送取货服务，逐步降低中型车所占比重；其次要大力发展专用车辆，包括集装箱车、零担车、冷藏车、保温车等。

考虑到今后几年车辆保有量的年增长速度仍会超过10%，能源消耗量还会急剧增加，因此应加强对能源供应的研究，开发新型燃料、代用燃料，同时应注意提高汽车工业的技术水平，生产优质节能车。

6. 要进一步加强交通行业环境保护工作

经过近 20 年的发展，我国环境保护工作在法规制定、环境管理、科研、污染治理等方面取得了很大成绩，并有了一套比较健全的监测网络和一支可靠有力的队伍；对环保的投资力度也比较大，20 多年来交通运输行业仅中央一级就投入了 10 多亿元资金，有重点、按计划地对现存污染源进行了治理，取得了令人满意的成绩。尽管如此，今后还要进一步加强环境保护和污染治理，重点抓好以下几方面工作。

车辆：为了减少汽车排放污染，要采取技术和管理方面的措施，按照排放物法规和排放标准，通过改进汽车的技术性能以及安装空气净化装置等措施来减少排放量，加强研究新的替代能源等；为了减轻噪声对人们的干扰，不断改进汽车结构，加强汽车保养，减少噪声生成，在路旁设置隔音障等。参照国外对机动车辆尾气排放和噪声控制标准，使公路运输汽车尾气排放在 2020 年达到发达国家 20 世纪 80 年代末的水平，噪声控制达到发达国家 90 年代的水平。

船舶：在解决水域污染问题时采取以预防为主的方针，除制定必要的法律法规和执行国际公约外，还要采用各种技术措施，如船上安装防污设备，港口建造防污染净化处理设施，加强水域监视监督工作等。同时，为节约能源，增加船舶竞争能力，还要积极研制新船型。例如开发浅吃水肥大型船，可节约运输成本 40% 左右；研制高速客船，可提高船速 2—4倍；此外，还应实现船舶控制自动化，提高运输效率和运输安全保障。

港口：针对港口粉尘污染和污染物的问题，在新建、扩建、改建港口和码头时，要严格执行国家有关环保政策的规定，进行环境影响评价；在设计时要充分考虑防尘问题；要结合各港口的实际情况，分期分批有计划地建立、健全港口污染接受处理设施。

7. 要把交通发展转移到依靠科技进步的轨道上来

交通的可持续发展，要依赖于科学技术的进步。在交通系统要实施"科教兴交"战略，改变目前高投入、高消耗、低效益、低产出的粗放型增长模式，增强交通系统的科技实力和向现实生产力转化的能力，把交通发展切实转移到依靠科技进步的轨道上来。

21 世纪中叶我国要基本实现现代化，达到中等发达国家经济发展水平，交通可持续发展问题已受到越来越多的规划、研究人员的重视，相信对交通可持续发展战略的研究将更全面、系统地展开！

第二节　面向信息社会的交通可持续发展

一　交通信息化与数字交通建设

（一）交通信息化的必然性

随着信息时代的来临和经济全球化的不断深入，计算机、网络、通信等信息技术飞速发展，人们的信息传递方式、人际间的沟通方式和社会管理的组织方式发生了巨大的变化，也深刻地影响着社会生活和政府运作的方式。信息技术的发展提高了政府收集、处理、发布各项政务信息的效率，为政府更准确、及时、有效地实施管理提供了条件。

由于信息技术的广泛应用，信息作为重要的生产要素和战略资源，使社会劳动生产率得到极大提高；它推动了传统产业不断升级，并将进一步推动工业经济向新经济发展；信息产业持续高速增长，已成为全球最大的产业和拉动经济发展的引擎。信息化正在对全球范围的经济、政治、军事、文化以及意识形态产生越来越广泛和深刻的影响，它必将导致经济增长方式、经济体制、政府职能以及社会各方面的重大变革。信息化水平已经成为衡量一个国家和地区现代化水平和综合实力的重要标志。

信息化是加快实现工业化和现代化的必然选择。坚持以信息化带动工业化，以工业化促进信息化，走出一条科技含量高、经济效益好、资源消耗低、环境污染少、人力资源优势得到充分发挥的新型工业化路子。交通作为国民经济基础性产业，大力推进信息化，对于实现交通新的跨越式发展具有十分重要的意义。信息化是实现交通现代化的必然选择。

交通运输是国民经济的重要产业部门，国家安全的重要保障，社会进步的重要标志。建成高效、经济、快捷、安全的交通运输大通道是交通运输行业的总体目标。随着全球经济一体化发展进程的加快，信息化将成为21世纪交通运输业实现上述总目标的基本途径。

交通信息化和交通现代化是相互促进的互动关系：交通现代化过程会产生大量的信息需求；信息资源和信息技术必然要渗透到交通建设和管理的各个方面。全面建设小康社会对"衣食住行用"提出了新的要求。如何满足信息社会对"行"的需要，是摆在人们面前的重大课题。

信息化不仅是经济和社会发展的大趋势，而且是未来发展的制高点。它关系到科技、经济、社会、文化、政治、军事、国家安全的全局，其水平已成为衡量一国现代化程度、综合国力、国际竞争力、经济增长能力的重要标志。交通信息化的重要意义在于：（1）是交通产业结构优化升级和交通现代化的关键环节；（2）是提高国民素质和人民生活质量的重要途径；（3）是交通运输行业进一步改革开放和交通可持续发展的有力保障。因此，对交通信息化进行深入的研究和探讨，有利于我们认清信息化发展的规律，从而使我国交通信息化规划、建设、管理和运营走上可持续的健康发展之路。

（二）数字交通建设

随着信息社会的来临，数字交通应运而生。其中较成熟的理论与技术就是智能交通系统的应用。

"智能交通系统"（Intelligent Transportation System，ITS，国内也有翻译成"智能运输系统"）是将先进的信息技术、数据通信技术、自动控制技术以及信息处理技术等有效地融合起来，并运用于整个交通管理系统而建立起来的，具有信息化集成化智能化特征的，一种在大范围内，全方位发挥作用的实时、准确、高效的综合运输智能控制、运营和管理系统。

20世纪70年代以来，智能交通系统的开发和应用就引起了西方发达国家的重视，尤其是近5年来，美国、日本、欧洲联盟等发达国家或各种组织都投入了大量的资金，与高校和研究机构联合，积极致力于智能交通系统的开发育应用。目前，国外在智能交通系统的相关方面已取得了许多可行的研究结果和应用实例。90年代开始，智能交通系统的研究和开发也引起了国内各级政府的重视，一些大中城市相继开始投资，进行相应的交通系统改造和建设，逐渐融入世界智能交通系统的发展大潮。为推动智能交通系统在我国的开发与应用，90年代以来政府有关部门组织进行了国家智能交通系统发展战略研究，同时和科研单位一起陆续开展了一系列的研究工作，并在不同层次上取得了一些阶段性成果。从此，中国的智能交通系统开始走向了有计划、有步骤发展的阶段。与此同时，一些大中城市已经开始意识到通过采用先进技术提高交通管理水平的重要性，并投资建设了一些电视监控、违章自动记录等硬件设施。

智能交通系统是未来交通系统的发展方向。当前智能交通系统的服务领域有：先进的交通管理系统、先进的出行者信息系统、先进的公共交通系统、先进的车辆控制系统、营运车辆调度管理系统、电子收费系统、应急管理系统等。其中交通控制和线路诱导是现今城市交通的两大重要管理手段，即先进的交通管理系统和先进的出行者信息系统。

先进的交通管理系统（Advanced Traffic Management System，ATMS）是用于监测、控制和管理公路交通，在道路、车辆和驾驶员之间提供通信联系。依靠先进的交通监测技术和计算处理技术，获得有关交通状况的信息，并进行处理，及时向道路使用者发出诱导信号，从而达到有效管理交通的目的。

先进的出行者信息系统（Advanced Traveler Information System，ATIS）采取先进的信息技术、数据通信技术、电子传感技术、控制技术及计算机技术，将采集到的各种道路交通及服务信息经交通管理中心处理后传输到交通系统的各个用户（驾驶员、公共交通利用者、步行者），使得出行者实时选择出行方式和出行路线。

道路交通控制和线路诱导是现今城市交通在线管理的两大重要手段，同时是智能交通系统的两大子系统（ATMS 和 ATIS）系统功能的实现。智能交通系统中城市交通的在线管理主要由道路交通控制系统和车辆诱导系统完成。

智能交通系统就是以缓和道路堵塞和减少交通事故，提高交通利用者的方便、舒适为目的，利用交通信息系统、通信网络、定位系统和智能化分析与选线的交通系统的总称。它通过传播实时的交通信息使出行者对即将面对的交通环境有足够的了解，并据此作出正确选择；通过消除道路堵塞等交通隐患，建设良好的交通管制系统，减轻对环境的污染；通过对智能交叉路口和自动驾驶技术的开发，提高行车安全，减少行驶时间。

为智能交通带来重大机遇的是我们即将建设的数字地球。数字地球把地球上任一地点的所有信息都组织起来，不仅有自然方面的，包括地质、地貌、气候、山川河流、动植物分布等，还有人文方面的，如历史沿革、风土人情、交通状况、经济、文教、人口等。所有这些信息，不应是静态的，而应是实时的，只有这样才能为我们选择出行路线时提供优质服务。我们以某种形式在某个地点存放着有关道路的各种信息（如道路状况、危险警告、收费地点、停车场所等），同时又可以接收相关的最新信息（如道路灾害信息、事故发生地点等），据此我们可以准确选择最佳路径，节省驾驶人员的时间，减少能源的消耗及对大气的污染。

二　基于可持续发展理念的交通信息化模式

（一）21 世纪中国交通面临的环境和挑战

交通运输是国民经济的一个重要产业部门，国家安全的重要保障，社会进步的重要标志。机动性是现代知识经济的象征，而交通运输业也成为就业、商业投资和经济发展的重要拉动力量。建成高效、快捷、安全、环保的交通运输大通道是中国交通运输行业的总体目标。

但交通的发展也带来了一系列负面影响，其中汽车数量的增长，特别是私家车的逐步普及所带来的交通拥挤、对石油的依赖、空气污染、生态破坏、气候变化等问题尤其令人关注。几十年前，只有发达的西方国家才会担心这些问题。在类似于中国这样的发展中国家，私家车为数很少，政府不必关心私家车所带来的社会影响。但现在情况已发生了变化。中国经济正在高速增长，交通运输业也正在以前所未有的步伐前进。尽管中国的人均车辆拥有量比美国低很多，但上升的趋势是毋庸置疑的（见图 10—2）。

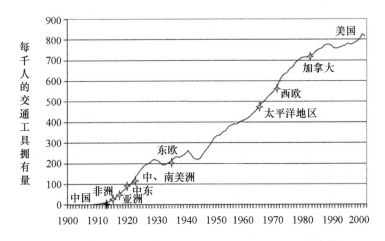

图 10—2　美国（各个时期）同其他国家（2002 年）每千人拥有车辆的对比

资料来源：S. Davis, "Transportation Energy Data Book, Edition 24", Oak Ridge National Laboratory, 2004。

1. 交通方式的变化

私家车的增长将对中国人的出行习惯带来深远影响。人员的进一步分散加大了他们的日常活动范围，自驾出行将逐步取代步行和骑自行车。这些交通方式选择的变化将对城市产生重要的重塑作用，并且正在改变人们的生活质量。例如墨西哥的墨西哥城和巴西的圣保罗市，小汽车在所有出行方式中占到20%，而这些车流几乎让这些城市瘫痪。

在2000年进行的中国公众出行方式统计中，大约有27%的人使用自行车，7%的人步行。预计在未来的20年中，这两种出行方式比例将不断减少（见图10—3）。

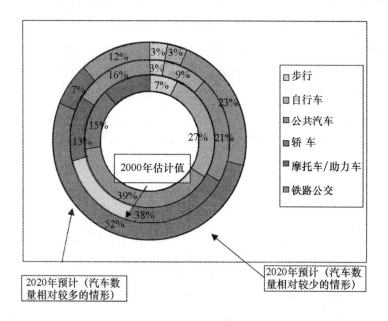

图10—3　中国2000年（估计）和2020年（预计）的各种出行方式比例
资料来源：中国工程院和美国国家研究会，2003。

过去几十年，非机动性的出行已大幅减少。据估计，在1985年到2000年这段时间内，中国城市的自行车使用量降低了16个百分点，而步行方式也下降了9个百分点；而在2001年到2011年，这个数据已分别下降了75%和63%。这些交通出行方式的改变将对环境、公共健康、能源和社会公平性带来重大影响。

2. 能源消耗：石油依赖性不断增长

有关资料显示，交通运输部门已经成为最大的化石燃料消耗部门，世界主要发达国家交通运输业的能源消耗占国家能源总消耗的30%左右。

交通运输的能源消耗主要分为站场耗能、线路耗能和运输工具耗能；根据站场、线路和运输工具的不同时期又可以分为建设（制造）耗能、营运（运行）耗能以及维修耗能。

　　作为世界上人口最多的国家，我国现已成为仅次于美国的第二大能源消费国。从 2003 年开始，我国超过日本成为世界上第二大石油消费国，日石油总需求达到 560 万桶（见图 10—4）。目前，我国进口石油已经占到国内石油总消费量的 60% 以上；到 2025 年，我国的石油需求量预计将达到每天 1280 万桶，其中 940 万桶将完全依靠进口，进口量占总需求量比例将超过 73%，我国对国际能源的依赖程度将不断提高。

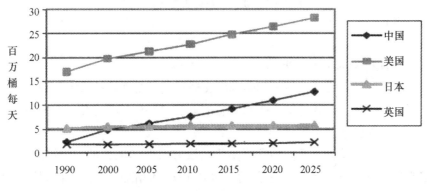

图 10—4　过去和未来的石油消耗

资料来源：EIA，2004。

　　我国市场的石油需求已成为世界石油市场中一个非常重要的因素，过去 4 年的全球石油需求增长中，我国市场增长几乎占到一半。与美国一样，我国国内的石油储备也无法达到自给自足的水平。只要我国的交通运输系统还以石油燃料为基础，它就永远不会实现自给自足。作为最近 10 年来的净进口国，我国一直将重点放在如何满足国内的石油需求上（见图 10—5）。目前，我国进口的石油中有半数来自中东，仅沙特就占到 17%。如果不采用合理的财税政策来提高交通运输业的能源效率并促进对非石化燃料的利用，我国对不稳定的国际石油供应市场的依赖性只能是进一步增强。

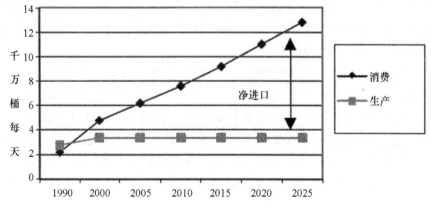

图 10—5 我国日益增长的石油缺口

资料来源：EIA，2004。

3. 城区交通拥堵不堪

能源消耗和石油进口依赖是我国交通运输系统面临的重大挑战，但问题还不只是这些。我国的个人机动性在过去 20 年中得到大幅度增强，个人平均行程已增加了 5 倍。

但是，我国公路系统的发展步伐远没有跟上车辆数量和使用的增长。虽然到 1996 年我国铺设的公路总长度比 1970 年增加了 6 倍，但同期轿车的数量却增加了 75 倍以上（见图 10—5）。结果，交通拥堵已成为各大城市的一大难题和顽疾。在过去 50 年中，各大城市中的公共汽车平均时速已下降到 50 年前的 1/4。在北京，平均交通时速已从 1994 年的 45 公里/小时下降到 2003 年的 12 公里/小时，某些主干道上甚至只能以 7 公里/小时的速度爬行！

必须说明：我国不能单靠增加建设道路来解决城市拥堵问题。更多的道路只会引发更多出行需求，更多的出行也就意味着更多的拥堵、能源消耗、石油进口和空气污染等问题。如果不制定道路收费、停车收费、提高机动车能效、削减尾气排放，以及行车付费等财税政策，我国的交通问题将最终失去控制。

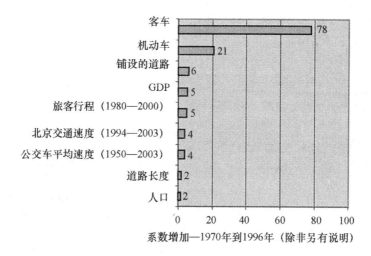

系数增加—1970年到1996年（除非另有说明）

图10—6　中国交通运输和经济运行指数
资料来源：中国工程院和美国国家科学院，2003。

　　世界上有大量的范例让政策制定者最终认识到：修建更多的道路并不一定会带来经济效益，相反往往会导致不可改变的环境损害。以日本为例，大量投资道路建设正在被彻底地予以重新审视。过去政府在道路修建上投入了大量的资金以期将日本带出经济萧条。结果经济增长非常有限，而政府却欠了大笔国债。自从第二次世界大战结束以来，日本的道路投资增长了221倍，而GNP仅仅增长了59倍（见图10—7）。道路建设并没有显著地推动日本经济的发展，反而产生了破坏性的环境影响，进而对良性经济和大批劳动力产生副作用。

　　英国的政策制定者正对公众提出警告，告诫他们不要认为修建道路将带来更多工作以及迎合轿车的需求是成功发展经济的关键。没有任何一项研究提供了足够的证据证明经济的增长仅仅得益于修建道路。商业的营利能力、发展前景和私人投资决策都无法证明和道路建设之间存在紧密依靠的关系。相反，更多的证据表明道路投资可能对经济发展造成损害。英国就出现了道路修建的双刃剑效应（two‐way‐road effect）：一方面新道路的修建使得行驶到一个新的地方更加容易，但是另一方面也使得更加容易走到另外一个极端。比如北威尔士，昂贵的道路改造使得卡车出行得到大幅提升，现在货物运输的距离比以前增加了很多。卡车出行的增加导致运输成本上升，结果导致经济的损失。英国由此发现交通运输和经济发展之间的关系非常复杂。现在英国正集中考虑完全重新构建他们的交通和投资政策，以期带来长期的经济效益。

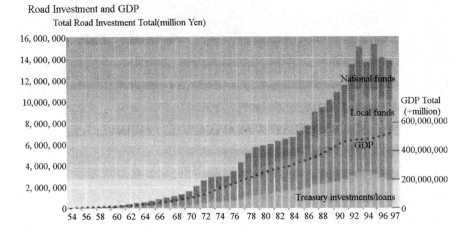

Road Investment and GDP
Total Road Investment Total(million Yen)

图 10—7　日本道路建设投资和 GDP 增长情况

资料来源：日本土地、基建和交通部，2000。

在美国，尽管花费巨资修建了世界上规模最庞大的公路体系，并且配备了先进的信号和控制设施，但拥堵、石油进口、空气污染和交通事故仍然在恶化。机动车（轿车和卡车）数量及行驶里程如此没有限制的增长，起因之一就是道路建设。当道路建设不再支持公共交通、自行车和步行时，交通问题也就变得难以解决。许多美国城市由于道路建设使得工作机会和工作人群日益靠近农村落后地区，导致经济发展受损。

4. 城市空气污染日趋恶化

大量含有二氧化碳、碳氢化合物、一氧化碳、氮氧化合物、铅化物等的汽车尾气排放，造成全球变暖、臭氧层空洞、光化学烟雾、酸雨等一系列无法弥补的生态环境恶化。资料表明，美国的大气污染 50% 来自交通工具，日本也占到 20%。此外，交通噪声、交通振动、废气物污染以及河运、海运造成的水体污染也日益严重。

我国迅速增长的车辆数目已经造成城市空气污染的明显加剧。数据显示，在过去 10 年中，多个大城市周围的臭氧已经超标。在北京，这一情况有着明显的上升势头（见图 10—8）。北京和我国其他大城市已经在着手改善空气质量，但他们在改善空气质量方面所做的努力主要集中在降低固定污染源的数量。随着汽车数量的剧增，移动污染源造成的空气污染将超过固定污染源，并抵消污染控制方面取得的成果。我国的汽车尾气排放标准允许的一氧化碳排放量是美国标准的 2 倍，碳氢化合物和氮氧化物排放量是美国标准的 3 倍。将来，移动污染源造成的空气污染将成为北京等城市越来越引起关注的问题。

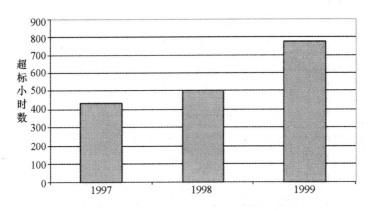

图 10—8　1997—1999 年北京的臭氧浓度

资料来源：中国工程院和美国国家科学院，2003 年。

空气污染每年给我国造成的损失大约为 GDP 的 5%。由于空气污染，人们的疾病率和死亡率都有所提高；空气污染还将对建筑物（包括古代的建筑）等在结构和景观上造成损害。即使我国的机动车保有量保持一种中等速度的增长情形，机动车的污染物排放问题仍将停留在当前的高水平甚或会进一步恶化（见图 10—9）。因此，采用更为严格的欧盟排放标准应该成为下一步的工作重点。如果没有行之有效的法规和财税机制，公共健康、环境和经济将遭受更严峻考验。当然，公众的生活质量也会受到重大影响。

5. 土地占用和浪费严重

交通运输基础设施建设占用大量的土地资源，而且对动物栖息地的生态平衡产生破坏，在生态环境极为敏感的地区基础设施的建设常常给生态带来毁灭性的影响。

我国的基本国情是人多地少，人均土地面积只有世界人均的 1/3，人均耕地面积不足世界人均的43%。近年来随着人口的增长，人均耕地逐年减少，供需矛盾日渐突出。我国人口已由1985年10亿多人增加到2011年的13亿多人，人口以年均约1360万人的速度递增，而耕地面积却以每年20万公顷的速度递减。土地资源尤其是可耕地已成为我国最为紧缺的资源。耕地数量是粮食和农业综合生产能力最基本的保障，耕地持续减少不仅严重影响粮食生产和农业发展，也是关系整个国民经济发展和社会稳定的重大战略问题。

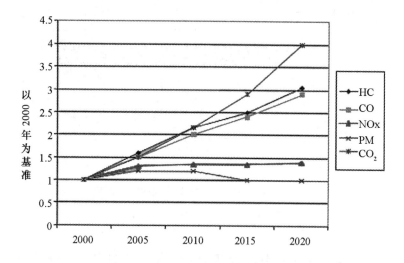

图10—9 中国机动车尾气排放情况发展和预测，2000—2020年
资料来源：中国工程院和美国国家科学院，2003年。

6. 交通安全问题突出

交通安全已成为一个严重的国际性问题。2003年，联合国发布了一项名为《全球道路安全危机》（*The Global Road Safety Crisis*）的决议，敦促采取紧急措施，应对发展中国家的道路交通安全问题，并将道路安全作为政府工作计划的一部分。联合国还首次将道路安全列入可持续发展政策的一部分。

根据联合国秘书长安南的报告，道路交通伤害已成为全球性的公共健康危机。2000年，全球共有126万人死于道路交通伤害，占世界死亡人数的2.2%，在人类死亡和发病的原因中排在第9位。按照世界卫生组织的预测，道路交通伤害到2020年将上升至第3位，排位远在艾滋病、疟疾等健康问题之前。令人关注的是，发展中国家因道路交通伤害而受到的损失要远远超过发达国家。在 2000 年的 126 万死亡者中，约 104 万人来自发展中国家，占死亡总人数的 88%；发达国家则仅占 12%。

亚太地区的道路安全问题更为突出。虽然整个地区的机动车数量仅占全球总数的 18%，但交通事故死亡人数却占全世界一半。据估计，交通事故给亚太地区造成的经济损失每年逾 350 亿美元，是该地区得到的所有外部援助的两倍。

我国道路交通事故造成严重的人命和财产损失尤为严重。根据亚洲开发银行 2005 年 12 月 13 日的报告，2000—2004 年的 5 年间，我国因道路交通事故造成 50 多万人死亡，约 260 万人受伤，相当于每 5 分钟就有一人因交通事故死亡，死亡率为世界第一。我国民用机动车拥有量不及世界的 3.5%，而道路交通事故死亡人数却占 20%，居世界之首。同时，因交通事故造成的损失约为国内生产总值的 1%—3%，损失金额逾 125 亿美元，高于公众卫生服务和农村义务教育的国家财政预算。道路交通事故对行人、自行车和摩托车驾乘人员，以及长途客车乘客等低收入群体造成的伤害尤为严重（他们占事故伤亡人数的 60% 以上）。一旦某个家庭成员因事故致死或致残，整个家庭都会更加贫困。因交通事故受伤的病人占医院病床总数的 1/4 以上，这为本来就缺少资源的道路交通部门和医疗服务机构造成了极大的负担。

"道路交通事故是人类的悲剧，能够引发一系列健康、环境和社会问题，对国家经济发展战略造成重大影响"，亚洲开发银行高级交通专家吉诺（Kim Jraiw）表示。"道路交通事故还表明，当前的道路交通系统无法满足交通需求。"[①]

（二）交通信息化发展的原动力

随着我国经济的高速成长，社会对交通的需求日益增长；经济增长同时刺激了交通基础设施建设的规模急剧膨胀。现代交通在为人类带来福祉的同时，也给政府、企业和民众带来了严峻的挑战。

可持续发展是人类对传统发展模式反思后的创新。面对人口剧增、资源过度消耗、环境污染、生态破坏等问题，发展作为满足人类不断增长需要的手段，也受到地球资源的限制。可持续发展应是"既满足当代人的

① http://finance.hebei.com.cn/system/2005/12/15/006405238.shtml.

需要又不危及后代人需要的发展"，它追求的是社会、经济、生态三者的平衡，是中国 21 世纪发展的首要原则。

现代交通运输方式是工业革命的产物，作为工业文明的重要组成部分，它在给人类社会带来巨大经济和社会效益的同时，也不可避免地带来负面效应。交通，作为经济和社会发展的基础，是人们出行和一切社会经济活动的必要条件，与可持续发展有着密切联系。可持续的自然资源利用、能源的利用、清洁生产、消费模式转变、环境保护和消除贫困都与交通基础设施建设、运输装备的运营、运输组织管理有关。有限的土地和能源资源，人们对环境和生活质量的不断要求，都迫使传统的交通运输在满足不断增长的交通需求上不断创新，合理利用资源，改善交通运营管理，提高交通效率和效益。

信息化是实现交通可持续发展的有效手段和基本途径。从我国的现实情况来看，管理条块分割、重复投资建设、运输市场混乱、交通事故频繁、运输数据壁垒、交通信息不畅等问题可以通过信息化加以有效解决。交通信息化是实现交通结构调整与优化、交通产业核心竞争力的提升、交通环境的改善、政府实施有效管理、社会公众平等参与交通的有效保障。

今后一个相当长的时期内，我国交通运输业要走内涵式发展的道路，这是交通信息化发展的原动力，是交通信息化自身发展的要求。

（1）智能交通系统的发展智能交通系统是将先进的信息技术（包括数据通信、计算机等）、传感器技术、自动控制理论、运筹学、人工智能等综合有效地运用于交通运输、车辆控制和交通诱导等方面，加强车辆、道路、使用者三者之间的联系，从而形成一种实时、准确、高效的综合交通运输系统，最终使交通运输服务和管理智能化，使路网上的交通流运行处于最佳状态，改善交通拥堵，最大限度地提高路网的通行能力，提高整个交通运输的机动性、安全性和生产效率。

21 世纪交通管理的发展趋势必将是管理体制的集约化，管理设施现代化，管理手段网络化、信息化、智能化，管理效率高效化，管理方式社会化。因此，我国的智能交通系统发展将带来一场交通管理体制与模式的变革，而这种变革又将直接影响着智能交通系统的发展。

（2）交通运输业向现代物流转型现代物流系统是经济活动中采购、包装、运输、仓储、装卸、流通加工、配送、物流信息交换等诸多要素相互联系、相互制约、相互结合、共同组成的有机整体。现代化的物流系统已经成为企业提供优质服务并取得竞争优势的战略资源，成为电子商务、电子数据交换以及流通信息化快速发展的基础。与此同时，现代物流日益呈现出信息化、网络化、智能化、柔性化、标准化和社会化的特征。而信息化和标准化已成为提高现代物流效率的重要手段。

现代物流与传统物流的最大区别之一，就是有了信息技术和计算机网络的支撑，将原本分离的商流、物流、信息流和采购、运输、仓储、代理、配送等环节紧密联系起来，形成一条完整的供应链。我国物流企业的信息技术应用虽然有了一定的发展，但与国外发达国家相比仍有很大差距。因此，要进一步加快我国物流企业信息化的步伐，在各个层次上都要恰当地运用信息化技术，实现物流一体化管理。

（3）以人为本的交通电子政务当前，发达国家电子政务发展的一个趋势，就是注重实际应用，并把为企业、公众服务、实现资源共享放在重要地位。电子政务的核心价值之一，就是要从根本上改善政府的公共服务。为此，发达国家在推动电子政务的发展中，把改善传统的公共服务放在了十分重要的地位。在电子化政府战略中，如果没有为公民服务及运行效率的衡量目标，电子政务的发展就将是失败的。

随着国民经济的发展，社会对交通运输的需求不断增长，客流和物流更加频繁，公众更强调交通以人为本的理念。因此交通对社会和公众的影响越来越大，要求政府更加重视交通生产中的生命和货物安全保障。如何提高政府部门对交通信息的快速反应和处理能力，提高政府的支持保障能力，应用信息技术是重要的途径。实际上，应用信息技术也是衡量政府是否具有现代化管理水平的一个标志。

（4）建立信息快速反应机制社会交通既是经济发展和人民生活的基本方面，又是国家安全、社会安全的重要保障。因此，要逐步建立健全覆盖公路水路交通全行业的信息网络和快速反应机制，进一步提高信息化工作水平，促进行业管理整体水平的提高。围绕交通行业中的重大事件和突发事件，收集、研究、编发和报送信息；重视政务信息工作，加强信息源建设，逐步建立覆盖全行业的信息网，用信息指导工作，研究建立快速反应的信息化工作机制。

（5）交通信息资源的可持续利用交通行业信息化建设经过若干年的努力，已建立了一批技术含量高、实用的专项业务管理信息系统和政府部门的办公业务系统，为行业信息化建设奠定了基础。但是，由于当时的认知水平所限，大多数系统在建设时仅仅是为了解决某些具体、局部的问题，因此各系统基本上是独立存在的，造成了网络背景下的信息孤岛。实际上，在许多业务系统中采集的大量信息除了用于生产运营业务管理外，同时还可以服务于政府部门的宏观管理、数据统计和公众信息服务。我们不难看出，传统的建设模式带来的结果是一方面解决问题，另一方面制造信息孤岛；一方面各级管理部门苦于基础数据库没有信息、没有信息渠道和更新渠道，另一方面大量已掌握的第一手、真实的数据又没有被充分有效地利用。这种状况不仅使我们投资建设的许多信息采集、通信和应用系统没有充分地发挥作用，同时也制约了应用的进一步发展。因此，必须突破目前的局面，对交通信息化资源进行整合，通过整合最大限度地实现资源共享，尽可能地减少中间环节，提升使用效率，同时也有利于加速服务型政府的建设，充分发挥信息化的整体效益，实现交通信息化建设的可持续发展。

（三）区域信息化：交通信息化的战略构想

（1）基于可持续发展观的交通信息化战略构想信息化就其本身而言是一个动态发展的过程，随着经济的不断发展和新的信息技术的不断涌现，信息化的内容也会得到不断充实和更新。具体到一个行业的信息化建设，也存在一个逐步发展和完善的过程。通过 20 多年的信息化建设，交通信息化建设正在经历或将要经历单一部门信息化、跨部门信息化、企业级信息化和产业链级信息化四个阶段。与此同时，信息化大致可分为领域信息化、区域信息化和企业信息化三个方面。"十二五"期间将实现交通运输产业链信息化的战略目标。在这个阶段，交通运输信息化思想将面临一场信息化资源整合、业务流程再造和信息技术应用的变革，交通信息化应立足于产业链级信息化进行信息资源战略规划，满足交通运输信息化可持续发展的需要。

根据我国全面建设小康社会对交通现代化的要求和交通现代化三个发展阶段的目标，交通信息化应围绕可持续发展这个中心思想提出战略构想，即："建设三个重点领域、实现三个层面的整合、建立两大保障体系、做好五个结合"，其中"三个重点领域"是指交通电子政务、智能交通系统和综合物流系统建设（见图 10—10）。

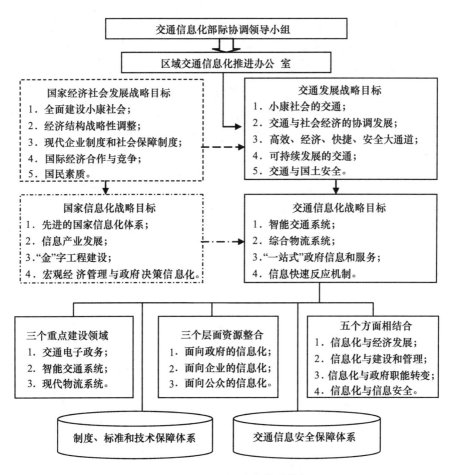

图 10—10 交通信息化战略构想

交通信息化建设应在现有基础上，由单项交通信息技术开发转变为信息技术的综合利用，体现交通信息资源整合的思想（或称交通信息资源的有效配置），特别要注重三个层面的整合，即面向政府（交通主管部门）、面向市场（交通企业经营者）、面向公众（出行者和驾驶员）；以及两大信息化保障体系：交通信息化的制度、标准和技术保障体系（重点是组织保障和协调机制、标准化战略以及高新技术应用）和交通信息安全保障体系（重点是信息保密措施和交通通信畅通）（见图 10—11）。

（2）区域信息化是我国交通信息化的有效模式交通区域信息化，是基于信息化发展的规律和区域经济一体化的发展趋势，统筹考虑不同运输方式的信息化规划和交通现代化与区域经济发展的内在联系，整合跨部门、跨地区、跨所有制的交通信息资源，实现交通信息化由单项交通信息技术应用向综合应用与协同发展转变的信息化发展模式。交通区域信息化发展思路如图10—12所示。

　　结合社会经济发展和国家战略的需要，以区域经济为中心，打破行政壁垒，加强区域合作，搞好整体规划，统筹协调区域内的交通信息产业布局，整合区域交通信息网络资源，实施优势互补联合发展，形成以区域信息化为中心的几大交通信息化枢纽（可建成东北、环渤海、长江三角洲、珠江三角洲、中部、西北、西南等区域交通信息中心），突出交通电子政务、智能交通系统和现代物流系统"三大亮点"，从而推动各种运输方式协调发展、衔接顺畅、智能化、网络化的现代交通运输体系建设（图10—13）。

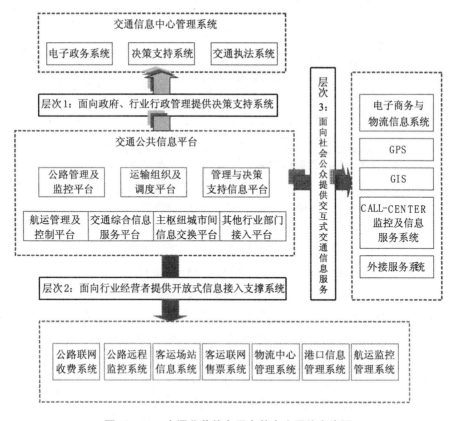

图10—11　交通公共信息平台整合交通信息资源

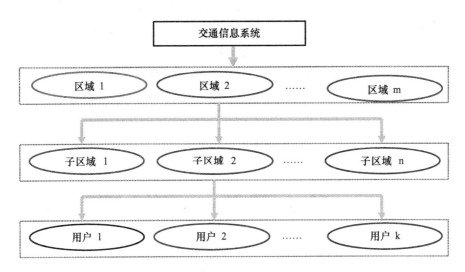

图 10—12　交通区域信息化发展思路

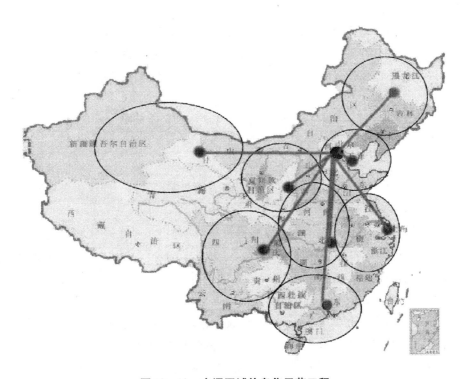

图 10—13　交通区域信息化示范工程

从目前实际情况来看，具体实施可从以下方面入手：（1）在适合区域性联网条件的地区和部门，可以先行进行试点，如长江通信系统（从上海—重庆），其行政管理部门均为交通部所属部门，可以综合利用网络资源和信息资源，对船舶和运输企业提供公益和公众服务；（2）在符合联网条件的高速公路区间，也可进行联网，形成区域网络，统一收费，如北京—天津—塘沽高速公路区间；（3）在区域经济中心，根据经济发展、运输需求和用户需求，形成区域网络，建立铁路、公路、水运和航空运输综合信息平台。

（四）小结

第一，交通运输是国民经济的一个重要产业部门，国家安全的重要保障，社会进步的重要标志。但交通的发展也带来了一系列的问题，其中包括道路用车特别是轿车和卡车所带来的交通拥堵、对石油的依赖、空气污染、土地占用、生态破坏、气候变化、交通安全等问题尤其令人关注。

第二，加快建设一个高效、经济、便捷、安全、舒适、文明的现代交通，既是实现我国经济可持续发展的需要，也是全面建设小康社会的重要内容。交通运输行业要实现可持续发展，就必须广泛利用信息技术，充分开发交通信息资源，提升交通为国民经济和社会服务的整体能力和水平，实现交通外延式建设向内涵式发展转移，追求交通过程中人与交通的自然和谐。

第三，今后一个相当长的时期内，我国交通运输业要走内涵式发展的道路，这是交通信息化发展的原动力，是交通信息化自身发展的要求，包括智能交通系统的发展、交通运输业向现代物流转型、以人为本的交通电子政务需求、建立信息快速反应机制应对社会突发事件、交通信息资源的可持续利用等。

第四，我国交通信息化的战略构想是："建设三个重点领域、实现三个层面的整合、建立两大保障体系、做好五个结合"。其中"三个重点领域"是指交通电子政务、智能交通系统和综合物流系统建设；三个层面的整合：面向政府（交通主管部门）、面向市场（交通企业经营者）、面向公众（出行者和驾驶员），进行交通信息资源的整合；两大信息化保障体系：交通信息化的制度、标准和技术保障体系（重点是组织保障和协调机制、标准化战略以及高新技术应用）和交通信息安全保障体系（重点是信息保密措施和交通通信畅通）；做好五个结合：一是交通信息化与社会经济发展相结合，尤其是与区域经济发展相结合；二是交通信息化与交通基础设施建设和交通运输管理相结合；三是信息化与转变政府职能、提高政府交通主管部门的管理水平相结合；四是保障信息安全和促进交通信息化发展相结合；五是政府引导与发挥市场机制作用相结合，走出一条有中国特色的交通信息化新路子。

第五，大幅度提高交通行业信息化建设质量和信息技术应用水平的基本途径是：整合交通信息资源，建设和管理并举。通过整合可以最大限度地实现资源共享，尽可能地减少中间环节，提升使用效率，同时也有利于加速服务型政府的建设，充分发挥信息化的整体效益。区域信息化是交通信息资源整合的切入点和基本思路。

第三节　交通现代化的战略选择

一　人类社会现代化发展路径

如果从 18 世纪算起，到 21 世纪末，世界现代化将持续四百年。在这四百年里，不同民族和国家的表现有很大差别。在前三百年里，西方国家走在世界前列，创造了辉煌的历史。在后一百年里，西方国家将继续前行，东方国家将迎头赶上，未来世界引人遐想。

虽然人类社会理想远大，但现实世界并不平等！目前世界上大约有 3.5 亿土著居民，他们生活在 70 多个国家，讲着五千种语言，其中大约 520 万人仍然（或曾经）以狩猎和采集为生，约占世界人口的 0.08%。2011 年，世界人口总数约 70 亿人，其中 10 亿人（约占世界总人口的 14.2%）生活在高收入国家，60 亿人（占 15.8%）生活在发展中国家；近 30 亿人（占 42.9%）每天生活费不到 2 美元（按购买力平价计算），10 亿人（占 14.2%）每天生活费不足 1 美元；而且不平等仍在扩大。这就是国际社会面临的现实！

如果以社会生产力的水平和结构为分类依据，目前世界上大致存在四种基本社会，它们分别是以狩猎和采集为基础的原始社会、以农业和畜牧为基础的农业社会、以工业和服务为基础的工业社会、以知识和信息为基础的知识社会。但在一百年前世界只有三种社会（工业社会、农业社会和原始社会），在三百年前世界上只有两种社会（农业社会和原始社会），在一万年前世界上只有原始社会。在过去的三百年里，人类社会变迁的速度大大加快。下面将重点考察过去三百年间社会领域的基本变迁，包括社会生活、社会结构、社会制度和社会观念的变迁，以及社会现代化的路径等，试图识别和归纳社会领域现代化的基本事实。

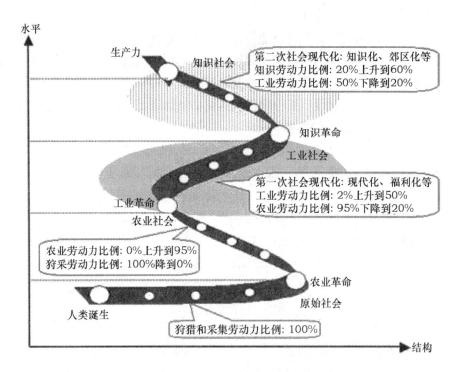

图 10—14　世界现代化路径图：社会生产力结构和水平的变化

资料来源：中国科学院中国现代化研究中心：《中国现代化报告》，2006 年。

事实上，过去三百年的社会变迁，彻底改变了世界格局。在公元 1700 年，西方和东方的主要国家都属于农业社会，大致处于同一起跑线上。当时，西方国家的社会生产力和科教水平已经超过东方，东方国家的经济规模和人口规模则远远超过西方（见表 10—1，其中美国当时还是英国的殖民地）。三百年后，西方国家多数已经步入知识社会，而部分东方国家仍然是农业社会，两者的整体社会经济发展水平差距非常巨大。

表 10—1　　　　　　　1700 年东方和西方国家的社会指标

| | 东方的国家 | | | 西方的国家（地区） | | | 东方/西方 |
	中国	印度	日本	英国	法国	美国 a	中国/美国
人口规模（百万）	138	165	27	8.6	21.5	1	138
经济规模（%）	22.3	24.4	4.1	2.9	5.7	0.14	157
人均 GDP（PPP）	600	550	570	1250	986	527	1
城市化（%）	4	—	4.4	13.3	9.2	0	—
著名大学	—	—	—	牛津、剑桥大学	巴黎大学等	哈佛大学等	—
科学研究机构	—	—	—	英国皇家学会	法国科学院	—	—

资料来源：中国科学院中国现代化研究中心：《中国现代化报告》，2006 年。

社会现代化始于 18 世纪中叶，它是人类社会变迁的一个重要组成部分。从人类诞生至今，社会变迁就一直在发生，将来还会持续下去，社会现代化也会如此。社会现代化既是一个持续过程，又是一个有阶段的过程，而且每个阶段的内涵和特点是不相同的。一般而言，社会现代化和经济现代化是紧密相关的。在经济现代化高潮迭起的时候，社会现代化也会浪潮涌动（见表 10—2）。

表 10—2　　　　　　　社会现代化的六次浪潮

浪潮	大致时间	经济现代化革命	社会现代化内涵	注释
第一次	1763—1870	第一次产业革命	城市化、机械化、社会分化流动	第一次社会现代化（城市化、福利化等）
第二次	1871—1945	第二次产业革命	城市化、电气化、普及义务教育	
第三次	1946—1970	第三次产业革命	福利化、自动化、普及中等教育	
第四次	1971—2020	知识和信息革命	网络化、郊区化、普及高等教育	第二次社会现代化（知识化、郊区化等）
第五次	2021—2050	新生物学革命	生物经济社会、知识无障碍获取	
第六次	2051—2100	新物理学革命	文化经济社会、超级运输体验	

二　作为人类文明的交通现代化历程

从轮子到超音速喷气式飞机,人类社会的交通实现了巨大的飞跃。今天,人们可以选择各种交通工具来从事各种各样的活动和交流。作为人类文明的重要组成部分,交通现代化的历程也是丰富多彩、激动人心的。

(一)引言

有效率的交通工具是交通文明的关键性因素,同时也是高质量生活的标准之一。离开了它,城市居民很难生存,家庭不得不固定在某片土地,生产他们自己的食物。工厂生产所需要的原材料、机器设备,生产的产品要到达消费者手中,食品、医药和医疗服务等都离不开有效的物流运输。失去了高效的交通工具,人类将返回到石器时代。

一些交通形式已经在人类历史中发生了无数次的演变。一种交通形式所伴随的技术达到峰值后,已经不可能再有提升,这种交通形式的能力已经达到极限,新的交通方式就会产生。人们一直追求的是更快的速度、更大的运载能力、更高的效率,等等。过时的技术中酝酿出新的交通形式,在技术、效率、费用方面新的交通形式显示出动态的进步过程。

(二)人类交通文明的发展史

最初的交通形式是直立行走,大概发生在两亿年前;直立行走使空出来的双手和相对的拇指成为我们拥有大量使用工具的能力——那是开启智力文明的关键。

后来,大概在几百万年前,产生了新的交通形式——船。船的出现在时间上和最初人类跨越地球上几大洲的时间大体上是一致的。最初的船是一个原木,后来从它衍变发展出了木筏、独木舟、爱斯基摩人的划艇等等。帆是最近几千年才出现的,到公元1700—1800年逐渐产生了拥有众多风帆的大型帆船。蒸汽机的出现,使帆船变成了蒸汽动力船。尽管船的技术还在进化,但是它的提升能力已经接近极限。

轮子是交通文明中下一个重要的突破口,我们只能猜测它产生的时间大概和农业文明产生的时间相一致。一旦被发明出来,轮子就成为文明所必不可少的重要工具;人们利用轮子来搬运货物、人;在现代文明中,轮子被装载在卡车、汽车、装甲车上。近代以来,有更多种类的轮子交通工具产生了。

1810年,史蒂文森开始制造蒸汽机车,此后,铁路开始在世界上广泛的修筑，成为工业革命的重要支撑力量。虽然早期的铁路只能跑几公里，运载能力也很小；虽然最近50年铁路技术在美国停滞了，但在其他国家还在继续发展着。目前的铁路技术已经十分成熟了，要进一步提升，已经比较困难。

另外两种出现在20世纪的运输技术是飞机和火箭。尽管飞翔是人类的梦想，1789年孟高尔氏兄弟完成了人类第一次热气球飞翔，但直到1903年才由怀特兄弟证明人类可以在天空飞翔。飞机的发展非常迅猛，最初是用于战争，但后来用于远距离运输人员和高价值的产品。火箭在1900年由罗伯特首先试验成功，被用于现代战争、空间技术、卫星技术和通信中的关键技术。但由于造价昂贵，使其进入大众市场，至少还需要一百年。

（三）交通方式的可持续发展

改革开放以来，我国经济的航船一路高歌猛进。但无法回避的问题是，为实现这一发展，我国付出了很大的代价——资源枯竭、能源消耗、环境污染、生态恶化。随着小汽车进入家庭，石油消耗迅猛增长，远远超过了国内的生产供给量，越来越依赖于进口，石油供应已成为与国家能源安全密切相关的重大问题。因此，大力建设两型社会——资源节约型和环境友好型社会，是我国交通和能源可持续发展的重大国策。从环境保护角度看，随着城市化的迅速发展与汽车保有量的急剧增加，汽车尾气排放已成为我国城市大气的主要污染源，所排出的颗粒物与碳氢化合物的污染也在增加。目前世界上空气污染最严重的十个城市有七个在我国；随着燃油交通的进一步发展，情况还会一步恶化。大力发展低污染、洁净的交通工具是我国交通发展的重要战略任务。我国城市交通拥堵和安全事故增加情况日益严重，随着轿车逐渐进入家庭，形势还会继续恶化，唯一可行的办法是优先发展公共交通，建设综合交通运输体系。

我国《"十二五"综合交通运输体系规划》（2012年）提出，要大力发展循环经济，切实推进绿色交通系统建设，加大节能减排力度，努力控制交通运输领域温室气体排放，全面提高综合交通运输体系可持续发展能力。

节约利用资源。在规划、建设、运营、养护等各个环节集约利用土地、线位、岸线、空域等资源，提高资源的综合利用水平。加快发展轨道交通、水路等节约型运输方式，提高资源利用效率。加强交通基础设施建设中废旧建材等再生资源的循环利用。

提高用能效率。加强节能新技术、新工艺、新装备的研发与推广应用工作，提高节能环保型车船、铁路机车车辆、民用航空器、港站节能环保技术和工艺的应用水平。提高铁路电气化比重，鼓励港口使用电力驱动的装卸设施，淘汰高耗能交通设施设备和工艺。强化交通基础设施建设节能降耗。合理引导运输需求，提高运输组织水平，降低单位运输量的能源消耗。

保护生态环境。增强交通规划阶段环保意识，加强交通基础设施建设的环境影响评价工作，对建设全过程实行环境影响动态监测。鼓励应用清洁环保交通技术和装备，降低污染物和二氧化碳排放水平，有效控制噪声污染。

三 我国交通现代化的战略与前景

交通运输是国民经济的重要基础产业。交通运输业的发展，首先对保证和促进国民经济持续、快速、健康发展和提高人民生活质量意义重大。其次，交通运输业本身的持续、健康发展，也是优化产业结构的重要内容，第三产业是我国要大力发展的产业，运输服务业是第三产业的重要部分。发达国家的第三产业一般达到国内生产总值（GDP）的 70% 左右，美国已经达到了 80%。美国的 GDP 中，交通运输业保持在 10%—12%。我国 GDP 构成中，第三产业只占 33%，其中交通运输业仅占 GDP 的 3.4%。加快发展交通运输业，必将对增加就业、提高经济效益等发挥直接的积极作用。最后，交通运输业的持续发展，对我国的运输装备制造、钢铁、有色金属、水泥等原材料行业，以及电力、石油化工、电子信息等不断提供巨大的市场需求，从而拉动一大批产业的发展。因此，对于全面建设小康社会，交通的现代化是至关重要的一环。

经过"十一五"期间的快速发展，我国综合交通运输体系在设施总量规模、运输能力供给和服务质量等方面取得了很大成就。交通运输已开始进入各种运输方式协调发展、能力扩张与质量提高并进、全面建设现代综合交通体系的新的发展阶段。但从适应经济发展要求，促进社会进步和改善人民生活质量来衡量，仍有相当差距。

目前，我国交通基础设施供应总量不足，还不能很好地适应经济社会快速发展的需要。与国外相比，我国交通基础设施的总量与平均密度不仅

低于欧美日本等发达国家，甚至还低于印度和巴西等发展中国家。截至
2011 年底，我国铁路营运里程 9.3 万公里，平均每万平方公里国土面积
只有不到 97 公里，而美国铁路营运里程达 27.28 万公里，平均每万平方
公里国土面积有 291 公里，分别是我国的 2.93 倍和 3 倍；我国公路密度
平均每百平方公里国土面积为 18.85 公里，相对发达的沿海地区平均每百
平方公里国土面积也仅拥有公路 39 公里，不及印度全国平均 50 公里的水
平。在总体技术水平上也有一定差距，如我国铁路技术装备水平总体上仅
相当于世界发达国家 20 世纪 80 年代的平均水平，高速动车组技术、民用
飞机的关键技术等尚处于研发和小范围开发阶段。铁道部经过多方努力，
目前我国铁路客车虽然可允许运行时速达 250 公里以上甚至达到 350 公
里，但安全问题却突现出来。公路总体技术标准偏低，抗灾能力弱，交通
管理手段和安全设施落后。交通运输能力不足和总体技术水平不高，导致
服务质量得不到改善，常常以牺牲运输质量为代价来换取能力，与高效、
便捷、安全、环保的人性化运输需求差距甚大。因此，必须紧紧抓住未来
10 多年的"黄金"机遇期，加快交通基础设施建设的步伐，提高交通运
输供应能力和总体技术水平，逐步适应全面建设小康社会的需要。这是我
国目前及今后一段时间内的主要任务。

　　"十二五"期间，我国现代交通体系发展的基本思路是：坚持以发展
为主题，全面提升综合交通体系有效供给能力和服务水平；坚持以改革促
发展，突出抓好铁路体制创新和机制创新，建立综合交通运输管理部门，
完善监管制度，推进运输市场化进程，促进交通运输大发展；坚持效率优
先，兼顾公平，突出抓好综合运输大通道的建设，进一步健全财政性资金
管理和使用制度，加大落后地区和农村交通的政策扶持力度，促进协调发
展；坚持以科技应用创新为动力，加快信息化和智能化建设，提升运输质
量和服务水平，推进交通增长方式的转变；坚持新建和改扩建相结合，解
决网络结构的层次性矛盾，全面提高运输的机动性和通达性。

　　"十二五"期间，我国现代交通体系发展的阶段目标是：通过大力发
展与深化改革，使综合交通网络规模大幅扩展，结构进一步调整，公平与
效率有机兼顾；管理体制获得创新，运输服务水平明显提高，交通安全得
到有效保障；基本形成布局更合理、结构更完善、能力更充分、质量更可
靠的综合交通运输体系；有效缓解运输紧张状况，基本适应经济社会发展
要求。

　　按照这一阶段目标要求，我国综合交通运输建设的重点是：加快铁路的建设速度和扩大规模，加强能源运输大通道、集装箱运输系统的建设；在大的经济圈间注重建设结构合理的运输大通道，扩大运输能力，特别是城市群间快速旅客运输专线的建设；在经济圈内要加强城际快速轨道交通系统的建设；要重视与东南亚、东北亚和中亚地区的地面交通建设；要认真解决大城市交通堵塞现象，重视城市轨道交通的建设；要重视农村交通的建设；同时，要加强交通枢纽和综合交通信息网络建设，构建现代化的智能交通系统。

　　21 世纪我国交通运输业将在继续加强交通设施建设的基础上，发挥铁路、公路、水路、航空、管道等各自的优势，促进各种运输方式的衔接和协调发展；依靠科学技术进步，全力发展以信息化技术为先导的现代交通，并逐步解决来自环境、能源、安全等方面的严峻挑战，建立一个可持续性的、以高速安全和智能化为目标的新型综合交通运输系统。

第十一章　交通调查与预测

　　交通现象是一种范围广泛，且随时间变化的复杂社会现象。人们在对社会空间进行规划、管理或重组时，需要对多种交通现象进行调查，提供准确的数据信息，以便科学地预测和决策。从交通运行的实际看，交通的发展在一定程度上依靠交通调查工作的开展和数据资料的积累与利用。交通调查就是运用社会调查的理论方法与技术，通过对多种交通现象进行调查，刻画交通状况，揭示交通运行规律的一种认识活动；同时也是为交通规划、交通设施建设、交通控制与管理、交通安全、交通环境保护和交通流理论研究等方面提供实际参考资料和数据服务的过程。

　　交通现象主要是交通流现象。因此，交通调查不同于一般的社会调查，主要是交通流的调查。而与交通流有关的诸如国民经济发展状况，经济结构，各种交通运输状况，城乡规划，道路等交通设施，交通环境，汽车的行驶特性，地形、气候、气象及其他安全设施和措施等，几乎每一项都可以作为专门的调查对象。在进行交通调查和分析时，应该考虑诸因素对交通流的影响。为了确定交通流各参数（如交通量、车速、密度等）的单位及精度，选择评价对策的适当方法等，从而了解与掌握交通流的规律。更重要的是，交通社会学作为一门社会工程学，不仅要学会如何思考，也要学会如何运用相应的技术，需要了解和把握交通调查与预测作为一门专门的技术与方法。本章主要介绍交通调查与预测的内容、方法和过程。

第一节　交通调查

一　交通调查的含义与类型

交通调查是指交通量、车速、交通运行特征、起讫点、交叉口、交通事故、交通安全、交通环境等调查的统称。主要收集、整理、分析（1）交通系统，（2）交通需求，（3）交通流，（4）对环境、社会的影响相关的数据，为交通发展提供科学的依据。

交通作为一个复杂的系统工程。它的良性运行，涉及的内容广泛。因此，有关交通调查的内容也很多。如行人交通调查，自行车交通调查，车辆行驶特性调查，交通事故调查，人的（特别是驾驶员和行人）交通生理、心理特性调查，道路和交通设施调查，各种交通运输方式实况调查，道路两侧土地使用特性调查，社会经济调查，道路照明调查以及交通环境调查等。另外，还有在采取措施前后进行对比性交通调查。以上不少交通调查是属于交通工程科研调查的组成部分。由于每一项交通调查都涉及不同的内容，因此，调查的方法与程序各有不同。

交通社会学是一门应用性的社会工程学，具有非常强的目的性。交通运行的实际状况也是如此。因此，交通调查主要是根据交通发展的目的进行的调查。

（一）按交通运行的目的来划分，交通调查有三大类

1. 以查明全国性或区域性范围的交通需求和交通状况的调查

这类调查是一种政府行为或组织的行为，主要由交通主管部门组织实施，为政府交通政策的决策提供参考。该项调查的主要内容有：

（1）国家干线公路（国道）交通量和车速调查；

（2）物资运输流通调查；

（3）城市客流调查与货运调查；

（4）公路和城市道路车辆（汽车、自行车等）起讫点调查；

（5）主要交叉口的交通量调查；

（6）交通阻塞路段（交叉口、交通设施）的阻塞程度及阻塞频率的调查等。

2. 以确立相当具体的道路新建、改建项目、城市建设项目为目的和以制定综合的交通管制等交通工程措施为目的，以较大范围的地区和道路路线为对象的交通调查

这类调查是一种交通技术研究行为，通常要求对交通的组成和随时间的变化作较详细的记录，一般由交通技术人员和管理等部门来实施。主要内容有：

（1）在路旁直接询问或发放调查明信片，调查汽车的起讫点和行经

路线等；

（2）在主要交叉口进行分车型、分流向的交通量调查；

（3）地区出入交通量调查；

（4）地点车速调查；

（5）行驶时间调查（区间、行驶车速调查）；

（6）地区车辆拥有量调查（或统计、汇总）；

（7）路上、路外停车调查；

（8）通行能力调查；

（9）阻塞程度及其发生的频率调查（延误调查）；

（10）公交运输系统及其利用状况的调查（客运量调查，月票调查等）；

（11）在阻塞或事故多发地点，为弄清主要原因的专门调查等。

3. 为改善局部地段的交通状况而进行的交通实况调查

这类调查是一种纠偏行为，目的是为了改善交通运行中的离轨行为，包括失常、不适应行为以及违章、违法、违规等行为。如改善交通阻塞或事故多发的交叉口和路段的交通、安全设施（或措施）和信号配时，高速公路（快速干道、汽车专用路等）合流处等发生交通阻塞地点的道路几何线形和渠化、标志标线等设施和措施。主要由交通管理部门实施。主要内容有：

（1）交通量调查；

（2）车速调查；

（3）密度调查；

（4）影响交通流的主要因素（横穿道路的行人、混入汽车流中的其他车辆、停放车辆、路面标线和交通标志、信号机配时等）调查。

（二）按执行部门来划分，交通调查也分为三个类型。目前已经开展的交通调查中，主要有交通管理部门、交通规划部门、城市建设三个部门进行的交通调查

1. 交通管理部门开展的交通调查各项车速调查；客运和货运的车辆起讫点调查；高等级公路的环境影响评价调查；公路沿线经济调查；为交通规划、工程可行性研究以及工程项目后评价等所需要的各项调查；交通量比重调查；公路交通量与运输量换算关系参数调查；公路堵塞与拥挤路段交通调查；城市间的交通流的辐射区调查；路段大（重）型与中型拖

挂车比重调查；公路通行能力调查和公路事故多发点（路段）调查；等等。

这些调查积累了大量资料，基本涵盖了 10×10^4 公里国道和 20×10^4 公里以上干线公路的交通状况，描述了交通量的各种分布规律，为公路网规划、公路项目可行性研究、收费道路的收费标准和经济效益分析等提供了可靠的数据。

2. 交通规划部门开展的交通调查交通需求和交通源流调查，包括人和车的出行活动规律、货物流动规律、大集散点和交通枢纽的交通集散规律等；交通设施调查，包括车辆、交通运输系统、道路网和停车设施等；道路服务质量调查；经济、社会、交通调查。

如果是编制交通网的规划，要求进行包含有许多详细内容的六大调查：（1）方针政策调查；（2）社会经济调查；（3）资源环境调查；（4）交通运输调查；（5）基础设施调查；（6）建设资金调查。

3. 城市建设部门开展的与交通调查有关的调查内容居民出行调查、汽车起讫点调查；经常性的交叉口和路段的交通量调查、车速调查、交通延误调查；对公交客运和月票乘客进行连续不间断的客流调查；货物流动调查；货运汽车出行调查；对行人交通量、步幅、步速等的调查；对道路、交叉口的通行能力调查。同时，还开展了城市出入口道路的交通调查、汽车和自行车停车调查、交通环境影响调查等工作。

目前全国绝大多数大中城市进行了系统的交通调查，如：1981 年以来，我国北京、上海、广州、天津等城市先后进行过人、车 OD 调查，并取得了大量数据，为城市总体规划、交通规划、道路网规划、停车规划、公交地铁规划等提供了大量资料，为治理城市交通、了解交通现状和提出对策提供了依据。为今后智能运输系统（ITS）的发展创造基础平台。

二　交通调查的主要内容与程序

由于交通调查的内容比较多，不可能一一列举，只能选取几个主题进行分析，以期窥一斑而见全豹。

（一）交通量调查

1. 交通量的含义

交通量是指单位时间内通过道路某一断面（一般为往返两个方向，如特指时可为某一方向或某一车道）的车辆数（或行人数），又称为交通流量或流量。按其研究目的的不同，可以分成以下几类：（1）按交通性质分为：机动车交通量、非机动车交通量、混合交通量、行人交通量四种。（2）按计时单位分三种：用得最多的是小时交通量（辆/小时），日交通量或称为昼夜交通量（辆/日）。（3）按交通量特性分为四种：平均交通量、最大交通量、高峰小时交通量和从最大值算起的第 n 位小时交通量表示交通量的时刻变化。

2. 交通量调查的功能

交通量调查的目的在于通过长期连续性观测或短期间隙性和临时性观测，搜集交通量资料，了解交通量在时间、空间上的变化和分布规律，为交通规划、道路建设、交通控制与管理、工程经济分析等提供必要的数据。具体表现在以下几个方面：

（1）由同一地点长期连续性观测，掌握交通量的时间分布规律，探求各种与交通量有关的系数，并为交通量预测提供以往长期的可靠资料。

（2）众多的间隙性观测调查，可用以了解交通量在地域等空间上的分布规律，为了解全面的交通情况提供数据。

（3）为制定交通规划掌握必要的交通量数据。通过全面了解现状资料，分析交通流量的分配，预测未来的交通量，为确定交通规划、道路网规划、道路技术等级和修建次序及确定规划所需的投资和效益提供依据。

（4）交通设施的修建和改建也离不开交通量的历史发展趋势和现状。有了确切的交通量（目前的和根据目前推算的），就能正确地确定道路等级、几何线形、交叉口类型，平面交叉是否需要改建成立体交叉，就能做出道路设施修建和改建的先后次序。

（5）交通控制的实施，离不开交通量的现状和需求。如果交通控制脱离了交通量流向和流量的实际，则交通控制的效果就会大大降低。设计信号机的配时、线控系统的相位差、区域交通控制系统的各种控制方案，都需要做大量的交通量、车速等的调查。判断设置交通信号灯、交通控制方案的合适性也仍然是以交通量的时间和空间分布为的规律依据。

（6）为行人交通提供保护。设置步行街，确定人行道、人行横道的宽度，人行天桥和地道的位置及规模，是否设置行人信号灯及其如何配时等，均需要提供行人交通量及其各种特性，使所采取的措施有一定的参考数据。

（7）进行工程的后评估。对各种工程措施、管理措施进行前后对比调查，判断改善交通措施的效果，所需要的前后交通量的资料，应该在其他条件不变的前提下进行交通量调查。

（8）研究交通基本参数如交通量、车速和密度等之间的关系，开展交通流理论的分析，交通量经常是最重要的参数。

（9）推算通行能力，预估交通事故率，进行交通环境影响评价，预估收费道路的收入和效益，工程可行性研究等各个方面。在涉及社会经济环境效益时，交通量的大小、预测的正确与否对方案论证往往有举足轻重的作用。

3. 交通量调查的方法

目前我国交通量调查的方法还未有统一的规定，采用的方法一部分是借鉴国外的，一部分是我国各地根据自己的实践经验总结制定的。

第一，交通量调查实施的程序。一般包括：（1）接受交通量调查任务，明确调查目的，确定应提交的成果内容；（2）拟订交通量调查方案设计；（3）确定具体的调查内容、日期、时间、地点、方法及所需仪具等与实施交通量调查有关的细节；（4）组织人力，开展交通量调查；（5）汇总、整理资料；（6）对所获得数据进行归纳、分析。

总的来说，随着交通量调查目的和对象的变化，无论是车辆的划分还是调查时间、地点、方法以及人员、设备的配备都会有很大的差异。因此，调查方案设计并无一成不变的固定模式，具体拟定时应注意各自的实际条件。

第二，交通量的计数方法。交通量计数调查的测记方法通常有两种，即人工计数和机械（自动）计数。采用何种方法，主要取决于所能获得的设备、经费和技术条件、调查的目的要求以及要求提供的资料情况等。

（1）人工计数法。这是我国目前应用最广泛的一种交通量调查方法，只要有一个或几个调查人员即能在指定的路段或交叉口引道一侧进行调查。按行驶方向分类计算车辆（机动车辆、非机动车辆）的左转、直行和右转的交通量和行人的交通量；计算车辆排队长度及车辆的时间和空间占有率等。人工计数法适用于任何地点、任何情况的交通量调查，机动灵活，组织工作简单，调配人员和变动地点灵活，使用的工具除必备的计时器（手表或秒表）外，一般只需手动（机械或电子）计数器和其他记录用的记录板（夹）、纸和笔。

（2）浮动车法。英国交通专家华德鲁勃（Wardrop）和查尔斯霍思（Charlesworth）于1984年提出，可同时获得某一路段的交通量、行驶时间和行驶车速，是一种较好的交通综合调查方法。

调查需要有一辆测试车，调查人员（除开车的驾驶员以外）需要一人记录与测试车对向开来的车辆数；一人记录与测试车同向行驶的车辆，被测试车超越的车辆数和超越测试车的车辆数；另一人报告和记录时间及停驶时间。行程距离应已知或由里程碑、地图读取，或自有关单位获取，如不得已则应亲自实地丈量。调查过程中，测试车一般需沿调查路线往返行驶12—16次（6—8个来回）。总的行驶时间，根据美国国家城市运输委员会的规定，主要道路为每英里（合1.6km）30分，次要道路为每英里20分。

根据所调查观测的数据，可分别按下列公式计算：

公式一，测定方向上的交通量 q_c

$$q_c = \frac{X_a + Y_c}{t_a + t_c} \text{（辆/分）} \tag{11—1}$$

式中：q_c——路段待测定方向上的交通量（单向），辆/分；

X_a——测试车逆测定方向行驶时，朝测试车对向行驶（顺测定方向）的来车数辆；

Y_c——测试车在待测定方向行驶时，超越测试车的车辆数减去被测试车超越的车辆数；

t_a——测试车逆待测定车流方向行驶时的行驶时间（分）；

t_c——测试车顺待测定车流方向行驶时的行驶时间（分）。

公式二，平均行程时间 $\bar{t_c}$

$$\bar{t_c} = t_c - \frac{Y_c}{q_c} (\min) \tag{11—2}$$

式中：$\bar{t_c}$——测定路段的平均行程时间，分。

（3）平均车速 $\bar{v_c}$

$$\bar{v_c} = \frac{l}{\bar{t_c}} \times 60 \text{（km/h）} \tag{11—3}$$

式中：$\bar{v_c}$——测定路段的平均车速（单向）（km/h）；

l ——观测路段长度（公里）。

在利用以上各公式进行计算时，式中所用各数值（如 X_a, Y_c, t_a, t_c 等）一般都取用其算术平均值来进行计算。如果分次计算 $q_c, \bar{t_c}$ 和 $\bar{v_c}$ 后再计算各次和的平均值亦可，但计算比较麻烦。

表 11—1   **浮动车法调查记录表**

地点＿＿＿＿＿＿ 距离＿＿＿＿＿＿ 天气＿＿＿＿＿＿

日期＿＿＿＿年＿＿月＿＿日 星期＿＿上下午 调查人＿＿ ＿＿＿＿

序号	测试车出发时间 (1)	行程时间 t (min) (2)		迎面驶来车辆数 X（辆）(3)	超越测试车的车辆数 Y_1（辆）(4)	测试车超越车辆数 Y_2（辆）(5)	Y（Y_1—Y_2）辆 (4) — (5)
测试车行驶方向：向东行							
1	09：20	2′31″	2.52	42	1	0	1
2	09：30	2′34″	2.57	45	2	0	2
3	09：40	2′22″	2.37	47	2	1	1
4	09：50	3′00″	3.00	51	2	1	1
5	10：00	3′25″	2.42	53	0	0	0
6	10：10	2′30″	2.50	53	0	1	−1
7							
平均值		2′34″	2.56	48.5	1.17	0.5	0.67
测试车行驶方向：向西行							
1	09：25	2′29″	2.48	34	2	0	2
2	09：35	2′22″	4.37	38	2	1	1
3	09：45	2′44″ 2′	2.73	41	0	0	0
4	09：55	25″	2.42	31	1	0	1
5	10：05	2′48″	2.80	35	0	1	−1
6	10：15	2′29″	2.48	38	0	1	−1
7							
平均值		2′33″	2.55	36.2	0.83	0.5	0.33

表 11—2   **浮动车法调查计算表**

平均行驶时间 t（min）	与测试车对向行驶的来往车数 X（辆）	超越测试车的车辆数减去被测试车超越的车辆数 Y（辆）
向东行 6 次，$t_东$ ＝2.56	$X_东$ ＝48.5	$Y_东$ ＝0.67
向西行 6 次，$t_西$ ＝2.56	$X_西$ ＝36.2	$Y_西$ ＝0.33

向东行情况计算

$$q_东 = \frac{X_西 + Y_东}{t_西 + t_东} = \frac{36.2 + 0.67}{2.55 + .256} = 7.22 \text{（辆／分）} = 433 \text{（辆／时）}$$

$$\bar{t}_东 = t_东 - \frac{Y_东}{q_东} = 2.56 - \frac{0.67}{7.22} = 2.47 \text{（分）}$$

$$\bar{v} = \frac{l}{t_东} \times 60 = \frac{1.8}{2.47} \times 60 = 43.7 \text{（公里／时）}$$

向西行情况计算

$$q_西 = \frac{X_东 + Y_西}{t_东 + t_西} = \frac{48.5 + 0.33}{2.56 + 2.55} = 9.56 \text{（辆／分）} = 573 \text{（辆／时）}$$

$$\bar{t}_西 = t_西 - \frac{Y_西}{q_西} = 2.55 - \frac{0.33}{9.56} = 2.52 \text{（分）}$$

$$\bar{v}_西 = \frac{l}{t_西} \times 60 = \frac{1.8}{252} \times 60 = 42.9 \text{（公里／时）}$$

录像法

利用录像机（摄像机、电影摄影机或照相机）作为高级的便携式记录设备。可以通过一定时间的连续图像给出定时间间隔的或实际上连续的交通流详细资料。工作时要求专门设备，并升高到工作位置（或合适的建筑物）以便能观测到所需的范围。将摄制到的录像（影片或相片），重新放映或显示出来，按照一定的时间间隔以人工来统计交通量。这种方法搜集交通量或其他资料数据的优点是现场人员较少，资料可长期反复应用，也比较直观。其缺点是费用比较高，整理资料花费人工多，因此，一般多用于研究工作的调查中。

GPS 法

GPS 是一种全球性、全天候、连续的卫星无线电定位系统，可提供实时的三维坐标的位置、速度等空间信息和高精度的时间信息。因其具有定位精度高，速度快，不受云雾、森林等环境遮挡的特点，已被广泛应用于军事测绘、导航定位、交通管理等领域。将 GPS 技术与城市交通管理系统相结合，得到交通状况信息具有重要意义，可实现交通状况的实时监测。

利用 GPS 实时监测实验车，无法直接得到路段的交通量，我们可以根据所测得的路段区间平均车速来反推路段交通流量，我们知道交通流量与平均车速、车流密度统称为交通流三要素，其关系式为：

$$Q = v_s K \tag{11—4}$$

式中：Q——交通流量；

v_s——区间平均速度；

K——车流密度。

目前常用的几种速度—密度模型有：

格林希尔茨（Greenshields）提出的线性模型：

$$v_s = v_f(1-K/Kj) \qquad (11-5)$$

格林柏（Grendbrg）提出的对数模型：

$$v_s = v_{\min}(K_j/K) \qquad (11-6)$$

安德伍德（Underwood）提出的指数模型：

$$v_s = vfe^{-\frac{K}{K_m}} \qquad (11-7)$$

式中：v_f——自由车速；

v_m——临界车速；

K_j——阻塞密度；

K_m——最佳密度。

我们可以根据道路的实际情况，采用不同的速度—密度公式，分别代入式（11—4）即可求得交通流量。

第三，交通量调查的实施。交通量调查的实施主要是用交通量观测记录表进行记录的过程。我国自 1979 年 10 月开始进行正规的交通量调查以来，已有 20 多年的历史。目前，公路交通量调查的观测主要有间隙式观测和连续式观测两种。

采用人工或便携式机械计数器做交通量调查，一般用于周期性调查、定期性调查或突击性调查。如每隔一定时间对某些路段和交叉口进行调查，以便积累长期的资料，了解现状或进行前后对比和预测。也可为解决某个特殊问题、某个交叉口或某些路段的问题而做临时性、一次性调查，为设计、控制或管理提供资料。

调查的时间取决于调查目的。对"24 小时观测"，时间一般应从该日上午 6 时到第二天上午的 6 时；对"16 小时观测"则应从早上 6 时至晚上 22 时，要注意把早、晚高峰交通量都调查到；对"12 小时观测"，一般从早上 6 时至傍晚 18 时，可以因地而异，但必须观测到白天主要的交通量及其变化。"峰值时间观测"，应注意观测到早晚高峰时间内的交通量，对机动车可从上午 7 时至 9 时、下午 16 时至 18 时，即上下班时间前后的时段观测。对自行车为主的非机动车，其早高峰时间应比机动车早高峰时间略早，晚高峰时间则比机动车晚高峰略晚，因为我国城镇的自行车主要是供上班和上学用的。但是确定调查时间范围，要注意季节和气候的影响，要避免在节假日或节假日前后进行调查。除非是为了专门的目的，调查宜选在星期一至星期五期间进行。

调查时段的划分，可每隔 15 分计数一次，但如用手确定通行能力的调查，则以用 5 分的间隔为好。必要时也可按信号交叉口的信号周期来计数。如果交通不是十分繁忙，人员又较多，则调查时段的划分还是以短一些较好，以便于计算其他有关系数，如高峰小时系数和荷载系数等。

高峰小时系数是高峰交通特征的量度。它是以高峰小时的实际小时交通量，与高峰小时内指定时间间隔最大交通量乘以该小时的间隔数（扩大的高峰小时交通量）的比值，最大可能值是 1.0。此值受到一小时内规定的短时间的限制，对高速公路运营通常为 5—6 分，对交叉口运营为 5—15 分。

荷载系数是高峰小时期间被车辆充分利用的绿灯信号间隔的总数与同一期间内可以被利用的绿灯信号间隔的总数之比。其最大可能值亦为 1.0。此时调查时段的划分应以绿灯信号时间为准。

对于高峰小时交通调查，要考虑在某些特殊地段如学校、工厂、医院等所在地，其交通高峰小时与正常街道高峰交通出现的时间可能并不相同；在某些道路上，某一方向与另一方向的交通量差异可能很大；另外在商业区、旅游区及文体活动场所附近的街道，其高峰小时交通量在节假日可能更加突出。

在交通量调查时，要注意一些特殊情况。如避免在影响交通流不利的天气做交通管制对交通量的影响调查（如不同车辆的禁行，不同时间的禁行，不同区域和方向的禁行等）；考虑季节因素及其他一些因素，如春节、国庆、五一长假、春秋旅游旺季、学校寒暑假、工厂的厂休日和停工检修等，这些情况都会使交通量无规律地增加或减少，形成不正常的交通情况。其他不正常情况往往出现在道路或桥梁本身进行施工修理、埋管等作业时，以及相邻道路或桥梁施工禁行或增建了新的道路和桥梁，这同样会造成交通量的非正常减少或增多。在诸如此类的情况下进行交通量调查时，必须在记录表或说明书中注明具体的情况。

第四，交通量的统计分析。在搜集了必要的数据之后，需要将数据进行整理分析，或列成表格，或绘成图式，然后用适当的统计方法来帮助正确地评价所得的调查结果。

通常可分为对连续观测和非连续观测资料的分析两种。对连续一年的交通量资料可求算年平均日交通量，月、周的日交通量变化系数，最高小时交通量等，从而为路网规划、设计提供必要依据。对连续 1 天 24 小时交通量调查，可利用此资料绘制交通量的小时变化柱状图或曲线图，以分析交通量的昼夜和小时变化，也可用以计算对非连续 24 小时的高峰小时流量比。高峰小时交通量调查的资料，可用以计算高峰小时系数，扩大的高峰小时交通量，以分析高峰小时交通的特点。对于交叉口的交通量勘察，其数据可分析高峰小时交通特点，各向流量的大小，并绘制交叉口流向流量图等。

利用上述交通量资料还可分析交通量的方向分布。主要是进行时间序列分布、方向分布和地点（路段）分布等的分析，但要注意平均值的计算、交通量的扩算以及有效数字和精度等问题。

目前国内已开发了这方面的软件，利用电子计算机对连续式交通量调查一年的资料进行整理分析。

计算示例

（1）计算月平均日交通量（MADT）

先分别求出该年各月交通量的和，再除以各月的实际天数，就可得出各月的 MADT 值：

$$MADT = \frac{1}{K_m} \sum_{i=1}^{K_m} n_i \qquad (11\text{—}8)$$

式中：K_m ——各月的实际天数，日；

$\quad\quad n_i$ ——每日交通量，辆。

（2）计算年平均日交通量（AADT）

先求出一年 12 个月内 365 天（闰年 366 天）交通量的总和，然后再除以一年的总天数，即可得到 AADT：

$$AADT = \frac{1}{365} \sum_{i=1}^{365} n_i \qquad (11\text{—}9)$$

（3）计算月交通量变化系数（M）

用年平均日交通量 AADT 分别除以每个月的月平均日交通量 MADT，即可得到月交通量变化系数 M：

$$M = \frac{AADT}{MADT} = \frac{\frac{1}{365}\sum_{i=1}^{365} n_i}{\frac{1}{K_m}\sum_{i=1}^{K_m} n_i} \qquad (11—10)$$

（4）计算各周日的平均日交通量（ADT）

按全年所有周日（星期一、星期二、…、星期日）的交通量分别相加，然后各除以这一年的各个周日的总天数（一般为52天）计算出全年各周日的平均日交通量 ADT：

$$ADT = \frac{1}{K_D}\sum_{i=1}^{K_D} n_i \qquad (11—11)$$

式中：K_D——一年中某个周日的总天数。

（5）计算周日交通量变化系数（D）

$$D = \frac{AADT}{ADT} = \frac{\frac{1}{365}\sum_{i=1}^{365} n_i}{\frac{1}{K_D}\sum_{i=1}^{K_D} n_i} \qquad (11—12)$$

（6）推算年平均日交通量（$AADT'$）

利用上述公式计算求得的 M、D 系数，根据一年中某一天的实际观测值，即可推算该年的年平均日交通量 $AADT'$：

$$AADT' = DT \times M \times D \qquad (11—13)$$

式中：DT——实测某天的日交通量，辆/日；

M——观测日所在月份的月交通量变化系数；

D——观测日的周日交通量变化系数。

利用上式计算 $AADT'$，必须有根据积累多年交通量资料后所获得的 M 值及 D 值。其结果只能是近似的。因为日交通量是一个随机的变量。但是，利用此公式可节省一定人力和时间，在缺乏资料、时间匆促或作预估推算时，还有一定用处。

例：某公路交通量连续式交通量观测站，某一年交通量调查资料经初步整理如表2—12、表2—13的第1行，试根据所列资料计算：

$AADT$ 值；

各月的 $MADT$ 值和 M 值；

各周日的 ADT 值和 D 值；

若已知该年的 9 月某日（星期二）的实测日交通量为 3392 辆/日，

试推算其 *AADT'* 值，并计算其相对误差（％）。

解：按式（11—9）可求得某年的 *AADT* 为：

$$AADT = \frac{1044365}{365} = 2861 \text{（辆／日）}$$

按式（11—8）可分别计算各月的 *MADT* 为：

一月份　$MADT_1 = \frac{71231}{31} = 2298 \text{（辆／日）}$

二月份　$MADT_2 = \frac{64720}{28} = 2311 \text{（辆／日）}$

按式（11—10）可分别计算各月的 M 值为：

一月份　$M_1 = \frac{2861}{2298} = 1.245$

二月份　$M_2 = \frac{2861}{2311} = 1.238$

其余各月的 *M* 值可以此类推，最后可得表 11—3 第 4 行的各值。表 11—4 的计算结束。

表 11—3　　　　　　　　　 *AADT*、*MADT*、*M* 值计算表

月份	一	二	三	四	五	六	七	八	九	十	十一	十二	全年
该月份的累计交通量（辆）	71231	64720	75509	83350	90402	90270	89311	96565	97470	109027	97770	78740	1044365
该月的天数	31	28	31	30	31	30	31	31	30	31	30	31	AADT = 2891
MADT	2298	2311	2436	2778	2916	3009	2881	3115	3249	3517	3259	2540	
M	1.245	1.238	1.175	1.030	0.981	0.951	0.993	0.919	0.881	0.814	0.878	1.126	

表 11—4　　　　　　　　　 *ADT*、*D* 值计算表

周　日	一	二	三	四	五	六	日
该周日全年累计交通量（辆）	147056	158324	155696	153764	150951	156530	122044
该周日的全年天数，K_D	52	52	53	52	52	52	52
该周日的 *ADT*	2828	3045	2938	2957	2903	3010	2347
D	1.012	0.940	0.974	0.968	0.986	0.951	1.219

4. 交通量调查报告的撰写

撰写是对调查结果报告的过程。一般包括四个部分：绪论、方法和步骤、结果与讨论、结论。

（二）OD 调查[①]

1. OD 调查的含义

出行的起讫点调查即 OD 调查（OD 取自英文 Origin 和 Destination 的第一个字母），它在交通规划中占有极为重要的地位。

OD 调查主要包括人的出行 OD 调查、车辆 OD 调查和货流 OD 调查三大内容，OD 调查的最大特点是将人、车、货的出行活动视作交通形成的细胞，据此研究交通的产生与分布。

国外最早的 OD 调查始于 20 世纪 30 年代，据美国联邦政府 1983 年统计：美国从 1946—1971 年的 25 年中，先后在 229 个城市与地区进行了不同规模家访出行调查，共计调查 1.686 亿人，耗资 1.70 亿美元。国外的调查实践说明：OD 调查是交通运输规划研究最基础的调查，可以全面地再现城市交通随机易逝、变化多的特点，能揭示出城市交通症结的原因，内含交通需求与土地利用、经济活动的规律。

2. OD 调查的特征与目标

每一次出行必须有且只有起点、讫点两个端点，出行端点的总数为出行次数的两倍。出行作为交通行为的计测单位，它须具有三个基本属性：每次出行有起讫两个端点；每次出行有一定目的；每次出行采用一种或几种交通方式。

起讫点调查的具体目的：

（1）通过搜集出行类别与数量资料，在计算机上模拟现状的出行，为发现主要交通症结，调整与改善道路系统功能，从系统上和政策上对近远期工程项目排序提供依据。

（2）由 OD 调查资料、土地使用资料建立各类交通预测模型，为远期交通规划提供依据。

（3）客观地分析评价各类交通出行的特征，特别是公共交通服务水平，为提高公共交通体系运行效率，制定近期、远期交通政策提供有效信息。

[①]　本节参考了王建军、严宝杰《交通调查与分析》，人民交通出版社 2010 年版和刘东主编《交通调查与分析》，人民公安出版社 2008 年版的相关内容。

3. OD 调查的方法

调查方法很多，包括家访、发表调查、路边询问、明信片、对车辆牌照调查、公交站点调查、境界线出入调查等。需要根据调查的内容选取不同的方法。

4. OD 调查的方案设计与实施

对于一个已经确立的起讫点调查项目，应对调查的区域（范围）选择、调查小区（或站点）的布局划分、抽样大小拟定、调查表格进行周密仔细的考虑。这四个方面就构成了调查方案设计的内容。

（1）划定调查区域范围。划定调查区域范围实际上就是确定境界线，区域的大小与交通规划的目标是密切相关的。一定时期开展调查的区域应该适应城市规划在一定发展阶段的规模。

出行在一个区域内可分成四种类型：如图 11—1 所示。调查区域定得太大，当外 → 内、内 → 外和外 → 外过境出行很少时，而投入调查的人力、物力不能少，这显然是不合理的；反之，区域定得太小，就有可能将比重较大的内 → 外、外 → 内和外 → 外出行遗漏。

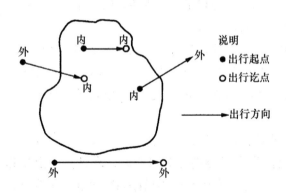

图 11—1　出行境界示意图

人的出行活动与交通运输方式有密切的联系。根据我国近年调查，不同交通方式的平均单程出行时耗大致是：步行小于 20 分，自行车小于 30 分，乘公交小于 45 分。如果将各种交通方式的实际行程时间取 30 分为限值，并定义某种交通方式行程 30 分的距离为当量活动半径，则可粗略算得相应的单中心同心圆模式的城市建成区的用地规模。如表 11—5 所示。

表 11—5　　　　　不同交通方式出行近期活动半径与城市用地规模

交通方式	步行	自行车	公交车	地铁	轻轨	小汽车
行驶速度（km/h）	4—5	8—14	15—22	25—35	35—40	35—45
计算速度（km/h）	5	12	20	30	35	40
活动半径（km）	2.8	6	10	15	17.5	20
城市建成区用地规模计算值 s（km^2）	20	110	315	700	960	1250

资料来源：引自王建军、严宝杰《交通调查与分析》，人民交通出版社 2010 年版，第 235 页。

苏联的研究表明：出行活动半径与城市圈用地面积有如下关系

$$L_{cp} = 1.3 + 0.3\sqrt{F} \qquad (11—14)$$

式中：L_{cp} ——出行平均活动半径，km；

　　　F ——城市圈用地面积，km^2。

（2）确定交通分区。交通分区是结合调查和规划后续阶段的研究通盘考虑的。分区太细、太多，会使分析难度加大；分区太粗、太少则会影响抽样精度，且产生不切实际的出行端点和出行线路。

一般城市都是采用分级处理的。第一级为片区，包括市中心商业区和其他几个楔形状区（见图 11—2）。自然屏障、河流、铁路、高速干道，

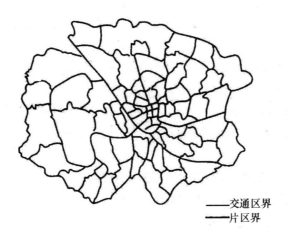

　　——交通区界
　　——片区界

图 11—2　内部交通区与片区

是片区之间理想的分界线；第二级是大区，是每个片区的主要划分，使之土地利用特征相似或行政区划相同；第三级是交通小区，以道路分界或住宅群分界（例如我国的街道办事处、社区和居委会）。小区是开展出行调查、搜集数据的基本单元。在小区的基础上，根据需要可以进一步划出子小区和更小的街坊。

（3）决定抽样方法和抽样率。居民出行调查是一种综合性社会调查，在权衡调查的内容、耗资和精度要求时，总是采用抽样方法来推断总体。

根据抽样理论，一般总是拟定一个容许的相对误差，在选定抽样方法（使调查误差控制较小）原则下，计算出一个最小的抽样率（或样本容量）。国内外一般推荐的抽样率如表11—6所示。

表11—6　　　　　　　　　　家访出行抽样率推荐值

调查区人口（万）	最小抽样率（户）	推荐抽样率（户）	
	%	（%）（美国）	（%）（一般）
<5	10	20	20
5—15	5	12.5	12.5
15—30	3	10	10
30—50	2	6.6	6.6
50—100	1	4	5
>100	1	4	4

（4）调查表格设计。出行调查表是调查方案设计和调查目标的真实反映。一般具有三方面内容：

人与家庭属性：人口、地址、出行人数、年龄、职业。

社会经济属性：家庭人均收入、个人收入、居住条件、拥有交通工具的类型与数量。

出行属性：调查日出行次数，每次出行的起讫点，用地设施、出行目的、交通方式、中转、时间、路线、停车等。

5. OD调查的实例分析

（1）上海市1982年居民出行调查资料汇总表（见表11—7）

区别	杨浦区	虹口区	普陀区	徐汇区	长宁区	闸北区	南市区	静安区	卢湾区	黄浦区	浦东地区	市区
表 11—7					1982 年上海市居民分区每日出行情况							
人均出行次数（次）	3.14	2.99	2.83	2.56	2.96	2.88	2.76	2.80	3.80	2.83	2.69	2.87
人均公交乘次（次）	1.65	1.70	1.40	1.31	2.21	1.37	1.09	1.26	1.20	1.14	1.10	1.32
人均自行车次数（次）	0.33	0.31	0.31	0.52	0.47	0.27	0.25	0.52	0.45	0.25	0.31	0.36
人均步行次数（次）	1.38	1.70	1.68	1.20	1.70	1.74	1.81	1.44	1.88	1.83	1.55	1.68
乘公交车人数占总人数比例（%）	40.1	41.9	36.3	35.8	34.0	38.4	30.0	35.4	32.1	33.4	33.9	35.8
骑自行车人数占总人数比例（%）	12.3	11.4	11.9	18.4	17.0	10.6	9.3	18.2	15.4	9.4	12.5	13.2
步行人数占总人数比例（%）	43.7	41.0	44.2	31.8	43.5	44.8	50.4	37.7	45.6	48.6	43.5	43.2
未出行人数占总人数比例（%）	3.7	5.3	6.8	12.9	4.9	5.7	8.3	7.9	6.1	7.8	6.7	6.8
公交月票平均乘次（乘次/月票数）	4.63	4.42	4.30	3.94	4.18	3.97	4.00	4.09	4.38	3.71	3.68	4.15
公交月票数占总人数比例（%）	22.6	26.3	22.6	22.4	18.9	24.0	17.9	19.1	17.5	20.5	17.3	21.0
公交转车率（公交乘次/公交人次）	1.81	1.79	1.73	1.63	1.60	1.61	1.69	1.55	1.66	1.57	1.53	1.66
公交月票转车率（月票次/月票人次）	2.05	2.04	1.97	1.83	1.82	1.86	1.94	1.80	1.97	1.78	1.79	1.90

资料来源：引自王建军、严宝杰《交通调查与分析》，人民交通出版社 2010 年版，第 238 页。

42 25 20 12 5 1.5 万人次/日

图 11—3 上海市居民出行发生量分布图

1986 年调查的情况。

人均出行次数：市区为 1.906　郊区为 1.624。

出行者人均出行次数：市区为 2.584　郊区为 2.691。

车均出行次数：客车为 2.27　客车为 3.56。

（2）1986 年上海市区、郊区的出行分布表（见表 11—8）

表 11—8　　　　　　1986 年上海市区、郊区出行分布比重　　　　单位:%

分布特征	区域	市区—市区	市区—郊区	郊区—郊区
全部出行分布		53.56	9.92	36.47
机动车辆	客	78.9	11.9	9.2
	货	61.7	18.7	19.6

资料来源：引自王建军、严宝杰《交通调查与分析》，人民交通出版社 2010 年版，第 240 页。

（3）出行目的和出行交通方式选择比例（见表 11—9）

表 11—9　　　1986 上海市出行目的和分出行目的的模式划分（市区）　　　单位:%

出行目的	全模式的出行目的	出行模式				
		公交	自行车	步行	其他	合计
上班	26.24	42.57	33.17	22.13	2.13	100.00
上学	5.77	19.06	12.29	68.08	0.56	99.99
购物	6.04	17.20	14.12	67.24	1.44	100.00
生活	8.50	37.89	22.61	36.49	3.01	100.00
文体游憩	3.26	33.20	17.82	46.69	2.29	100.00
业务	2.12	42.63	28.61	13.90	14.85	99.99
个体业务	0.28	16.31	26.23	46.26	11.20	100.00
农业活动	0.07	17.50	28.75	45.83	7.92	100.00
回单位	1.18	29.51	30.71	21.11	18.67	100.00
回家	45.75	34.97	25.38	37.59	2.06	100.00
其他	0.81	36.00	22.05	39.15	2.80	100.00
合计	100.02	35.31	25.62	36.63	2.54	100.00

资料来源：引自王建军、严宝杰《交通调查与分析》，人民交通出版社 2010 年版，第 242 页。

（4）不同出行交通方式出行时间分布。由于目的不同，人们出行采用的交通方式也有一定选择性，这方面的资料对研究交通方式转换很有意义（见表11—10）。

表11—10　　1986年上海市上班出行模式的出行时间分布（市区）

出行时间（分）	出行模式（%）				全模式（%）	累计%
	公交	自行车	步行	其他		
	(42.57)	(33.17)	(22.13)	(2.13)	(100.00)	
5—10	0.86	32.17	45.05	6.37	21.30	21.30
11—20	7.82	35.04	37.14	9.85	23.36	44.66
21—30	19.03	17.62	13.28	14.92	17.20	61.86
31—40	14.01	6.06	2.27	11.11	8.72	70.58
41—50	17.13	4.45	1.14	12.83	9.30	29.88
51—60	46.58	2.33	0.45	15.76	8.28	88.16
61—70	6.31	0.52	0.16	7.30	3.05	91.21
71—80	6.54	0.43	0.14	7.21	3.12	94.33
81—90	6.11	0.31	0.05	6.65	2.86	97.19
>90	5.57	0.50	0.28	8.00	2.80	99.99
合计	99.96	99.97	99.96	100.00	99.99	99.99

资料来源：引自王建军、严宝杰《交通调查与分析》，人民交通出版社2010年版，第246页。

（三）交通安全问题的调查

交通安全是国民经济发展和社会安定的重要方面，也是道路交通管理的两项基本任务之一，我国通常用交通事故次数、伤亡人数、受伤人数、财产损失四项指标来描述。为了预防交通事故，确保道路交通系统的安全通畅，必须对交通事故现象有个客观、全面的认识。交通事故的调查与分析为今后防止和减少事故而采取有效措施提供依据。

1. 交通事故的含义

在《中华人民共和国道路交通安全法》中对交通事故的解释为：车辆在道路上因过错或者意外造成的人身伤亡或者财产损失的事件。美国对交通事故的定义：交通事故是在道路上所发生的意外有害事件或危险事件①。日本对交通事故的定义：由于车辆在交通中所引起的人员死伤或财物损坏。

根据人身伤亡或财产损失的程度和数额，交通事故分为轻微事故、一般事故、重大事故和特大事故。交通事故发生的形态，基本可分为碰撞、碾压、刮擦、翻车、坠车、爆炸和失火 7 种。

2. 交通安全调查的意义与功能

交通事故的调查与分析对于指导交通管理、道路设计和规划有许多重要意义，如掌握事故的变化规律和交通管理中的薄弱环节，明确交通管理目标、重点及对策，发现控制事故多发区域及地点并加以改进等。以此减少事故数量，从而减少人员伤亡及经济损失，提高人们乘车出行的安全感，同时促进了社会的安定。

从交通安全政策与管理方面考虑，交通事故调查与分析的目的主要分为以下四个方面：（1）为制定交通法规、政策和交通安全设施提供重要依据；（2）检验某项交通安全政策和措施的实际效果；（3）为交通管理提供统计资料；（4）为交通安全教育和交通安全研究提供资料。

从改善道路安全状况为总目标的交通事故调查与分析，其具体目的有以下四个方面：（1）鉴别与确认交通事故多发路段，并提出防护措施；（2）评价道路几何线形指标、视距和环境条件，以便提出改善工程或改变管理与控制方法的依据；（3）调查总结各类防止交通事故的交通工程设施的效果并提出改进的办法；（4）为改进道路规划、设计与维护提供依据。

3. 交通事故调查的方法

交通事故及其相关资料的调查方法有以下几种：（1）在有关管理部门收集数据资料，主要是交通管理部门和医疗卫生部门；（2）现场调查，一是分析鉴定事故的依据，二是为了研究交通事故与道路交通环境等方面的关系；（3）沿线调研，沿线勘察与调研的内容可以是道路线形状况、交通安全设施状况、自然环境、交通状况、村镇及居民点状况、沿线学

---

① （1）轻微事故是指一次造成轻伤 1—2 人；或者财产损失机动车事故不足 1000 元，非机动车事故不足 200 元的事故。（2）一般事故是指一次造成重伤 1—2 人；或者轻伤 3 人以上；或者财产损失不足 3 万元的事故。（3）重大事故是指一次造成死亡 1—2 人；或者重伤 3 人以上 10 人以下；或者财产损失 3 万元以上不足 6 万元的事故。（4）特大事故是指一次造成死亡 3 人以上；或者重伤 11 人以上；或者死亡 1 人，同时重伤 8 人以上；或者死亡 2 人，同时重伤 5 人以上；或者财产损失 6 万元以上的事故。

校、特殊问题、交叉口的位置与环境等；（4）问卷调查；（5）专题试验研究，对某些特定道路与交通环境进行跟踪调查或进行必要的行车试验等。

4. 交通事故分析

为了预防和正确处理交通事故，必须对事故现象有客观、全面的认识。因此，需要对交通事故进行分析。由于交通事故是与人、车、路、环境和管理等多种因素有关的非常复杂的现象，所以要从各种角度去认识。根据分析目的及考虑范围不同，可对交通事故进行统计分析（见表11—11）、因素分析和案例分析等多种形式的分析。

表 11—11　　　　　　我国 1990—2003 年道路交通事故统计

年份	事故次数 （次）	死亡人数 （人）	受伤人数 （人）	直接经济 损失/万元	十万人口 死亡率（％）	万车死亡率 （％）
1990	25097	49271	155072	36335	4.31	33.18
1991	264817	53292	162019	42836	4.60	32.15
1992	228278	58729	144264	64483	5.00	30.19
1993	242343	63508	142251	99907	5.36	27.24
1994	253537	66362	148817	133383	5.54	24.26
1995	271843	71494	159308	152267	5.90	22.48
1996	287658	73655	174447	171769	6.02	20.41
1997	304271	73861	190128	184616	5.97	17.50
1998	346129	78067	222721	192951	6.25	17.30
1999	412860	83529	286080	212401	6.82	15.45
2000	616971	93853	418721	266890	7.27	15.60
2001	754919	105930	546485	308787	8.51	15.46
2002	773137	109381	562074	332438	8.79	13.71
2003	667507	104372	494174	33.7亿元	—	10.8

资料来源：公安部交通管理局：中华人民共和国道路交通事故统计资料汇编（1990—2003）。

交通运输事业的发展，机动车给人类的运输和行动带来了快捷与方便，但道路交通事故也随之而来。道路交通安全问题已经成为一个世界性的问题。据世界卫生组织统计，1998 年全球交通事故死亡人数超过 117 万人，2000 年全球共有 126 万人死于交通事故，占各种事故死亡人数总和的 1/4，这意味着每 50 秒就有 1 人死于道路交通事故，在一些工业发达国家中，全国总死亡人数中有 4% 死于车祸，而 15—24 岁的男青年死亡人数中有 50% 死于道路交通事故。道路交通事故不仅造成人员伤亡，在经济上造成的损失也是巨大的，据世界卫生组织统计，2000 年全球交通事故每年造成的经济损失高达 5180 亿美元，在许多国家因交通事故造成的损失超过全国总收入的 1%，其中英国为 1.6%，美国达到了 2%—3%。所以，人们把交通事故说成是"不响枪的战斗，永无休止的交通战争"。

（四）交通环境调查

交通事业的快速发展，一方面为缓解交通拥挤、提高异地的通达性、为发展经济提供了必要的基础，另一方面破坏了原有的环境平衡，带来了日益严重的环境问题。交通环境问题已为人们所关注，交通环境保护也成为当今环境科学领域中研究的重点。

1. 交通环境与交通环境调查的含义

《中华人民共和国环境保护法》关于环境的定义是"指影响人类生存和发展的各种天然的和经过人工改造的自然因素的总体"。交通环境包括环境保护法所定义的所有环境要素，主要是与交通活动相关的影响人类生存和发展的各种自然和经过人工改造的自然因素的总和。主要划分为两类：

（1）对社会环境的影响。主要包括：社会的结合力；服务设施的可利用性；人口迁移和重新安置；就业、收入及商业活动；居住条件；地区发展和经济增长；资源的利用等。

（2）对自然环境的影响。主要包括：环境设计、美学和公路的历史价值；大气质量；噪声；振动；生态系统等。

交通环境调查主要是指交通对环境影响因素的调查。包括交通产生的大气、噪声、振动等污染的产生、危害、测量方法与控制，以及道路交通对生态环境的影响等。

2. 交通环境调查的主要内容

（1）交通对大气污染的调查。交通对大气的污染是指交通运输中，车辆排出的烟、尘和有害气体，其数量、浓度和持续时间都超过大气的自然净化能力和允许标准，使人们和生物等蒙受其害。道路交通大气污染源主要由两部分组成，一是道路施工期间产生的扬尘、沥青烟等大气污染物；二是车辆行驶排放的大气污染物。

汽车排放的污染物有 CO、NO_x、HC 和微粒等，它们对人体健康造成直接危害。汽车排出的二氧化碳虽对人体健康无害，但它会造成温室效应，影响人类的生存环境。汽车排放污染物的测试方法视不同车辆类型及测试内容而不同，包括车辆工况试验法、发动机台架工况试验法、燃油蒸发物测试法、柴油机烟度测试法及怠速法五种。

CO 是含碳物质不完全燃烧的产物，会使人体血液的输氧能力大大下降，使心脏和大脑等重要器官严重缺氧，引起头晕、恶心和头痛等症状，轻度时使中枢神经系统受损，慢性中毒严重时心血管工作困难，使人死亡。

（2）噪声污染调查。噪声最经常和最简单的定义是不需要的声音，泛指一切频率混杂、呆板、凌乱，对人们的生活、工作、学习和健康有妨碍的声音。

按照声源类别可将环境噪声分为交通噪声、工业噪声、施工噪声、生活噪声及其他噪声五种。道路交通噪声与车流量、车型、车速、路况等有密切的关系，在一天中是随机变化的，是一种变化范围很宽的随机噪声。许多国家的研究结果表明，城市环境噪声的 50%—70% 来自道路交通噪声，主要来源于行驶车辆发动机产生的声音、排气管产生的声音、车辆各零部件振动产生的声音以及车胎与路面摩擦产生的声音。

正常的环境声音是 40dB（A），一般把 40dB（A）作为噪声标准。当声强超过此界限时便会产生一定的影响。噪声是影响面最广的一种环境污染，它的危害主要表现在以下几个方面：

损伤听力。长期工作在 80dB（A）以上的环境，每增 5dB（A），噪声性耳聋发病率增加 10%。

干扰睡眠。一般 40dB（A）的连续噪声可使 10% 的人受到影响；70dB（A）时可使 50% 的人受影响；突发噪声达到 40dB（A），使 10% 的人惊醒；60dB（A）时，使 70% 的人惊醒。

干扰交谈、工作和思考。噪声对心理的影响主要表现在令人精力不能集中、烦恼、易激动，甚至失去理智。

1979 年我国出于对机动车辆噪声检验控制的要求，颁布了《机动车允许噪声标准》（GB 195—79）。

表 11—12 　　　　　　　　　　我国机动车辆噪声标准

车辆种类		加速最大 A 声级（7.5m）（dB（A））	
		1985 年 1 月 1 日前生产	1985 年 1 月 1 日后生产
载重车	8—15t	92	89
	3.5—8t	90	86
	小于 3.5t	89	84
轻型越野车		89	84
公共汽车	4—11t	89	86
	小于 4t	88	83
小客车		84	82
摩托车		90	84
轮式拖拉机（45kW 以下）		91	86

资料来源：GB 195—79《机动车允许噪声标准》。

（3）振动污染调查

交通车辆产生的上下、左右或前后颠簸、摇动，这种不断变化方向上的冲击力量作用于车体的各部分，作用于车上的乘客，作用于环境所产生的振动，当振动超过某种限度就会对人的心理和生理上产生某种有害影响，这就是振动污染。

振动不仅对周围环境产生影响，对生活产生影响，破坏安静的气氛，使道路两旁房屋门窗振动、墙面开裂，还由于汽车引起的振动在时间上不分昼夜，连续发生，对沿线居民的身体健康产生不利，使人感到疲劳烦躁、焦虑不安，从受害程度可分为：降低人的舒适性（使人产生不快）；降低人的工作效率，增加人的疲劳；降低人的健康素质。

我国于 1988 年正式颁布了城市区域环境振动标准（如表 11—13 所示），对不同地带白天、夜间允许振动的监界值作出了规定，其中稳态振动是指观测时段内振级变化不大的环境振动，冲击振动为具有突发性振级变化的环境振动，无规振动为未来任何时刻不能预先确定振级的环境噪声。

3. 交通环境调查的主要方法

调查方法很多，包括家访、发表调查、路边询问等。目前主要是进行技术测量，需要根据调查的内容选取不同的测量技术。

表 11—13　　　　**城市区域环境噪声振动标准**（GB 120071—88）

使用地带	昼间铅垂向下 [dB（A）]	夜间铅垂向下 [dB（A）]	备注
特殊住宅区	65	65	本标准适用于连续发生的稳态振动、冲击振动和无规振动每日几次冲击振动，最大昼间不许超过 10dB（A），夜间不许超过 3dB（A）
居民、文教区	70	67	
混合区、商业中心	75	72	
工业集中区	75	72	
交通干线道路两侧	75	72	
铁路干线两侧	80	80	

　　资料来源：GB 120071—88，转自王建军、严宝杰《交通调查与分析》，人民交通出版社 2010 年版，第 320 页。

第二节　交通需求预测

　　从社会发展的角度看，交通调查作为理解交通运行现状的一门技术，一方面在于为确立交通发展的合理模式，提供更准确的数据信息；同时也需要对人类社会未来的交通需求进行科学的预测，以便制定科学、合理、有效的发展战略。因此，需要了解交通需求预测的理论、技术和过程。本节是从"小交通"系统讨论如何进行交通需求预测[①]。

一　交通需求预测的理论

（一）交通规划

　　交通需求预测是现代交通规划理论中一个重要组成部分。"交通规划"就是确定交通目标与设计达到交通目标的策略或行动的过程。它是建立完善交通系统的重要手段，是解决交通问题的根本措施，是获得交通运输工作最佳效益的有效方法。那么如何进行科学的交通需求预测？根据交通规划理论，习惯上分四个阶段进行，即交通产生预测、交通分布预测、交通方式分担预测及交通网络分配。

　　随着社会、经济的发展，各区域之间的社会经济联系增强，特别

　　① 本节参考裴玉龙等编著《公路网规划》第五章的内容，人民交通出版社 2004 年版，第 47—76 页。

是伴随着工业化、城市化发展，农村剩余劳动力以及各种人力、物力、财力资源必须借助交通运输系统在城乡之间、城市之间以及全球范围内迁移。这是交通运输需求产生和增强的直接动因。从社会发展角度来讲，区域间的行政从属关系、互存关系、公民亲情关系以及生存、娱乐、旅游、社交等多种需要亦产生了大量的交通需求。从经济角度来讲，区域内部各子区域间、区域与外部区域之间存在着互补互利、依附从属、互相制约等多种复杂的关系，这些复杂的经济联系必须依托一定的物质基础（包括运输设施等）才能维持。因此，交通需求预测是直接建立在对社会、经济与土地利用等进行分析和预测的基础上的。

（二）交通需求预测的原则

尽管这一预测模式在交通规划领域已被广泛应用，且在理论和技术上已趋于成熟。但在实际操作中，由于涉及的地域范围广大、行政单元众多、管理层次复杂等因素，难以完全按传统的四阶段模式来操作。而且，交通运输系统是一个复杂的动态开放系统，可分为"大交通"系统和"小交通"系统。所谓"大交通"系统是指道路交通系统、轨道交通系统、水上交通系统、空中交通系统和管道交通系统；所谓"小交通"系统是指道路交通系统，即指地面部分的交通。因此，交通规划相对于一个单项工程、一个交通设施来说，是属于整体的、全局性的问题，需要进行宏观的研究和战略决策。换言之，交通需求预测的实际操作是比较困难的，需要针对的区域具体大小、特征、背景，对预测理论、方法作深入的研究，然后才能进行具体区域的交通需求预测分析。一般来说应遵循四个基本原则：

（1）系统整合原则。具体体现在四个层次：要将全球社会、经济系统，国家社会、经济系统，区域社会、经济系统以及各种交通运输系统联系起来；实现各种运输方式与全球、国家、区域的发展整合起来。

（2）政策协调原则。未来交通的发展离不开政府的支持，因此应以政策为导向来进行交通需求预测。

（3）适当合理原则。我们在运用定性与定量的分析手段寻找交通需求发展的规律时，由于预测无法回避交通发展同时具有规律性和偶然性的矛盾，预测结果将不是唯一不变的，没有最好或最坏，只有是否适当合理。因此，应以适当合理来把握预测的方向。

（4）历史、现实与未来发展相结合原则。正确地总结过去，客观地理解现在，科学地把握未来。从社会经济与交通运输历史发展、演变中探索出交通需求发展的规律性，作出合乎逻辑的判断、决策。

（三）交通需求预测的基本流程

交通作为一个社会空间过程，是一个日益增长的系统。因此对交通需求预测应把它看作是一个复杂的社会系统工程。以"小交通"系统为例，其预测流程如图11—4所示。

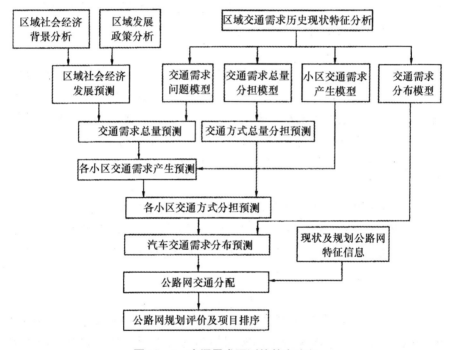

图 11—4 交通需求预测的基本流程

二 交通需求预测的基本内容和方法

（一）交通需求生成预测的内容和方法

（1）内容

交通需求生成预测是指根据国民经济发展状况，对规划区域及各交通分区的五大运输方式交通需求总量的发生进行预测。

（2）方法

通常采用专家法及模型法。专家法是以专家系统的经验为依据，对预测指标及其预测结果进行判断，并根据专家意见进行修正，直至基本满意为止；模型法是根据历史资料建立数学模型进行预测的方法。模型法预测结果同样也必须通过征求专家意见，进行判断和修正，直至基本满意为止。模型法的主要方法或模型如下。

①增长率法。是根据预测对象（如客货运量、经济指标等）的预计增长速度进行预测的方法。其步骤：一是分析历史年度预测对象增长率的变化规律；二是根据对相关因素发展变化的分析，确定预测期增长率；三是进行未来值的预测。

预测模型的一般形式为：

$$Q_1 = Q_0(1 + \alpha)^t \qquad (11-15)$$

式中：Q_t——预测值；Q_0——基年值；α——确定的增长率；t——预测年限。增长率法的关键在于确定增长率，但增长率随着选择年限及计算方法的不同而存在较大的差异。所以增长率法一般仅适用于增长率变化不大且增长趋势稳定的情况。其特点是计算简单，但预测结果粗略，较适于近期预测。

②乘车系数法。乘车系数定义为区域旅客运量与人口数之比。乘车系数法又称为原单位发生率法，类似于城市交通预测中的类别发生率法，它用区域总人口与平均每人年度乘车次数来预测客运量。

模型的形式为：

$$Q_t = p_t\beta \qquad (11-16)$$

式中：Q_t——预测期客运量值，万人；P_t——预测总人口，万人；β——乘车系数。乘车系数可以根据指标的历年资料和今后变化趋势确定，但是乘车系数本身的变动有时难以预测，各种偶然因素会使其发生较大波动。此外，人口、职业、年龄的变化也使系数很难符合一定规律。

③产值系数法。产值系数法是根据预测期国民经济指标值（如工农业总产值、社会总产值、国民收入等）和确定的每单位指标值所引起的货运量或客运量进行预测的方法。

模型的形式为：

$$Q_t = M_t\beta \qquad (11-17)$$

式中：Q_t ——预测期总运量，万人或万吨；M_t ——预测期经济指标；β ——产值系数。产值系数法的关键在于把握产值系数的变动趋势。

④其他预测方法。时间序列法是根据规划区域客、货运输的历史统计资料，以时间 t 为自变量建立模型，对未来客、货运输量进行预测的方法。时间序列预测技术的基本出发点是利用预测对象过去发展变化的特征来描述和预测未来的变化特征。各种事物的时间序列变化特征一般可以分为趋势形、周期形、不规则形及组合形。在交通生成预测中，一般遇到的是组合形的时间序列，它常常由趋势形和不规则形组合而成。对于不同形式的时间序列，有不同的预测技术。

经济计量模型预测：在交通生成预测中，经济指标、各运输方式客货运量等预测目标之间常常是相互联系、相互制约的，所以应用多目标预测技术可以更全面、更准确地描述实际过程的运行机制。在多目标预测中运用最多的是经济计量模型。在交通产生预测中，由于交通运输与国民经济之间以及交通运输内部的关系错综复杂，因此在对客货运量进行预测时，运用经济计量模型是较为合适的。

（二）交通分布预测的内容与方法

（1）内容

交通分布预测是指根据预测得到的各交通分区的交通发生、吸引量，确定各交通区之间的交通流量、流向，即确定 OD 矩阵。

（2）方法

迄今为止，在各类专业文献及刊物上提出的交通分布模型已经有数百种，根据时间适用性，交通分布预测模型可以分为两大类：第一类模型只适用于短期的交通分布研究，这类模型往往比较简单，主要应用于交通网络没有发生重大变化的短期预测中。另一类模型使用了出行的广义费用或其他较复杂的数学方法，适用于长期交通分布研究或短期分布中交通情况有较大变化的分布预测。

根据模型的具体算法，交通分布预测方法大体上也可以分为两类：一类是增长系数法；一类是综合方法。

增长系数法主要有平均增长系数法、Fratar 法、Furness 法等；综合方法主要有重力模型法、介入机会模型法、系统平衡模型法等。增长系数法完全是基于出行起点与终点小区的交通增长特性，利用现状的 OD 分布量推算将来的 OD 分布量。它依赖于各节点间的基年分布情况，并假设区间的出行交通与路网的改变相互独立，或者在预测年限内交通运输系统没有明显的改变。这种方法适用于小地区或区域间出行不受空间阻挠因素的影响而只受地区间交通发生、吸引特性影响的出行空间分布形态，且这种方法不限于某些个别因素的影响，着重总的趋势，适用于交通量的宏观分布预测，但当基年 OD 分布稍有偏差时，对未来影响将会很大。模型不需标定，只需满足总量平衡即可。

相对而言，综合法较复杂，它是将出行空间阻碍因素与地区增长特性一并考虑的模拟分析法。该方法对问题的刻画较详细，但对长期趋势的描述往往过分强调某一因素的影响而忽略了总体趋势的正确性，适用于同时受地区发生、吸引特性及空间阻挠因素影响的出行空间分布形态，模型需要标定。

（三）交通方式选择预测的内容与方法

（1）内容

交通方式选择又称交通方式分担或交通方式划分。对于公路建设项目可行性研究或公路网规划，交通方式分担预测包含了两部分内容：其一是公路运输与铁路、水运、航空等运输方式之间的分担量预测；其二是公路客、货运输不同车型的分担量预测。对于前者。可分两种情形来处理：一是在只有公路 OD 资料，而没有铁路、水运等其他方式 OD 资料时，只能从间接资料中依据定性分析和专家经验来确定不同方式的分担量；二是当研究区域具有比较完整的与公路同口径的铁路、水运等其他运输现状或历史 OD 资料时，可以根据这些资料建立起不同方式分担预测模型来进行预测。第二项分担量预测内容一般根据现状 OD 调查或交通量调查资料，综合地区未来机动车、非机动车拥有量的发展预测近似地计算。

（2）交通方式选择预测方法

①专家经验法。该法主要是根据收集到的资料，分析预测年铁路、水运等交通方式区段运输能力适应状况。当它们的运能小于其运量时，考虑经济运距、直达性、安全性等因素，按适当比例将部分客货发送量从铁路、水运等客货运中分流出来，由公路客货运输来分担。当铁路、水运等方式的运能大于运量时，则应仔细考虑它们与公路运输间的竞争协作关系，慎重选择它们的合理分担率。

上述两种情况下分担率的确定都要广泛地征求专家们的意见，进行反复的论证研究，而不能盲目主观草率地确定。

②总量控制法。交通方式选择总量控制法步骤如下：

第一步，根据地区历年公路、铁路、水运等运输方式运量分担及设施水平统计资料建立总量分担模型。例如，对公路客货运分担量，可以选择如下 Logist 模型：

$$\hat{y} = \frac{100}{k(1 + \alpha e^{\beta x})} \tag{11—18}$$

式中：$\hat{y}$——公路客运量或货运量分担率，%；x——地区公路设施建设水平指标，可用公路网当量密度来表示（公路网当量密度指将地区各级公路长度换算成一种标准等级公路长度然后再除以地区国土面积）；k、α、β——待定系数。

第二步，按各交通小区现状的非公路客货运量分担比例，同时考虑各小区未来非公路方式设施水平和运输能力变化的影响，将非公路客货运量分配到各小区中，得到各小区未来非公路客货运量，即：

$$\hat{V} = \frac{V_i^0}{V^0} V R_i \tag{11—19}$$

式中：V^0——全地区现状非公路客（货）运总量，万人（万吨）；$\hat{V}$——全地区未来非公路客（货）运总量，万人（万吨）；V_i^0——第 i 小区现状非公路客（货）运量，万人（万吨）；R_i——第 i 小区未来非公路运输方式由于其建设水平和运能变化而选用的经验修正系数。

其中，$\hat{V}$ 可由式（11—18）计算：$\hat{V} = T(1 - \hat{y}) \tag{11—20}$

式中：T——全地区未来年全方式客（货）运输总量，万人（万吨）；$\hat{y}$——全地区未来年公路客、货运分担率（第一步已确定）。

第三步，将各小区预测的全方式客、货运量中减去第二步确定的非公路客、货运量，得到各小区预测的公路客、货运量：

$$H_i = T_i - V_i \tag{11—21}$$

式中：T_i——第 i 小区未来年全方式客（货）运量，万人（万吨）；V_i——第 i 小区非公路方式客（货）运量，万人（万吨）；H_i——第 i 小区预测的公路客（货）运量，万人（万吨）。

③运输方式分担率法。该法根据基年的公路、铁路、水运等 OD 表及运费、运输全过程时间表，建立方式划分分担率预测模型并进行标定、检

验。通常采用如下形式：

$$P_{i,j,m} = \frac{e^{U_m}}{\sum\limits_{m=1}^{n} e^{U_m}} \qquad (11—22)$$

式中：$P_{i,j,m}$——第 i 小区到第 j 小区第 m 种运输方式客流或货流分担
比例；

U_m——第 m 种运输方式的交通阻抗函数，一般采用如下
形式：

$$U_m = \alpha_0 + \alpha_1 C_m + \alpha_2 T_m \qquad (11—23)$$

式中：C_m——第 m 种方式 $i \to j$ 小区的运费，元/h；

T_m——第 m 种方式 $i \to j$ 小区的运输全过程时间，h。

根据上述方式分担模型，考虑未来地区各种方式的建设水平和运能变
化，预测确定各小区间公路客货运分担率 $P_{i,j,h}$ 和分担量 $x_{i,j,h}$：

$$x_{i,j,h} = T_{i,j} P_{i,j,h} \qquad (11—24)$$

式中：$T_{i,j}$——$i \to j$ 小区全方式客（货）运量，万人（万吨）。

④车辆效率法。该法可直接计算得到公路运输量，计算公式为：

$$Q_{it} = K \frac{365 N_{it} P_{it} G_{it} V_{it} S_{it}}{10000 C_{it}} \qquad (11—25)$$

$$Q_{it} = K \frac{N_{it} P_{it} G_{it} C_{it}}{L_{it}} \qquad (11—26)$$

式中：Q_{it}——第 t 年 i 分区公路客（货）运量，万人（万吨）；

N_{it}——第 t 年 i 分区载客（货）汽车保有量，辆；

P_{it}——第 t 年 i 分区载客（货）汽车平均工作率，%；

G_{it}——第 t 年 i 分区载客（货）汽车平均座（t）位，个（t）；

V_{it}——第 t 年 i 分区载客（货）汽车平均实载率；

S_{it}——第 t 年 i 分区载客（货）汽车平均车日行程，km；

C_{it}——第 t 年 i 分区载客（货）汽车平均周转量，万人公里／年
（万吨公里／年）；

L_{it}——第 t 年 i 分区载客（货）汽车平均运距，km；

K——常数，根据调查的历史数据用最小二乘法进行回归分析
得到。

⑤交通系数法。在无 OD 调查资料或 OD 调查资料不全时，可采用交
通系数法推算发生、吸引交通量，计算公式为：

$$X_{it} = Ja_{it} \tag{11—27}$$

$$Y_{it} = J(1 - a_{it}) \tag{11—28}$$

式中：X_{it} ——第 t 年 i 分区发生交通量，辆/d；

Y_{it} ——第 t 年 i 分区吸引交通量，辆/d；

J——第 t 年 i 分区总交通量，辆/d；

a_{it} ——第 t 年 i 分区交通发生率，可参照公路运输部门客货运输量的发生率或根据类似地区 OD 调查拟定，也可根据式（11—29）计算得到：

$$a_{it} = kE_{it1}^{a_1}E_{it2}^{a_2}E_{it3}^{a_3}E_{it4}^{a_4}E_{it5}^{a_5} \tag{11—29}$$

式中：$E_{it1}^{a_1}$ ——第 t 年 i 分区公路运输部门客货运输量发送率，%；

$E_{it2}^{a_2}$ —— 第 t 年 i 分区大宗公路运输物资发送率，%；

$E_{it3}^{a_3}$ —— 第 t 年 i 分区铁路运输量发送率，%；

$E_{it4}^{a_4}$ —— 第 t 年 i 分区人均国民收入，元；

$E_{it5}^{a_5}$ —— 第 t 年 i 分区人口密度，人/km^2；

k 、a_1 、a_2 、a_3 、a_4 、a_5 ——常数，用最小二乘法求得。

（四）交通分配

1. 内容

交通分配是公路网交通需求预测中的重要环节，由于公路网交通分配过程是以网络为基础的（在现状路网或规划路网上进行），因而这一阶段的工作须与路网规划方案拟订结合进行。

公路网交通分配是把预测的各目标年 OD 矩阵（将预测的客货运输量 OD 矩阵转换成客货车辆 OD 矩阵）分配到具体的规划公路网上。通过交通分配，可获得规划公路网中各路段和交叉口的交通量、车速、流向、车型组成等资料，这些资料是评价路网方案是否合理、建设项目是否可行等的直接依据。

2. 交通分配的方法

对于交通分配，国内外均进行过较多的研究，数学规划方法、图论方法及计算机技术为交通分配模型的研究及应用奠定了坚实的基础。国际上通常把交通分配模型分为平衡模型与非平衡模型两大类，其理论依据是以 Wardrop 原理。

它包括两个方面的内容：其一，试图选择最短路径而达到平衡，则被利用的各条路线的行走时间相等并最小，即利用者平衡；其二，在考虑拥挤的情况下，路网的交通量应按某种方式使总行走时间最小。换言之，网络上的交通以这样一种方式分布，首先就是所有使用的路线都比没有使用的路线的费用小。其次车辆在网络上的分布使网络上所有车辆的总出行时间最少。

如果交通分配模型满足 Wardrop 原理的两个方面，则该模型为平衡模型，并且，满足第一原理的称为用户优化平衡模型，满足第二原理的称为系统优化平衡模型。如果分配模型不使用 Wardrop 原理，而是采用模拟方法，则称此模型为非平衡模型。

平衡模型的发展已有几十年的历史，通常分为固定需求分配、弹性需求分配及组合分配三类。尽管平衡型交通分配方法种类繁多，但绝大部分平衡分配模型都可归结为一个维数很大的凸规划问题或非线性规划问题。在理论上，这类模型结构严谨、思路明确，比较适合于宏观研究。但由于维数大、约束条件多，计算很复杂，在实际工程中难以应用。

相比之下，非平衡模型具有结构简单、概念明确、计算简便等特点，因而在工程实践中得到了广泛应用，效果良好。

非平衡模型根据其分配手段可分为无迭代（静态）与有迭代（动态）两类；根据其分配形式可分为单路径与多路径两类，见表11—14。

表11—14　　　　　　　　　　　　非平衡模型分类

分配的段 形态	有迭代分配方法 （动态）	无迭代分配方法 （静态）
单路径型	容量限制—增量加载分配	最短路（全有全无）分配
多路径型	容量限制—多路径分配	多路径分配

第三节　交通需求预测的实证分析：以湖北省
收费还贷公路交通量预测为例

一　各地市商品零售总额、人口、车拥量、国内生产总值预测

分别以各地市商品零售总额、人口、车拥量、国内生产总值观测值为因变量，利用一元线形回归方法对 1997—2001 年数据进行线性拟合,[①]

———————

① 数据来源：湖北省统计局。

从一般的现象数据中得到量化的规律，并根据此规律预测未来的变化情况。数学模型为：

$$Y = a + bX$$

其中：

  Y——商品零售总额，人口，车拥量，国内生产总值预测量
  a，b——预测参数
  X——商品零售总额，人口，车拥量，国内生产总值观测值
  预测结果见表4—1。

二 总交通量预测

以商品零售总额、人口、车拥量、国内生产总值为自变量，交通量为因变量。

数学模型为：

$$JTL = c + \alpha \times sp + \beta \times rk + \gamma \times cl + \delta \times GDP$$

其中：

JTL——交通量
Sp——商品零售总额
rk——人口
cl——车拥量
GDP——国内生产总值
C、α、β、γ、δ——预测参数
预测结果见表4—2。

三 交通分布

通过湖北省交通厅运输征稽局的抽样调查，得到湖北省各地市间2002年出行OD分布。以此作为基年OD矩阵。见表4—3、表4—4。

利用统一增长系数法将预测年交通量进行分布，各预测年OD分布见表4—1、表4—5、表4—6、表4—7、表4—8、表4—9、表4—10。

四 方式选择

由于本课题所采用的基础数据都是公路交通量，所以在"四阶段法"中，不再考虑各种运输方式的选择。

五 交通分配

1. 将各地市间交通量汇总，得出各地市间的交通量。并以小客和小货为标准车，将客货交通量折算成标准车的交通量。各地市间的交通量、标准车交通量见表4—11、表4—12、表4—13。

2. 路段交通量分配：路段交通分配是指根据公路网络的路线交通阻抗，把各交通小区间的分布交通量分配到具体路线上的过程。公路网的路线交通阻抗一般采用时间距离或广义运行费用等路网参数来度量。

（1）公路交通量分配模型的选择。交通分配所采用的模型主要有全有全无分配、多路径概率分配、逐步加载分配等模型。本课题拟采用容量限制的增量加载多路径概率分配法，即根据项目影响区公路网（未来公路网）、各相关公路的技术等级、路段里程、汽车平均车速、收费情况等计算出各路线的交通阻抗（费用），将路网未来交通分布预测成果（交通OD表）按趋势型和诱增型分别分配在未来公路网中，并确定本项目所分配的交通量。

具体分配时，先从OD分布表中按一定比例提取出待分配OD量，将其按最短路径（即最小费用）原则分配至公路网中，然后按车速模型重新计算路网时间费用，再将剩余的OD量提取一定比例待分配OD量按多路径概率分配法进行分配，直到全部OD量分配完毕。

各出行路线被选用的概率可用以下多路径概率分配模型计算：

$$P(r,s,k) = \text{Exp}\left[-\theta t(k)/t\right] / \sum_m \text{Exp}\left[-\theta t(k)/t\right]$$

式中：

$P(r, s, k)$ ——OD量 $Q(r, s)$ 在第 k 条路径上的交通量分配率

$t(k)$ ——第 k 条路径上的交通阻抗（时间费用）

t ——各出行路径的平均交通阻抗（时间费用）

θ ——分配系数

m ——有效出行线路条数

（2）本项目交通量分配的具体计算。本课题在具体计算时，所准备的相关资料如下：

路网模型参数

路网模型以项目所在区域公路网现状及未来规划资料为基础。路网模

型以相邻节点表示路段，每条道路包括以下六个参数，起点节点编号、终点节点编号、路段里程长度、路段技术等级、路段地形类别、路段收费标准。交通 OD 小区为实节点，共 17 个，编号为 1—17。未来路网模型中相关公路依据规划情况及交通量发展水平相应提高公路等级。

车速模型参数

汽车行驶速度模型根据不同类型的公路分别采用如下计算公式：

对于高速、一级公路：

$$s = a * \exp[b * (v/c)^2] \qquad 当 (v/c) \leqslant m$$

$$s = a_1 * \exp[b_1 * (v/c)^2] \qquad 当 m < (v/c) < 1.0$$

对于其他公路：

$$s = a * \exp[b * (v/c)^2] \qquad 当 (v/c) \leqslant m$$

$$s = a_1 + b_1 * (v/c)^2 \qquad 当 m < (v/c) < 1.0$$

式中：

　　　　S—速度

　　　　V—标准车小时交通量

　　　　C—标准车小时通行能力

a、a_1、b、b_1、m—系数

费用模型参数

本课题交通阻抗由路径费用来决定，路径费用通常包括时间费用、行驶费用、公路收费三部分，其模型如下：

$$c_i = c_t * T_i + (c_1 + c_2) * L_i$$

式中：

　　　　C_i——第 i 条路综合费用（元）

　　　　C_t——车时费用（元/分钟）

　　　　T_i——第 i 条路行驶时间（分钟），Ti = Li/Vi（Vi 由车速模型
　　　　　　　计算）

　　　　C_1——汽车营运成本（元/km）

　　　　C_2——收费标准（元/车 km）

　　　　L_i——第 i 条路路段长度（km）

计算出湖北省收费还贷公路和高速公路各收费路段 2005 年、2010 年、2015 年交通量结果如表 4—14、表 4—15 所示。

六　湖北省收费公路交通量变化趋势分析

根据以上预测结果,2005 年湖北省公路交通量为 23235.39 万辆,其中收费还贷公路的交通量为 6765.83 万辆,高速公路的交通量为 4267.76 万辆,一般公路的交通量为 12201.8 万辆;2010 年湖北省公路交通量为 31699.16 万辆,其中收费还贷公路的交通量为 7055.59 万辆,高速公路的交通量为 7256.424 万辆,一般公路的交通量为 17387.15 万辆。2015 年湖北省公路交通量为 40435.38 万辆,其中收费还贷公路的交通量为 7368.14 万辆,高速公路的交通量为 9967.788 万辆,一般公路的交通量为 23099.45 万辆。其变化趋势及各类公路交通量所占比重如图 11—5、表 11—6、表 11—7、表 11—8 所示。

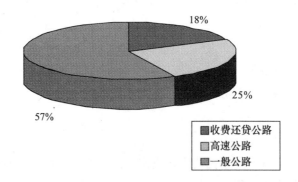

图 11—5　湖北省收费还贷公路交通量占公路交通量比重

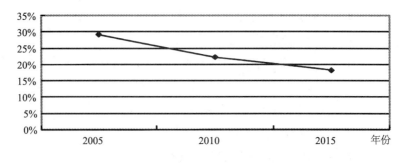

图 11—6　2005 年湖北省各类公路交通量比重

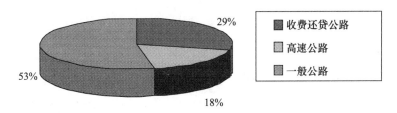

图 11—7 2010 年湖北省各类交通量比重

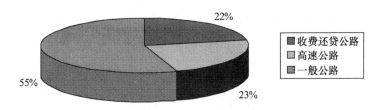

图 11—8 2015 年湖北省各类交通量比重

由以上数字和图示可以看出，收费还贷公路交通量占整个公路交通量的比重逐年下降，而高速公路、一般公路的交通量所占的比重逐年上升。导致这种变化的主要原因是高速公路的快速增长和农村路网结构的不断完善。

以上简要地介绍了交通调查与预测一些基本内容。随着"畅通工程"的实施，交通调查与预测成为交通管理与规划的基础性的工具，并开发了许多交通调查用的仪具，如测速雷达仪、交通量计数检测器、传感器、驾驶员心理生理测试仪等工具，为交通调查与预测提供了更为丰富的计测手段。

在人、车、路、环境四大交通构成要素中，每一个要素都需要进行交通调查与预测，并进行影响因素的分析。而且，是一项技术性、政策性很强的工作，可以说是一项社会系统工程。因此，我们需要用社会学的想象力去理解交通的构成、运行的过程、运行的体制、机制，并对运行结果作出因果性说明。

参 考 文 献

1.《马克思恩格斯选集》第 1 卷，人民出版社 1960 年版。

2.《马克思恩格斯全集》第 3 卷，人民出版社 1960 年版。

3.《马克思恩格斯全集》第 21 卷，人民出版社 1960 年版。

4.《马克思恩格斯全集》第 23 卷，人民出版社 1960 年版。

5.《马克思恩格斯全集》第 26 卷第 1 册，人民出版社 1972 年版。

6.《马克思恩格斯选集》第 1 卷，人民出版社 1995 年版。

7.《马克思恩格斯全集》第 46 卷（上册），人民出版社 1979 年版。

8. ［德］马克思：《资本论》，郭大力、王亚南译，人民出版社 1964 年版。

9. ［英］亚当·斯密：《国民财富的性质和原因研究》，郭大力、王亚南译，商务印书馆 1982 年版。

10. ［德］马克斯·韦伯：《经济与社会》，林荣远译，商务印书馆 2006 年版。

11. ［美］戴维·波普诺：《社会学》（第十版），李强等译，中国人民大学出版社 1999 年版。

12. ［德］哈贝马斯：《交往与社会进化》，张博树译，重庆出版社 1981 年版。

13. ［德］哈贝马斯：《交往行为理论》第 1 卷，曹卫东译，译林出版社 2001 年版。

14. ［美］保罗·诺克斯、琳达·迈克卡西：《城市化》，顾朝林、杨兴柱、汤培源译，科学出版社 2009 年版。

15. ［美］帕克、伯吉斯、麦肯齐：《城市社会学》，宋俊岭、吴建华、王登斌译，华夏出版社 1987 年版。

16. ［英］阿萨·勃利格斯：《英国社会史》，陈叔平等译，中国人民大学出版社 1991 年版。

17. ［美］刘易斯·芒福德：《城市发展史》，倪文彦、宋俊岭译，中国建筑工业出版社 1989 年版。

18. ［英］汤姆逊：《城市布局与城市交通》，倪文彦等译，中国建筑工业出版社 1982 年版。

19. ［美］戴维·波普诺：《社会学》，刘云德、王戈译，辽宁人民出版社 1987 年版。

20. ［美］贝尔纳：《历史上的科学》，伍况甫等译，科学出版社 1981 年版。

21. ［美］伯恩斯：《世界文明史》，赵丰等译，商务印书馆 2001 年版。

22. ［美］朱利安·西蒙：《没有极限的增长》，江南、喜明等译，四川人民出版社 1985 年版。

23. ［意］利玛窦：《中国札记》，何高济、王遵仲、李申译，中华书局 2010 年版。

24. 《诗经·小雅·大东》，《十三经》，燕山出版社 1991 年版。

25. 梁启超：《祖国航海大家郑和传》，《饮冰室合集》，中华书局 1936 年版。

26. 李达：《李达文集》第 1 卷，人民出版社 1980 年版。

27. 黎德扬：《科学技术的进化》，湖北教育出版社 1990 年版。

28. 黎德扬：《系统哲学——综合时代的综合哲学》，武汉大学出版社 1993 年版。

29. 黎德扬：《社会交通与社会发展》，人民交通出版社 2001 年版。

30. 梅林：《保卫马克思主义》，人民出版社 1965 年版。

31. 冯天瑜等：《中华文化史》，上海人民出版社 1990 年版。

32. 周积明：《中国文化的现代转型》，湖北教育出版社 1996 年版。

33. 郑杭生主编：《社会学概论新修》（第三版），中国人民大学出版社 2003 年版。

34. 李强主编：《应用社会学》，中国人民大学出版社 1995 年版。

35. 司马云杰：《文化社会学》，山东人民出版社 1986 年版。

36. 朱国宏：《经济社会学》，复旦大学出版社 1999 年版。

37. 佟新：《人口社会学》，北京大学出版社 2000 年版。

38. 刘豪兴：《个体社会化》，上海人民出版社 1993 年版。

39. 向德平：《城市社会学》，武汉大学出版社 2002 年版。

40. 张鸿雁：《城市·空间·人际——中外城市社会发展比较研究》，东南大学出版社 2003 年版。

41. 朱文光：《道路交通社会学》，山东人民出版社 1993 年版。

42. 黄世玲：《交通运输学》，人民交通出版社 1988 年版。

43. 黄先耀、刘庆珍：《交通与社会》，大连海事大学出版社 1995 年版。

44. 谷中原：《交通社会学》，民族出版社 2002 年版。

45. 胡思继：《交通运输学》，人民交通出版社 2004 年版。

46. 范士儒主编：《交通心理学教程》，中国人民公安大学出版社 2005 年版。

47. 沈志云：《交通运输工程学》，人民交通出版社 2000 年版。

48. 李京文：《铁道与发展》，社会科学文献出版社 2000 年版。

49. 俞国栋等：《国际交通运输发展现状和趋势》，人民交通出版社 1993 年版。

50. 严新平、徐佑林：《交通运输业的现代物流》，经济管理出版社 2005 年版。

51. 吴良镛：《人居环境科学导论》，中国建筑工业出版社 2001 年版。

52. 王子今：《交通与古代社会》，陕西人民教育出版社 1993 年版。

53. 刘广生主编：《中国古代邮驿史》，人民邮电出版社 1986 年版。

54. 《明史·食货志》（卷 79），中华书局 1974 年版。

55. 席龙飞：《中国造船史》，湖北教育出版社 1999 年版。

56. 邱克：《中国交通史论》，人民交通出版社 1994 年版。

57. 齐涛：《中国民俗通志·交通志》，山东教育出版社 2005 年版。

58. 朱杰勤：《美国华侨史》，广东高等教育出版社 1986 年版。

59. 魏津生：《现代人口学》，重庆出版社 1997 年版。

60. 赫维人、潘玉君：《新人文地理学》，中国社会科学出版社 2002 年版。

61. 陆礼：《交通职业道德》，人民交通出版社 2000 年版。

62. 裴玉龙：《道路交通安全》，人民交通出版社 2008 年版。

63. 刘浩学、陈克鹏：《汽车安全运行心理学》，人民交通出版社

1998 年版。

64. 蔡庆麟、刘艳琴、王玉兴：《运输经济与管理决策》，人民交通出版社 1998 年版。

65. 唐恢一：《城市学》，哈尔滨工业大学出版社 2004 年版。

66. 鲍世行、顾孟潮主编：《钱学森论城市学与山水城市》，中国建筑工业出版社 1994 年版。

67. 张雷等：《中国城镇化进程的资源环境基础》，科学出版社 2009 年版。

68. 张京祥：《城镇群体空间组合》，东南大学出版社 2000 年版。

69. 孙群郎：《美国城市郊区化研究》，商务印书馆 2005 年版。

70. 朱慕唐、张海宁、王伯言：《西方城市经济学》，中国财政经济出版社 1988 年版。

71. 陆锡明：《世博客流组织》，同济大学出版社 2011 年版。

72. 何传启：《中国现代化报告》（2006），科学出版社 2006 年版。

73. 李晓东：《信息化与经济发展》，中国发展出版社 2000 年版。

74. 宋卫忠：《民俗北京》，旅游教育出版社 2005 年版。

75. 国务院：《"十二五"综合交通运输体系规划》（国发〔2012〕18 号），2012 年。

76. 国家发展和改革委员会：《综合交通网中长期发展规划》，2007 年。

77. 国家发改委综合运输研究所：《中国交通运输发展改革之路——改革开放 30 年综合运输体系建设发展回顾》，中国铁道出版社 2009 年版。

78. 王慧炯、李泊溪、李善同：《可持续发展与交通运输》，中国铁道出版社 2000 年版。

79. FTAG, Vision 2050 – An Integrated National Transportation System, 2001.

80. Webber M. M. The urbanplace and nonPlace urban realm, in Webber M. M. et al. (eds) Exploration into Urban Strueture, University of Pennsylvania Press, 1964.

81. BourneL. L. S. (ed.) Internal Strueture of the City, Oxford University Press, NewYork, 1971.

82. Harvey D. Soeial Justice and the City, Basil Blackwell,

Oxford, 1973.

83. Smailes A. E. The Geography of Towns, Hutehinson, London, 1966.

84. Cox K. R. Man, Location and Behaviour: An Introduction to Human Geography, John Wiley, New York, 1972.

85. Lnych K. The Image of the City, MIT Press, Cambridge, Mass, 1960.

86. J. Russell. Smith. Industrial and Commercial Geography, Nabu Press, 1913.

87. Osaragi T. Modeling of Pedestrian Behavior and Its Applications to Spatial Evaluation. Proceedings of the Third International Joint Conference on Autonomous Agents and Multi – agent Systems, 2004.

88. Cheng Jicheng: Regional Sustainable Development in an Informational Society, The Commercial Press, 2005.

89. Todd Litman & David Burwell: Efficiency – Equity – Clarity: Issues in Sustainable Transportation. www. vtpi. org info@ vtpi. org, 2003.

90. Global Reporting Initiative: Sustainability Reporting Guidelines, www. globalreporting. org, 2002.

91. US Department of Transportation: Sustainable Transportation Practices in Europe, 2001.

92. Minnesota Department of Transportation: Transportation Technologies for Sustainable Communities, Research Report, 2002.

93. Elizabeth Deakin: Sustainable Development and Sustainable Transportation: Strategies for Economic Prosperity, Environmental Quality, and Equity, Institute of Urban and Regional Development, University of California at Berkeley, 2001.

94. David Hummels: Have International Transportation Costs Declined? University of Chicago, 2005.

95. US Department of Transportation: North American Transportation, 2004.

后　　记

　　本书是交通社会学课题组的集体成果。黎德扬任课题组组长，主持课题研究、全书的总体构思和统稿工作。各章执笔人：导论（黎德扬）、第一章交通的社会形成（成元君）、第二章交通与人的社会化（高鸣放）、第三章交通与社会心理（吴超仲）、第四章交通人的结构分析（胡仕勇）、第五章交通与组织的互构（邓万春）、第六章交通影响下的城市化（成元君）、第七章交通与科技（吴超仲）、第八章交通与经济（朱汉民）、第九章交通与社会文化（何卓恩）、第十章交通与社会的可持续发展（朱汉民）、第十一章交通调查与预测（成元君）。

　　本书在撰写过程中得到前交通部部长黄镇东、武汉理工大学副校长严新平、政治行政学院院长杨怀中等的大力支持和指导，在出版过程中得到中国社会科学出版社田文编辑的鼎力支持和帮助，在此一并致以谢忱。

　　全书从大交通概念角度引入了信息时代交通发展的新成果，从交通与社会的整合中提出和建构了交通社会学的体系框架，在各章中吸纳了当代社会学的新进展和当代交通发展的新资料，较好地反映当代社会交通的真实状况和需要进一步解决的新问题。但由于交通社会学是一个新的交叉研究领域，涉及多学科的协同研究，其研究尚处探索和初创阶段，因此本书难免有这样那样的瑕疵，恳请读者批评指正。